Praxis des Kostenrechts der Notare

Praxis des Kostenrechts der Notare

Eine Einführung

von

Gerhard Höfer

1977

Walter de Gruyter · Berlin · New York

Gerhard Höfer, Vors. Richter a. LG. a. D. Berlin

CIP-Kurztitelaufnahme der Deutschen Bibliothek

Höfer, Gerhard
Praxis des Kostenrechts der Notare : e. Einf. – 1. Aufl. – Berlin, New York : de Gruyter, 1977.
ISBN 3-11-001704-0

Printed in Germany

Walter de Gruyter & Co., 1000 Berlin 30

Bindearbeiten: Buchbinderei Wübben, 1000 Berlin 42

Vorwort

Die Aufstellung der Notariatskostenberechnung ist schwierig. Die Feststellung des richtigen Geschäftswerts und die Aufstellung der Gebühren machen oft mehr Mühe als das Beurkundungsgeschäft selbst. Fehlerhafte Kostenberechnungen führen nach der Notariatsrevision zu peinlichen Nachforderungen oder Rückzahlungen an die Beteiligten. Die vorhandenen vorzüglichen Kommentare zur Kostenordnung (z. B. Korintenberg-Wenz-Ackermann-Lappe, Beushausen-Küntzel-Kersten-Bühling, Rohs-Wedewer oder Lauterbach, Kostengesetze) sind zwar in gut geführten und ausgestatteten Notariatsbüros vorhanden und für den Kostenfachmann eine unentbehrliche Hilfe. Sie werden aber oft, und zwar nicht nur von den Angestellten, als schwer verständlich empfunden. Der Notar selbst, insbesondere der Anwaltsnotar, hat meist keine Zeit, in Kostenfragen tiefer „einzusteigen". Die mit der Aufstellung der Kostenberechnungen betrauten Angestellten wissen mit den rechtlich hochqualifizierten Kommentaren nicht immer richtig umzugehen. Das liegt auch daran, daß die richtige Kostenberechnung von der richtigen materiell-rechtlichen Einordnung des Beurkundungsgeschäfts abhängt. Damit sind die Angestellten vielfach überfordert, zumal gut geschulte Notariatsangestellte und die in allen Sätteln gerechten Bürovorsteher immer seltener werden. Es gibt aber auch Notariatsbüros, in denen für die Aufstellung der Kostenberechnung kein Kommentar, ja nicht einmal der Gesetzestext, sondern nur eine Kostentabelle benutzt wird, die nur kurze und für das Notariat irreführende Hinweise enthält, z. B. ein Stichwortverzeichnis, wobei dann die Überschrift „Eintragungsgebühren" überlesen wird, und in dem z. B. unter „Hypothek" auf § 60 KostO verwiesen wird, das heißt, auf eine Eintragungsgebühr, während für den Notar als Beurkundungsgebühren die §§ 38 Abs. 2 Nr. 5a und 36 Abs. 1 KostO in Betracht kommen würden.

Mit der vorliegenden Einführung in das Kostenrecht soll deshalb versucht werden, dem Notar und seinen Angestellten in Form eines Grundrisses eine Anleitung in die Hand zu geben, die es ihnen ermöglicht, wenigstens in den Standardfällen, die 90% der Notariatstätigkeit ausmachen, schnell die richtige Kostenberechnung aufzustellen. Besonders komplizierte, schwierige und ausgesprochene Grenzfälle können allerdings nur gelegentlich am Rande behandelt werden. Für sie muß auf die Kommentare und die Rechtsprechung verwiesen werden.

Die besondere Schwierigkeit einer systematischen Darstellung des Kostenrechts besteht darin, daß praktisch die Erörterung jeder einzelnen Vorschrift bereits die Kenntnis aller anderen voraussetzt. Der Versuch, allgemeine Vorschriften „vor die Klammer zu ziehen", muß daher zwangsläufig unzulänglich bleiben. Ebenso unvermeidbar sind Wiederholungen, die sich wenigstens mit dem Satz „repetitio est mater studiorum" rechtfertigen lassen.

Das Buch soll in erster Linie eine Einführung in das Kostenrecht für den Nachwuchs der Angestellten sowie auch den jungen Notar selbst sein, kann aber auch täglich bei der Aufstellung der Kostenberechnung benutzt werden. Wenn dadurch erreicht wird, daß der Notar und Angestellte sich anhand der Beispiele und kurzen Erläuterungen die notwendigen Grundkenntnisse des Kostenrechts erwerben, um die großen Kommentare zur Kostenordnung mit Erfolg benutzen zu können, so ist sein wesentlicher Zweck erreicht.

Berlin, im September 1976

Gerhard Höfer

Inhaltsverzeichnis

III. TEIL

Einführung

Die nachstehenden Ausführungen sollen einen ersten schnellen Überblick über die hauptsächlich vorkommenden Grundtypen von Kostenberechnungen der Notare geben. Dabei sind zu unterscheiden:

- einseitige rechtsgeschäftliche Erklärungen,
- Verträge,
- einseitige Erklärungen und Verträge mit ermäßigten Gebühren,
- einseitige Verfügungen von Todes wegen und gemeinschaftliche und vertragliche Verfügungen von Todes wegen,
- tatsächliche Erklärungen,
- Tatsachenbescheinigungen und sonstige tatsächliche Beurkundungen.

I. Einseitige rechtsgeschäftliche Erklärungen unter Lebenden

1. Der Schuldner Meier bekennt dem Gläubiger Krüger, 30000,– DM zu schulden und verpflichtet sich, diesen Betrag in monatlichen Raten von 500,– DM abzuzahlen usw.

Es handelt sich um eine rechtsgeschäftliche Erklärung. Der Geschäftswert dieser Erklärung bestimmt sich nach dem Nominalbetrag der anerkannten Schuld von 30000,– DM. Für die Beurkundung der einseitigen Erklärung ist eine volle Gebühr aus § 36 Abs. 1 KostO anzusetzen. Die Kostenberechnung sieht dann folgendermaßen aus:

Kostenberechnung gemäß §§ 32, 141 KostO.

Geschäftswert: 30000,– DM	
Gebühr gemäß § 36 Abs. 1 KostO	115,00 DM
Umsatzsteuer 5,5%	6,33 DM
	121,33 DM.

2. Der Schuldner Meier bekennt, dem Gläubiger Schulz 30000,– DM zu schulden und unterwirft sich wegen dieses Betrages der sofortigen Zwangsvollstreckung in sein Vermögen.

Hier handelt es sich nicht um eine, sondern um zwei Erklärungen, nämlich um eine rechtsgeschäftliche Erklärung und eine Prozeßerklärung, die aber wie eine rechtsgeschäftliche Erklärung behandelt wird. Obwohl es sich um zwei selbständige Erklärungen handelt, werden nicht zwei Gebühren berechnet, sondern eine Gebühr, weil beide Erklärungen das gleiche Rechtsverhältnis betreffen, nämlich die Begründung der Schuld und ihre Durchsetzbarkeit, und damit gegenstandsgleich im Sinne von § 44 Abs. 1 KostO sind.

Von dem Zusammentreffen mehrerer Erklärungen in einer Niederschrift handelt das 8. Kapitel. Da die beiden Erklärungen gegenstandsgleich sind und also nur eine Gebühr aus § 36 Abs. 1 KostO entsteht, lautet die Kostenberechnung genauso wie im vorstehenden Beispiel. Nur ist unter den Gebührenbestimmungen neben dem § 36 Abs. 1 KostO auch der § 44 Abs. 1 KostO anzuführen.

3. Der Gläubiger Schulz erklärt in notarieller Niederschrift, daß er die ihm gegen den Schuldner Meier zustehende Forderung von 30000,– DM an das Bankhaus Goldmann abtrete. (Diese Abtretung bedarf an sich keiner Form. Die Form ist hier aber geboten, um die Umschreibung der Vollstreckungsklausel, auf den neuen Gläubiger zu ermöglichen).

Auch hier handelt es sich um eine einseitige rechtsgeschäftliche Erklärung, so daß die Kostenberechnung grundsätzlich in gleicher Weise aufzustellen ist wie im Beispiel 1. Jedoch ist hier bei der Festsetzung des Geschäftswertes Vorsicht geboten. Bei der Begründung einer Forderung ist grundsätzlich der Nominalbetrag als Geschäftswert anzusetzen. Bei späteren Veränderungen des einmal begründeten Rechts kann sich der Geschäftswert aber erheblich verändert haben. Nimmt man z. B. an, daß der Schuldner, nachdem er das Schuldbekenntnis abgegeben hat, in Vermögensverfall geraten und die Forderung nur noch schwer eintreibbar ist, dann ist der Wert nach § 30 Abs. 1 KostO auf einen geringeren Betrag zu schätzen, so daß etwa nach Lage des Falles ein Wert von 10000,– DM angemessen sein könnte. Der Geschäftswert beträgt dann 10000,– DM, die Gebühr aus § 36 Abs. 1 KostO 60,– DM und die Umsatzsteuer 3,30 DM, so daß insgesamt 63,30 DM zu berechnen sind.

II. Verträge unter Lebenden

1. A. verkauft dem B. ein Grundstück für 180000,– DM. In der gleichen Verhandlung wird das Grundstück von A. an B. aufgelassen.

Es handelt sich hier um einen Austauschvertrag. A. verpflichtet sich dem B. gegenüber, ein Grundstück im Werte von 180000,– DM zu übertragen. B. verpflichtet sich dem A. gegenüber, ihm einen Kaufpreis von 180000,– DM zu zahlen. Bei Austauschverträgen sind Leistung und Gegenleistung miteinander zu vergleichen. Der höhere Geschäftswert ist maßgebend. Die grundsätzliche Regelung findet sich in § 39 Abs. 2 KostO. Für Kaufverträge besteht jedoch die Spezialvorschrift des § 20 KostO. Danach ist folgende Kostenberechnung aufzustellen:

Geschäftswert gemäß § 20 KostO: 180000,– DM	
Gebühr gemäß § 36 Abs. 2 KostO	690,00 DM
Umsatzsteuer 5,5%	37,95 DM
	727,95 DM.

Genau genommen müßte die Gebührenbestimmung lauten: „§§ 36 Abs. 2, 38 Abs. 2 Nr. 6a, 44 Abs. 1 KostO", denn die mitbeurkundete Auflassung ist ein selbständiger dinglicher Vertrag, der aber der Erfüllung des Kaufvertrages dient, mit diesem also gegenstandsgleich ist und deshalb durch die 20/10-Gebühr des § 36 Abs. 2 KostO mit abgegolten wird.

2. A. schenkt seinem Sohn B. ein Grundstück im Werte von 100000,– DM und behält sich den lebenslänglichen Nießbrauch vor. Der Jahreswert des Nießbrauchs beträgt 6000,– DM.

Hier wird sehr häufig der Fehler gemacht, daß neben der 20/10 Gebühr für den Schenkungsvertrag auch eine halbe Gebühr für die Bestellung des Nießbrauchs berechnet wird. Diese Schenkung mit Auflage ist jedoch ein Austauschvertrag. A. schenkt dem B. ein Grundstück im Werte von 100000,– DM. B. räumt dem A. einen Nießbrauch ein, der mit Rücksicht auf § 24 Abs. 3 KostO (Verhältnis Vater/Sohn) nur mit dem 5fachen Jahresbetrag = 30000,– DM, zu bewerten ist. Der Geschäftswert des Vertrages ist daher der höhere Wert des Grundstücks. Die dingliche Bewilligung des Nießbrauchs ist eine Durchführungserklärung, daher gegenstandsgleich, und wird durch die 20/10-Gebühr für den Schenkungsvertrag mit abgegolten. Die Kostenberechnung lautet also:

Geschäftswert: 100000,– DM	
Gebühren gemäß §§ 36 Abs. 2,	
38 Abs. 2 Nr. 5a, 44 Abs. 1 KostO	450,00 DM
Umsatzsteuer 5,5%	24,75 DM
	474,75 DM.

Die Kostenberechnung endet hier auf 0,75 DM Gebühren. Gebühren sind gemäß § 33 Satz 2 KostO auf volle 10 Deutsche Pfennige aufzurunden. Bei Auslagen gibt es jedoch keine Aufrundung, so daß die Umsatzsteuer, die im weiteren Sinne zu den Auslagen gehört, mit Pfennigbeträgen anzusetzen ist.

Bei den vorstehenden Kostenberechnungen ist noch nicht berücksichtigt, daß neben den eigentlichen Beurkundungsgebühren auch noch Schreibauslagen und sonstige Auslagen, evtl. auch Zusatzgebühren und Durchführungsgebühren in Betracht kommen können. Das alles wird in den nachfolgenden Kapiteln zu gegebener Zeit erörtert werden.

III. Gesellschaftsvertrag einer GmbH

Die Gesellschafter A. und B. bringen je 10000,– DM ein und das Stammkapital der Gesellschaft beträgt 20000,– DM.

Hier handelt es sich im Gegensatz zu den Austauschverträgen nicht um einen Austausch von Leistungen, sondern um die Zusammenführung von Leistungen zu einem gemeinschaftlichen Zweck. Als Geschäftswert von Gesellschaftsverträgen ist daher grundsätzlich die Summe der Einlagen anzusetzen. Danach ergibt sich folgende Kostenberechnung:

Geschäftswert: 20000,– DM

Gebühr gemäß § 36 Abs. 2 KostO	180,00 DM
Umsatzsteuer 5,5%	9,90 DM
	189,90 DM.

IV. Gebührenbegünstigte einseitige Erklärungen (Einzelfälle des § 38 KostO)

1. A. erteilt dem B. Vollmacht zum Erwerb eines Grundstücks im Wert von 80000,– DM. Die Vollmacht wird in der Form eines Entwurfs mit Unterschriftsbeglaubigung beurkundet.

Diese Beurkundungsform bedarf besonderer Aufmerksamkeit, weil ein ganz erheblicher Teil der Notariatspraxis in der Herstellung von Entwürfen mit nachfolgender Unterschriftsbeglaubigung besteht. Beim Entwurf rechtsgeschäftlicher Erklärung zum Zwecke der Beglaubigung darf der Notar auf Grund des § 145 Abs. 1 KostO die Beurkundungsgebühr berechnen. Durch die Beurkundungsgebühr wird die nachfolgende Unterschriftsbeglaubigung abgegolten. In der Kostenberechnung sind deshalb Beurkundungsgebühr und § 145 Abs. 1 KostO nebeneinander anzuführen.

Der Wert der für ein bestimmtes Rechtsgeschäft erteilten Vollmacht entspricht gemäß § 41 Abs. 1 KostO dem Wert dieses Geschäfts. Die Gebühr für die Vollmacht folgt aus § 38 II Nr. 4 und beträgt 5/10 der vollen Gebühr. Daraus ergibt sich dann folgende Kostenberechnung:

Geschäftswert: 80000,– DM

Gebühr §§ 32, 145 Abs. 1, 38 Abs. 2 Nr. 4 KostO	97,50 DM
Umsatzsteuer 5,5%	5,36 DM
	102,86 DM.

2. Die Bodenkreditbank AG bewilligt, vertreten durch zwei Vorstandsmitglieder, die Löschung einer Hypothek über 30000,– DM. Der Notar hat die Erklärung entworfen und die Unterschrift beglaubigt. Er hat ferner das Handelsregister eingesehen und die Vertretungsmacht der Vorstandsmitglieder bescheinigt (§ 21 BNotO). Den Entwurf hat er bereits in seiner Kanzlei gefertigt, die Unterschrift jedoch in den Räumen der Bank entgegengenommen.

Dann stehen ihm neben der Beurkundungsgebühr aus §§ 145 Abs. 1, 38 Abs. 2 Nr. 5a KostO zu die Festgebühr des § 150 KostO in Höhe von 10,– DM und eine Wegegebühr aus § 58 Abs. 1 KostO, die aber nur 5/20 beträgt, weil der Weg nicht für den Entwurf, sondern nur für die Unterschriftsbeglaubigung erforderlich war (KG DNotZ 1935, 235 und OLG Oldenburg Büro 1961, 139).

Die Kostenberechnung lautet also:

Geschäftswert: 30000,– DM

Gebühren §§ 32, 145 Abs. 1, 38, Abs. 2 Nr. 5a KostO	57,50 DM
§ 58 Abs. 1 KostO	28,80 DM
§ 150 KostO	10,00 DM
Umsatzsteuer 5,5%	5,30 DM
	101,60 DM.

Die Gebühr aus § 58 Abs. 1 KostO ist an sich die *Hälfte* der vollen, nicht nur die Hälfte der entstandenen Gebühr, jedoch nicht mehr als die entstandene Gebühr. Daß hier im Ergebnis nur 5/20 anzusetzen sind, hängt damit zusammen, daß außerhalb der Amtsstelle nur eine Viertelgebühr für die Unterschriftsbeglaubigung angefallen ist, die zwar gemäß § 145 Abs. 1 KostO durch die Beurkundungsgebühr für den Entwurf abgegolten wird, wohl aber für die Wegegebühr maßgeblich ist.

3. Der Notar entwirft und beglaubigt die Anmeldung einer neu gegründeten GmbH zum Handelsregister. Das Kapital beträgt 20000,– DM.

Da das Kapital einer GmbH in das Handelsregister eingetragen wird, folgt der Wert nicht aus § 26 Abs. 3 KostO, sondern aus § 26 Abs. 1 KostO. Also

Geschäftswert: 20000,– DM

Gebühren §§ 145 Abs. 1, 38 Abs. 2 Nr. 7 KostO	45,00 DM
Umsatzsteuer 5,5%	2,48 DM
	47,48 DM.

4. Der Notar entwirft und beglaubigt eine Erbausschlagung wegen Überschuldung des Nachlasses.

Geschäftswert: 0–500,– DM

Gebühr §§ 145 Abs. 1, 38 Abs. 3 KostO	10,00 DM.

5. Der Notar beurkundet (Form § 1750 Abs. 1 BGB!) die Zustimmung des geschiedenen Vaters zur Adoption der Kinder durch den jetzigen Ehemann der Mutter.

Da es sich bei den Beteiligten um Personen mittleren Einkommens handelt und eine Abweichung vom Regelwert nicht begründet ist, beträgt der Geschäftswert gemäß § 30 Abs. 3 u. Abs. 2 KostO 5000,– DM. Danach ergibt sich die 5/20-Gebühr des § 38 Abs. 3 KostO von 11,30 DM.

V. Gebührenbegünstigte Verträge

A. hat dem B. durch beurkundeten Vertrag ein Grundstück für 70000,– DM verkauft. Auf *ausdrücklichen Wunsch* des Verkäufers wurde die Auflassung nicht mitbeurkundet, weil die Finanzierung des Kaufpreises durch eine Bausparkasse zur Zeit der Beurkundung noch nicht völlig gesichert war. Jetzt wird in besonderer Urkunde die Auflassung erklärt.

Die Auflassung ist ein dinglicher Vertrag, kostet aber gemäß § 38 Abs. 2 Nr. 6a KostO nur 5/20, wenn wie hier das zugrundeliegende obligatorische Geschäft bereits beurkundet ist. Die Kostenberechnung lautet daher:

Geschäftswert: 70000,– DM	
Gebühr §§ 32, 38 Abs. 2 Nr. 6a KostO	90,00 DM
Umsatzsteuer 5,5%	4,95 DM
	94,95 DM.

VI. Verfügungen von Todes wegen (§ 46 KostO)

Hier richten sich Geschäftswert und Gebühren nach § 46 KostO.

1. Der Notar beurkundet das Testament des C., der sein Vermögen *nach Abzug der Schulden* mit 60000,– DM angibt.

Geschäftswert: 60000,– DM	
Gebühr (10/10) § 46 Abs. 1 KostO	165,00 DM
Umsatzsteuer 5,5%	9,22 DM
	174,22 DM.

2. Der Notar beurkundet das gemeinschaftliche Testament (oder einen Erbvertrag) der Eheleute E., die ihr gemeinsames Reinvermögen mit 400000,– DM angeben.

Geschäftswert: 400000,– DM	
Gebühr (20/10) § 46 Abs. 1 KostO	1350,00 DM
Umsatzsteuer 5,5%	74,25 DM
	1424,25 DM.

3. Der Notar beurkundet die *Aufhebung* eines Erbvertrages, durch den lediglich ein Vermächtnis im Werte von 110000,– DM ausgesetzt war.

Geschäftswert: 110000,– DM	
Gebühr § 46 Abs. 2 KostO (5/10)	120,00 DM
Umsatzsteuer 5,5%	6,60 DM
	126,60 DM.

In den vorstehenden Beispielen sind nur zwecks deutlicher Unterscheidung die verschiedenen Bruchzahlen: 5/10, 10/10, 20/10 angeführt. Grundsätzlich haben sie in der Kostenberechnung aber nichts zu suchen.

VII. Tatsachenerklärungen, Tatsachenbescheinigungen und sonstige Tatsachenbeurkundungen

1. Die am häufigsten vorkommende Tatsachenerklärung ist die eidesstattliche Versicherung, insbesondere die eidesstattliche Versicherung zwecks Erlangung eines Erbscheins (*Erbscheinsverhandlung*), z. B. die Beurkundung einer Erbscheinsverhandlung nach dem Erblasser E. Der Geschäftswert bestimmt sich hier gemäß §§ 49, 107 KostO nach dem reinen Nachlaßwert, die Gebühr nach § 49 KostO. Beträgt der Reinnachlaß 100000,– DM, so ergibt sich folgende Kostenberechnung:

Geschäftswert: 100000,– DM	
Gebühr § 49 KostO	225,00 DM
Umsatzsteuer 5,5%	12,38 DM
	237,38 DM.

Zu merken ist schon hier, daß als Geschäftswert der Testamentsvollstreckerzeugnisverhandlung nicht der reine Nachlaßwert anzusetzen ist, sondern gemäß §§ 49 Abs. 2, 109 Abs. 1 Nr. 2 Satz 2 und § 30 Abs. 2 KostO ein vom Regelwert von 5000,– DM ausgehender Schätzungswert.

2. Der Notar X. bescheinigt, daß Frau Lehmann lebt.

Das ist eine echte Tatsachenbescheinigung über eine sinnlich wahrgenommene Tatsache. Der Geschäftswert richtet sich nach § 30 Abs. 3 KostO, die Gebühr nach § 50 KostO. Die Kostenberechnung lautet also:

Geschäftswert: 1000,– DM	
Gebühr § 50 KostO	20,00 DM
Umsatzsteuer 5,5%	1,10 DM
	21,10 DM.

3. Notar X. beurkundet in einem Ballsaal den Hergang einer Verlosung und überwacht das Einzählen der Lose, die verlosten Gegenstände haben einen Wert von 15000,– DM.

Geschäftswert: 15000,– DM	
Gebühr § 48 Abs. 1 KostO	150,00 DM
§ 48 Abs. 2 KostO	37,50 DM
§ 58 Abs. 1 KostO	37,50 DM
	225,00 DM
Umsatzsteuer 5,5%	12,48 DM
	237,48 DM.

4. Notar X. protokolliert die Beschlüsse der Gesellschafterversammlung einer GmbH. Die GmbH ändert ihre Satzung und wählt einen neuen Geschäftsführer. Sie hat einen Einheitswert von 382000,– DM.

Dann beträgt der Wert gemäß § 27 Abs. 1, § 26 Abs. 3 KostO (halber Stufenwert) in Verbindung mit §§ 27 Abs. 2, 44 Abs. 2a KostO (entsprechende Anwendung) 2 × 17500,– DM = 35000,– DM, die Gebühr gemäß § 47 KostO 250,– DM.

5. Der Notar X beglaubigt die Unterschrift des V. unter einer von V. selbst entworfenen und geschriebenen Vollmacht zum Verkauf eines Grundstücks für 130000,– DM.

Die Gebühr für die einfache Unterschriftsbeglaubigung beträgt nur 5/20, höchstens 250,– DM.

Geschäftswert (wie bei einer Beurkundung) 130000,– DM	
Gebühr §§ 32, 45 Abs. 1 KostO	67,50 DM
Umsatzsteuer 5,5 %	3,71 DM
	71,21 DM.

I. Teil

1. KAPITEL

Allgemeine Grundsätze des Notariatskostenrechts

1 Den Notaren stehen für ihre amtliche Tätigkeit Kosten, nämlich Gebühren und Auslagen nach der Kostenordnung zu.

Die Kostenordnung ist ein Gerichtskostengesetz in Sachen der freiwilligen Gerichtsbarkeit. Unter die Gerichtskosten (Teil I) fällt auch der 2. Abschnitt, Nr. 1 (§§ 36ff.) über Beurkundungen und ähnliche Geschäfte. Diese Regelung stammt noch aus der Zeit vor dem Inkrafttreten des Beurkundungsgesetzes am 1. Januar 1970, als die Gerichte (Amtsrichter und Rechtspfleger) die gleichen Beurkundungsbefugnisse hatten wie die Notare. Obwohl nun mit dem Beurkundungsgesetz ein fast ausschließliches Beurkundungsmonopol der Notare geschaffen wurde, erübrigte sich eine grundlegende Änderung der Kostenordnung, da im Teil 2, der von den Kosten der Notare handelt, in § 141 auf die Vorschriften des 1. Teiles verwiesen wird.

2 Der 1. Teil umfaßt aber auch Gebühren, die ausschließlich den Gerichten zustehen, insbesondere die Gebühren für Eintragungen, Veränderungen und Löschungen im Grundbuch und den anderen öffentlichen Registern. Hier kommen typische Fehler vor, indem für Beurkundungsgeschäfte die für Eintragungen bestimmten Gebühren berechnet werden. Es folgt aber für den Notar die Gebühr für einen Grundbuchberichtigungsantrag nicht aus § 60, sondern aus § 38 Abs. 2 Nr. 5a KostO, die Gebühr für die Beurkundung der Bewilligung einer Hypothek nicht aus § 63, sondern aus §§ 36 Abs. 1, 38 Abs. 2 Nr. 5a, 44 KostO, die Gebühr für eine Handelsregisteranmeldung nicht aus § 79, sondern aus § 38 Abs. 2 Nr. 7 KostO. Deshalb ist zu merken und jedem Lehrling oder sonstigen Anfängern einzuschärfen, daß die Gebühren in Grundbuchsachen §§ 60ff. und in Registersachen §§ 79ff., Vormundschaftssachen §§ 91ff. und Nachlaßsachen §§ 101ff. nicht für die Beurkundungsgeschäfte der Notare gelten. Die genannten Gebührenbestimmungen enthalten aber auch Wertvorschriften, auf die im Beurkundungsabschnitt gelegentlich verwiesen wird, z. B. bei der Erbscheinsverhandlung (§ 49 Abs. 2 auf § 107).

3 Zu merken ist auch hier schon der Unterschied von Anmeldungen und Eintragungen in der Geschäftswertbestimmung des § 26 KostO. § 26 Abs. 5 KostO, der von mehreren Eintragungen handelt, gilt, was häufig übersehen wird, nicht für die Beurkundung oder Entwurf und Beglaubigung von Handelsregisteranmeldun-

gen, betrifft also nur Gerichts- und nicht Notariatsgebühren. Schließlich ist hier zu erwähnen, daß Gebühren wie § 74 KostO, wonach für die Einsicht des Grundbuches Gebühren nicht erhoben werden, sowie entsprechend § 90 KostO für die Einsicht in die verschiedenen öffentlichen Register, nicht für die Notare gilt. Gemeint ist nicht die Notariatstätigkeit der Einsicht, sondern die Gewährung der Einsicht. Die Gerichte gewähren die Einsicht gebührenfrei. Für den Notar wird die Grundbucheinsicht zwar auch meist ein gebührenfreies Nebengeschäft sein (§ 147 Abs. 2 KostO), unter Umständen kommt aber auch eine halbe Gebühr aus § 147 Abs. 1 KostO in Betracht.

4 Der Notar, der in *amtlicher Eigenschaft* tätig wird, darf Gebühren gemäß § 140 KostO *nur* nach der Kostenordnung berechnen.

5 Nichtamtliche Tätigkeiten werden hiervon nicht betroffen. Darunter fällt z. B. die Erstattung von allgemeinen Rechtsgutachten (– Gutachten im Zusammenhang mit bestimmten Amtsgeschäften können aber unter § 147 Abs. 1 KostO fallen, z. B. die sogenannte Rangbestätigung, oder besondere Gebühren auslösen, wie z. B. gemäß § 153 Abs. 2 KostO das Gutachten über den Handelsregisterinhalt (§ 22a BNotO) –), der Entwurf allgemeiner Geschäftsbedingungen im Gegensatz zum einzelnen Vertragsentwurf, der unter § 145 KostO fallen kann. Schließlich wird die Übernahme eines Amtes als Vormund, Pfleger, Testamentsvollstrecker, Konkursverwalter u. ä. nicht nach der Kostenordnung honoriert.

6 Anwaltsnotare haben scharf zu unterscheiden, ob sie als Rechtsanwalt oder als Notar tätig sind. Für die Beurkundungsgeschäfte als solche kann es keinen Zweifel geben. Für sie kommen nur die Beurkundungsgebühren nach der Kostenordnung in Betracht. Zweifel sind aber möglich hinsichtlich der Nebengeschäfte und der allgemeinen Vorsorgegeschäfte im Sinne der freiwilligen Gerichtsbarkeit. Grundsätzlich ist zu merken, daß der Anwaltsnotar in der gleichen Angelegenheit nicht Gebühren sowohl nach der KostO als auch der BRAGO berechnen darf. Die erforderliche Abgrenzung erfolgt aus § 24 Abs. 2 BNotO.

Eine Vorsorgetätigkeit (Beratung, Vertragsentwurf u. ä.), die sowohl ein Anwalt als auch ein Notar vornehmen kann, gilt als notariell, wenn sie bestimmt ist, ein notarielles Amtsgeschäft der §§ 20–23 DNotO vorzubereiten oder auszuführen, andernfalls ist im Zweifel anzunehmen, daß der Anwaltsnotar als Rechtsanwalt tätig geworden ist.

7 Im Rahmen des § 17 BeurkG hat der mit einer Beurkundung beauftragte Notar eine bestimmte Beratungspflicht. So soll er den Willen der Beteiligten erforschen, den Sachverhalt klären und die Beteiligten über die rechtliche Tragweite des Geschäfts belehren. Soweit sich Beratung und Belehrung im Rahmen des § 17 BeurkG halten, darf neben der Beurkundungsgebühr keine Beratungsgebühr angesetzt werden. Die Beratung ist Bestand des Beurkundungsgeschäfts.

Der Notar hat aber gemäß § 17 BeurkG den Willen der Beteiligten nur *festzustellen,* er hat ihn nicht zu bilden. Es sind daher Fälle denkbar, in denen die Beteiligten überhaupt noch nicht wissen, was sie wollen und nur ungenaue Vorstellungen haben, z. B. wie im Todesfall das Familienvermögen, Betriebsvermögen o. ä. gesichert werden kann. Erst nach langwieriger Beratung wählen sie zwischen verschiedenen Möglichkeiten, die ihnen der Anwaltsnotar, der etwa auch Fachanwalt für Steuerrecht ist, unter Berücksichtigung der verschiedenen Steuerfolgen erläutert (z. B. Testament, Schenkung von Todes wegen, Erbvertrag, Gesellschaftsvertrag mit bestimmten Nachfolgeklauseln u. ä.) Hier würde u. U. die Tätigkeit des Notars erst einsetzen, wenn die Beteiligten sich für ein bestimmtes Beurkundungsgeschäft entschieden haben. Das sind aber seltene Grenzfälle, für die sich eine allgemeine Regel nicht aufstellen läßt. Nach KG 1 W 1052/75 vom 26. März 1976 liegt die Tätigkeit des Notars noch im Rahmen des § 17 BeurkG, wenn er bei der Erörterung des Vertragsinhalts Meinungsverschiedenheiten der Beteiligten feststellt und durch Lösungsvorschläge zu überbrücken sucht. An dem Prinzip, daß zwischen Anwalts- und Notartätigkeit auch kostenmäßig scharf zu trennen ist, muß auf jeden Fall festgehalten werden.

8 Als Träger eines öffentlichen Amtes schließt der Notar mit den seine Tätigkeit in Anspruch nehmenden Rechtsuchenden (Auftraggeber, Beteiligte) keinen Dienst- oder Werkvertrag ab. Grundlage seines Kostenanspruchs ist daher kein Vertrag, sondern ein öffentlich-rechtliches Verhältnis in Verbindung mit den Bestimmungen der Kostenordnung.

Demzufolge bestimmt die KostO in § 140 KostO, daß der Notar die nach diesem Gesetz entstandenen Kosten (Gebühren und Auslagen) auch zu erheben hat und daß Vereinbarungen über die Höhe der Kosten unwirksam sind. § 140 Satz 2 KostO enthält ein gesetzliches Verbot im Sinne von § 134 BGB. Ein Verstoß gegen dieses Verbot ist zugleich eine Dienstpflichtverletzung, die erforderlichenfalls disziplinarisch zu ahnden ist.

§ 140 Satz 2 KostO verbietet dem Notar grundsätzlich, entstandene Gebühren zu ermäßigen oder zu erlassen. Unzulässig sind auch Vereinbarungen über den Geschäftswert, z. B. Bewertung einer Dienstbarkeit nach dem Regelwert des § 30 Abs. 2 KostO, obwohl sich ein wesentlich höherer Wert aus § 24 KostO nach einer zwischen den Parteien vereinbarten Gegenleistung ergibt (Tankstellendienstbarkeiten); Bewertung eines Grundstücks mit dem Einheitswert, obwohl Anhaltspunkte für den wesentlich höheren Verkehrswert gegeben sind (§ 19 Abs. 2 KostO), vgl. dazu OLG Hamm DNotZ 1971, 125, 126, Bewertung einer Generalvollmacht mit einem geringeren Wert, obwohl dem Notar bekannt ist, daß ein wesentlich höherer Wert nach dem Aktivvermögen des Vollmachtgebers in Betracht kommt.

9 Zulässig sind Erlaß und Ermäßigung, wenn dies einer sittlichen Pflicht oder einer auf den Anstand zu nehmenden Rücksicht entspricht und die örtlich zuständige Notarkammer die Abweichung genehmigt. Das folgt aus § 13 RLNot. (Allgemeine Richtlinien für die Berufsausübung der Notare, DNotZ 1963, 130 und 1971, 3). Auf die Frage, welche Rechtsnatur die Standesrichtlinien haben und ob Standesrecht ein gesetzliches Verbot (§ 134 BGB) außer Kraft setzen kann, braucht hier nicht eingegangen zu werden; der in § 13 RLNot. enthaltene Grundsatz gilt so allgemein und unbestritten, daß er zumindest als geltendes Gewohnheitsrecht anzusehen ist.

Beispiele

a) Erbscheinsverhandlung nach einem verstorbenen Kollegen.

Der Notar vermerkt auf der Urkunde: „Kosten gemäß § 13 RLNot. außer Ansatz, da Witwe eines Kollegen".

b) Notar beurkundet die Vorgänge einer Lotterie während einer Wohltätigkeitsveranstaltung.

Er kann seine Kosten gemäß § 13 RLNot. außer Ansatz lassen, da die Lotterie wohltätigen Zwecken diente;

c) weitere Fälle:

Grundstückskaufvertrag eines persönlichen Freundes,
Ehevertrag der langjährigen Notariatsangestellten.

10 Der Notar ist gegebenenfalls verpflichtet, einem Kostenschuldner das Armenrecht zu gewähren und vorläufig gebührenfrei zu beurkunden. § 17 Abs. 2 DNotO ist dem Publikum weitgehend unbekannt, in der Praxis wird davon wenig Gebrauch gemacht. Da es einem Notar bei den heutigen Personalverhältnissen kaum zuzumuten ist, eine Armenrechtsbewilligung nach den entsprechend anzuwendenden §§ 114ff. ZPO weiter zu verfolgen, wird man häufig mit § 13 RLNot. helfen können. Der Notar kann natürlich die Kosten auch stunden und mit dem Kostenschuldner ohne ausdrückliche Bewilligung des Armenrechts Ratenzahlungen vereinbaren. Weiter geht die Auffassung der Bundesnotarkammer (Mitteil. DNotZ 1976, 261), der Notar habe Bürgern ohne ausreichende finanzielle Mittel seine Urkundstätigkeit nach § 17 Abs. 2 DNotO gebührenfrei zu gewähren. Armenrechtsbewilligung bedeutet aber nur eine vorläufige Stundung. Daß über die Beurkundungstätigkeit hinaus auch Rat und Auskunft gebührenfrei zu gewähren sind, wird von der Bundesnotarkammer als nobile officium angesehen.

Zu berücksichtigen ist dabei auch, daß das vom mittellosen Schuldner beantragte Beurkundungsgeschäft meist ganz geringen Wert haben und oft sogar nur die Mindestgebühr in Betracht kommen wird, die meist auch dem Minderbemittelten zugemutet werden kann.

Beispiele

Erbausschlagung bei überschuldetem Nachlaß,
Zustimmung der nichtehelichen Mutter zur Adoption des Kindes,
Lebensbescheinigung für eine Kleinrentnerin u. ä.

Die erforderliche Genehmigung der Notarkammer braucht nicht in jedem Einzelfall eingeholt zu werden, da die Notarkammern allgemeine Genehmigungen erteilt haben, die auch in den jeweiligen Veröffentlichungsblättern der Landesjustizverwaltung bekanntgemacht sind, z. B. in Berlin Amtsblatt 1963, 1094.

11 In den letzten Jahren haben einzelne Notarkammern auf besonderen Antrag Gebührenermäßigungen bewilligt, die in § 13 RLNot. nicht vorgesehen sind. Bis dahin bestand Einigkeit darüber, daß die ungewöhnliche Höhe der Gebühr (ohne sonstige hinreichende Umstände in der Person des Kostenschuldners) kein Anlaß ist, die Gebühr aus Billigkeitsgründen zu ermäßigen. Von diesem strengen Standpunkt wurde abgewichen, als immer mehr Wirtschaftsunternehmen dazu übergingen, Beurkundungen mit sehr hohen Geschäftswerten in der Schweiz vornehmen zu lassen. Die Schweizer Notare sind berechtigt, Gebühren zu vereinbaren und waren oft genug bereit, eine Beurkundung für einen Bruchteil der Gebühren durchzuführen, die der deutsche Notar nach der KostO zu erheben gezwungen wäre.

Nachdem das OLG Hamm DNotZ 1974, 476 die Gültigkeit in der Schweiz beurkundeter Gesellschafterversammlungen verneint und die Wirksamkeit in der Schweiz beurkundeter Verträge über Geschäftsanteile in Frage gestellt hat, dürfte die Neigung, Beurkundungen in der Schweiz vornehmen zu lassen, geringer geworden sein.

Hierzu ist ein vom LG Berlin entschiedener Fall von Interesse: Ein Schweizer Notar hatte einen Vertrag über die Veräußerung von Geschäftsanteilen einer in Berlin belegenen GmbH beurkundet. Nach Bekanntwerden des oben erwähnten Beschlusses des OLG Hamm entschloß man sich, den Vertrag vor einem Berliner Notar zu wiederholen. Obwohl ein Gegenwert von 30 000 000,– DM vereinbart war, setzte der Notar für die nur aus Vorsichtsgründen wiederholte Beurkundung nur einen Wert von 100 000,– DM an. Dem ist das Landgericht entgegengetreten. Es hat entschieden, daß gemäß dem Inhalt der Urkunde der volle Geschäftswert von 30 000 000,– DM anzusetzen sei.

Es wäre zu wünschen, daß die Notarkammern zu ihrer gewohnten strengen Auffassung zurückkehrten. Auch wenn die Gebühren sehr hoch sind, stehen sie in gar keinem Verhältnis zum Objekt. Die volle Gebühr bei einem Wert von 1 000 000,– DM beträgt 1575,– DM, bei 10 000 000,– DM beträgt sie 15 075,– DM. Bei noch höheren Objekten ergeben sich dann scheinbar ungewöhnlich hohe Gebühren, die aber im Verhältnis zum Objekt nur winzige Bruchteile sind. Man muß dabei ferner bedenken, daß der Notar auch nach der letzten Gebührenreform bei kleinen Objekten ohne Rücksicht auf das Ausmaß seiner Arbeit häufig unterbezahlt wird und sogar noch Geld zusetzt. Nach der Kostenordnung findet ein sozialer Ausgleich statt, indem die Gebühren nicht nach dem Arbeitsaufwand, sondern nach dem Objektwert berechnet werden. Das führt dazu, daß Amtsgeschäfte mit hohen Werten es dem Notar ermöglichen, auch den kleinen Objekten die erforderliche Sorgfalt zuzuwenden. Das sollten auch die Wirtschaftskreise beachten, die für die Zahlung hoher und höchster Gebühren in Betracht kommen und denen schließlich im eigenen Interesse an einem funktionsfähigen Notariatswesen gelegen sein muß.

12 Die Gebühren dürfen und müssen unter Umständen abgesetzt werden, wenn dem Notar ein Fehler unterlaufen ist. Zu unterscheiden sind die sogenannte falsche Sachbehandlung gemäß § 16 KostO und die Möglichkeit des Kostenschuldners, mit einem Schadensersatzanspruch wegen Amtspflichtverletzung gegen den Notar aufzurechnen. In der Praxis wird das nicht immer auseinandergehalten, die beiden Fälle decken sich auch oft, aber nicht in jedem Falle. Die falsche Sachbehandlung setzt einen groben Verstoß gegen eindeutige Rechtsvorschriften voraus, aber kein Verschulden, eine Amtspflichtverletzung erfordert Verschulden (Fahrlässigkeit).

Unter § 16 KostO fallen in erster Linie formale oder sachliche Fehler bei der Beurkundung, Schadensersatzansprüche können aber auf fehlerhafter Beratung, verzögerlicher Behandlung des ordnungsgemäß beurkundeten Geschäfts und ähnlichen Umständen beruhen.

Beispiele

Der Notar hat in einer Erbscheinsverhandlung nicht erklären lassen, welche anderen Personen vorhanden sind oder vorhanden waren, die die Erbfolge als gesetzliche Erben beeinträchtigen können,
er hat unterlassen, wegen Schreibunfähigkeit eines Beteiligten einen Schreibzeugen hinzuzuziehen oder
hat ihn zugezogen, aber die Niederschrift nicht unterschreiben lassen (der Schreibzeuge *muß* gemäß § 25 BeurkG unterschreiben, während andere Zeugen – § 22 Abs. 2 BeurkG – nur unterschreiben *sollen*).

Das sind eindeutig Fälle falscher Sachbehandlung mit der Folge, daß die Gebühr für die fehlerhafte Urkunde nicht berechnet werden darf. In der Praxis wird das im allgemeinen so gehandhabt, daß der Notar die Beurkundung gebührenfrei wiederholt oder ändert.

Der Notar hat aber keinen Anspruch darauf, daß er selbst den Fehler beseitigt. Hat der Kostenschuldner wegen des ihm unterlaufenden Fehlers das Vertrauen zu ihm verloren und beauftragt er einen anderen Notar, so bleibt es dabei, daß die Gebühr abzusetzen ist, OLG Frankfurt JurBüro 64, 680 Nr. 242:

> „Der beteiligte Antragsteller ist nicht gehalten, zum Zwecke der Schadensminderung oder Schadensbeseitigung das Angebot des Notars anzunehmen, kostenfrei die Beurkundung in fehlerfreier Weise zu wiederholen".

In Sozietäten von Anwaltsnotaren ist jeder Notar ein selbständiger Amtsträger. Bringt dann einer von ihnen den Fehler des anderen in dessen Abwesenheit in Ordnung, so können die Kosten für die neue Urkunde nicht wegen falscher Sachbehandlung der Vorurkunde gemäß § 16 KostO außer Ansatz bleiben.

Das Verfahren sollte gleichwohl nicht beanstandet werden. Es läßt sich zwar nicht mit § 16 KostO, wohl aber mit § 13 RLNot. begründen. Denn die Anwaltssozien sind nicht gehindert, ihren Gesellschaftsvertrag im Innenverhältnis auch auf die Einnahmen jedes von ihnen aus dem Notariat zu erstrecken. Das Geld fließt also in dieselbe Kasse. Wenn Notar A. seine Gebühren zurückzahlen, Notar B. dieselben Gebühren aber wieder vereinnahmen müßte, so dient es der Vereinfachung und einer auf den Anstand zu nehmenden Rücksicht, wenn B. von der Erhebung der Kosten absieht.

13 Schadenersatzansprüche aus Amtspflichtverletzung bei Vornahme oder Durchführung des Beurkundungsgeschäfts haben die Besonderheit, daß über die Aufrechnung gegenüber der Kostenforderung im Kostenverfahren nach § 156 KostO entschieden werden kann, vgl. dazu das 10. Kapitel. Wegen sonstiger Schadensersatzansprüche ist der Kostenschuldner auf den ordentlichen Zivilprozeß angewiesen.

Im Kostenverfahren des § 156 KostO kann z. B. eingewendet werden, der Notar habe versäumt, rechtzeitig Ausfertigungen einer Grundschuldbewilligung beim Grundbuchamt einzureichen, der Kostenschuldner habe dadurch einen Rangverlust erlitten; der Notar habe – wozu er an sich nicht verpflichtet ist – eine steuerrechtliche Auskunft erteilt, die sich als falsch herausstellt. Bei richtiger Auskunft hätte der Kostenschuldner sein Grundstück nur an die Tochter, und nicht an Tochter und Schwiegersohn verkauft. Die bezüglich des Schwiegersohnes entstandene Grunderwerbsteuer wird als Schaden geltend gemacht, mit dem gegen die Kostenforderung aufgerechnet wird.

Fährt aber der Notar auf dem Weg ins Büro mit seinem PKW den vor dem Haus parkenden Wagen des auf ihn wartenden Auftraggebers an, oder hat er als Rechtsanwalt einen Prozeß fahrlässig fehlerhaft geführt, so kann mit daraus erwachsenen Schadensersatzforderungen jedenfalls nicht im Kostenbeschwerdeverfahren nach § 156 KostO aufgerechnet werden, vgl. Kap. 11,2 und 10,12c.

14 Obwohl der Notar anläßlich des jeweiligen Beurkundungsgeschäfts gemäß § 17 BeurkG zu einer weitgehenden Prüfung des Sachverhalts und der daraus folgenden Belehrung der Beteiligten verpflichtet ist, braucht er über Kosten nicht zu belehren. Das gilt nicht nur für die Beurkundung selbst, sondern auch für die durch Durchführungsgeschäfte (Hebegebühr § 149 KostO, Vollzugsgebühr § 146 KostO, Betreuungsgebühr § 147 Abs. 1 KostO) entstehenden Mehrkosten. Wer einen Notar in Anspruch nimmt, weiß, daß der Notar nicht umsonst tätig wird.

Ich vermag deshalb auch dem OLG Frankfurt DNotZ 1965, 309 nicht zuzustimmen, das den Notar, der Überweisung des Kaufpreises auf ein Anderkonto vorschlägt, für verpflichtet hält, über die Hebegebühr aus § 149 KostO zu belehren und andere, billigere Sicherungsmöglichkeiten für die Beteiligten zu erwägen, vgl. dazu Teil III Kap. 39. Das Verwahrungsgeschäft ist immer noch der sicherste Weg, die Beteiligten eines Kaufvertrages bis zur Umschreibung zu sichern. Schon deshalb kann m. E. eine solche Vertragsgestaltung durch den Notar keine falsche Sachbehandlung darstellen. Überhaupt liegt eine falsche Sachbehandlung nur vor, wenn ein offen zutage tretender Verstoß gegen eindeutige gesetzliche Normen vorliegt, BGH NJW 62, 2107, RG JW 1935, 1550.

15 Gleichwohl ist dem Notar dringend zu raten, auf die Hebegebühr und andere Folgegebühren hinzuweisen. Die Beteiligten glauben häufig, daß mit den Beurkundungsgebühren die Tätigkeit des Notars abgegolten sei. Sie sind dann unangenehm überrascht und erheben Einwendungen, wenn der Notar die ihm zustehenden Folgekosten nachträglich in Rechnung stellt. Neben Gebührenstreitigkeiten aus § 145 KostO (Entwurfsgebühr) bilden Streitigkeiten um Hebe-, Vollzugs-

und Betreuungsgebühren den Hauptteil der nach § 156 KostO bei den Kostenkammern der Landgerichte anhängigen Beschwerden.

16 Wie bei den einzelnen Gebühren noch im einzelnen erörtert werden wird, empfiehlt es sich auf diese zur Zeit der Beurkundung noch nicht fälligen Gebühren Vorschüsse zu erheben. Auch die Notare sind gemäß § 8 KostO berechtigt, Vorschüsse zu erheben. Anders als die Gerichte sind die Notare allerdings nicht gehalten, erst nach Vorschußzahlung tätig zu werden.

17 Wird der Notar um Auskunft über die entstehenden Kosten ersucht, dann ist er verpflichtet, eine richtige Auskunft zu geben. Gleichwohl schulden die Beteiligten trotz falscher Auskunft des Notars die vollen Gebühren und Auslagen, wenn sie das Beurkundungsgeschäft auf jeden Fall ohne Rücksicht auf die Höhe der Gebühr vorgenommen hätten.

Beispiel

Dem A. ist durch eigenhändiges Testament ein Grundstück vermacht worden, das ihm nun der Erbe E. auflassen will.

Auf ihre Frage, was das koste, erhalten sie von dem Notar die Auskunft, für eine Auflassung entstehe gemäß § 38 Abs. 2 Nr. 6a KostO eine halbe Gebühr.

Diese Auskunft ist hier falsch. Der Notar hat übersehen, daß es an einem beurkundeten Grundgeschäft fehlt. Nur wenn das der Auflassung zugrundeliegende Geschäft beurkundet ist, tritt die Gebührenermäßigung des § 38 Abs. 2 Nr. 6a KostO ein. Das wäre z. B. der Fall gewesen, wenn das Vermächtnis durch ein notarielles Testament bestellt worden wäre. Hier kostet die Auflassung gemäß § 36 Abs. 2 KostO als dinglicher Vertrag das Doppelte der vollen Gebühr (20/10). Wenn der Notar diese 20/10 fordert, berufen sich die Beteiligten vergeblich auf die falsche Auskunft des Notars. Sie hätten mit Sicherheit die für die Erfüllung des Vermächtnisses erforderliche Auflassung auch bei richtiger Kostenauskunft erklärt.

Anders kann es schon sein, wenn der Notar die nach § 19 Abs. 2 KostO unzutreffende Auskunft erteilt, die Schenkung eines Grundstücks sei in jedem Falle nur mit dem Einheitswert zu bewerten. Diese Auskunft kann für den Entschluß der Beteiligten, die Schenkung beurkunden zu lassen, unter Umständen von ausschlaggebender Bedeutung sein.

18 Die Kostenordnung will ein einfaches und in der Praxis leicht zu handhabendes Gesetz sein. Das wird dadurch erreicht, daß sie sich weitgehend auf das materielle Recht bezieht.

Ergeben sich bei Aufstellung der Kostenberechnung erhebliche Komplikationen, dann kann das ein Anzeichen dafür sein, daß das beurkundete Geschäft nicht in Ordnung ist.

Für den Kundigen weise ich darauf hin, daß sich z. B. bei Beurkundungen auf dem Gebiet des Wohnungseigentums erhebliche Schwierigkeiten ergaben, die dadurch entstanden, daß aus steuerlichen Gründen die Formen der §§ 3 und 8 WEG durcheinander gebracht wurden.

19 Das materielle Recht muß der Notar allerdings genau beherrschen. Verkennung des materiellen Inhalts des Geschäfts führt zu erheblichen Kostenfehlern, vor allem hinsichtlich des Geschäftswertes.

Beispiele

a) Geschäftswert eines Gesellschaftsvertrages ist die Summe der Einlagen. Eine Ausnahme besteht jedoch bezüglich der stillen Gesellschaft, weil dessen Einlage nicht Gesellschaftsvermögen wird. Abweichend von sonstigen Gesellschaftsverträgen ist als Geschäftswert daher nur die Einlage des Stillen anzusetzen.

b) Umwandlungsbeschlüsse nach dem Umwandlungsgesetz enthalten eine Vermögensübertragung. Ihr Geschäftswert entspricht daher dem vollen Aktivvermögen nach der Umwandlungsbilanz ohne Abzug von Verbindlichkeiten. Wendet der Notar diese Grundsätze aber auch auf den Beschluß an, durch den eine Aktiengesellschaft sich in eine GmbH umwandelt oder umgekehrt, so verkennt er, daß hier kein Vermögen übertragen, sondern nur die Form bei Aufrechterhaltung der Identität der Gesellschaft geändert wurde.

In einem solchen Fall aus meiner Revisionspraxis mußte der Notar daher die Höchstgebühr des § 47 KostO (damals 6000,–DM) absetzen und dafür den wesentlich geringeren halben Stufenwert gemäß §§ 27, 26 Abs. 3 KostO zugrunde legen.

c) Setzen sich zwei Erben dahin auseinander, daß A. das Grundstück und B. eine Abfindung erhält, dann läßt nicht B. seine Hälfte am Grundstück (die es noch gar nicht gibt) an A. auf, sondern die Erbengemeinschaft A. und B. läßt an A. auf. Wert ist also nicht nur der Abfindungsbetrag, sondern der Wert des ganzen Grundstücks.

Nach meinen Erfahrungen macht die Auseinandersetzung von Gesamthandsverhältnissen oft ungewöhnliche Schwierigkeiten (ungenügende Kenntnis des § 2033 BGB, Verwechslung von Bruchteilseigentum und Gesamthandseigentum usw.).

20 Kostenrecht ist strenges Recht. Deshalb kommt eine Analogie grundsätzlich nicht in Betracht. Da die Regelung der Gebühren lückenlos ist, kommen Analogien nur für Geschäftswerte in Betracht. Ein interessanter Fall wäre das Protokoll einer Hauptversammlung, in der keine Beschlüsse gefaßt wurden. Darf hier § 47 KostO analog angewendet werden oder gilt nur § 50 KostO. Vergleiche dazu Teil II Kap. 33, 17.

21 Wie jedes Gesetz kann auch die Kostenordnung Lücken enthalten.

So hatte das BayObLG DNotZ 1961, 44 in dem inzwischen durch die Neufassung des § 26 KostO geregelten Fall des § 102 BewGes., durch den zwecks Vermeidung von Doppelbesteuerung Beteiligungen an Kapitalgesellschaften begünstigt wurden (insbesondere wenn es sich um Mutter-Tochter-Gesellschaften handelt), eine Kostenlücke angenommen und den steuerrechtlich abgesetzten Wert der Beteiligung kostenrechtlich dem Betriebseinheitswert wieder zugerechnet, vgl. dazu unten die Erörterungen zum negativen Einheitswert.

22 Daß der früher streng eingehaltene Grundsatz des Analogieverbots gelegentlich durchbrochen wird, zeigt auch die Rechtsprechung zur Bewertung von Ankaufs- und Wiederkaufsrechten. Hier wird die Vorschrift des § 20 Abs. 2 KostO, die vom Geschäftswert des Vorkaufsrechts handelt, entsprechend angewendet (KG v. 10. 1. 1975 – 1 W 1484/73 –; ferner KG, bereits in DNotZ 1938, 322; OLG Frankfurt DNotZ 1955, 265).

23 Es gibt grundsätzlich kein Amtsgeschäft, für das nicht sowohl die Bestimmung eines Geschäftswertes als auch der Ansatz einer Gebühr möglich wäre. Ausnahmen gelten nur für die gebührenfreien Nebengeschäfte §§ 35, 147 Abs. 2 KostO.

Die Kostenordnung kennt bestimmte Geschäftswerte und Schätzungswerte. Für den Fall, daß für eine Schätzung keinerlei Anhaltspunkte gegeben sind, bestimmt sie in § 30 Abs. 2 einen Regelwert, der bisher 3000,– DM betrug und jetzt auf 5000,– DM erhöht ist, von dem aber nach den Umständen des Einzelfalles abgewichen werden kann, und zwar im Rahmen von mindestens 200,– DM bis höchstens 1 Million DM.

Ferner bestimmt die Kostenordnung eine Reihe von Mindest- und Höchstwerten, z. B. 1 Million DM für Vollmachten (§ 41 Abs. 4 KostO), Registeranmeldungen, auch welche mit bestimmten Geldwert, und Gesellschaftsbeschlüsse ohne bestimmten Wert (§ 26 Abs. 10 und § 27 Abs. 1 KostO), der Höchstwert für Gesellschaftsverträge von 10000000,– DM des § 39 Abs. 4 KostO und die Höchstgebühr für Unterschriftsbeglaubigungen von 250,– DM sowie für Gesellschaftsbeschlüsse von 10000,– DM. Eine Höchstgebühr von 60,– DM gilt für die Zusatzgebühren der §§ 58 I und III und 59.

24 Gebühren sind für jeden möglichen Fall eines Beurkundungsgeschäftes vorgesehen. Alle möglichen Arten von rechtsgeschäftlichen Erklärungen regeln die §§ 36, 37, 38 KostO in Verbindung mit § 44 KostO, die Gebühr für Beschlüsse enthält § 47 KostO, für eidesstattliche Versicherungen § 49 KostO, sonstige Tatsachenbeurkundungen §§ 48, 50, 52 KostO u. a. Hier ist keine Lücke. Was sich sonst nicht subsumieren läßt, fällt unter § 50 KostO, vgl. das obige Beispiel über die Protokollführung in einer Gesellschafterversammlung, in der es zu keiner Beschlußfassung kommt.

Zusätzliche Beurkundungsgebühren sind die sogen. Wegegebühren des § 58 Abs. 1 KostO, die Außerzeitgebühr des § 58 Abs. 3 und die Gebühr des § 59 für eine Verhandlung in fremder Sprache.

25 Die Gebühren sind Aktgebühren: Für ein bestimmtes Beurkundungsgeschäft fällt eine bestimmte Gebühr an. Die Höhe der Gebühr bestimmt sich gem. § 32 KostO nach einer Gebührentabelle, die der Kostenordnung beigefügt ist. Die Mindestgebühr beträgt gem. § 33 KostO jetzt 10,– DM. § 32 ist selbst keine Gebührenbestimmung. Er wird zwar meist in Kostenberechnungen angeführt, jedoch ist das nicht notwendig. § 32 und § 33 ersetzen niemals die Anführung der jeweils in Betracht kommenden Gebührenbestimmung.

Für bestimmte Bescheinigungen nach §§ 21 und 22 a BNotO gelten die Festgebühren des § 150 KostO mit 10,– DM bzw. 50,– DM. Eine Festgebühr ist auch die Wegegebühr bei Wechselprotesten, die nach wie vor nur 3,– DM beträgt.

26 Die Kostenordnung kennt auch Rahmengebühren von 10,– DM bis 30,– DM, die für die Notare aber nur geringe Bedeutung haben. So kann § 56 KostO zur Anwendung kommen, wenn der Notar durch eine Bescheinigung (Zeugnis) im Sinne von § 39 BeurkG die Zeit sicherstellt, zu der eine Privaturkunde ausgestellt ist. Das kommt vor allem im Zusammenhang mit der Sicherung urheber- oder patentrechtlicher Prioritäten in Frage, evtl. auch einmal für ein eigenhändiges Testament.

27 Für die vorsorgende und betreuende Tätigkeit des Notars auf dem Gebiet der freiwilligen Gerichtsbarkeit kommen die §§ 145, 146, 147 KostO in Betracht. Die Gebühren für die Verwahrung von Geld und Kostbarkeiten bestimmt § 149 KostO.

28 Schließlich regelt die Kostenordnung die Erstattung von Auslagen. Hierzu ist zunächst zu merken, daß die KostO im Gegensatz zur BRAGO keine Kostenpauschale kennt und daß nur die Auslagen berechnet werden dürfen, die in der Kostenordnung ausdrücklich geregelt sind, z. B. nur bestimmte Porti.

Die wichtigsten Auslagen sind die Schreibauslagen, die nun jetzt gegenüber dem bisherigen Ausdruck „Schreibgebühren" auch ausdrücklich als „Schreibauslagen" bezeichnet werden.

29 Der Gebührenanspruch entsteht mit der Fälligkeit (§ 7 KostO). Die Fälligkeit tritt ein mit dem Abschluß des jeweiligen Amtsgeschäfts.

a) Die Beurkundungsgebühr wird fällig mit der Beendigung des Beurkundungsgeschäfts. Das Beurkundungsgeschäft ist in jedem Falle – sei es eine Niederschrift über rechtsgeschäftliche Erklärungen (§§ 8 ff. BeurkG), sei es eine Niederschrift über tatsächliche Vorgänge (§§ 36 ff. BeurkG), sei es eine Zeugnisurkunde (§§ 39 ff. BeurkG), insbesondere eine Unterschriftsbeglaubigung (§ 40 BeurkG) – beendet mit der Unterschrift des Notars unter der Niederschrift oder dem Vermerk im Sinne von § 39 BeurkG. Im letzteren Falle muß der Unterschrift des Notars das Siegel beigefügt werden, da sonst eine wirksame Vermerkurkunde nicht gegeben ist.

In keinem dieser Fälle braucht der Notar den Vollzug des Amtsgeschäfts abzuwarten. Zum Vollzug ist der Notar zwar in der Regel verpflichtet (§ 53 BeurkG), vgl. auch § 34 BeurkG über die Verschließung und Verwahrung von

Testamenten und Erbverträgen. Durch und bei Vollzug von Beurkundungsgeschäften können auch noch weitere Gebühren entstehen (§§ 146, 147 KostO). Maßgeblich für die Fälligkeit der Beurkundungsgebühren bleibt aber der Zeitpunkt des Beurkundungsgeschäfts als solcher.

b) Die Entwurfsgebühr wird fällig mit der Fertigstellung eines für einen selbständigen Zweck erforderten Entwurfs (§ 145 Abs. 1 KostO) oder mit der Aushändigung eines zwecks Beurkundung angefertigten und von den Beteiligten zur vorherigen Durchsicht angeforderten Entwurfs (§ 145 Abs. 3 KostO).

c) Beim Scheitern eines Beurkundungsgeschäfts kommen die §§ 57 und 130 Abs.2 KostO in Betracht. Die Gebühr aus § 57 KostO wird mit dem Abbruch der bereits begonnenen eigentlichen Beurkundungsverhandlung fällig, die Gebühr aus § 130 Abs. 2 KostO mit der Rücknahme des Beurkundungsauftrages.

d) Gebühren für selbständige Betreuungstätigkeiten im Sinne von § 147 Abs. 1 KostO (z. B. Rangbestätigung) oder die Vollzugsgebühren des § 146 Abs. 1 und 3 KostO setzen eine nach besonderem Auftrag vorgenommene Tätigkeit des Notars voraus.

Die Gebühren aus §§ 146 Abs. 1 und 147 Abs. 1 KostO werden zwar häufig bereits in der Kostenberechnung zum Beurkundungsgeschäft angesetzt. Wenn der Notar zu dieser Zeit noch keine Vollzugs- oder Betreuungstätigkeit ausgeübt hat, läßt sich der Ansatz als Vorschuß gemäß § 8 KostO rechtfertigen, vgl. oben Nr. 17. Über das Verhältnis zwischen Beurkundungs- und Vollzugs- und Betreuungsgebühren bestehen bei den Notaren häufig Unklarheiten, die eine eingehende Erläuterung in Kap. 38 erfordern.

e) Die Hebegebühr wird, was oft verkannt wird, erst mit Auszahlung der jeweiligen Zahlungsbeträge fällig, richtet sich also gemäß § 149 Abs. 1 und 2 KostO nicht nach den Einzahlungs-, sondern nach den Auszahlungsbeträgen, vgl Kap. 39.

f) Die Protestgebühr wird mit Aufnahme des Wechselprotestes fällig, § 51 KostO.

30 „Auslagen", insbesondere Schreibauslagen werden gemäß § 7 KostO mit ihrer Entstehung fällig. Selbständige Kostenberechnungen über Auslagen und Schreibgebühren sind selten, kommen aber vor.

Beispiel

Nachdem die Kostenschuldner die Kosten für die Beurkundung eines Wohnungseigentumsvertrages nebst umfangreichen Schreibgebühren, Umsatzsteuer usw. bezahlt hatten, stellte sich die Notwendigkeit heraus, noch zahlreiche Abschriften der sehr umfangreichen Urkunde für Kreditgeber und andere Stellen herzustellen. Es entstanden für einige hundert Mark nachträgliche Schreibgebühren und Porti, mit denen die Beteiligten nicht gerechnet hatten, die sie aber bezahlen mußten, weil sie erst mit der Entstehung des Schreibwerks fällig wurden, so daß sie sich nicht auf Verjährung berufen konnten.

31 Sind die Kosten fällig, so sind sie zu erheben, soweit der Notar nicht Stundung gewährt. Auf jeden Fall ist sofort eine Kostenberechnung aufzustellen.

Man darf also z. B. nicht die Aufstellung der Kostenberechnung auf unbestimmt lange Zeit verschieben, weil der Geschäftswert erst durch ein laufendes Gerichtsverfahren festgestellt werden kann (z. B. eidesstattliche Versicherung in einem Verfahren über Entschädigungsansprüche, deren Höhe offen ist). In solchen Fällen ist ein vorläufiger Geschäftswert zu schätzen und nach ihm eine Kostenberechnung aufzustellen, die dann später unter Umständen berichtigt werden kann.

Geringfügige Verzögerungen, die z. B. dadurch entstehen, daß der Notar nach Beurkundung eines Grundstücksschenkungsvertrages den Werte-Atlas einsieht oder beim Gutachterausschuß für Grundstückswerte anfragt, sind aber unvermeidlich.

32 Die Einziehung der Kosten (Gebühren und Auslagen) erfolgt auf Grund einer Kostenberechnung, für die § 154 KostO Form und Inhalt bestimmt. Die Aufstellung der Kostenberechnung und die Beschreibung der Kosten sind Inhalt von Kap. 9.

Hier ist schon folgendes zu bemerken:

Die auf die Urschrift gesetzte Kostenberechnung ist nicht die Kostenberechnung im Sinne von § 154 Abs. 2 KostO. Sie ist nur ein Vermerk, eine Abschrift, wie sie auch z. B. auf beglaubigte Abschriften der Entwürfe mit Unterschriftsbeglaubigung und auf Unterschriftsbeglaubigungsvermerkblätter und Testamentsvermerkblätter zu setzen ist.

Neben der auf die Ausfertigung oder beglaubigte Abschrift der Kostenberechnung zu setzenden Abschrift bedarf es einer förmlichen Zustellung der Kostenberechnung im allgemeinen nicht mehr, wenn die Kosten im Anschluß an die Beurkundung oder Beglaubigung, wie das oft der Fall ist, sogleich (sozusagen „über den Tisch") bezahlt werden.

33 Die Notare sind verpflichtet, Umsatzsteuer zu zahlen und zugleich berechtigt, sie auf den Kostenschuldner zu überwälzen (§ 151 a KostO).

Selbst wenn man die Umsatzsteuer nach wie vor als mit der Stellung des Notaramtes nicht vereinbar ansehen wollte (so noch Höfer-Huhn, Allgemeines Urkundenrecht § 7), so würde das praktisch nicht weiterhelfen, nachdem der Bundesfinanzhof in dieser Sache das vorläufig letzte Wort gesprochen hat, vgl. BFH 28. 1. 1971 – V R 38/66, DNotZ 1971, 560 und 27. 8. 1970 – V R 72/66, DNotZ 1971, 557.

Für die freiberuflichen Notare gilt gemäß § 12 II UStG der ermäßigte Umsatzsteuersatz von 5,5%. Dieser Satz ist zu erheben ohne Rücksicht darauf, ob der Notar die Steuer im Endergebnis an das Finanzamt abführt.

Bemißt sich die Umsatzsteuer des Notars nach §§ 19 Abs. 1–3 des Umsatzsteuergesetzes, so erhält der Notar einen Ausgleich in Höhe von 5,5% seiner sonstigen Kosten. Damit ist dafür gesorgt, daß kein Notar billiger sein kann als der andere. Zu jeder Kostenberechnung treten5,5% hinzu, sei es als Steuer sei es als Ausgleich. Daß im letzteren Falle dem Notar u. U. eine zusätzliche Einnahme zufließt, wird in Kauf genommen.

34 Eine besondere Schwierigkeit bei der Darstellung des Kostenrechts besteht darin, daß keine einzige Bestimmung für sich besteht, sondern alles von allem abhängt. Wer eine richtige Kostenberechnung aufstellen will, muß immer die ganze Kostenordnung im Blick haben. Das soll an folgendem Beispiel klargemacht werden:

Beurkundet wurde eine Erbscheinsverhandlung.

Zum Nachlaß gehört ein Grundstück. Zu beachten sind nun folgende Bestimmungen:

§ 141 KostO: der Notar darf die Beurkundungsgebühr berechnen,
§ 32 KostO: Er hat die Gebühr der Tabelle zu entnehmen.
§ 49 I KostO: Gewährt wird für die Beurkundung einer eidesstattlichen Versicherung eine volle Gebühr. Durch diese Gebühr wird der Erbscheinsantrag abgegolten.
§ 49 II KostO: verweist wegen des Geschäftswertes auf § 107 KostO,
§ 107 KostO: bestimmt, daß in Abweichung von dem Abzugsverbot des § 18 KostO als Geschäftswert der reine Nachlaßwert nach Abzug der Verbindlichkeiten anzusetzen ist.

§ 19 Abs. 2 KostO gibt dem Notar die Möglichkeit, bei der Feststellung des Nachlaßwertes das Grundstück mit einem höheren als dem Einheitswert zu bewerten.

Das sind also sechs über die ganzen Kostenordnung verstreute Bestimmungen, die man noch erweitern müßte, wenn zum Nachlaß Beteiligungen an Gesellschaften, Wertpapiere aller Art und sonstige Rechte gehören. Negativ wäre dann noch darauf zu achten, daß es sich nicht um einen Kriegsnachlaß handelt, vgl. KWAL Anm. I unter „Kriegstod", denn in diesem Falle dürfte der Notar nur 1/5 der Beurkundungsgebühr berechnen.

35 a) Für die Verjährung der Kosten des Notars gilt gem. § 143 KostO nicht der für Gerichtskosten geltende § 17 sondern die zweijährige Frist des § 196 Nr. 15 BGB. Von den Verjährungsvorschriften des § 17 sind gem. § 143 nur die Sätze 2 und 3 des dritten Absatzes auf Kostenforderungen der Notare anwendbar. Für den Beginn der Verjährung kommt es nicht auf die Durchführung des Geschäfts an, sondern auf die die Fälligkeit auslösende Beendigung der jeweiligen Amtshandlung. Die Verjährung beginnt gem. § 201 BGB mit dem Schluß des Jahres, in welchem der Anspruch des Notars fällig geworden ist.

b) Neben den Bestimmungen des BGB über Hemmung und Unterbrechung der Verjährung gibt es die besonderen Unterbrechungsgründe der Kostenordnung: Zahlungsaufforderung durch Übersendung einer Kostenberechnung nach § 154 KostO, Zustellung einer vollstreckbaren Kostenberechnung, Stundung nach vorheriger oder bei gleichzeitiger Übersendung einer Kostenberechnung, Anerkenntnis und Abschlagzahlung, Beantragung der Entscheidung des Landgerichts gem. § 156 KostO.

c) Wird eine Kostenberechnung übersandt, so muß sie den Erfordernissen des § 154 sowohl bezüglich der Gebühren als auch der Auslagen entsprechen und die angewendeten Gesetzesvorschriften enthalten. Eine dem nicht genügende Kostenberechnung unterbricht die Verjährung nicht. OLG Düsseldorf DNotZ 1976, 253, KG Rechtspfleger 1962, 454 = DNotZ 1962, 428.

d) Die Zustellung einer vollstreckbaren Ausfertigung der Kostenberechnung gem. § 155 KostO unterbricht die Verjährung, schafft aber noch keinen rechtskräftig festgestellten Anspruch im Sinne von § 218 BGB. Diese Vorschrift greift erst ein, wenn die Kostenberechnung des Notars in einem Beschwerdeverfahren gem. § 156 KostO rechtskräftig festgestellt ist.

e) Mit Ende der Unterbrechung beginnt die Verjährung von zwei Jahren sofort wieder zu laufen, es ist also nicht mehr auf den Jahresablauf abzustellen.

f) Bei Kostenbeträgen unter 20,– DM wird die Verjährung nicht unterbrochen, das gilt auch, wenn eine zunächst höhere Kostenforderung durch Teilzahlung unter 20,– DM herabgesunken ist.

2. KAPITEL

Der Kostenschuldner

1 Wer die Tätigkeit eines Notars in Anspruch nimmt, schuldet ihm die daraus entstehenden Gebühren und Auslagen (Kosten) und heißt insoweit „der Kostenschuldner". Seine Zahlungspflicht beruht nicht auf Vertrag. Der Rechtsanwalt und sein Mandant schließen einen Dienst- und Geschäftsbesorgungsvertrag. Der „Auftraggeber" des Notars veranlaßt dagegen die Tätigkeit eines Amtsträgers, eben des Notars als Inhaber eines öffentlichen Amts. Deshalb beruht der Kostenanspruch des Notars unmittelbar auf Gesetz, und daher bedarf es besonderer Bestimmungen, aus denen sich ergibt, wer Kostenschuldner des Notars ist.

2 Das sind die §§ 2–6 KostO, die sowohl für die Gerichte in Sachen der freiwilligen Gerichtsbarkeit, als – gemäß der Verweisung in § 141 KostO – auch für die Notare gelten.

Die Kostenordnung unterscheidet in § 2 Geschäfte, die nur auf Antrag und Geschäfte die von Amts wegen vorgenommen werden. Für die Kosten der von Amts wegen vorgenommenen Geschäfte haftet derjenige, dessen Interesse wahrgenommen wird. Die Kostenbestimmung (§ 2 Abs. 2 KostO) kann im folgenden außer acht bleiben, da Notare niemals von Amts wegen tätig werden, sondern immer nur auf Antrag bzw. auf Veranlassung eines oder mehrerer Beteiligter.

Für die Kosten haftet gemäß § 2 Abs. 1 KostO derjenige, der die Tätigkeit des Notars veranlaßt, bei der Beurkundung von Rechtsgeschäften insbesondere jeder Teil, dessen Erklärungen beurkundet werden. Einen solchen Antragsschuldner gibt es immer. Daneben können andere Kostenschuldner treten, sie schließen aber die Zahlungspflicht des Antragsschuldners dem Notar gegenüber nach § 2

KostO nicht aus. Ein reiner ,,Veranlasser" ist der Beteiligte, der Erklärungen in fremder Sprache abgibt, vgl. § 59 Abs. 2 u. Kap. 36,6.

Veranlassung oder Antrag müssen unmittelbar sein. Benötigt Kl. für seinen Prozeß eine eidesstattliche Versicherung des E. und ,,veranlaßt" er den Notar, die Erklärung des E. zu beurkunden, so hat er das Beurkundungsgeschäft zwar ,,mittelbar" veranlaßt, er kann unter Umständen auch sogenannter Übernahmeschuldner sein, wenn er dem Notar gegenüber die Kosten des Beurkundungsgeschäfts übernommen hat, Antragsschuldner im Sinne von § 2 Abs. 1 KostO ist aber allein der E. Unterwirft sich S. in einer Urkunde der sofortigen Zwangsvollstreckung, so ist er Kostenschuldner und nicht etwa G., der das vom Schuldner verlangt und den Notar eingeschaltet hat.

So werden auch Kreditinstitute dadurch, daß sie dem Notar Kreditunterlagen nebst Formularen zuschicken und ihn auffordern, den Schuldner zur Aufnahme der Schuldurkunde zu bestellen, nicht Kostenschuldner des Notars, jedenfalls nicht für die Beurkundungskosten.

Weitere Beispiele

Schließen A. und B. einen Kaufvertrag zur Niederschrift des Notars, so haften beide für die Kosten.

Veranlaßt die Firma X den Notar, das Protokoll einer Verlosung zu führen, so ist sie Kostenschuldnerin.

Beauftragt G. den Notar mit dem Entwurf eines Gesellschaftsvertrages als Grundlage für Besprechungen mit potentiellen Gesellschaftern (§ 145 Abs. 1 KostO), so ist er Kostenschuldner.

Beglaubigt der Notar die Unterschrift des U., so ist U. Kostenschuldner, auch wenn er seine beglaubigte Erklärung im Interesse eines Dritten abgeben will.

Wird der Notar beauftragt, die Niederschrift über die Hauptversammlung einer Aktiengesellschaft herzustellen, so ist Kostenschuldnerin allein die Aktiengesellschaft.

Wird ein Vertrag in Form von Angebot und Annahme beurkundet, dann haftet für die Kosten der Beurkundung des Angebots allein der Anbietende, für die Kosten der Annahme allein der Annehmende. Hat der Anbietende eine Auflassungsvollmacht erteilt, dann haftet er allerdings auch für die Kosten der mit der Annahme erklärten gegenstandsgleichen Auflassung, die auch in seinem Namen abgegeben wird. Kostenvereinbarungen der Parteien nach § 449 BGB gelten, wie später zu erörtern sein wird, nur im Verhältnis der Vertragsparteien untereinander und nicht gegenüber dem Notar.

3 Das soeben genannte Beispiel der Verbindung von Annahmeerklärung mit Auflassung auf Grund einer unter Befreiung von § 181 BGB erteilten Vollmacht führt zu einem wichtigen Grundsatz:

Der Begriff des Antrags-, insbesondere des Beurkundungsschuldners, und des Beteiligten im Sinne von § 6 BeurkG decken sich nicht. Beteiligte im Sinne von § 6 Abs. 2 BeurkG sind diejenigen, die vor dem Notar Erklärungen im eigenen oder in fremdem Namen abgeben. Das sind also die formell Beteiligten.

Kostenschuldner des Notars ist dagegen der materiell Beteiligte. Kostenschuldner ist deshalb derjenige, der entweder im eigenen Namen handelt oder für den ein Vertreter oder ein Organ Erklärungen abgibt. Wer im fremden Namen handelt, ist Kostenschuldner des Notars nur, wenn er seine Vertretungsmacht nicht nachweisen kann. Daß der Vertreter ohne Vertretungsmacht Kostenschuldner des Notars wird, kann nach der Entscheidung des Kammergerichts Rpfleger. 1971, 193 nicht mehr zweifelhaft sein. Insoweit ist das bürgerliche Recht des BGB auf das öffentlich-rechtliche Verhältnis zwischen Notar und Beteiligten entsprechend anzuwenden.

Daß dagegen grundsätzlich nur der Vertretene für die Kosten des Notars haftet, kann für den Notar nachteilig sein, wenn der Vertretene in Vermögensverfall gerät und nicht mehr zahlungsfähig ist. Ein typischer Fall dieser Art kann sich wegen der beschränkten Haftung der GmbH oder der GmbH & Co.KG ergeben. Hat z. B. eine GmbH noch kurz, bevor sie in Konkurs ging, eine notarielle Schuldurkunde über eine erhebliche Summe verlautbart und stellt sich nach der Aufstellung der Kostenberechnung heraus, daß sie nicht zahlungsfähig ist, so kann sich der Notar weder an die Geschäftsführer persönlich noch an die Gesellschafter halten. Kostenschuldner ist allein die juristische Person der GmbH.

Tritt für S., der sich später als völlig vermögensloser Schwindler herausstellt, der ordnungsmäßig bevollmächtigte V. als Vertreter auf, dann haftet V. dem Notar auch dann nicht, wenn S. zur Zahlung der Kosten nicht in der Lage ist.

Es haften also für die Kosten *nicht* die in fremdem Namen handelnden:

a) Bevollmächtigten, Prokuristen,

b) Vertreter ohne Vertregungsmacht nach Genehmigung durch den Vertretenen,

c) Organe von Kapitalgesellschaften (andere Haftungsgrundsätze bestehen für die geschäftsführenden und vertretungsberechtigten Gesellschafter der Personalgesellschaften. Davon später).

d) Vertreter kraft Amtes, Konkursverwalter, Vergleichsverwalter, Testamentsvollstrecker haften zwar persönlich, aber nur mit dem betroffenen, ihrer Verfügungsmacht unterliegenden Vermögen.

4 Auf die Geschäftsfähigkeit des Kostenschuldners kommt es nicht an, es sei denn, der Notar hat die Geschäftsunfähigkeit oder beschränkte Geschäftsfähigkeit fahrlässig nicht erkannt oder nicht beachtet. Im letzteren Falle kann mit einer Schadensersatzforderung wegen Amtspflichtverletzung aus § 19 BNotO gegen die Kostenberechnung aufgerechnet werden. Diese Ansicht ist von Schneider in *Die Notarkostenbeschwerde* (1966) S. 70ff. kritisiert worden, jedoch ist daran festzuhalten, siehe aber auch OLG Stuttgart, DNotZ 1976, 426. Zwar sind auf öffentlich-rechtliche Verhältnisse die Vorschriften des bürgerlichen Rechts entsprechend anzuwenden, soweit dies nicht dem öffentlich-rechtlichen Charakter des Rechtsverhältnisses widerspricht. Gerade das ist hier aber der Fall. Der Notar ist Inhaber eines öffentlichen Amtes und als solcher verpflichtet, wenn man ihn darum ersucht, tätig zu werden, soweit er nicht wichtige Gründe hat, sein Amt zu verweigern. Wenn er von der Geschäftsunfähigkeit eines Beteiligten überzeugt ist, dann darf er nicht beurkunden. In dem von Schneider kritisierten Fall hatte der

Notar sich durch ein längeres Gespräch mit der hochbetagten Erblasserin von deren Testierfähigkeit überzeugt, ohne zu ahnen, daß die alte Dame unter Pflegschaft stand. Der Pfleger verweigerte darauf die Zahlung der Beurkundungskosten. Es gibt eben zahlreiche Grenzfälle, in denen der Notar vielleicht Zweifel hat, die dann etwa durch eine positive Auskunft eines Stationsarztes ausgeräumt werden. Stellt sich dann nach der Beurkundung schließlich doch die volle Geschäftsunfähigkeit und damit die Nichtigkeit des Testaments oder der Vollmacht heraus, so kann das den mit der ordnungsmäßigen Aufnahme der Niederschrift entstandenen Gebührenanspruch des Notars nicht beeinträchtigen.

Ihm steht auch die Gebühr für die versuchte Auswärtsbeurkundung (Wegegebühr) zu, wenn er z. B. von einem Beteiligten zur Beurkundung eines Testaments gerufen wird und dann die Beurkundung verweigert, weil er die Testierfähigkeit nicht mehr feststellen kann.

Im Grunde ist das nicht ungewöhnlich. Werden die Klage eines Geisteskranken oder der Grundbuchantrag eines beschränkt Geschäftsfähigen als unzulässig zurückgewiesen, so entstehen auch Kosten. Was dem Gericht billig ist, muß dem Notar recht sein.

5 Neben den Antrags- und Beurkundungsschuldnern des § 2 KostO kommen weitere Kostenschuldner in Betracht, wobei der Ton auf dem „neben" liegt, eine Entlassung des Antragsschuldners (§ 2 KostO) aus der Haftung wäre grundsätzlich eine unzulässige Gebührenvereinbarung, nichtig und vom Notar disziplinarrechtlich zu verantworten, OLG Frankfurt DNotZ 1970, 442. Von den weiteren Kostenschuldnern des § 3 KostO sind für die Notariatskosten nur zwei der vier Fälle dieser Vorschrift erheblich, nämlich

Ziffer 2: der Übernahmeschuldner und

Ziffer 3: die Haftung für die Kostenschuld eines anderen kraft bürgerlichen Rechts.

6 Eine Kostenübernahme im Sinne von § 3 Ziff. 2 KostO liegt nur vor, wenn eine entsprechende Verpflichtungserklärung dem Notar gegenüber abgegeben wird, und zwar durch eine formlose, einseitige und unwiderrufliche Erklärung. Solche Erklärungen sind äußerst selten. Zwar erklärt in beurkundeten Verträgen häufig eine Partei, daß sie die Kosten der Beurkundung übernehme, im Kaufvertrag entsprechend § 449 BGB der Käufer, in Schenkungsverträgen häufig der Schenker. Solche beurkundeten Erklärungen gelten grundsätzlich nur im Verhältnis der Parteien untereinander. Das gilt auch für die gesetzliche Regelung des § 449 BGB, wonach der Käufer die Kosten der Beurkundung zu tragen hat. Der Notar ist an die Erklärung nicht gebunden. Es bleibt ihm gegenüber bei der Kostenschuld der Beteiligten. Andererseits gewinnt er bei Beurkundung des Angebots durch ihn und Beurkundung der Annahme durch einen anderen Notar keinen Kostenschuldner hinzu, auch wenn der annehmende Käufer in der Annahmeurkunde erklärt (oder dies im Text des Angebots vorgesehen war), daß er die Kosten des Vertrages übernehme. Das OLG Celle DNotZ 1965, 368 will eine Übernahme der Kosten darin sehen, daß der Annehmende Ausfertigungen mit seiner Übernahmeerklärung dem Notar des Angebots übersenden lasse. Hier würde die Erklärung der Kostenübernahme in dem Akt der Übersendung der Annahmeerklärung liegen; jedoch halte ich das für bedenklich. KWAL 8. Aufl., § 3 Fußn. 1 fragen mit Recht, ob dem Annehmenden ein Strick daraus gedreht werden soll, daß er zur Beschleunigung das Angebot gleich dem von seinem Vertragsgegner bevollmächtigten Notar statt diesem selbst übersenden muß.

Eine Übernahmeerklärung kann darin liegen, daß ein Dritter die Kosten zahlt, z. B. der Gläubiger, um eine vollstreckbare Urkunde gegen den z. Z. völlig zahlungsunfähigen Schuldner zu erhalten, derjenige, der ein Interesse daran hat, daß der Beteiligte eine eidesstattliche Versicherung abgibt u. a.

7 Wichtiger ist die Kostenhaftung kraft bürgerlichen Rechts nach § 3 Ziff. 3 KostO. Sie spielt eine erhebliche Rolle im Gesellschaftsrecht.

Geben die Gesellschafter einer offenen Handelsgesellschaft rechtsgeschäftliche Erklärungen ab, so können sie das einmal in ihrer Eigenschaft als vertretungsberechtigte Gesellschafter im Namen dieser Gesellschaft tun, sie können die Erklärungen aber auch sowohl im Namen der Gesellschaft als auch im eigenen Namen abgeben. Der letztere Fall ist häufig, wenn die Gesellschaft einen Kredit aufnimmt und der Gläubiger verlangt, daß sich auch die Gesellschafter persönlich der Zwangsvollstreckung unterwerfen, womit dann ein Titel sowohl gegen die Gesellschaft als verselbständigtes Gesamthandsvermögen als auch gegen die Gesellschafter persönlich entsteht.

Im ersteren Fall ist Antragsschuldner nur die Gesellschaft, im zweiten Falle sowohl die Gesellschaft als auch die Gesellschafter. Die Gesellschafter haften aber auch im ersten Fall persönlich für die Kostenschuld, weil sie gemäß § 128 HGB für die Verbindlichkeiten der Gesellschaft den Gläubigern als Gesamtschuldner haften. Diese Haftung kann nicht abbedungen werden, unmittelbar bezüglich der Kosten folgt das aus § 140 KostO, Dritten gegenüber aus § 128 HGB.

Kommanditisten haften nur bis zur Höhe ihrer Einlage, jedoch ist zu beachten, daß sie für die vor ihrer Eintragung im Handelsregister vorgenommenen Rechtsgeschäfte voll haften, § 176 HGB. Das ist besonders wichtig, wenn ein Kommanditist in eine bestehende Kommanditgesellschaft eintritt, die schon voll im Geschäftsleben wirkt, und nun zwischen dem Vertrag über den Eintritt des Kommanditisten und seiner Eintragung Rechtsgeschäfte begeht. Das können dann auch Beurkundungsgeschäfte sein, für deren Kosten der Kommanditist voll haftet.

Ferner haftet der Kommanditist persönlich voll und ohne Rücksicht auf seine Einlage für alle Handelsregisteranmeldungen, an denen er mitzuwirken hat, weil das gemäß §§ 161, 108 HGB eine persönliche Pflicht des Gesellschafters ist.

Anders liegt es bei den Kapitalgesellschaften. Soweit sie im HReg. eingetragen sind und durch ihre Organe vertreten werden, haften weder die Organe (Geschäftsführer, Vorstandsmitglieder) oder Prokuristen, noch die Gesellschafter persönlich.

Kostenschuldner des Grundungsvertrages sind aber gemäß § 2 Abs. 1 KostO die Gründungsgesellschafter. Kostenschuldner der ersten Anmeldung ist bereits die Gesellschaft in ihrer Eigenschaft als Vorgesellschaft, ein der OHG ähnliches Rechtsinstitut, evtl. aber auch der anmeldende Geschäftsführer nach § 11 GmbH-Ges.

Nach den Vorschriften des bürgerlichen Rechts haften ferner

a) der Vermögensübernehmer nach § 419 BGB.
Das kommt in der Notariatspraxis selten vor, ist aber nicht auszuschließen. Ein Vermögensübernehmer eigener Art ist auch der Erwerber eines Handelsgeschäfts, der für die Geschäftsschulden haftet, wenn er die Firma fortführt (§ 24 HGB).

b) Rechtsnachfolger,

c) Erben und Erbschaftskäufer,
die sich aber auf die beschränkte Erbenhaftung zurückziehen können.

d) Erbenhaftung gibt es nicht beim Erbschein.
Kostenschuldner der Erbscheinsverhandlung (eidesstattliche Versicherung und Erbscheinsantrag) ist nur der Antragsteller, nicht der Nachlaß. Es handelt sich nicht um eine Nachlaßverbindlichkeit, vgl. unten zu h).

e) Eine besondere Art der Universalnachfolge in ein durch Umwandlung übertragenes Vermögen kennt das Umwandlungsgesetz. Mit dem Vermögen geht auch die Haftung für Verbindlichkeiten über, Einzelheiten § 8 Abs. 4, § 15 Abs. 2, § 44.
Das Umwandlungsgesetz ist eine Spezialmaterie, die hier nicht näher erörtert werden kann. Kostenrechtlich aber muß man wissen, daß nach Umwandlung ein neuer Kostenschuldner eintritt. Z. B.: Die oHG B. & Co. wandelt sich durch Beschluß und Vermögensübertragung in eine GmbH. Dann wird mit Durchführung der Umwandlung Kostenschuldner für eine noch von der oHG erklärte Hypothekenbestellung die GmbH.
Fraglich ist, ob dann gleichwohl die persönliche Haftung der oHG-Gesellschafter bestehen bleibt. Die Wirkung einer Haftung nach § 419 BGB ist nur eine Mithaft. Auf den Vermögensübergang nach dem Umwandlungsgesetz ist aber § 419 BGB nicht anwendbar (Palandt, § 419 Anm. 3).

f) Güterrechtliche Haftungen eines Ehegatten für die Kostenschuld des anderen entfällt bei der Zugewinngemeinschaft, die ja eine Gütertrennung mit Ausgleich des Zugewinns ist, und bei der reinen Gütertrennung, damit also bei den beiden häufigsten Güterständen. Wohl aber gibt es eine Kostenhaftung bei der Gütergemeinschaft. Es haftet der allein verwaltende für die Kosten des anderen Ehegatten, nicht aber der nichtverwaltende für die Kosten des Verwaltenden. Gegenseitige Gesamtschuldnerschaft folgt aus der gemeinsamen Verwaltung des Gesamtgutes, §§ 1438 II, 1437 II BGB einerseits und §§ 1460 II, 1449 II BGB andererseits.

g) Eine Haftung der Eltern als Inhaber der elterlichen Gewalt für Kosten der Kinder gibt es nicht mehr, nachdem durch das Gleichberechtigungsgesetz die Verwaltung und Nutznießung am Kindesvermögen beseitigt worden ist, siehe § 1649 BGB.

h) Notare und ihre Mitarbeiter werden manchmal irregeführt durch die Vorschrift des § 6 KostO über Erbenhaftung. Grundsätzlich ist das eine Bestimmung für die einzelnen Tätigkeiten des Nachlaßgerichts; für den Notar kommt als einzige mögliche Tätigkeit im Rahmen dieser Bestimmung in Verbindung mit § 52 KostO nur die Errichtung eines Nachlaßinventars in Betracht, für das nur der Nachlaß bzw. die Erben haften. Das stimmt auch mit dem bürgerlichen Recht überein, wonach z. B. der Pflichtteilsberechtigte gemäß § 2314 BGB die Errichtung eines Nachlaßverzeichnisses auf Kosten des Nachlasses verlangen kann. § 6 KostO gilt aber eben nicht – wie oben schon ausgeführt – für die Beurkundung der eidesstattlichen Versicherung nebst Erbscheinsantrag.

Stellt ein vermeintlicher, aber in Wahrheit unberechtigter Erbe den Antrag, so haftet er für die Beurkundungskosten allein. Der Notar kann sich nicht an den Nachlaß halten, OLG Schleswig DNotZ 1970, 636, Lts. = JurBüro 69, 546.

Ist ein Miterbe, z. B. eine Kirchengemeinde, gebührenbefreit, und stellt er allein den Erbscheinsantrag, dann hat ihm der Notar volle Gebührenfreiheit zu gewähren und kann die übrigen Erben nicht zur Mithaft heranziehen.

8 Mehrere Kostenschuldner haften dem Notar als Gesamtschuldner. An welchen Gesamtschuldner sich der Notar halten will, bleibt ihm überlassen. Es ist aber ein nobile officium, daß er sich zuerst nach den Wünschen der Beteiligten richtet, z. B.: Steht in einem Kaufvertrag, daß der Käufer die Kosten der Beurkundung trägt, dann wird der Notar seine Kosten zunächst vom Käufer fordern.

Es kann ihn aber nichts hindern, sich auch sofort an den Verkäufer zu halten, z. B. wenn der Käufer zahlungsunfähig ist und der Verkäufer vom Vertrage zurücktritt. Das Beurkundungsgeschäft als solches und der Kostenanspruch des Notars werden durch Rücktritt, Wandlung, Anfechtung, Nichteintritt einer Bedingung und ähnliche Umstände nicht berührt.

Wenn die mehreren Beteiligten nun auch als Gesamtschuldner haften, so haben sie doch nicht unbedingt in gleicher Höhe zu haften, mag das auch der Regelfall sein. § 5 KostO bestimmt nämlich, daß dann, wenn mehrere Beteiligte Erklärungen abgeben, die verschiedene Gegenstände betreffen, jeder einzelne nur für den Kostenbetrag haftet, der entstanden wäre, wenn die anderen Erklärungen nicht beurkundet worden wären.

A. verkauft sein Grundstück an B. Dann haften für die Kosten A. und B.

Oder: A. verkauft sein Grundstück an B. und C. je zur ideellen Hälfte, wobei B. und C. aber für den Kaufpreis als Gesamtschuldner haften. Dann haften für die Kosten A., B. und C. als Gesamtschuldner.

Kaufen jedoch B. und C. je eine ideelle Hälfte und verpflichten sich jeder nur zur Zahlung des ihn betreffenden Kaufpreises, dann haftet A. voll, B. und C. jedoch nur bis zur Höhe ihres Kaufpreisanteils, vgl. das Beispiel bei Lauterbach-Hartmann, § 5 KostO Anm. 1b.

M. E. ist § 5 Abs. 1 Satz 2 KostO aber auch dann anzuwenden, wenn die Erklärungen zwar gegenstandsgleich sind, ein Beteiligter aber Erklärungen abgibt, die nur einen Teil des Grundgeschäfts betreffen.

Beispiel

A. bekennt eine Schuld von 100000,– DM, B. übernimmt die Bürgschaft für erststellige 50000,– DM. M. E. deckt sich hier der Begriff des verschiedenen Gegenstandes nicht völlig mit dem Sprachgebrauch in § 44 KostO. Dem

Sinn des § 5 Abs. 1 Satz 2 entspricht es vielmehr, auch auf den inhaltlichen Umfang der Erklärung abzustellen.

Hat A. an B. und C. je eine ideelle Grundstückshälfte verkauft, dann wirkt die Beschränkung der Haftung von B. und C. als Gesamtschuldner nicht in der Weise, daß die Kostenrechnung geteilt wird, d. h., daß B. und C. je nur für zur Hälfte entstandene Kosten haften. Vielmehr haftet jeder in dem Umfange, der sich ergeben hätte, wenn sein Geschäft allein beurkundet worden wäre.

Bei einem Kaufpreis des Grundstücks von 300000,– DM würde die doppelte Gebühr aus § 36 Abs. 2 KostO nach der neuen Tabelle zu § 32 1050,– DM betragen. Die Hälfte der Gebühr wäre also 525,– DM. B. und C. haften aber je für einen Kaufvertrag mit Kaufpreis von 150000,– DM. Jeder kann also bis zur Höhe von 600,– DM in Anspruch genommen werden. Selbstverständlich darf der Notar insgesamt nicht mehr als 1050,– DM berechnen, er darf aber, wenn einer der Gesamtschuldner zahlungsunfähig ist, den einzelnen jeweils bis zu der genannten Höhe (A. 1050,– DM, B. 600,– DM, C. 600,– DM) in Anspruch nehmen.

Im oben genannten Beispiel vom Schuldbekenntnis über 100000,– DM mit Teilbürgschaft über 50000,– DM beträgt die volle Gebühr des § 36 Abs. 1 KostO 225,– DM. Die Gebühr für 50000,– DM, für die der Bürge B. haftet, beträgt 150,– DM, also erheblich mehr als die Hälfte von 225,– DM.

Abschließend soll § 5 Satz 2 KostO noch an einem etwas komplexeren Beispiel erläutert werden:

A., B. und C. schließen einen Erbauseinandersetzungsvertrag über einen Nachlaß im Aktivwert von 290000,– DM. Dazu gehört ein Grundstück im Verkehrswert von 90000,– DM. Im Zuge der Erbauseinandersetzung erhält C. das Grundstück allein. In gleicher Urkunde schenkt C. die ideelle Hälfte des Grundstücks seiner Ehefrau und läßt sie ihr auf.

Dann sind beteiligt und haften als Gesamtschuldner A., B., C. und Ehefrau C.

A. und B. sind aber nur an der Erbauseinandersetzung beteiligt, Ehefrau C. nur an dem Schenkungsvertrag. C. ist an beiden Verträgen beteiligt.

Daraus folgt:

Die Urkunde hat einen Wert von

290000,– DM = Wert des Nachlasses
+ 45000,– DM = Wert der ideellen Grundstückshälfte

zusammen
§ 44 IIa = 335000,– DM.

Die Beurkundungsgebühr beträgt gemäß § 36 Abs. 2 KostO 1170,– DM. C. allein haftet für die volle Summe. A. u. B. haften nach dem Wert von 290000,– DM für 1020,– DM und Ehefrau C. nach dem Wert von 45000,– DM für 300,– DM.

9 Wer über das die Gesamtschuldner betreffende Notariatsgeschäft hinaus besondere Anträge stellt, haftet für die daraus entstehenden Mehrkosten allein.

Besonders häufig kommt diese Bestimmung zum Tragen bei der Wege- und der Außerzeitgebühr.

Z. B. A. und B. wollen einen Kaufvertrag beurkunden lassen. A. ist die Beurkundungszeit gleichgültig, B. möchte jedoch den Beurkundungstermin in die Abendstunden (nach 18.00 Uhr) legen lassen, weil er ein Ladengeschäft besitzt, das er nicht früher schließen kann, dann entsteht als zusätzliche Beurkundungsgebühr eine halbe Gebühr aus § 58 Abs. 3 KostO, die aber nur von B. geschuldet wird.

Wer zusätzliche Abschriften verlangt, trägt allein die hierfür entstehenden zusätzlichen Schreibauslagen.

10 Vereinbaren die Parteien eines Kaufvertrags die Regulierung des Kaufpreises über ein Notaranderkonto, so haften beide für die mit der Auszahlung entstehenden Hebegebühren. Beantragt der Verkäufer aber Auszahlungen (z. B. an verschiedene seiner Gläubiger), die mit der Abwicklung des Kaufvertrages nichts zu tun haben, so haftet er allein für die dadurch entstehenden Mehrkosten.

3. KAPITEL

Der gebührenbegünstigte Kostenschuldner (§ 144 Abs. 3 und §§ 11–13 KostO)

1 Die Kostenordnung sowie andere Bundesgesetze und das Landesrecht gewähren dem Bund, den Ländern, Gemeinden, Kirchen, gemeinnützigen Stiftungen und anderen volle Freiheit von der Zahlung der Gerichtsgebühren. Diese Vorschriften gelten auch für die Notare, jedoch mit der Maßgabe, daß der Notar die – und zwar nur die – in § 144 Abs. 3 KostO genannten Gebühren auf 20% des Gebührensatzes zu ermäßigen hat. Die Vorschrift über die Mindestgebühr – jetzt 10,– DM – bleibt dabei unberührt.

2 Ganz außerhalb dieses Zusammenhanges steht die noch wenig bekannte Vorschrift des § 55a KostO. Danach hat der Notar die in § 49 JWG genannten Beurkundungen und Beglaubigungen auf 20% zu ermäßigen. Der Anlaß für diese neue Bestimmung war die Einführung des Beurkundungsmonopols für Notare einerseits und andererseits die Tatsache, daß Beurkundungen vor dem Urkundsbeamten des Jugendamtes gebührenfrei sind. Nach § 45 JWG können die Urkundsbeamten der Jugendämter gewisse Beurkundungen oder Beglaubigungen vornehmen, und zwar Vaterschaftsanerkenntnisse, Zustimmungserklärungen des Kindes und der gesetzlichen Vertreter zum Vaterschaftsanerkenntnis, Verpflichtungen zur Erfüllung von Unterhaltsansprüchen des Kindes sowie Abfindungserklärungen, wenn das Kind noch minderjährig ist. Schließlich werden bei den Jugendämtern auch Verpflichtungserklärungen hinsichtlich der Entbindungskosten und des Unterhalts der Mutter nach §§ 1615k und 1615l BGB beurkundet sowie Erklärungen, die den Namen des Kindes nach §§ 1617 Abs. 2 oder 1618 BGB betreffen, beglaubigt.

Mutterschaftsanerkenntnisse sind in § 49 JWG nicht erwähnt. Die Beurkundungsbefugnis der Jugendämter beruht hier auf § 29b Abs. 3 Personenstandsgesetz. Die Gebührenbefreiungsvorschrift des § 55a KostO dürfte auch für Mutterschaftsanerkenntnisse gelten.

Aus § 49 i. V. mit § 50 JWG ergibt sich auch, daß die Urkundsbeamten der Jugendämter vollstreckbare Urkunden errichten können.

Die meiner Meinung nach zu weit gehende Vorschrift des § 55a KostO führt zum Beispiel dazu, daß der Notar für die vollstreckbare Unterhaltsverpflichtung zugunsten eines ehelichen Kindes die Kosten zu ermäßigen hat.

3 Vor Inkrafttreten des Beurkundungsgesetzes war § 144 Abs. 3 KostO für die Gebührennotare nur eine Kannbestimmung. Der Notar, dem seine Gebühren selbst zuflossen (das galt für alle Notare außer den Amts- und Richternotaren in Baden-Württemberg) konnte zwar gegenüber dem von der Zahlung der Gerichtskosten befreiten Kostenschuldner seine Gebühren ermäßigen, war dazu aber nicht verpflichtet. Mit der Einführung eines fast vollständigen Beurkundungsmonopols der Notare durch das Beurkundungsgesetz ergab sich als zwingende Folgerung die Abänderung des § 144 Abs. 3 KostO in eine Mußvorschrift. Der Notar ist also jetzt kraft Gesetzes verpflichtet, in allen gegebenen Fällen seine Gebühren zu ermäßigen, und zwar auch dann, wenn der Kostenschuldner in Kenntnis der Befreiungsvorschriften bereit wäre, die Arbeit des Notars voll zu honorieren, etwa aus der Erwägung heraus, daß es unbillig wäre, dem Notar, den die volle Haftpflicht für die ordnungsmäßige Durchführung eines Grundstücksgeschäfts trifft, nur 20% der Gebühren zu zahlen, während der Makler ein Honorar von 5 bis 10% des Kaufpreises kassiert. Für solche Billigkeitserwägungen, die im Gegensatz zum eindeutigen Gesetzeswortlaut stehen, ist aber in der Kostenordnung kein Platz.

4 Zu unterscheiden sind persönliche und sachliche Gebührenfreiheit. In beiden Fällen gewährt die Kostenordnung Befreiung von den Gerichtskosten. Dagegen sind die Beurkundungskosten bei sachlicher Gebührenbefreiung häufig ausgenommen. Das in der Praxis am häufigsten anzuwendende Gesetz über die Gebührenbefreiung beim Wohnungsbau sieht für Grundbuchanträge u. -bewilligungen sachliche Gebührenbefreiung vor. Die dazu erforderlichen Beurkundungen sind jedoch gebührenpflichtig. Soweit gemeinnützige Wohnungsbaugesellschaften beteiligt sind, steht diesen aber persönliche Gebührenbefreiung zu.

5 Die Kostenbefreiung beruht auf Bundes- oder Landesrecht. Persönliche Gebührenbefreiung genießen z. B. der Bund und die Länder auf Grund von § 11 Abs. 1 KostO. Hierunter fallen auch die Bundesbahn und die Bundespost, nicht aber solche Bundesanstalten, die einen eigenen Haushalt haben, wie z. B. die Bundesbank und die Bundesanstalt für Arbeit. Persönlich befreit sind ferner die Kommunalgemeinden und die Kirchengemeinden auf Grund von Landesgesetzen,

z. B. § 8 PrGKG, das Berliner Gesetz über die Gebührenbefreiung, Stundung und Erlaß von Kosten im Bereich der öffentlichen Gerichtsbarkeit vom 24. 11. 1970, GVBl. 1970 S. 1934, sowie weitere Landesgesetze, zum Teil angeführt bei Korintenberg-Wenz-Ackermann-Lappe, KostO, 8. Auflage, Anhang Ia mit der wichtigen Vormerkung von Anhang I.

Auch das Rote Kreuz ist auf Grund des Gesetzes vom 9. 12. 1937, RGBl. 1937 S. 1330, persönlich befreit. Persönliche Gebührenbefreiung genießen schließlich gemäß § 2 des Gesetzes über die Gebührenbefreiung beim Wohnungsbau vom 30. Mai 1953, BGBl. I S. 273 mit späteren Änderungen, die gemeinnützigen Wohnungsbaugesellschaften. Das Gesetz über die Gebührenbefreiung beim Wohnungsbau wird eingehend kommentiert bei KWAL, KostO, 8. Auflage, Anhang II und bei Rohs-Wedewer, KostO, 2. Auflage, Teil II.

6 Die persönliche Gebührenbefreiung bedeutet, daß der Kostenschuldner persönlich Befreiung von den Gerichtskosten und Ermäßigung der Notariatskosten im Rahmen des § 144 Abs. 3 KostO verlangen kann. Sachliche Gebührenbefreiung wird ohne Rücksicht auf die Person des Schuldners für bestimmte Angelegenheiten gewährt. Auch die sachliche Gebührenbefreiung beruht auf Bundes- oder Landesrecht. Zum Beispiel sind alle Geschäfte zur Durchführung von Siedlungsverfahren gemäß § 29 Reichssiedlungsgesetz sachlich befreit. Hierunter fallen auch die Beurkundungskosten. Das heißt also, daß der Notar seine Gebühren auf 20% zu ermäßigen hat, wenn eine Versicherung des gemeinnützigen Siedlungsunternehmens vorgelegt wird.

7 Da das Gesetz über die Gebührenbefreiung im Wohnungsbau sachliche Gebührenbefreiung nur wegen der Gerichtskosten, nicht jedoch für die Beurkundungskosten gewährt, wohl aber persönliche für die gemeinnützigen Wohnungsbaugesellschaften, erfordert die Feststellung des Kostenschuldners und einer etwaigen Ermäßigungspflicht des Notars in Bauangelegenheiten besondere Aufmerksamkeit.

Bestellt der Bausparer B. eine Bauhypothek und versichert er, daß die Valuta zur Deckung von Baukosten für ein Eigenheim im sozialen Wohnungsbau verwendet werden soll, so hat er dem Notar die vollen Beurkundungsgebühren zu zahlen. Das Grundbuchamt trägt die Hypothek jedoch gebührenfrei ein.

Ist dagegen z. B. eine gemeinnützige Wohnungsbaugesellschaft Bauherrin, die Eigenheime errichtet, um sie nach Fertigstellung zu veräußern, bestellt sie ihrerseits Bauhypotheken, so hat sie gemäß § 2 des Gesetzes über die Gebührenbefreiung beim Wohnungsbau auch hinsichtlich der Notariatsgebühren Anspruch auf die in § 144 Abs. 3 KostO vorgesehene Gebührenermäßigung.

Erwirbt eine gemeinnützige Wohnungsbaugesellschaft ein Baugrundstück zur Erstellung von Eigentumswohnungen, so braucht sie auch für die Beurkundung des Kaufvertrages nur 20% der von ihr als Käuferin geschuldeten Beurkundungsgebühren zu zahlen. Im Grundbuch wird sie auf Grund der sachlichen Gebührenbefreiung gebührenfrei eingetragen. Kauft dann später ein Wohnungsbewerber eine von der Wohnungsbaugesellschaft hergestellte Eigentumswohnung, so trägt er wiederum die vollen Beurkundungskosten, während ihn das Grundbuchamt gebührenfrei als Eigentümer einträgt.

8 Bei der Anwendung der Gebührenbefreiungsvorschriften hat der Notar unter Umständen auf die Ländergrenzen zu achten. Daß Bund, Länder, Gemeinden und Kirchen Gebührenfreiheit genießen, kann man zwar in der Regel als selbstverständlich voraussetzen. Aber schon bei Ländern und Gemeinden sowie auch Kirchengemeinden kann es darauf ankommen, ob die betreffende Körperschaft, die vor ihm als Beteiligte auftritt, in dem Bundesland liegt, in dem der Notar seinen Amtssitz hat. So sind z. B. in Hessen Kirchen, Gemeinden, Schulen, Wohlfahrtsverbände nur befreit, wenn sie im Land Hessen ihren Sitz haben (Art. 2 § 7 Hess. Justizkostengesetz, abgedruckt bei KWAL KostO, 8. Auflage, Anhang I a). Bremen verlangt hinsichtlich der Gemeinden anderer Länder Verbürgung der Gegenseitigkeit. Würde also z. B. eine Stadtgemeinde aus Niedersachsen vor einem Notar in Bremen einen Grundstückskaufvertrag schließen, so wäre zu prüfen, ob zwischen den Ländern Bremen und Niedersachsen Gegenseitigkeit besteht. Im Rahmen dieser Einführung in das Kostenrecht können nur einige Hinweise gegeben werden. Eine genaue Prüfung ist in jedem Einzelfall erforderlich.

Auch bei sonstigen persönlich befreiten Gebührenschuldnern sollte der Notar niemals auf eine sorgfältige Prüfung verzichten. So haben nach den Landesgesetzen Körperschaften, Vereinigungen und Stiftungen in der Regel durch eine Bescheinigung des Finanzamtes nachzuweisen, daß sie steuerrechtlich als gemeinnützig oder mildtätig behandelt werden.

9 Während auf der einen Seite der Notar die vollen Gebühren auch von einem zahlungswilligen Gebührenschuldner, der aber Freiheit genießt, nicht erheben darf, wenn er nicht gegen § 140 KostO verstoßen will, so kann er sich andererseits nicht davor schützen, daß Gebührenbefreiungsvorschriften rücksichtslos gegen ihn ausgenutzt werden.

Beispiele

Der Erblasser A. hat als Erben je zur Hälfte einen Neffen und eine gemeinnützige wohltätige Stiftung eingesetzt. Der Reinnachlaß beträgt 1000000,– DM. Die eidesstattliche Versicherung gemäß § 2356 BGB verbunden mit dem Antrag auf Erteilung eines gemeinschaftlichen Erbscheins wird nun allein von dem Vorstand der Stiftung abgegeben.

Bei einem Geschäftswert von 1000000,– DM darf der Notar hier statt 1575,– DM nur 315,– DM, also nur ein Fünftel der vollen Gebühr, berechnen, obwohl ein Wert von 500000,– DM an einen Nichtbefreiten fließt. Denn Kostenschuldner der Erbscheinsverhandlung ist nur der Antragsteller und weder die Miterben persönlich noch der Nachlaß als solcher haften. Der Antragsteller genießt aber persönliche Gebührenbefreiung. Darauf allein kommt es an.

Wenn ein gemeinnützige Wohnungsbaugesellschaft ein von ihr errichtetes Eigenheim an ein Kaufbewerberehepaar verkauft, dann sind diese nichtbefreiten Beteiligten nach der später zu erörternden Vorschrift des § 13 KostO in Verbindung mit § 449 BGB Schuldner der vollen Kosten. Um nun ihren Vertragspartnern die vollen Beurkundungsgebühren zu ersparen, erklärt die Gesellschaft zunächst ein Angebot, für das sie gemäß § 2 des Gesetzes über die Gebührenbefreiung beim Wohnungsbau Gebührenermäßigung in Anspruch nehmen kann. Nehmen die Eheleute das Angebot dann in einer besonderen Verhandlung an, dann müssen sie zwar die halbe Gebühr für die Annahme voll bezahlen. Im übrigen werden dem Notar aber 80% von 15/10 der Beurkundungsgebühr entzogen. Ob dieses Ergebnis hingenommen werden muß, wenn die Beteiligten am gleichen Tage vor ihm erscheinen und lediglich eine getrennte Beurkundung des Angebots und der Annahme verlangen, ist zweifelhaft. Diese unerfreuliche Möglichkeit ist vom Landgericht Koblenz und OLG Zweibrücken DNotZ 1969, 695 (Anmerkung Weber Seite 697) bejaht worden. Nach OLG Celle DNotZ 1972, 217 ist dagegen die Beurkundungsgebühr nicht nach § 144 Abs. 3 KostO zu ermäßigen, wenn die Vertragsparteien Angebot und Annahme nur deswegen getrennt erklären, um dem nichtbefreiten Vertragspartner eine Gebührenermäßigung zukommen zu lassen, weil sonst im Ergebnis dem Grundsatz des Kostenrechts widersprochen würde, daß Gebühren als öffentliche Abgaben der Vereinbarungen der Parteien entzogen sind. Vgl. auch die Mitteilungen der Bundesnotarkammer (Beurkundungsrecht, 2) in DNotZ 1976, 263 und das Schreiben der BNotKammer an den Gesamtverband Gemeinnütziger Wohnungsbauunternehmen eV DNotZ 1976, 326ff.

10 Kostenbefreiungsgesetze machen einen Unterschied zwischen Gebühren und Auslagen. Hierauf braucht der Notar bei seinen Kostenberechnungen nicht zu achten, weil er nur seine Gebühren und auch nur diese in den Fällen der §§ 36 bis 59, 71, 133, 145 und 148 KostO zu ermäßigen braucht. Auslagen sind also davon nicht betroffen. Im Gegenteil erhält der Notar sogar erhöhte Schreibauslagen, da im Falle einer Gebührenermäßigung nach § 144 Abs. 3 KostO die Freiexemplare des § 136 Abs. 2 Ziff. 1 KostO gemäß § 144 Abs. 4 KostO entfallen.

11 Da in der Kostenberechnung die Gebühren so genau und vollständig wie möglich anzugeben sind, müssen im Falle einer Gebührenermäßigung die betreffende Beurkundungsgebühr, § 144 Abs. 3 KostO und die jeweilige Gebührenbefreiungsvorschrift angegeben werden. Hat z. B. das Land Bayern von einem Privatmann ein Grundstück gekauft und aufgelassen erhalten, dann sind in der Kostenberechnung anzugeben §§ 36 Abs. 2, 38 Abs. 2 Nr. 6a, 44 Abs. 1, 144 Abs. 3 und § 11 KostO. § 11 KostO ist die eigentliche Gebührenbefreiungsvorschrift.

Bestellt eine gemeinnützige Wohnungsbaugesellschaft eine Grundschuld über 1000000,– DM, so sind wiederum als Gebührenbestimmung anzuführen die §§ 36 Abs. 1, 38 Abs. 2 Nr. 5a, 44 Abs. 1, 144 Abs. 3 KostO und § 2 des Gesetzes über die Gebührenbefreiung beim Wohnungsbau.

12 Ist an dem Geschäft nur eine Person beteiligt, die Anspruch auf Gebührenermäßigung hat, dann sind die Beurkundungsgebühren schlechthin zu ermäßigen. Etwas komplizierter ist die Anwendung der Gebührenbefreiungsvorschriften, wenn mehrere Kostenschuldner vorhanden sind, von denen einer Gebührenbefreiung genießt. Gemäß § 5 KostO haften mehrere Kostenschuldner als Gesamtschuldner. Geben also die durch Testament eingesetzten Miterben A. und B. gemeinschaftlich eine eidesstattliche Versicherung nach § 2356 Abs. 2 BGB ab und beantragen sie einen gemeinschaftlichen Erbschein, dann haften A. und B. jeder als Gesamtschuldner voll für die entstandenen Beurkundungskosten. Der Notar kann sich an beide halten. Sind aber Erben der Neffe des Erblassers und eine evangelische Kirchengemeinde und wird die eidesstattliche Versicherung von beiden Miterben gemeinsam abgegeben, dann sind zwei Gesamtschuldner da, von denen einer keinen Anspruch, der andere aber Anspruch auf Gebührenermäßigung hat. Würde nun der Notar den natürlichen Erben A. voll in Anspruch nehmen, dann könnte dieser gemäß § 426 BGB von der Kirchengemeinde Ausgleich im Innenverhältnis verlangen. Damit wäre die Gebührenermäßigung illusorisch. Hier greift nun die Vorschrift des § 13 KostO ein. Sie bestimmt, daß sich in solchen Fällen der Gesamtbetrag der Gebühren um den Betrag mindert, den die befreiten Beteiligten an die Nichtbefreiten auf Grund gesetzlicher Vorschrift zu erstatten hätten. Hat der Reinnachlaß in dem oben angeführten Fall einen Wert von 200000,– DM, so beträgt die volle Gebühr 375,– DM. Ohne Gebührenbefreiung hätte im Innenverhältnis jeder Kostenschuldner die Hälfte, also 187,50 DM, zu tragen und gegebenenfalls demjenigen, der die Kosten voll bezahlt hat, zu erstatten. Da die Kirchengemeinde Anspruch auf Gebührenermäßigung hat, ermäßigt sich die gesamte Kostenberechnung nun allerdings nicht um volle 187,50 DM, sondern um 80%, also auf 37,50 DM. Im ganzen hat der Notar also 225,– DM zu fordern. Zahlt der natürliche Erbe diesen Betrag voll, so kann er von der Kirchengemeinde 37,50 DM erstattet verlangen. Wird das Geld von der Kirchengemeinde vorgestreckt, so kann sie von dem natürlichen Miterben 187,50 DM erstattet verlangen.

13 § 13 KostO kommt nur zur Anwendung, wenn die Erklärungen des Gebührenbefreiten und des Nichtbefreiten in einer Niederschrift zusammentreffen, nicht aber, wenn die das gleiche Rechtsgeschäft betreffenden Erklärungen zu mehreren Niederschriften abgegeben werden.

§ 13 ist insbesondere nicht anzuwenden, wenn zwecks Abschluß eines Vertrages Angebot und Annahme in getrennten Niederschriften beurkundet werden, was ja keineswegs immer geschieht, um die Konsequenzen des § 13 zu umgehen und den Notar, wie oben geschildert, in fragwürdiger Weise um den ihm zustehenden Gebührenanspruch zu bringen.

Ob man die Anwendung des § 13 mit Hilfe einer Übernahmeerklärung erzwingen kann, ist höchst zweifelhaft und wird unten erörtert werden. Grundsätzlich gilt aber, daß der befreite Kostenschuldner sich auf die Gebührenbefreiung nur hinsichtlich der Erklärungen berufen kann, die er selbst abgibt.

Macht eine Stadtgemeinde ein Kaufangebot, so genießt sie dafür Gebührenermäßigung. Der nichtbefreite Vertragspartner trägt dagegen die vollen Kosten der

Annahmeerklärung. Entsprechendes gilt für den umgekehrten Fall, daß der Stadt von einem Privatmann ein Angebot gemacht wird und die Stadt in gesonderter Urkunde annimmt. Hier kann sich aus § 449 BGB ergeben, daß die Stadt dem Anbietenden die Kosten des Angebots trotz der ihr zustehenden Gebührenfreiheit voll erstatten muß. Dem Notar gegenüber liegt hier ein Gesamtschuldverhältnis im Sinne von §§ 5, 13 KostO nicht vor.

14 Nach § 13 KostO kommt es nur darauf an, ob zwischen den mehreren Gesamtschuldnern des § 5 KostO eine gesetzliche Ausgleichspflicht besteht, dagegen ist es völlig unerheblich, was die Parteien vertraglich über die Kosten vereinbaren. Solche Vereinbarungen betreffen nur das Innenverhältnis und sind auf den Gebührenanspruch des Notars ohne Einfluß, s. unten Nr. 16.

Die beiden Hauptfälle des gesetzlichen Ausgleichs ergeben sich aus den §§ 426 und 449 BGB: § 426 BGB ist der Regelfall, wonach Gesamtschuldner im Verhältnis zueinander zu gleichen Anteilen verpflichtet sind, und ein Gesamtschuldner, der den Gläubiger befriedigt, von den übrigen Schuldnern Ausgleichung verlangen kann.

Beispiel

Eine städtische Elektrizitäts AG, die nicht gebührenbegünstigt ist, weil sie einen eigenen Haushalt hat, gibt ein Schuldbekenntnis ab und bestellt auf ihm ihr zustehenden Erbbaurecht eine Grundschuld über 1000000,– DM.

Das zuständige Land übernimmt für die Schuldverpflichtung die Bürgschaft.

Die AG und das Land haften für die Beurkundungskosten als Gesamtschuldner. In Ermangelung einer anderen Ausgleichsbestimmung trägt im Innenverhältnis jeder Beteiligte (AG und Land) die Hälfte der Kosten, kann also im Ergebnis, wenn er den Notar befriedigt, vom anderen zur Hälfte erstattet verlangen. Da das Land gemäß § 11 KostO Anspruch auf Gebührenermäßigung nach § 144 Abs. 3 KostO hat, ermäßigt sich die ganze Kostenberechnung auf die Hälfte + 20% der anderen Hälfte.

Die Kostenberechnung würde daher lauten:

Geschäftswert 1000000,– DM
Gebühr: §§ 36 I, 38 II 5 a, 44 I, 11, 13, 5, 144 II KostO 945,– DM.

Das heißt, die volle Gebühr beträgt 1575,– DM. Jeder Beteiligte trägt im Innenverhältnis 787,50 DM. Das Land schuldet im Innenverhältnis aber nur 1/5 der Hälfte = 157,50 DM.

Daraus folgt: Bezahlt die Gesellschaft den Notar, so hat das Land ihn 157,50 DM zu erstatten, zahlt das Land, so haftet ihm die Gesellschaft fur 787,50 DM.

Der Notar erhält auf jeden Fall 945,– DM.

Gründen zwei private Aktiengesellschaften und eine Landeskirche eine GmbH mit einem Kapital von 1000000,– DM, dann haftet für die Kosten der Beurkundung des GmbH-Vetrages im Innenverhältnis jede Beteiligte für ein

Drittel, so sind im ganzen, da die Landeskirche Anspruch auf Gebührenfreiheit bzw. -ermäßigung hat, zu berechnen 2/3 + 1/15, also von der gemäß § 36 Abs. 2 KostO 20/10 betragenden Vertragsgebühr von 450,– DM, 300,– DM voll und von 150,– DM 1/5 = 30,– DM, insgesamt also 330,– DM.

Der in der Praxis sehr häufige Ausnahmefall ist § 449 BGB. Nach dieser Vorschrift trägt der Käufer eines Grundstücks die Kosten der Beurkundung.

Kauft eine gemeinnützige Wohnungsbaugesellschaft ein Grundstück, so hat sie im Innenverhältnis gemäß § 449 BGB die vollen Beurkundungskosten zu tragen und wenn der Verkäufer die Kosten vorgeschossen hätte, diesem voll zu erstatten. Deshalb sind diese Kosten auch in voller Höhe gemäß §§ 13, 144 III KostO zu ermäßigen.

Verkauft umgekehrt die Gesellschaft ein Grundstück an einen Privatmann, dann trägt dieser die vollen Kosten. Eine Gebührenermäßigung kommt nicht in Betracht.

§ 449 BGB gilt seinem Wortlaut nach für die Beurkundung des Kaufvertrages und der Auflassung, ferner für die Beurkundung des Kaufes eines Rechts an einem Grundstück. Ferner gilt § 449 BGB für den Schiffskauf. Streitig ist, ob auch die Beurkundung der Bewilligung einer Auflassungs- oder Eigentumsverschaffungsvormerkung unter § 449 BGB zu subsumieren ist. Mit der herrschenden Meinung ist die Frage zu bejahen, weil, wie bei Korintenberg-Wenz-Ackermann-Lappe, KostO, 8. Auflage, § 13 Anm. 2 Seite 99 mit weiteren Nachweisen zutreffend hervorgehoben wird, sich seit Schaffung des BGB die Verhältnisse wesentlich geändert haben und zwischen Beurkundung des Kaufvertrages und Eigentumsumschreibung wegen der Beschaffung von Genehmigungen, Krediten und aus anderen Gründen ein so langer Zeitraum zu liegen pflegt, daß es geboten erscheint, den Verkäufer durch die Vormerkung am Vertrage festzuhalten; a. A. OLG Celle DNotZ 1966, 756.

Eine Sonderbestimmung enthält § 448 BGB für den Verkauf von Rechten (außer den an Grundstücken, § 449 BGB). Ist zur Begründung oder Übertragung des Rechts eine Beurkundung erforderlich, so trägt der Verkäufer gemäß § 448 Abs. 2 BGB die Beurkundungskosten; verlangt der Käufer die Vornahme einer kraft Gesetzes nicht notwendigen Beurkundung, z. B. einer Abtretung, so hat der Käufer bzw. Zessionar gemäß § 403 BGB die Kosten der Beurkundung zu tragen und vorzuschießen.

15 Die genannten Bestimmungen (§§ 426, 449, 448, 403 BGB) sind nachgiebiges Recht und können durch Parteivereinbarungen geändert werden, was auch häufig geschieht. Sowohl die gesetzlichen Kostenregelungen als auch entsprechende vertragliche Vereinbarungen gelten aber nur im Innenverhältnis der Beteiligten des Beurkundungsgeschäftes. Sie berühren weder die gesamtschuldnerische Haftung gegenüber dem Notar noch die Anwendung des § 13 KostO.

16 Da § 13 KostO auf die *gesetzliche* Ausgleichspflicht der Gesamtschuldner abstellt, kann es nicht darauf ankommen, was die Parteien im Innenverhältnis über die Kostenpflicht vereinbaren. Die gesetzliche Regelung des § 13 KostO kann nicht durch die Vereinbarungen der Beteiligten beliebig außer Kraft gesetzt werden.

Neuerdings (KWAL (8) § 3 Anm. 3 u. Lappe JustVerwBl. 1972, 103, OLG Köln Rpfleger 73/37) wird die Ansicht vertreten, daß man § 13 KostO durch eine Übernahmeerklärung nach § 3 Nr. 2 KostO aus den Angeln heben könne. Man will das aus § 12 KostO schließen, wonach die persönliche Gebührenbefreiung der Inanspruchnahme für Gebühren nicht entgegensteht, wenn der Kostenschuldner nach bürgerlichem Recht gemäß § 3 Nr. 3 KostO für die Kosten haftet; das wäre z. B. der Fall, daß eine Kirche als Erbin für noch offene Kostenschulden des Erblassers einzustehen hätte. Aus der Tatsache, daß § 3 Nr. 2 in § 12 KostO nicht erwähnt ist, will man nun schließen, daß eine Übernahmeerklärung eines Gebührenbefreiten zu einem Gesamtschuldverhältnis führe, durch das § 13 KostO zuungunsten des Notars beeinflußt werden könnte. Die Parteien eines Kaufvertrages hätten es dann in der Hand, durch eine ausdrückliche Übernahmeerklärung des gebührenbefreiten Kostenschuldners die Regelung der §§ 13 KostO, 449 BGB außer Kraft zu setzen.

Das kann nicht rechtens sein.

Ich halte den Schluß von Lappe aus § 12 KostO für nicht zwingend. § 3 Abs. 2 KostO brauchte in § 12 KostO nicht erwähnt zu werden. Im Gegensatz zu § 3 Abs. 3, den Fällen gesetzlicher Haftung, handelt es sich bei § 3 Abs. 2 um einen Willensakt. Durch einen Willensakt kann aber die Höhe der Kosten nicht manipuliert werden. Wer Kosten übernimmt, der übernimmt die geschuldeten Kosten. Das Gegenbeispiel zeigt das deutlich. Wer ermäßigte Gebühren übernimmt, schuldet auch nur ermäßigte Gebühren, auch wenn er selbst keinen Anspruch auf Gebührenbefreiung hat. Das ist ganz unstreitig. Ebenso haftet der, der nicht ermäßigte Gebühren übernimmt, für den übernommenen Betrag. Deshalb bedurfte es einer besonderen Bestimmung in § 2 Abs. 3 Gerichtskostengesetz, wonach Kosten eines Verfahrens nicht zu erheben bzw. zurückzuzahlen sind, soweit ein von Kosten Befreiter Kosten des Verfahrens übernimmt. Eine solche Bestimmung fehlt aber in der Kostenordnung. (OLG Hamburg, DNotZ 56, 622, 65, 370).

4. KAPITEL

Geschäftswert

1 Eine Einführung in die Bildung des Geschäftswertes, wie sie hier vorangestellt wird, kann nur einen allgemeinen und keineswegs vollständigen Überblick geben, weil die KostO zwar in den §§ 18, 19ff. zahlreiche Bewertungsgrundsätze voranstellt, bei den Gebührenbestimmungen aber vielfach Abweichungen und Besonderheiten hinsichtlich des Geschäftswertes regelt oder zuläßt. Einzelne Materien, wie z. B. die Geschäftswerte von Handelsregisteranmeldungen und Gesellschaftsbeschlüssen, erfordern auch eine besondere Behandlung.

2 Mit Ausnahme bestimmter Rahmen- oder Festgebühren (Sicherstellung der Zeit § 56, Wechselwegegebühr § 51 Abs. 2, Vertretungsbescheinigung § 21 BNotO und Handelsregisterinhaltsbescheinigung § 22a BNotO (§ 150 Abs. 1 u. 2 KostO) knüpft die Gebührenberechnung an den Geschäftswert an.

3 Gemäß § 32 KostO bestimmt sich die volle Gebühr nach der Tabelle, die der Kostenordnung als Anlage beigefügt ist. In der Tabelle sind die Gebühren nach Geschäftswerten berechnet, die in bestimmten Stufen fortspringen.

§ 32 KostO ist selbst keine Gebührenbestimmung im Sinne von § 154 Abs. 2 KostO und braucht deshalb in den Kostenberechnungen nicht jedesmal mitangeführt zu werden. Andererseits ersetzt der in Formularen häufig vorgedruckte § 32 KostO keinesfalls die notwendige Angabe der Gebührenbestimmung.

4 Der Geschäftswert ist entweder ein bestimmter Geldwert (z. B. ein Kaufpreis, eine Hypothekenvaluta, eine bestimmte Miete oder dergl.) oder ein in einem bestimmten Geldbetrag sich äußernder Sachwert (z. B. Verkehrswert eines Grundstücks, gemeiner Wert eines PKW u. a.) oder ein Schätzungswert (z. B. der nach § 30 Abs. 1 KostO zu schätzende Wert der Änderung einer Kaufpreisbelegung). Falls Anhaltspunkte für eine Schätzung fehlen, greift der Regelwert des § 30 Abs. 2 KostO (5000,– DM) ein, von dem aber nach den Umständen des Einzelfalles abgewichen werden kann. Nach § 30 Abs. 2 KostO bestimmt sich gemäß Abs. 3 auch der Wert nichtvermögensrechtlicher, insbesondere familienrechtlicher Erklärungen, z. B. Vaterschaftsanerkenntnis, Zustimmung zur Adoption u. a. Bestimmter Wert, Schätzungswert und Regelwert garantieren, daß für jedes Amtsgeschäft eines Notars ein Geschäftswert ermittelt werden kann.

5 Die Bestimmung des Geschäftswertes ist alleinige Aufgabe des Notars. Er hat den Geschäftswert zu ermitteln und muß sich nur bei der Beurkundung von Testamenten und Erbverträgen gemäß § 46 KostO auf die Angaben des oder der Erblasser verlassen. Die Beteiligten haben nicht den Wert der Erklärung, den Wert der Vollmacht, den Wert des Geschäftes anzugeben, sondern müssen dem Notar tatsächliche Angaben machen, indem sie Vermögenswerte, Einheitswerte, Kurswerte und dergl. mitteilen und unter Umständen Bilanzen, Bücher, Einheitswertbescheide zur Verfügung stellen.

Der Notar darf sich auch nicht darauf einlassen, daß „im Kosteninteresse" ein bestimmter Wert festgesetzt wird, für den es an tatsächlichen Grundlagen fehlt. Ein lediglich im Kosteninteresse angegebener Wert ist unbeachtlich (OLG Hamm Rpfleger 1960, 133).

6 Die Beteiligten versuchen nicht selten, mit dem Notar über den Geschäftswert zu handeln. Läßt er sich darauf ein, so macht er sich unter Umständen einer gemäß § 140 KostO verbotenen Gebührenvereinbarung schuldig.

So sieht z. B. OLG Hamm DNotZ 1971, 125 mit Recht eine solche unzulässige Gebührenvereinbarung darin, daß der Notar eine Grundstücksschenkung nur mit dem Einheitswert bewertet, ohne die Beteiligten nach dem Verkehrswert zu fragen, oder obwohl ihm Anhaltspunkte für einen höheren Wert (§ 19 Abs. 2 KostO) bekannt sind.

Es wird auch versucht, dem Notar eine Bewertung nach dem Regelwert zu suggerieren, obwohl eine andere Bewertung möglich und damit auch erforderlich ist. So sind z. B. Tankstellendienstbarkeiten niemals nach dem Regelwert des § 30 Abs. 2 KostO, sondern immer nach § 24 KostO zu bewerten. Von Erdöl-Gesellschaften sind Formulare entworfen worden, in denen der Regelwert vorgedruckt war. Dem allen hat der Notar zu widerstehen.

7 Der Geschäftswert sollte aus der Urkunde ersichtlich sein. Häufig ist das nicht möglich. So wünscht z. B. ein Vollmachtgeber aus verständlichen Gründen, daß die von ihm erteilte Generalvollmacht keine Angaben über den Umfang seines Vermögens enthält. Dann steht in der Kostenberechnung eine reine Wertzahl, die aus sich heraus nicht verständlich ist. In solchen Fällen sollte der Notar aber durch einen Aktenvermerk feststellen, wie er den Wert ermittelt hat.

8 Maßgebend ist der Geschäftswert zur Zeit der Fälligkeit der Gebühr, das ist beim Beurkundungsgeschäft der Zeitpunkt des Abschlusses der Beurkundung (§ 18 Abs. 1 KostO), beim Betreuungsgeschäft der Vollzug der ersten Betreuungshandlung. Maßgeblich ist also z. B. der Wert eines Grundstücks zur Zeit der Beurkundung eines Veräußerungsgeschäftes.

Ausnahmsweise kann ein zukünftiger Wert in Frage kommen, z. B. bei der Bewilligung eines Vorkaufsrechts die zukünftige Bebauung – wichtig besonders bei Erbbaurechtsverträgen – oder die zukünftige Bebauung bei Teilungserklärung oder Wohnungseigentumsverträgen (§§ 3 u. 8 WEG).

9 Als Wert eines Schuldbekenntnisses mit Unterwerfung unter die Zwangsvollstreckung ist der Nennbetrag der Forderung anzusetzen. Bei späteren Verfügungen (Abtretung, Vergleich) kann der Wert geringer sein als der Nominalbetrag. Hat der Schuldner Zahlungsschwierigkeiten, ist die Einbringung der Forderung schwierig oder fraglich, dann ist der Geschäftswert gemäß § 30 Abs. 1 KostO dem inneren Wert der Forderung entsprechend zu schätzen und festzusetzen.

10 Der Geschäftswert richtet sich allein nach dem Hauptgegenstand des Geschäfts, z. B. Grundstück, Erbbaurecht, Forderung, Geschäftsanteil einer GmbH usw. Früchte, Nutzungen, Zinsen, Kosten und Vertragsstrafen werden nur berücksichtigt, wenn sie Gegenstand eines besonderen Geschäfts sind. Das wäre z. B. der Fall, wenn der Zinssatz einer Hypothek in einer Ergänzungsurkunde geändert würde, wenn eine Vertragsstrafe außerhalb des Grundgeschäfts beurkundet würde, wenn bestimmte Nutzungen oder rückständige Zinsen abgegolten würden und dergl.

11 Vertragsstrafen werden manchmal durch Grundpfandrechte gesichert, z. B. verkauft die öffentliche Hand ein Grundstück mit Veräußerungsverbot und einer Bauverpflichtung und vereinbart mit dem Käufer Vertragsstrafen für den Fall, daß er das Grundstück veräußert oder die Bauverpflichtung nicht einhält. Diese Vertragsstrafen sichert der Käufer durch Grundschulden dinglich ab. Auch in einem derart gestalteten Fall bleibt die Vertragsstrafe Nebengeschäft und wird nicht berücksichtigt. Die Grundschulden dienen der Durchführung und Sicherung des ganzen Geschäfts und betreffen damit das gleiche Rechtsverhältnis im Sinne von § 44 Abs. 1 KostO, werden also ebenfalls durch die Gebühr für das Hauptgeschäft abgegolten (Die Vertragsstrafen sind aber hier insofern von Bedeutung, als sie einen wichtigen Anhaltspunkt für das Interesse des Verkäufers und damit für die Bewertung der Bauverpflichtung geben).

Das Verbot der Bewertung von Nebenleistungen pp. macht in der Praxis im allgemeinen keine Schwierigkeit.

12 Um so größer sind die Schwierigkeiten – insbesondere Verständnisschwierigkeiten der Beteiligten – bei dem Abzugsverbot des § 18 Abs. 3 KostO. Nach dieser Vorschrift sind bei der Bewertung eines Gegenstandes die darauf lastenden Verbindlichkeiten nicht abzuziehen. Dies gilt auch dann, wenn Gegenstand eines Geschäfts ein Nachlaß oder eine sonstige Vermögensmasse ist.

Das ist eine rein kostenrechtliche Bewertungsmaxime, die mit den Vorstellungen der Beteiligten meist nicht übereinstimmt.

Auf dem Abzugsverbot beruht es, daß z. B. bei Schenkung eines Grundstücks die darauf ruhenden Grundpfandrechte nicht berücksichtigt werden. Als wirtschaftlichen Wert erhält der Beschenkte nur die Differenz zwischen dem Grundstückswert und den Belastungen, kostenrechtlich ist als Wert des Schenkungsvertrages der volle, nach § 19 Abs. 2 KostO zu bestimmende Grundstückswert anzusetzen.

13 Setzen sich Miterben über einen Nachlaß auseinander, so pflegen sie das zu verteilen, was nach Abzug der Nachlaßverbindlichkeiten als Reinnachlaß übrig bleibt. Kostenrechtlich ist als Wert eines notariellen Erbauseinandersetzungsvertrages der volle Aktivnachlaß und bei den häufigen Teilerbauseinandersetzungen über Grundstücke der volle Wert des Grundstücks ohne Abzug von Verbindlichkeiten und Grundpfandrechten anzusetzen. Gehört zum Nachlaß eine Gesellschaftsbeteiligung, so ist der Wert dieser Beteiligung als Teilwert des Unternehmens zu ermitteln und nicht von dem nominellen Kapitalanteil des Erblassers auszugehen, vgl. dazu die interessante Entscheidung des OLG Celle DNotZ 1969, 531 ff. Nimmt ein Kaufmann einen oder zwei Gesellschafter auf, bringt er also in die neue Firma (OHG oder KG) sein bisher unter einer Einzelfirma betriebenes Unternehmen ein, so will er wirtschaftlich sein in der Firma arbeitendes Kapital einbringen. Kostenrechtlich ist aber bei der Summierung der Einlagen das eingebrachte Unternehmen mit seinem Bilanz-Aktivwert ohne Abzug von Verbindlichkeiten anzusetzen.

Ebenso ist bei der Übertragung des Vermögens einer GmbH oder AG im Zuge einer Umwandlung das Aktivvermögen nach der Bilanz zugrunde zu legen.

In diesen Fällen ist aber darauf zu achten, daß Wertberichtigungsposten (Delcredere), die auf der Passivseite stehen, keine echten Verbindlichkeiten sind, sondern z. B. den Nominalwert von Forderungen, wie sie auf der Aktivseite stehen, auf ihren wirklichen Wert reduzieren. Wertberichtigungsposten sind daher abzuziehen.

Aus dem Abzugsverbot des § 18 Abs. 3 KostO folgt ferner, daß bei der Bewertung einer Generalvollmacht vom Aktivvermögen des Vollmachtgebers auszugehen ist, daß bei Mitwirkung an einem Inventar oder Vermögensverzeichnis nur die Aktiven zählen und festgestellte Verbindlichkeiten nicht abzusetzen sind usw.

14 Das Abzugsverbot des § 18 Abs. 3 KostO gilt nur dann nicht, wenn die Kostenordnung ausdrücklich das Gegenteil bestimmt. So ist z. B. der Geschäftswert eines Güterrechtsvertrages gemäß § 39 Abs. 3 KostO das Reinvermögen der Ehegatten nach Abzug der Verbindlichkeiten; das Reinvermögen des oder der Erblasser bei der Errichtung oder Aufhebung von Testamenten und Erbverträgen gemäß § 46 Abs. 4 KostO; der Reinnachlaß bei der Erbscheinsverhandlung gemäß §§ 49, 107 KostO. Bei der Bewertung einer Verfügung von Todes wegen sind nach ausdrücklicher Bestimmung in § 46 Abs. 4 S. 2 Vermächtnisse, Pflichtteilsrechte und Auflagen nicht abzuziehen. Bei der Erbscheinsverhandlung werden sie dagegen als echte Nachlaßverbindlichkeiten abgezogen.

15 Der Geschäftswert von beweglichen Sachen entspricht gemäß § 19 Abs. 1 KostO dem gemeinen Wert. Der Notar ist hier im wesentlichen auf die Angaben der Beteiligten angewiesen. Beurkundet er z. B. die Schenkung eines gebrauchten PKW, so fehlt es ihm an Anhaltspunkten, den Wert des Wagens von sich aus festzustellen. Besondere Ermittlungen sind ihm aber nicht zuzumuten und auch nicht erforderlich.

Ganz anders steht es mit der Bewertung von Grundstücken. Ihre Erörterung ist einem eigenen Kapitel (Kapitel 5) vorbehalten.

16 Für die Bewertung von Rechten kommen die verschiedensten Gesichtspunkte in Betracht.

a) Als Wert einer Forderung gilt grundsätzlich der Nominalbetrag. Dieser Wert kommt insbesondere für die Begründung der Forderung und die Unterwerfung unter die Zwangsvollstreckung in Betracht. Ist die Forderung dubios, so ist der Wert u. U. nach § 30 Abs. 1 KostO zu schätzen, vgl. oben 9. Das kann z. B. bei der Abtretung von Forderungen der Fall sein. Grundsätzlich ist aber auch die Abtretung mit dem vollen Nominalwert zu beurteilen.

b) Der Geschäftswert von Aktien und anderen Wertpapieren, die einen Kurswert haben, bestimmt sich nach dem Börsenkurs. Festzustellen – u. U. durch Rückfrage bei einer Bank oder durch Einsicht des Kurszettels – ist der Börsenkurs am Tage der Beurkundung.

c) Wertpapiere ohne Kurswert sind nach § 30 Abs. 1 KostO zu schätzen.

17 Das in der Praxis am häufigsten vorkommende Geschäft ist die gemäß § 15 GmbH-Gesetz zwingend vorgeschriebene Beurkundung der Veräußerung und Abtretung von GmbH-Anteilen.

Wird dieses Geschäft entgeltlich vorgenommen, so wird der Geschäftswert grundsätzlich durch den Kaufpreis bestimmt. Man kann davon ausgehen, daß der Anteil zu seinem wirklichen Wert gehandelt wird. Fehlt es an einem Entgelt, dann muß aber der Wert ermittelt werden. Rohs-Wedewer § 19 D f. S. 262 Z. 11 verweisen auf die für die Vermögenssteuer-Hauptveranlagung gegebenen Richtlinien zur Ermittlung des gemeinen Wertes von nicht notierten Aktien und Anteilen hin. Auf diese Ausführungen muß hier Bezug genommen werden. M. E. ist für die Aufstellung der Notariatskosten nicht erforderlich, den Wert so genau zu ermitteln, wie das für die Zwecke des Finanzamtes der Fall ist. Für die Bewertung von GmbH-Anteilen bietet sich vielmehr ein einfacherer Weg an. Wert des Anteils ist nicht der Nominalbetrag, sondern der auf den Anteil entfallende Teil des Reinvermögens der GmbH. Da der steuerliche Betriebseinheitswert dem Reinvermögen nach Abzug der Verbindlichkeiten entspricht, kann er zur Feststellung des Geschäftswertes herangezogen werden, z. B. die Gesellschaft hat ein Stammvermögen von 20000,– DM. Ihr Einheitswert beträgt 100000,– DM, dann hat die Abtretung eines Anteils von 5000,– DM einen Geschäftswert von 25000,– DM.

Ein andere Möglichkeit bietet sich an, wenn der Anteil schon mehrfach seinen Inhaber gewechselt hat. Da der Notar die ordnungsmäßige Herkunft des Anteils zu prüfen hat, können sich dabei für ihn aus früheren Urkunden Anhaltspunkte für die Schätzung des Geschäftswertes ergeben.

18 Die Abtretung von Geschäftsanteilen im Zeitpunkt der Gründung der Gesellschaft (z. B. zwecks Schaffung einer Einmanngesellschaft) wird in der Regel keinen höheren Wert haben als den Nominalbetrag. Der Wert kann darunter liegen, wenn nur ein Viertel auf den Anteil eingezahlt ist. Da die Verpflichtung zur vollen Einzahlung mit der Abtretung kraft Gesetzes auf den Erwerber übergeht, ist es kostenrechtlich unerheblich, wenn der Erwerber diese Verpflichtung ausdrücklich übernimmt, z. B. A. veräußert seinen Stammanteil von 10000,– DM, auf den er 2500,– DM eingezahlt hat, an B., der sich ausdrücklich verpflichtet, die fehlenden 7500,– DM an die Gesellschaft zu zahlen. Wert ist nicht 10000,– DM, sondern 2500,– DM. Bühling in Beushausen-Küntzel-Kersten-Bühling, KostO, 5. Auflage, § 38 Abs. 6 Nr. 4b KostO weist mit Recht darauf hin, daß die nichtvollständige Einzahlung eine Wertminderung des Anteils bedeutet. Das Gesagte kann aber nur für das Gründungsstadium gelten. Hat die GmbH im Zuge ihrer geschäftlichen Existenz Vermögen erworben, dann kommt wiederum nur eine Schätzung nach § 30 Abs. 1 KostO in Betracht, auch wenn der Anteil noch nicht voll eingezahlt ist.

19 Anders als bei der Kapitalgesellschaft ist bei der Personalgesellschaft (OHG, KG, BGB-Gesellschaft) vom Aktivvermögen auszugehen. Die Gesellschafter sind am Gesellschaftsvermögen unmittelbar zur gesamten Hand beteiligt und haften auch unmittelbar. Der Kommanditist haftet zwar nur bis zur Höhe seiner Haftsumme, im übrigen ist er Gesamthänder wie alle anderen. Ausgehend vom Aktivvermögen ist der Wert des Anteils nach § 30 Abs. 1 KostO zu schätzen. Bei der BGB-Gesellschaft ist zu schätzen, welcher Anteil dem Gesellschafter bei der Auflösung der Gesellschaft zustehen würde (OLG München DNotZ 1944, 70).

20 Das Gesagte muß m. E. auch für andere Gesamthandsgemeinschaften gelten. In den Kommentaren wird zwar durchweg die Ansicht vertreten, daß der Wert eines Erbanteils dem Anteil am Reinnachlaß entspreche. OLG Hamm (DNotZ 1971, 77) hat aber überzeugend dargetan, daß kein Anlaß besteht, die Erbengemeinschaft von der allgemeinen Regel des Abzugsverbotes (§ 18 Abs. 3 KostO) auszunehmen. Danach entspricht der Wert eines Erbanteils dem Anteil am Aktivnachlaß.

21 Ein Nacherbenrecht ist gemäß § 30 Abs. 1 KostO zu schätzen. Maßgebend ist der wirtschaftliche Wert des Rechts, wobei insbesondere mögliche wirtschaftliche Veränderungen (z. B. bei befreiter Vorerbschaft) zu berücksichtigen sind. Ist der Wert des zukünftigen Nachlasses völlig ungewiß, kommt auch eine Schätzung nach § 30 Abs. 2 KostO in Betracht.

22 Als Wert einer Lebensversicherung pflegt man den Rückkaufswert, d. h. etwa 2/3 der bisher eingezahlten Prämien, anzunehmen.

23 Bei der Bestellung von Grundpfandrechten mußte früher die Valuta mit dem Wert des Grundstücks verglichen werden, und zwar damals mit dem Einheitswert. Dabei war es möglich, daß der Wert des Grundstücks niedriger war als der Wert des Grundpfandrechts und deshalb den Geschäftswert bestimmte. Jetzt stellt § 23 KostO als Wert eines Grundpfandrechtes den Wert der Valuta fest. Der Wert des Grundpfandrechts entspricht seinem Nennwert.

24 .Ein Wertvergleich ist aber auch heute noch anzustellen, wenn ein Grundstück in die Mithaft einbezogen oder aus ihr entlassen wird.

Beispiel

E. ist Eigentümer eines Grundstücks, das mit einer Hypothek von 80000,– DM belastet ist. Er verkauft ein Trennstück für 20000,– DM. Entläßt der Hypothekengläubiger das Trennstück aus der Mithaft für seine 80000,– DM-Hypothek, so hat diese Erklärung nur einen Wert von 20000,– DM. Genauso ist der Wert, wenn E. zu seinem Grundstück ein Trennstück für 20000,– DM hinzuerwirbt. Die Einbeziehung des neuen Grundstücks in die Mithaft für die 80000,– DM-Hypothek hat nur einen Wert von 20000,– DM.

25 Für sonstige Sicherungsgeschäfte, z. B. Pfandrechte, Sicherungsübereignungsvertrag, Sicherungsabtretung u. ä. ist der Betrag der Forderung maßgebend, falls das Pfand oder der Sicherungsgegenstand einen geringeren Wert haben, nach diesem. Daraus folgt, daß ein solches Sicherungsgeschäft auf keinen Fall einen höheren Wert haben kann als die Forderung. Werden für eine Forderung von 30000,– DM Sicherungsgegenstände im Wert von 40000,– DM übereignet, so bleibt es bei 30000,– DM. Der umgekehrte Fall wird selten sein, weil meist die Forderung nebst Unterwerfung unter die Zwangsvollstreckung mitbegründet wird. Damit steht der Wert der Forderung fest, das gegenstandsgleiche Sicherungsgeschäft kann den Wert dann nicht mehr beeinflussen. Der niedrige Wert von Sicherungsgegenständen kommt daher nur in Betracht, wenn die Urkunde sich auf das Sicherungsgeschäft beschränkt.

Beispiel

Schuldner S. hat bereits in vollstreckbarer Urkunde bekannt, 20000,– DM zu schulden. Nachträglich übereignet er zur Sicherung der Forderung einen Konzertflügel im Wert von 10000,– DM. Dieser Sicherungsübereignungsvertrag hat dann nur einen Wert von 10000,– DM.

5. KAPITEL

Die Bewertung von Grundbesitz nach § 19 Abs. 2 KostO

1 Zu den wichtigsten Änderungen, die das Kostenänderungsgesetz vom 28. 12. 1968 gebracht hat, zählt die Neufassung des § 19 KostO. In dem nunmehrigen Absatz 1 wird der Grundsatz vorangestellt, daß als Wert einer Sache der gemeine Wert (Verkehrswert) anzusetzen sei. Der alte Absatz 1, der vom Wert von Grundstücken handelte, wurde in veränderter und erweiterter Form nun Absatz 2. Er knüpft, wie der frühere Absatz 1 an den steuerlichen Grundstückseinheitswert an, erweitert aber die Möglichkeit, vom Einheitswert abzuweichen, in so erheblichem Umfange, daß praktisch auch für Grundbesitz in der Regel ein dem Verkehrswert angenäherter höherer Wert festzustellen ist. Diese Entwicklung ist von der Rechtsprechung weitgehend gefördert worden.

2 Nach der alten Fassung des § 19 KostO durfte der Notar bei der Bewertung eines Grundstückes vom Einheitswert nur abweichen, wenn sich aus dem Beurkundungsgeschäft selbst Anhaltspunkte, und zwar mit materiellrechtlicher Bedeutung gerade für dieses Geschäft ergaben, die eine höhere Bewertung ermöglichten. Das war z. B. bei Schenkungsverträgen oder bei Erbscheinsverhandlungen, Testamenten usw. regelmäßig nicht der Fall. Da die Einheitswerte hinter den Verkehrswerten von Jahr zu Jahr mehr zurückblieben, ergaben sich erhebliche Unbilligkeiten, die den Gesetzgeber schließlich veranlaßten, den § 19 KostO zu ändern. Ziel der Änderung sollte es sein, die Bewertung von Grundbesitz weitgehend nach dem wirklichen oder annähernd wirklichen Wert zu ermöglichen.

3 Um die Bedeutung dieser Änderung verständlich zu machen, sei als Beispiel eine Erbscheinsverhandlung angeführt, und zwar soll sich im Nachlaß ein Grundstück befinden, das einen Einheitswert von 35000,– DM hat, aber mit 120000,– DM belastet ist. Außerdem soll der Nachlaß ein Wertpapierdepot und Sparbücher im Wert von 25000,– DM sowie Hausrat im Wert von 3000,– DM enthalten. Da das Grundstück nach altem Recht nur mit dem Einheitswert von 35000,– DM angeführt werden durfte, kam man zu einem Aktivnachlaß von 63000,– DM. Zog man davon gemäß §§ 49 Abs. 2, 107 KostO die Belastungen von 120000,– DM ab, so ergab sich ein Minuswert. Der Notar erhielt also für die Erbscheinsverhandlung nur die Mindestgebühr von damals 3,– DM.

Wendet man neues Recht an, so ergeben die Belastungen, daß das Grundstück mindestens 120000,– DM wert ist. Sofern sich nicht noch ein höherer Grundstückswert ermitteln läßt, so bleibt ein Reinnachlaß von 28000,– DM.

Wurde das gleiche Grundstück verschenkt, dann durfte der Notar als Geschäftswert nur den Einheitswert von 35000,– DM ansetzen. Nach neuem Recht ergibt sich ein Wert von mindestens 120000,– DM.

4 Nach dem Inkrafttreten der Neufassung war zunächst streitig, in welchem Verhältnis Einheitswert und Verkehrswert zueinanderstehen. Was sollte der Grundsatz, was die Ausnahme sein, zumal auch die Neufassung den Einheitswert voranstellt. Hierüber hat sich die Rechtsprechung schnell hinweggesetzt. So sagt z. B. das BayObLG DNotZ 1970, 756, daß bei genügenden Anhaltspunkten für eine Höherbewertung dahingestellt bleiben kann, ob § 19 Abs. 1 Satz 1 KostO als eine Art Obersatz in dem Sinne gelte, daß für Grundbesitz der Einheitswert nur ausnahmsweise in Betracht komme, oder ob § 19 Abs. 2 Satz 1 KostO für sich zu betrachten und dahin auszulegen sei, daß hiernach für Grundstücke auch jetzt noch der Einheitswert den Ausgangspunkt für die Wertberechnung bilde, von dem nur bei Vorliegen bestimmter, sicherer und nachprüfbarer Anhaltspunkte abgewichen werden könne.

Das ist in der Tat gleichgültig, zumal die Rechtsprechung (wie zu zeigen sein wird) das Verbot, Beweisaufnahmen über den Geschäftswert vorzunehmen, weitgehend unterlaufen hat. Die Tendenz der Rechtsprechung geht jedenfalls dahin, einen dem Verkehrswert angenäherten Geschäftswert zu gewinnen. Klar ausgedrückt hat das schon des LG München in einer richtungsweisenden Entscheidung (Rpfleger 70/218), die Auslegung des § 19 KostO n. F. müsse sich an dem Ziel der Neuregelung orientieren, an die Stelle des Einheitswertes möglichst einen angemessenen Wert zu setzen.

5 Die Entscheidung, ob er vom Einheitswert abweichen will, ist nicht in das Ermessen des Notars gestellt. Liegen Anhaltspunkte für einen höheren Wert vor, so hat der Notar vom Einheitswert abzuweichen. Die dafür unter Umständen erforderliche Schätzung ist dann allerdings Ermessenssache (BayObLG DNotZ 1970, 756). Sind Anhaltspunkte nicht sogleich offensichtlich, so darf sich der Notar gleichwohl nicht mit dem Einheitswert abfinden. Er ist verpflichtet, die Beteiligten zu befragen (OLG Hamm DNotZ 1971, 125) oder behördliche Auskünfte einzuholen (KG DNotZ 1972, 626 u. DNotZ 1974, 486).

6 § 19 KostO führt einige Anhaltspunkte an, die eine Höherbewertung ermöglichen und notwendig machen, z. B. Inhalt des Geschäfts, Angaben der Beteiligten, Grundstücksbelastungen, Vergleichswerte oder sonstige ausreichende Anhaltspunkte. Mit den letzten Worten sagt das Gesetz selbst, daß es sich nicht um einen abgeschlossenen Katalog handelt und daß jeder mögliche Anhaltspunkt geeignet ist (LG Kempten MitBayNot. 1970, 179 = DNotZ 1971, 699 LS).

7 Es muß sich aber um konkrete Anhaltspunkte handeln. Die Tatsache, daß die Grundstückswerte ganz allgemein erheblich über den Einheitswerten liegen, ist daher nicht ausreichend (u. a. OLG Düsseldorf RheinNotK 1970, 477 = DNotZ 1971, 698 LS; JVerwBl. 1970, 19 = DNotZ 1970, 637 LS). So ist es auch nicht zulässig, im Umkreis einer Großstadt einen bestimmten Mindestpreis der Grundstücke anzunehmen und bei Veräußerung mehrerer Grundstücke pauschal das fünffache des Einheitswertes anzusetzen (OLG Stuttgart Justiz 72/38 = DNotZ 1972, 753 LS).

Etwas anderes ist es, wenn die Beteiligten als Grundstückswert ein Mehrfaches des Einheitswertes angeben. Das ist dann als Angabe der Beteiligten ein konkreter Anhaltspunkt (OLG Oldenburg, JVBl. 1964, 253 = DNotZ 1970, 637 LG).

8 Anhaltspunkte, die sich aus dem Inhalt des Geschäfts ergeben, führten schon nach früherem Recht zur Abweichung vom Einheitswert. Daran hat sich nichts geändert. So kann sich z. B. bei einer Erbauseinandersetzung der Wert eines Nachlaßgrundstücks aus der Höhe der Abfindungsbeträge ergeben, die an weichende Erben gezahlt werden; bei einer testamentarischen Teilungsanordnung kann sich der Wert aus dem Verhältnis zu Zuwendungen an Geld ergeben.

9 Der wichtigste Anhaltspunkt besteht in den Angaben der Beteiligten. In Ermangelung anderer Anhaltspunkte sind die Beteiligten zu fragen. Dazu ist der Notar verpflichtet. Unterläßt er es, Fragen zu stellen und findet er sich gleichzeitig mit dem Einheitswert ab, so kann darin eine unzulässige Gebührenvereinbarung liegen. So wiederholt OLG Hamm DNotZ 1974, 488 den Satz aus BayObLG DNotZ 1970, 750, daß die Befragung der Beteiligten ein einfacher, Streitigkeiten ausschließender und zuverlässiger Weg für die Feststellung des Grundstückswertes ist.

Im allgemeinen werden die Beteiligten bereit sein, ihre Vorstellung vom Verkehrswert des Grundstücks mitzuteilen. Geben sie einen den Einheitswert übersteigenden Wert an, so ist das ein ausreichender Anhaltspunkt, als Grundstückswert mindestens den angegebenen Wert zugrunde zu legen. Wie die Beteiligten zu dem Wert gelangt sind und ob ihre Angaben auf Schätzung beruhen, ist gleichgültig. Daß die Angaben der Beteiligten vielfach zu unterschiedlichen Feststellungen führen können, hat der Gesetzgeber bewußt in Kauf genommen (OLG Hamm JVBl. 1970, 161 = DNotZ 1971, 698 LS und DNotZ 1974, 488).

10 Die Beteiligten können nicht gezwungen werden, Angaben über den Grundstückswert zu machen. Weigern sie sich und sind sonstige objektive Anhaltspunkte nicht ersichtlich, so ist der Notar immer noch nicht gehalten, den Einheitswert als Geschäftswert einzusetzen. Er ist vielmehr verpflichtet, weitere Ermittlungen anzustellen.

Zwar soll nach § 19 Abs. 2 S. 1 letzter Halbsatz KostO von einer Beweisaufnahme zur Feststellung eines höheren Wertes abgesehen werden. Deshalb wäre z. B. die Einholung eines Sachverständigengutachtens sicher eine unzulässige Beweisaufnahme. Mit diesem Beweisverbot ist dem Notar aber nicht jede Ermittlungstätigkeit untersagt (KG DNotZ 1972, 624). Besteht Grund zu der Annahme, daß z. B. eine Anfrage bei dem Gutachterausschuß für Grundstückswerte (§ 143 Abs. 3 BBauG) einen über den Einheitswert liegenden Wert ergibt – und das wird der Regelfall sein –, so ist der Notar zu einer solchen Anfrage nicht nur berechtigt, sondern verpflichtet (KG DNotZ 1972, 624).

Bis auf die eine abweichende Meinung des OLG Düsseldorf DNotZ 1972, 442, sind sich die Obergerichte darüber einig, daß Anfragen beim Gutachterausschuß, evtl. auch bei den örtlichen Brandkassen, zulässig sind, KG a. a. O., BayObLG Rpfleger 75, 37; DNotZ 74, 308 (Bauernverband); DNotZ 1972, 246, OLG Karlsruhe Rpfleger 1971, 371; OLG Braunschweig Rpfleger 1973, 107).

11 Noch nicht völlig geklärt ist die Frage, wie der durch Auskunft des Gutachterausschusses oder mit Hilfe des Richtwerteatlas ermittelte Richtwert zu verwerten ist. Einig sind sich BayObLG DNotZ 1972, 246 und KG DNotZ 1974, 486, daß nicht der volle Richtwert anzunehmen ist (so z. B. noch LG München DNotZ 1971, 568). Das BayObLG will für den Grund und Boden 50% des Richtwertes ansetzen und Gebäudewerte hinzurechnen. Das Kammergericht will einen Abschlag von 25% vornehmen, grundsätzlich aber keine Gebäudewerte berücksichtigen.

12 Die Einholung der Auskunft des Gutachterausschusses wird überflüssig, wenn sich dem Notar sonstige Anhaltspunkte ergeben. So können insbesondere die Grundakten wichtige Anhaltspunkte bieten. Die Verwertung früherer Kaufpreise durch Heranziehung älterer Kaufverträge aus den Grundakten ist keine unzulässige Beweisaufnahme (OLG Karlsruhe Rpfleger 1971, 330 = DNotZ 1972, 752 LS, OLG Hamm JVBl. 1970, 211). Kauft jemand ein Grundstück (Eigentumswohnung), um es dann sofort an die Tochter zu verschenken, dann hat der Schenkungsvertrag denselben Wert wie der Kaufvertrag. Verkaufen Miterben die Hälfte des Nachlaßgrundstücks und setzen sie sich über die andere Hälfte auseinander, dann kann der Wert dieser Hälfte nicht geringer sein, als der der verkauften. Das LG Berlin (82 AR 381/69) hat einmal den Grundstückswert mit Hilfe der Mieteinnahmen ermittelt und als Grundstückswert auf den 6 1/2-fachen Betrag der Jahresmiete geschätzt.

In Betracht kommen ferner dem Notar aus seiner amtlichen Tätigkeit bekannte Vergleichswerte z. B. aus der Beurkundung von Verkäufen mehrerer Nachbargrundstücke.

13 Belastungen sind ein Anhaltspunkt dafür, daß Grundstücke mindestens soviel wert sind, wie sie belastet sind. Bei über den Einheitswert hinausgehenden Belastungen, die auf Beleihung von Kreditinstituten beruhen, will OLG Oldenburg (Nds. Rpfleger 1971, 202 = DNotZ 1972, 752 LS) den Wert auf 10/7 des Nominalbetrages feststellen, weil Kreditinstitute sich eine Belastungsgrenze setzen, die unter dem Verkehrswert liegt. OLG Hamm (JVBl. 1969, 255 = DNotZ 1970, 637 LS) hält es dagegen nicht für zulässig, einen die Belastungen übersteigenden Wert anzunehmen. Die Tatsache, daß Kreditinstitute nicht zum vollen Wert beleihen, ist als Erfahrung zu allgemein und gibt nichts für den konkreten Fall her.

Auch kommt hier die allgemeine Tendenz zum Ausdruck, bei Schätzungen vorsichtig zu sein und eher einen geringeren als zu hohen Wert anzunehmen. Das Gesagte gilt nicht für Gesamthypotheken und -grundschulden. Diese stellen keinen ausreichenden Anhaltspunkt für den Wert der Sache dar, OLG Hamm JurBüro 1976, 229.

14 Soweit es nach dem neuen Recht überhaupt noch auf den Einheitswert ankommt, ist dieser nachzuweisen. Geschieht das nicht, ist das Finanzamt um Auskunft zu ersuchen. Ist ein Einheitswert noch nicht festgestellt, ist er vorläufig zu schätzen. Die Schätzung ist nach der ersten Festsetzung des Einheitswertes zu berichtigen.

Wenn sich der Gegenstand des Einheitswertes verändert hat, ist nach § 19 Abs. 3 KostO der Wert nach freiem Ermessen zu bestimmen. Ist z. B. der Einheitswert für ein unbebautes Grundstück festgesetzt, und wird das Grundstück bebaut, dann ist nicht mehr der Einheitswert, sondern ein auf der Grundlage des Einheitswertes nach freiem Ermessen ermittelter Wert maßgebend.

15 Gemäß § 20 Abs. 1 letzter Halbsatz KostO bleibt beim Kauf eines Grundstücks eine für Rechnung des Erwerbers vorgenommene Bebauung außer Betracht. Da Wert des Grundstücks und Kaufpreis miteinander zu vergleichen sind, ist diese Bestimmung nicht anwendbar, wenn der Kaufpreis höher ist als der Wert des Grundstücks, wobei es aber nicht auf den Einheitswert, sondern auf den nach § 19 Abs. 2 KostO ermittelten Wert ankommt. Man kann davon ausgehen, daß die Parteien den Kaufpreis so aushandeln, daß der Käufer die von ihm oder auf seine Rechnung errichteten Bauten nicht noch einmal bezahlt. Ist aber der Wert des Grundstücks in seinem Zustand zur Zeit der Beurkundung höher als der Kaufpreis, dann kann das darauf beruhen, daß der Erwerber das Grundstück schon vorher bebaut hat. Er kann z. B. vorher Mieter oder Pächter gewesen sein und in dieser Eigenschaft Gebäude errichtet haben. Es kann auch ein Dritter auf Grund eines Geschäftsbesorgungsvertrages für Rechnung des Erwerbers gebaut haben, der dann nur den Grund und Boden zu bezahlen hat. Hier kommt es darauf an, ob der Geschäftsbesorgungsvertrag mitbeurkundet wird, oder ob er, was möglich ist, privatrechtlich geschlossen wird. Im ersten Fall kommt im Ergebnis der volle Wert mit den Baukosten heraus, im zweiten Falle nur der Wert von Grund und Boden.

6. KAPITEL

Dauerrechte

1 Der Wert von Dauerrechten, Rechten auf dauernde Nutzungen oder Leistungen, ist in der Kostenordnung an verschiedenen Stellen geregelt. Die zentralen Bestimmungen enthält der § 24 KostO, daneben gibt es Spezialvorschriften wie § 25 KostO für den Mietvertrag, der später erörtert wird, und § 22 für die Grunddienstbarkeit.

2 Der Wert einer Grunddienstbarkeit richtet sich gemäß § 22 KostO nach dem Wert, den sie für das herrschende Grundstück hat. Ist der Betrag, um den sie den Wert des dienenden Grundstücks mindert, größer, so ist der höhere Betrag maßgebend. Da sich die hier genannten Werte nicht in bestimmten Geldwerten ausdrücken lassen, kommt es in der Praxis darauf hinaus, daß man den Wert der Grunddienstbarkeit nach § 30 KostO schätzt, und zwar zunächst nach § 30 Abs. 1 KostO und nur wenn gar keine Anhaltspunkte für eine Schätzung gegeben sind, nach § 30 Abs. 2 KostO. Dabei wird man selten über den Regelwert von 5000,– DM hinausgehen können. Ein höherer Wert kommt unter Umständen in Betracht, wenn von der Bestellung eines Wegerechts die Baugenehmigung abhängig gemacht wird.

3 § 22 KostO gilt nur für Grunddienstbarkeiten, also objektiv dingliche Rechte, Wegerechte, Leitungsrechte, Fensterrechte, Lichtrechte usw., die zugunsten des jeweiligen Eigentümers des herrschenden Grundstücks auf dem dienenden Grundstück bestellt werden.

4 Die mit der Grunddienstbarkeit verwandte subjektiv dingliche beschränkt persönliche Dienstbarkeit, z. B. ein Wohnrecht, und der ebenfalls verwandte Nießbrauch sind dagegen gemäß § 24 KostO zu bewerten.

5 Nach § 24 Abs. 1 u. Abs. 2 KostO ist zu unterscheiden, ob Nutzungen oder Leistungen auf *bestimmte Zeit* gewährt werden, ob es sich anderenfalls um Bezugsrechte auf *unbeschränkte* Zeit oder von *unbestimmter* Dauer handelt oder ob sie auf die Lebensdauer einer Person beschränkt sind. Auf höchstens das fünffache des Jahresbezugs beschränkt Abs. 3 den Wert von Rechten, die dem Ehegatten, früheren Ehegatten und nahen Angehörigen zustehen. Nach dem einjährigen Bezug ist der Geschäftswert des Unterhaltsanspruches eines nichtehelichen Kindes zu bewerten.

6 Wird ein Recht auf eine bestimmte Zeit gewährt, z. B. ein Wohnrecht auf 20 Jahre, so ist gemäß § 24 Abs. 1a KostO der bestimmte Geldbetrag maßgebend. Verpflichtet sich A. z. B. der mitschuldig geschiedenen Ehefrau zwecks Abschlusses ihres vor der Ehe begonnenen Studiums auf drei Jahre eine monatliche Unterhaltsbeihilfe von 300,– DM zu zahlen, so ist der dreifache Jahresbetrag maßgebend, also 300 × 12 × 3 = 10800,– DM. (Liefe die Zahlungspflicht des A. über 6 Jahre, so käme nach § 24 Abs. 3 KostO nur der fünffache Jahresbezug = 300 × 12 × 5 = 18000,– DM als Wert in Betracht).

7 Der Wert auf bestimmte Zeit bestellter Rechte ist aber nach oben begrenzt und zwar auf den 25fachen Jahresbetrag (vgl. für den Mietvertrag § 25 KostO). So ist der Wert eines auf 99 Jahre vereinbarten Erbbaurechts gemäß § 21 Abs. 2 KostO in Verbindung mit § 24 Abs. 1a KostO auf den 25fachen Jahreserbbauzins festzustellen. Beim Erbbauzins steht der Jahresbetrag fest. In anderen Fällen ist das nicht immer so einfach.

8 In folgendem *Beispiel* ist der Wert einer beschränkt persönlichen Dienstbarkeit festzustellen:

Die Firma R. GmbH unterhält zahlreiche *Filialgeschäfte*. Sie läßt sich auf dem Grundstück des G. eine *beschränkt* persönliche Dienstbarkeit auf 20 Jahre zwecks Unterhaltung eines Selbstbedienungsladens einräumen. Gleichzeitig hat sie mit G. einen Mietvertrag abgeschlossen, der ebenfalls 20 Jahre läuft und eine monatliche Miete von 5000,– DM vorsieht.

Das Dauernutzungsrecht ist auf 20 Jahre eingeräumt. Sein Wert ist daher der 20fache Betrag des Jahresnutzungswerts. Obwohl es sachenrechtlich keine dinglich gesicherte Miete gibt, greift man im Kostenrecht auf das zugrundeliegende Mietverhältnis zurück. Dann entspricht der Wert der Jahresnutzung dem Wert der Miete. Daraus ergibt sich folgende Wertbestimmung: 5000 × 12 × 20 = 1200000,– DM.

Die Gebühr ist aber nur eine halbe. Zur Eintragung der beschränkt persönlichen Dienstbarkeit bedarf es nur einer formellen Grundbucherklärung im Sinne von § 38 Abs. 2 Nr. 5a KostO.

Die *Kostenberechnung* lautet also:
Geschäftswert: 1200000,– DM

Gebühr §§ 145 Abs. 1, 38 Abs. 2 Nr. 5a KostO	937,50 DM
Umsatzsteuer 5,5%	51,56 DM
	989,06 DM.

9 Beim Erbbauzins und bei der der beschränkt persönlichen Dienstbarkeit als Bemessungsfaktor zugrundezulegenden Miete kann sich der Geschäftswert durch eine Wertsicherungsklausel erhöhen. Ob die Wertsicherungsklausel berücksichtigt werden muß, ist streitig. Nach BayObLG BayOLGZ 1975, 773 (Abgrenzung von DNotZ 1974, 490) ist eine sogen. Spannungsklausel nicht zu beachten, wohl aber eine echte Wertsicherungsklausel, bei der sich die Leistungen im gleichen Verhältnis wie die Bezugsgröße (Index u. a.) automatisch erhöht. 10% des kapitalisierten Zinses sind angemessen.

10 Beschränkt persönliche Dienstbarkeiten kommen in der Notariatspraxis besonders häufig in Gestalt von Tankstellendienstbarkeiten vor. Von den großen Firmen, die sich solche Dienstbarkeiten einräumen lassen, ist nicht selten versucht worden, die Geschäftswerte zu drücken und eine Bewertung nach § 30 Abs. 2 KostO zu erreichen. Der Geschäftswert bestimmt sich aber stets nach § 24 KostO, allenfalls bei der Feststellung des Jahreswertes kann § 30 KostO in Betracht kommen. Im Zweifelsfall findet der Notar eine umfassende Auskunft bei Korintenberg-Wenz-Ackermann-Lappe, KostO, 8. Auflage, § 22 Fußn. 2. Im übrigen ist das nachstehende *Beispiel* mit Abänderungen als Arbeitsmuster zu verwenden:

Der Grundstückseigentümer E. räumt der S. A. G. auf seinem Grundstück eine Tankstellendienstbarkeit auf 20 Jahre ein. Die Gebühr beträgt wieder 5/10 nach § 38 Abs. 2 Nr. 5a KostO. Wegen des Wertes bestehen verschiedene Möglichkeiten:

a) Ein Jahresentgelt steht fest, also 20facher Betrag des Jahresentgelts.
b) Ein Jahresentgelt läßt sich schätzen (Rpfleger 1955 S. 351), also 20facher Betrag des Schätzwertes.
c) Sonderfall: Jahresbetrag = Differenz zwischen der Verfügung an einen dienstbarkeitsverpflichteten und nicht dienstbarkeitsverpflichteten Tankstellenwart (OLG Celle JVBl. 1964, 125).
d) Unter Umständen 4% vom Verkehrswert des Grundstücks nach § 24 Abs. 5 KostO.

11 Nach § 24 Abs. 5 KostO werden als einjähriger Nutzungswert 4 v. H. vom Wert des Grundstücks (§ 19 Abs. 2 KostO) angenommen, sofern sich auf keine andere Weise ein Wert feststellen läßt (die Vorschrift schließt § 30 Abs. 2 KostO aus, nicht aber § 30 Abs. 1 KostO). § 24 Abs. 5 KostO gilt auch nur, wenn das Nutzungsrecht ausschließlich ist und das ganze Grundstück umfaßt.

Der Anwendungsbereich des § 24 Abs. 5 KostO ist also sehr eng begrenzt.

12 Der nach § 24 Abs. 1a KostO festzustellende Wert kann geringer sein, wenn das Recht zugleich auf die Lebensdauer des Berechtigten begrenzt ist. A. bestellt dem 60jährigen B. den Nießbrauch an seinem Grundstück auf 20 Jahre, jedoch mit der Maßgabe, daß er mit dem Tode des B. erlischt, was ja beim unvererblichen Nießbrauch selbstverständlich ist. In diesem Falle ist das Nutzungsrecht zwar auf bestimmte Zeit bestellt, jedoch zugleich durch das Leben des B. bedingt. Das hat zur Folge, daß der Wert eines auf Lebenszeit beschränkten Nießbrauchs nicht überschritten werden darf. Es soll unterstellt werden, daß der Jahreswert des Nießbrauchs 10000,– DM beträgt. Der 20fache Betrag wäre dann 200000,– DM.

Da der Berechtigte aber 60 Jahre alt ist, kommt nur der 11fache Jahresbetrag = 110000,– DM in Frage, vgl. dazu unten Nr. 17.

Wäre der Berechtigte erst 24 Jahre alt, ergäbe sich der Multiplikator 21. Dann bliebe es bei dem 20fachen Betrag.

13 Bei Bezugsrechten, die nicht auf eine bestimmte Zeit bestellt sind, ist zwischen solchen von unbeschränkter und von unbestimmter Dauer zu unterscheiden. Im ersten Falle ist der 25fache, im zweiten der 12,5fache Jahresbetrag anzusetzen.

Ein Recht von unbeschränkter Dauer liegt vor, wenn sein Wegfall nicht abzusehen ist. Ein Recht von unbestimmter Dauer wird dagegen mit Sicherheit wegfallen, doch ist unbestimmt, wann dieser Fall eintreten wird.

14 *Beispiel*

Graf von Z. besitzt in der Stadt D. ein Schloß, das er weder zu bewohnen, zu nutzen noch zu erhalten in der Lage ist. Er bestellt der Stadt an dem Schloßgrundstück einen unentgeltlichen unbeschränkten Nießbrauch.

Ein Ende des Nießbrauchs ist nicht zu erwarten. Nießbrauchsrechte natürlicher Personen erlöschen mit dem Tode. Ein Ende der juristischen Person Stadt D. ist dagegen nicht abzusehen.

Als Wert ist hier also der 25fache Jahresnutzungswert anzusehen. Bei der Feststellung des Jahresnutzungswertes könnte hier wieder § 24 Abs. 5 KostO anzuwenden sein (4% vom Grundstückswert). Allerdings könnte man hier unter Umständen zu einem Gegenwert kommen, wenn man die ungewöhnlichen Erhaltungskosten des historischen Baues, der unter Denkmalschutz steht, in Rechnung stellt.

Der Fall ähnelt dem bei Beushausen-Küntzel-Kersten-Bühling, KostO, 5. Auflage Seite 185 Anm. 2 zu § 24 erwähnten Nießbrauch an einem Theatergebäude.

15 *Beispiel*

Auf dem Grundstück des E. lastet eine Hypothek über 30000,– DM, die mit 8% verzinslich ist. E. erklärt nun in vollstreckbarer Urkunde eine Erhöhung des Zinssatzes um 2% nebst Unterwerfung unter die Zwangsvollstreckung. Die Hypothek ist kündbar, im übrigen auf unbestimmte Zeit bestellt (bei einer Tilgungshypothek wäre die Hypothek zwar durch den Tilgungsplan zeitlich begrenzt, würde sich aber in eine Eigentümergrundschuld mit dem gleichen Zinssatz umwandeln).

Es handelt sich also auch bei der Erhöhung des Zinssatzes um ein Recht von unbestimmter Dauer, d. h. der *Geschäftswert* der Urkunde beträgt

2% von 30000,– DM = 600 × 12,5 = 7500,– DM, danach die Gebühr (formelle Grundbucherklärung + Unterwerfung unter die Zwangsvollstreckung) §§ 38 Abs. 2 Nr. 5a, 36 Abs. 1, 44 Abs. 1 KostO	53,00 DM
Umsatzsteuer 5,5%	2,92 DM
	55,92 DM.

Bei Veränderungen, z. B. von Zinsen, darf § 39 KostO nicht übersehen werden. Der Wert von Veränderungen kann nicht höher sein, als der Wert des veränderten Rechts, wobei Zinsen grundsätzlich nicht zu berücksichtigende Nebenleistungen sind (§ 18 Abs. 2 KostO). Korintenberg-Wenz-Ackermann-Lappe, KostO, 8. Aufl., § 24 Anm. 2 bringen folgendes lehrreiches *Beispiel:*

Eine bisher unverzinsliche Grundschuld von 10000,– DM soll jetzt mit 10% verzinst werden. Der 12 1/2fache Jahreszins ergäbe einen Wert von 12500,– DM. Da die Grundschuld selbst aber nur einen Wert von 10000,– DM hat, ist auch der Wert der Veränderung nicht höher.

Besondere Aufmerksamkeit erfordert hier die Unterwerfung unter die Zwangsvollstreckung. Bezieht sie sich nur auf die Änderung, so hat sie auch nur diesen Wert. Es kommt aber vor, daß Kreditinstitute aus Zweckmäßigkeitsgründen eine völlige Neufassung der vollstreckbaren Urkunde verlangen und damit die Wiederholung der Vollstreckungsunterwerfung auch wegen des Hauptrechtes fordern. Dann ist trotz des evtl. geringeren Änderungswertes der volle Wert des Hauptrechtes maßgebend.

16 Wird ein Nießbrauch auf die Dauer von 3 Jahren bestellt mit der Maßgabe, daß er sich bei Nichtkündigung jeweils um 3 Jahre verlängert, so ist sein Wert der 12,5fache Jahresbetrag.

Wird aber der Nießbrauch auf 15 Jahre mit Verlängerungsklausel bestellt, dann ist sein Wert der 15fache Jahresbetrag, denn 15 Jahre besteht er bestimmt.

Bei einem Nießbrauch von unbestimmter Dauer für einen 50jährigen Berechtigten ist wiederum die Lebenserwartung nach § 24 Abs. 2 KostO zu berücksichtigen. Der Jahreswert ist also mit 12 1/2 zu multiplizieren, denn der 15fache Wert nach § 24 Abs. 2 KostO wäre höher. Wäre der Berechtigte 60 Jahre alt, war der Multiplikator des § 24 Abs. 2 KostO niedriger, er betrüge nur 11.

17 Bei einem Recht von unbestimmter Dauer kann von vornherein feststehen, daß es keine Dauer von 12 1/2 Jahren haben wird.

> Z. B. A. verspricht seinem mit ihm nicht verwandten Patenkind N., ihm für die Dauer seines Studiums an der Pädagogischen Hochschule monatlich 300,– DM zu Verfügung zu stellen.

Die Dauer des Studiums ist zwar unbestimmt, jedoch kommt niemals eine Studiendauer von 12 1/2 Jahren in Betracht. Hier ist der Wert zu schätzen, z. B. Jahreswert 300 × 12 × 4 = 16400,– DM.

18 Werden Rechte auf Lebensdauer des Berechtigten bestellt, so ist die Lebenserwartungstabelle des § 24 Abs. 2 KostO anzuwenden.

> Der 64jährige Handwerksmeister Müller hat seinen Handwerksbetrieb formlos auf Rentenbasis an Meister Krüger verkauft. Krüger verpflichtet sich nun in vollstreckbarer Urkunde zur Zahlung einer lebenslänglichen Rente an Müller in Höhe von 1000,– DM monatlich.

Der Wert bestimmt sich nach § 24 Abs. 2 KostO. Da Müller 64 Jahre alt ist, ergibt sich ein Wert von 1000 × 12 × 11 = 132000,– DM. Da nur die einseitige Zahlungsverpflichtung und Zwangsvollstreckung beurkundet ist, folgt die Beurkundungsgebühr aus

§ 36 Abs. 1 KostO und beträgt	285,00 DM
+ Umsatzsteuer	15,68 DM
	300,68 DM.

Wäre der ganze Vertrag beurkundet worden und wäre der gemeine Wert des Handwerksbetriebes nicht höher als 132000,– DM, so ergäben sich

20/10 aus § 36 Abs. 2 KostO =	570,00 DM
Umsatzsteuer	31,35 DM
zusammen	601,35 DM.

Ist Müller bei Geschäftsabschluß bereits 70 Jahre alt, so beträgt der Wert 1000 × 12 × 7,5 = 90000,– DM, die Gebühr aus § 36 Abs. 1 KostO also 210,– DM.

19 Der 65jährige Müller übergibt seinen Betrieb nicht einem Fremden, sondern seinem Sohn;

in diesem Falle ist § 24 Abs. 3 KostO anwendbar, der Wert der von dem Sohn übernommenen Rente beträgt dann 1000 × 12 × 5 = 60000,– DM.

20 Der sehr rüstige Müller entschließt sich erst nach Vollendung des 80. Lebensjahres, das Geschäft dem Sohn zu übergeben.

Hier kommt es auf § 24 Abs. 3 KostO nicht an, da nach § 24 Abs. 2 KostO nur der 3fache Jahresbetrag anzusetzen ist, also 1000 × 12 × 3 = 36000,– DM.

Bewertet sind hier nur die einseitigen Rentenverpflichtungen. Wird der Vertrag beurkundet, dann kann sich aus § 20 KostO oder § 39 Abs. 2 KostO (je nach Vertragstyp) aus dem Vergleich von Leistung und Gegenleistung ein wesentlich höherer Wert ergeben, vgl. das obenstehende Beispiel mit einem Vertragswert von 132000,– DM.

21 Besonderheiten ergeben sich, wenn auf die Lebensdauer mehrerer Berechtigter abgestellt wird. Im Falle des Verkaufs von Müller an Krüger auf Rentenbasis wird vereinbart, daß die Rente Müller und seiner Ehefrau zusteht und nach dem Tode von Müller an seine Witwe weitergezahlt werden soll. Müller ist 65 Jahre, seine Ehefrau 54 Jahre alt. Maßgeblich ist hier das Alter der jüngeren Ehefrau, also 1000 × 12 × 15 = 180000,– DM.

Oft wird aber vereinbart, daß die Rente der Witwe geringer sein soll. Die Rente soll z. B. zunächst 1000,– DM betragen, falls die Eherfrau überlebt, soll sie eine Witwenrente von nur 600,– DM erhalten. Hier handelt es sich um zwei Rechte. Das Recht des Müller hat einen Wert von 1000 × 12 × 11 = 132000,– DM.

Das Recht der Ehefrau hätte, wenn es sogleich entstehen würde, einen Wert von 600 × 12 × 15.

Ihr Recht ist aber aufschiebend bedingt durch den Tod ihres Ehemannes. Für diesen Fall gilt die eigentümliche Bestimmung des § 24 Abs. 6 Satz 3 KostO. Steht im Zeitpunkt des Geschäfts der Beginn des Bezugsrechts noch nicht fest oder ist das Recht in anderer Weise bedingt, so ist der Geschäftswert nach den Umständen des Falles niedriger anzusetzen.

Bezüglich des Berechtigten Müller geht die Kostenordnung von einer durchschnittlichen Lebenserwartung von 11 Jahren aus. Nach 11 Jahren wäre Frau Müller 65 Jahre alt und hätte nun ihrerseits eine Lebenserwartung von 11 Jahren. Man wird also hier den 11fachen Jahresbetrag ansetzen können. Doch würde der Notar im Rahmen seines Ermessens bleiben, wenn er mit Rücksicht auf den Grenzwert des 65. Lebensjahres nur den 7 1/2fachen Betrag rechnen würde, also 600 × 12 × 7,50 DM = 54 000,– DM.

Dann ergibt sich gemäß § 44 Abs. 2a KostO folgender Wert:

	132 000,– DM
+	54 000,– DM
	186 000,– DM.

22 Die Rentenrechte können auch völlig unabhängig sein: Müller lebt von seiner Ehefrau getrennt. Er vereinbart mit Krüger für sich eine Rente von 800,– DM und für seine Ehefrau eine solche von 400,– DM. Die Renten sollen unabhängig voneinander mit dem Tode des jeweiligen Berechtigten erlöschen.

Hier handelt es sich um zwei selbständige Rentenrechte, von denen jedes nach dem Lebensalter des Berechtigten zu bewerten ist, also für

Ehemann	Müller (65)	800 × 12 × 11 =	105 000,– DM
Ehefrau	Müller (54)	400 × 12 × 15 =	72 000,– DM
			177 000,– DM.

Wird die Rente vom Sohn gezahlt, gilt wieder gemäß § 24 Abs. 3 KostO für beide Elternteile der fünffache Jahresbetrag:

800 × 60 =	48 000,– DM
400 × 60 =	24 000,– DM
	72 000,– DM.

23 Wohnrechte für Eheleute wurden früher als ranggleiche selbständige Rechte eingetragen mit der Folge, daß sie als getrennte Rechte zu bewerten waren. Seit BGH DNotZ 1967, 183 können die Ehegatten als Gesamtberechtigte eingetragen werden. Maßgebend ist dann das Lebensjahr des jüngeren.

Beispiel

Der Erwerber Krüger räumt den Ehegatten Müller in seinem Miethaus ein Wohnrecht an einer bestimmten 2-Zimmerwohnung ein. Der Jahreswert des Wohnrechts beträgt z. B. 2400,– DM.

Dann ergibt sich nach dem Lebensalter der jüngeren Ehefrau ein Wert von 2400 × 15 = 36 000,– DM.

Früher (OLG Schleswig Büro 1968, 996) hätte man rechnen müssen

2400 × 11 = 26400,– DM
+ 2400 × 15 = 36000,– DM

62400,– DM.

Der Notar, der die Entscheidung des BGH DNotZ 1967, 183 und etwa nach einem älteren Formularbuch getrennte Rechte beurkundet, würde sich jetzt wegen der dadurch entstehenden Mehrkosten dem Vorwurf der falschen Sachbehandlung aussetzen, vgl. auch KWAL (8), § 24 Fußn. 10.

24 Die Begünstigung naher Angehöriger ist vorstehend schon mehrfach erwähnt worden. Gemäß § 24 Abs. 3 KostO kommt höchstens der fünffache Jahresbetrag in Betracht, wenn das Recht zusteht

a) dem Ehegatten,
b) dem früheren Ehegatten,
c) Verwandten in gerader Linie, also Eltern, Großeltern, Kindern, Enkeln,
d) Adoptivkindern,
e) Verschwägerten in gerader Linie, also u. a. Schwiegereltern und Schwiegerkindern, Stiefkindern, Ehegatten der Enkel,
f) Verwandten der Seitenlinie bis zum 3. Grad, also Bruder, Schwester, Geschwisterkinder (Neffe, Nichte), Geschwister der Eltern,
g) Verschwägerten bis zum 2. Grad der Seitenlinie: Ehegatten der Geschwister und Geschwister der Ehegatten.

Eine einmal entstandene Schwägerschaft wird nicht dadurch berührt, daß die sie begründende Ehe nicht mehr besteht.

Einzelfälle zu § 24 Abs. 3 KostO enthalten bereits die vorstehenden Beispiele, weitere Beispiele wären:

a) A. verpflichtet sich, an seine geschiedene Ehefrau monatlich 1000,– DM und an das 5 Jahre alte Kind 500,– DM monatlich zu zahlen.
Wert: 1500 × 12 × 5 = 90000,– DM.

(Anwaltsnotaren unterläuft hier nicht selten der Fehler, die Unterhaltsansprüche nur mit einem Jahresbetrag zu bewerten, weil ihnen das aus der Prozeßpraxis – § 17 GKG und § 8 BRAGO – geläufig ist).

b) E. verpflichtet sich in Erfüllung eines Vermächtnisses, seiner Schwester S. (40 Jahre), eine Leibrente von 900,– DM monatlich zu zahlen.
Wert: 900 × 12 × 5 = 54000,– DM.

25 Der gesetzliche Unterhaltsanspruch des nichtehelichen Kindes ist gemäß § 24 Abs. 4 KostO nur mit dem Jahresbetrag zu bewerten.

Verpflichtet sich A., dem Kind U. monatlich 200,– DM zu zahlen, so hat die Erklärung einen Wert von 2400,– DM.

Werden Anerkenntnis der Vaterschaft (nur noch mit Zustimmung des Kindes wirksam) und Unterhaltsverpflichtung gekoppelt, so sind das zwei Erklärungen.

Anerkenntnis: Wert § 30 Abs. 2, 3 KostO	5000,– DM
Unterhalt § 24 Abs. 4 KostO	2400,– DM
	7400,– DM.

also Gebühr aus § 36 Abs. 1 KostO 53,– DM, die aber nach § 55a u. § 144 Abs. 3 KostO auf 13,10 DM zu ermäßigen ist.

Nach der erheblichen Verbesserung der Rechtsstellung des nichtehelichen Kindes durch das Nichtehelichengesetz kann man nicht mehr sagen, daß die uneheliche Vaterschaft nach dem in § 24 Abs. 4 KostO zum Ausdruck gekommenen Willen des Gesetzgebers gering zu bewerten sei. Eine Bewertung unter 5000,– DM dürfte daher kaum in Betracht kommen. Man muß hier auch den für die Notare ungünstigen § 55a KostO beachten und sollte nun nicht auch noch den Wert nach unten drücken, siehe Kap. 12,3.

26 Die Löschung eines Rechts im Grundbuch oder einem sonstigen Register hat grundsätzlich den Wert, den das Recht haben würde, wenn es im Augenblick der Löschung eingetragen werden würde. Ausnahmen gibt es nur in den gesetzlich vorgesehenen Fällen z. B. § 24 Abs. 6 KostO.

Bewilligt also G. und beantragt A. die Löschung der Post Abt. III/9 von 8000,– DM im Grundbuch, so beträgt der Wert gemäß § 23 KostO 8000,– DM

und die Gebühr aus § 38 Abs. 2 Nr. 5a KostO	26,50 DM
Umsatzsteuer 5,5%	1,46 DM
	27,96 DM.

Hier ist es also unerheblich, ob das Recht inzwischen erloschen oder gegenstandslos geworden ist. Dieser Grundsatz kann geradezu zu Unbilligkeiten führen, z. B.:

Für A. ist eine Eigentumsverschaffungsvormerkung auf Grund eines Kaufvertrages mit Auflassung – Kaufpreis 300000,– DM – eingetragen. Nachdem er bereits längere Zeit als Eigentümer eingetragen ist, beantragt er die Löschung (oder die Vormerkung war für einen Dritten eingetragen, der gar nicht mehr existiert o. a.).

Diese Erklärung hat einen Wert von 300000,– DM.

Deshalb beantragt man in Grundstückskaufverträgen mit dem Antrag auf Eintragung der Vormerkung zugleich die Löschung mit Eigentumsumschreibung, soweit keine den Rang derVormerkung beeinträchtigenden Eintragungen erfolgt oder beantragt sind.

Der häufige Fehler, nur den halben Wert anzusetzen, beruht auf einer Verwechslung mit dem Vorkaufsrecht des § 20 Abs. 2 KostO. Wird die Löschung eines Vorkaufsrechts beantragt, dann hat man zwar einen gewissen Spielraum im Rahmen von § 20 Abs. 2 KostO, auch hier ist aber auf die Eintragung abzustellen.

Anders liegt es nun bei der Bewertung der Löschung von Dauerrechten. Hier sagt § 24 Abs. 6 KostO, daß für spätere Veränderungen des Rechts nicht der Bezugsbeginn, sondern der spätere Zeitpunkt maßgebend ist.

Beispiel

Für Alma M. war, als sie 56 Jahre alt war, ein Nießbrauch eingetragen worden, der gemäß § 24 Abs. 2 KostO mit dem 11fachen Jahresbetrag zu bewerten war.

Im Alter von 76 Jahren bewilligt sie die Löschung des Nießbrauchs. Jetzt kommt nur noch der 5fache Jahresbetrag in Frage.

Ist der Nießbrauch durch ihren Tod erloschen und beantragt der Eigentümer E. die Löschung, so ist der Wert = 0 – 500,– DM, entspricht also der niedrigsten Wertstufe. Denn wenn man auf den jetzigen Zeitpunkt abstellen muß, steht aus dem Nießbrauch niemandem mehr ein Recht zu, ist sein Wert also = null. § 24 Abs. 6 KostO ist aber nicht anwendbar auf Rechte von unbeschränkter und unbestimmter Dauer, sofern sie nicht auf die Lebenszeit eines Berechtigten beschränkt sind (BayObLG DNotZ 1971, 309).

7. KAPITEL

Geschäfte ohne bestimmten Geldwert (§ 30 KostO)

1 In verschiedenen Beispielen sahen wir bereits, daß ein Geschäftswert, für den sich kein bestimmter Geldwert ermitteln läßt, nach § 30 KostO zu schätzen ist. § 30 KostO ist die Geschäftswertvorschrift, die es ermöglicht, für jeden nur denkbaren Fall eines Beurkundungsgeschäfts einen Geschäftswert festzustellen. Hier folgt nur eine kurze Zusammenfassung der für die Anwendung des § 30 KostO maßgebenden Gesichtspunkte.

2 Die Vorschrift unterscheidet drei verschiedene Fälle. § 30 Abs. 1 KostO geht davon aus, daß Anhalts- oder Anknüpfungspunkte für eine Schätzung vorhanden sind. So ist z. B. für eine Änderung der Kaufpreisbelegung ein wichtiger Anhaltspunkt der Kaufpreis, für die Umwandlung einer Brief- in eine Buchhypothek die Valuta u. ä. Von solchen feststellbaren Anhaltspunkten aus ist dann nach objektiven Gesichtspunkten der Wert der Erklärung nach freiem Ermessen festzustellen. In der Praxis kommt das darauf hinaus, daß man einen bestimmten Prozentsatz des Wertes annimmt, von dem man als Anknüpfungspunkt ausgeht. Wird z. B.

eine Verkehrshypothek in eine Sicherungshypothek für die gleiche Forderung umgewandelt, dann kann man ohne Bedenken 10% der Forderung ansetzen (Merke aber: Die Umwandlung einer Grundschuld in eine Hypothek hat den vollen Wert der Forderung, weil diese für die Hypothek neu begründet werden muß). Subjektive Gesichtspunkte oder Wertvorstellungen der Beteiligten sind nicht zu berücksichtigen. Die Beteiligten haben dem Notar aber die für seine Ermessensentscheidung erforderlichen Tatsachen mitzuteilen. Aus der Fülle der möglichen Anwendungsfälle des § 30 Abs. 1 KostO seien einige wichtige hervorgehoben: Verfügungsbeschränkungen aller Art, alle möglichen Änderungen, die nicht einen bestimmten Geldbetrag betreffen, z. B. Änderungen der Bedingungen eines Kaufvertrages, die nicht die Höhe des Kaufpreises betreffen, oder auch sonstigen Vertrages, tatsächliche Feststellungen, insbes. Tatsachenbescheinigungen und als ganz wichtiger Anwendungsfall die Nebentätigkeiten des Notars nach § 147 Abs. 1 KostO.

Sind tatsächliche objektive Anhaltspunkte für eine Schätzung gegeben, dann findet keine Begrenzung nach oben statt. Der Wert einer Änderung kann aber gemäß § 39 Abs. 1 KostO nicht höher sein als der Wert des geänderten Geschäfts.

3 Anders ist es im Falle des Abs. 2. Dieser Absatz setzt voraus, daß tatsächliche Anhaltspunkte für eine Schätzung nicht gegeben sind. Die Abgrenzung zu § 30 Abs. 2 zu § 30 Abs. 1 KostO ist nicht immer einfach. Bei der Bauverpflichtung kommt es z. B. auf das Interesse des Verkäufers an der Errichtung des Bauwerkes an. Das ist ein subjektiver Gesichtspunkt, der nach Abs. 2, nicht aber nach Abs. 1 berücksichtigt werden darf. Andererseits könnte man die voraussichtlichen Baukosten als Schätzungsfaktor nach Abs. 1 berücksichtigen, vgl. u. a. OLG Frankfurt DNotZ 1967, 124 und OLG Frankfurt JurBüro 1966, 861, 866. Kommt man zu dem Ergebnis, daß ausreichende Anhaltspunkte für eine Schätzung nach Abs. 1 nicht gegeben sind, dann ist gemäß Abs. 2 vom Regelwert auszugehen, der jetzt 5000,– DM beträgt. Der Regelwert gilt für alle Fälle von durchschnittlicher Bedeutung. Von dem Regelwert darf aber nach Lage des Falles nach unten und oben abgewichen werden. Der Höchstwert beträgt 1 Million DM, der niedrigste Wert 200,– DM. Das Kammergericht (JVBl. 1969, 208 – Höver) hat z. B. die Verpflichtung, Wohnräume für 150 Millionen DM zu errichten, mit 1 Million DM bewertet. Bei reinen Zeichnungen zum Handelsregister (die keine Anmeldung sind) ist je nach der Bedeutung des Unternehmens vom Regelwert abzuweichen usw.

4 Größte Bedeutung bekommt § 30 Abs. 2 KostO nun dadurch, daß § 30 Abs. 3 KostO im dritten Fall, der Beurkundung nichtvermögensrechtlicher Erklärungen auf Abs. 2 verweist. Außer Güterrechtsverträgen, die einer Sonderregelung in § 39 Abs. 4 KostO unterliegen und die ja auch familienvermögensrechtlicher Art sind, trifft das zu auf die Fälle der familienrechtlichen Erklärungen z. B. Vaterschaftsanerkenntnis, Zustimmungen hierzu, Adoptionsverträge mit allen erforderlichen Zustimmungen usw. Ob und wieweit in diesen Fällen vom Regelwert abzuweichen ist, wird an gegebener Stelle erörtert werden.

5 In einer Reihe von Vorschriften wird auf § 30 Abs. 2 KostO verwiesen, z. B. im Registerrecht nach § 28 u. 29, im Recht des Testamentsvollstreckers nach § 49 Abs. 2, § 109 KostO. Liegt eine solche Verweisung vor, so ist dem Notar untersagt, auf § 30 Abs. 1 KostO zurückzugreifen, auch wenn tatsächliche Anhaltspunkte für eine objektive Schätzung gegeben sein könnten. Das trifft insbesondere für die Testamentsvollstreckung zu, bei der man ja an den Wert des Nachlasses anknüpfen könnte. Hier ist jedoch für alle Durchschnittsfälle der Regelwert von 5000,– DM maßgebend. Bei sehr umfangreichem Nachlaß und einer schwierigen oder langwierigen Vollstreckung mag man vom Regelwert abweichen, doch darf der Höchstwert von 1 Million DM nicht überschritten werden.

8. KAPITEL

Die Hauptfälle des § 44 KostO

1 Daß § 44 KostO – der vom Zusammentreffen mehrerer Erklärungen in einer Urkunde handelt – bereits an dieser Stelle erörtert wird, hat seine besonderen Gründe. Es gibt zwar nicht wenige Urkunden, die nur eine rechtsgeschäftliche Erklärung enthalten, z. B. Vollmacht, Genehmigung, Erbausschlagung, Annahme eines Angebots usw. Aber schon diese Erklärungen treffen nicht selten mit anderen in einer Niederschrift zusammen, z. B. Annahme eines Vertragsangebots und Auflassung. Die Urkunden, in denen mehrere Erklärungen in einer Niederschrift abgegeben werden, dürften überwiegen. Gemeint ist dabei, daß die einzelnen Erklärungen rechtlich selbständig sind, d. h. daß auch jede für sich beurkundet werden könnte.

Typisches Beispiel ist die Niederschrift über einen Grundstückskaufvertrag, die folgende selbständige Erklärungen enthält:

Obligatorischer Kaufvertrag,
Auflassung,
Bewilligung einer Eigentumsverschaffungsvormerkung,
Bewilligung einer Restkaufgeldhypothek,
Löschungsanträge bzgl. eingetragener Grundpfandrechte.

Die übliche Hypothekenbestellungsurkunde enthält mindestens drei Erklärungen, das Schuldbekenntnis, die Unterwerfung unter die Zwangsvollstreckung und die Bewilligung der Hypothek.

In beiden Beispielen betreffen die verschiedenen Erklärungen das gleiche Rechtsverhältnis, so daß beim Kaufvertrag nur einmal 20/10 und bei der Hypothek 10/10 zu berechnen sind. Es kann aber auch anders sein, zum Kaufvertrag kann als selbständiges Rechtsgeschäft z. B. die Bestellung einer Fremdgrundschuld zwecks Kaufgeldbeschaffung hinzutreten, zur Hypothekenbestellung z. B. der Antrag auf Löschung einer Auflassungsvormerkung. Dann sind für diese weiteren Erklärungen besondere Gebühren zu berechnen.

Diese Frage, ob nur eine Gebühr oder mehrere zu berechnen oder ob etwa mehrere Geschäftswerte zusammenzurechnen sind, behandelt § 44 KostO. So schwierig es sein mag, diese Vorschrift vor Erörterung der anderen Gebührenbestimmungen zu verstehen, so wird sie im folgenden doch schon immer als bekannt vorausgesetzt werden müssen. Es erschien daher zweckmäßig, die Behandlung des § 44 KostO sozusagen vor die Klammer zu ziehen, wobei allerdings eine Beschränkung auf allgemeine Grundsätze geboten ist.

2 Wenn Kostenrecht weitgehend kasuistisches Recht ist, so gilt das besonders für die Kommentare und die Rechtsprechung zu § 44 KostO. Für den Anfänger ist es deshalb besonders schwer, sich in der Fülle der angeführten Entscheidungen zurechtzufinden. Wichtiger ist es deshalb, ihm eine Grundregel in die Hand zu geben.

Nach § 44 KostO kommt es darauf an, ob mehrere Erklärungen das gleiche Rechtsverhältnis betreffen oder unabhängig voneinander sind. Bei gleichen Rechtsverhältnissen ist dann von den möglichen Gebühren die höchste nach dem höchsten in Betracht kommenden Wert zu berechnen – es sei denn, daß die Gebühren bei getrennter Berechnung niedriger sind als die höchste nach dem höchsten Wert.

Im Falle des oben angeführten Grundstückskaufvertrages sind 20/10 nach dem Kaufpreis zu berechnen, das ist die höchste Gebühr nach dem höchsten Wert. Ist also z. B. der Kaufvertrag ohne Auflassung beurkundet und wird anläßlich der späteren Auflassung der Vertrag geringfügig geändert, etwa der Kaufpreis von 250000,– DM auf 255000,– DM erhöht, dann – obwohl hier das gleiche Rechtsverhältnis betroffen ist – ist die getrennte Berechnung günstiger.

Die Vertragsänderung hat einen Wert von 5000,– DM und kostet gemäß § 42 KostO, der später zu erörtern ist, 10/10.

Die Auflassung hat einen Wert von 255000,– DM und kostet gemäß § 38 II 6a KostO 5/10.

Die höchste Gebühr nach dem höchsten Wert wären 10/10 nach einem Wert von 255000,– DM = 465,– DM.

Eine volle Gebühr nach	5000,– DM =	45,00 DM und
eine halbe Gebühr nach	255000,– DM =	232,50 DM
ergeben aber zusammen nur		277,50 DM.

Hier ist also trotz Gegenstandsgleichheit getrennt zu rechnen.

3 Betreffen die verschiedenen Erklärungen verschiedene Rechtsverhältnisse, so ist getrennt zu berechnen.

Hier gibt es zwei Variationen, § 44 IIa und b KostO. Gilt für die verschiedenen Erklärungen der gleiche Gebührensatz, so sind die Werte zusammenzurechnen, danach ist eine Gebühr zu berechnen.

Wird z. B. ein Nießbrauch bewilligt und zugleich die Löschung einer Hypothek beantragt, so sind beide Werte (etwa 30000,– DM und 100000,– DM) zu addieren. Nach dem Wert von 130000,– DM ergibt sich dann *eine* halbe Gebühr aus § 38 Abs. 2 Nr. 5a, 44 IIa = 135,– DM.

Zu prüfen ist, ob die getrennte Berechnung billiger wäre. Das ist nicht der Fall, denn bei

30000,– DM beträgt die halbe Gebühr	57,50 DM
bei 100000,– DM beträgt sie	112,50 DM
	170,00 DM,

also erheblich mehr als nach Zusammenrechnung der Werte.

Sind Geschäftswerte und Gebührenansatz verschieden, so ist grundsätzlich getrennt zu rechnen (§ 44 IIb). Mit der Hypothekenbestellung mit Unterwerfung unter die Zwangsvollstreckung wird ein Löschungsantrag verbunden, der (s. u.) ein anderes Rechtsverhältnis betrifft.

Z. B. neue Hypothek	80000,– DM		
Löschung	30000,– DM		
		Gebühren 10/10 =	97,00 DM
		+ Gebühren 5/10 =	57,00 DM
		zus.:	154,00 DM.

Hier ist nun wieder zu prüfen, ob die höchste Gebühr nach dem Gesamtwert günstiger wäre, diese beträgt aber 210,– DM, ist also ungünstiger. Wäre aber eine Hypothek von 95000,– DM bestellt und nur die Löschung eines gegenstandslosen Nießbrauchs beantragt (der nur mit 0–500,– DM zu bewerten ist), so ist es günstiger, nur eine volle Gebühr nach dem Wert von 95500,– DM zu berechnen, weil hier die Wertstufe 100000,– DM für beide zusammen gilt und damit eine besondere Gebühr von 10,– DM für den Löschungsantrag entfällt.

4 Es ist also zu prüfen, ob eine Erklärung das gleiche Rechtsverhältnis wie eine andere, d. h. die Haupterklärung betrifft. Dabei ist der Begriff „gleiches Rechtsverhältnis" eigentlich unfruchtbar, schon deshalb, weil dieses Verhältnis keineswegs auf die gleichen Personen beschränkt zu sein braucht. Schon der Gesetzestext zieht einen Dritten mit ein, wenn er als das gleiche Rechtsverhältnis betreffend das Schuldversprechen und die Bürgschaft erwähnt.

Als gleiches Rechtsverhältnis wie der Kaufvertrag, obwohl Dritte einbezogen werden, ist die Schuldübernahme und Zwangsvollstreckungsunterwerfung anzusehen, die der Käufer im Grundstückskaufvertrag den Gläubigern der übernommenen Grundpfandrechte gegenüber erklärt. Das war lange streitig (KG, Rechtspfleger 1962, 125; BayObLG DNotZ 1960, 398 und OLG Neustadt DNotZ 1960, 403).

Die Rechtsprechung ist mit dem Begriff „gleiches Rechtsverhältnis" auch durchaus pragmatisch verfahren und hat ihn nicht formal ausgelegt, sondern unter Berücksichtigung der wirtschaftlichen Verhältnisse je nach der Interessenlage verwendet. Dabei läßt sich nun folgender Grundsatz aufstellen:

Das gleiche Rechtsverhältnis wird betroffen, also gegenstandsgleich ist eine Erklärung, wenn sie dazu dient, das in der Haupterklärung zum Ausdruck gekommene Rechtsverhältnis zu fördern, insbesondere zu sichern und zu erfüllen. Dabei kommt es nicht darauf an, daß Haupt- und Nebenerklärung die gleichen Personen betreffen.

Mit dieser Formel kann man jeden Fall im Anwendungsbereich des § 44 KostO zufriedenstellend lösen. Nimmt man als Beispiel wieder den angeführten Kaufvertrag, so ist Haupterklärung der obligatorische Kaufvertrag. Die Auflassung dient der Erfüllung, die Bestellung der Restkaufgeldhypothek ebenfalls der Erfüllung, die Bewilligung der Eigentumsverschaffungsvormerkung der Sicherung, die Löschungsanträge von Hypotheken wiederum der Erfüllung, denn der Verkäufer ist verpflichtet, das Grundstück lastenfrei zu übertragen und erfüllt diese Verpflichtung mit dem Löschungsantrag usw.

5 Bestellt der Käufer aber bereits eine Hypothek für einen Dritten, dann handelt er so, als ob er bereits Eigentümer wäre. Dieses Geschäft dient weder der Sicherung noch unmittelbar der Erfüllung des Kaufvertrages, selbst wenn der Käufer die Valuta verwenden will, um den Kaufpreis zu zahlen oder einen Zwischenkredit abzulösen.

Bei der Hypothek ist das Hauptgeschäft das Schuldanerkenntnis, das nun durch die Hypothek und die Unterwerfung unter die Zwangsvollstreckung sowie etwaige Rangerklärungen (§ 44 III) gesichert wird. Das ist alles gegenstandsgleich. Mitbeurkundete Löschungsanträge sind dagegen nicht gegenstandsgleich, selbst wenn sie mittelbar der Hypothek den vorgesehenen Rang verschaffen sollen, vgl. Kap. 13, 7.

6 Löschungsvormerkungen und Rangerklärungen im Zusammenhang mit anderen Erklärungen ist in § 44 KostO ein eigener Absatz III gewidmet. Diese Vorschrift soll im Zusammenhang mit der allgemeinen Bestimmung über Rangerklärungen und Löschungsvormerkungen in § 23 II KostO besprochen werden. Zunächst genügt die Feststellung, daß es bei Neubestellung einer Hypothek oder Grundschuld für den Kostenschuldner günstiger ist, als Gegenstand der Rangerklärung pp. das neu bewilligte Recht zu nehmen, weil die Rangerklärung dann das gleiche Rechtsverhältnis betrifft wie das Hauptgeschäft und durch die Gebühr für das Hauptgeschäft mit abgegolten wird.

Von einer weiteren Vertiefung an dieser Stelle soll abgesehen werden. Dagegen werden weitere Zweifelsfragen im Zusammenhang mit speziellen Wert- oder Gebührenvorschriften erörtert werden, z. B. das Verhältnis von Handelsregisteranmeldungen untereinander bei § 26 KostO, die Frage, ob bei Vollmacht mehrerer oder Bevollmächtigung mehrerer Personen eine Vollmacht vorliegt oder mehrere im Zusammenhang mit § 41 KostO.

7 § 44 KostO gilt unmittelbar nur für das Zusammentreffen mehrerer rechtsgeschäftlicher Erklärungen unter Lebenden. Treffen dagegen Rechtsgeschäfte unter Lebenden mit Verfügungen von Todes wegen oder mit Tatsachenbeurkundungen oder mehrere Tatsachenbeurkundungen zusammen, so ist grundsätzlich getrennt wie bei getrennter Beurkundung zu berechnen.

Schließen die Beteiligten einen Erbvertrag und zugleich einen Erbverzichtsvertrag oder einen Pflege- und Betreuungsvertrag, so entstehen zwei getrennte Beurkundungsgebühren, nämlich 20/10 für die Verfügung von Todes wegen aus § 46 Abs. 1 KostO und weitere 20/10 aus § 36 II KostO für den Vertrag unter Lebenden.

Eine Ausnahme gilt aber für das Zusammentreffen eines Erbvertrages mit einem Güterrechtsvertrag. Hier soll nämlich nur der Vertrag bewertet werden, der den höheren Geschäftswert hat, so daß entweder nur eine 20/10 Gebühr aus § 36 II oder aus § 46 I KostO entsteht. Tritt bei einer Kombination noch ein weiterer Vertrag unter Lebenden hinzu, z. B. ein Gutsüberlassungsvertrag oder ein Erbverzichtsvertrag, dann können diese Erklärungen ohne Rücksicht darauf hinzugerechnet werden, ob Erb- oder Ehevertrag den höheren Wert haben. Wie KWAL 8. Aufl., § 46 Fußn. 6 mit Recht anführen, hinge die Anwendbarkeit des § 44 sonst davon ab, ob der Ehe- oder Erbvertrag höheren Wertes ist, was ein untragbares Ergebnis und mit dem Willen des Gesetzgebers unvereinbar wäre. Die Auffassung wird bestätigt von OLG Stuttgart vom 20. 8. 1975 – 8 W 433/74 – JurBüro 75, 1485.

8 § 44 KostO gilt grundsätzlich nicht für Tatsachenbeurkundungen im Sinne von § 20 BNotO und §§ 36 ff. Beurkundungsgesetz.

Werden z. B. mehrere eidesstattliche Versicherungen in einer Urkunde, insbesondere zur Erlangung mehrerer Erbscheine nach verschiedenen Erblassern abgegeben, so sind getrennte Kosten wie bei getrennter Beurkundung zu berechnen. Das ist bezüglich der Erbscheinsverhandlung streitig, jedoch dürfte sich jetzt die Auffassung durchgesetzt haben, daß die Gebührenbegünstigung des § 44 KostO nur für rechtsgeschäftliche Erklärungen unter Lebenden anzuwenden ist und daß für jeden Erbfall, auf den sich die eidesstattliche Versicherung bezieht, eine volle Gebühr nach dem jeweiligen Reinnachlaß zu erheben ist, so insbesondere OLG Frankfurt, DNotZ 1965, 178, OLG Neustadt, DNotZ 1960, 411 und OLG Hamm, JVBl. 1964 S. 195; weitere Nachweise bei Korintenberg-Wenz-Ackermann, 8. Aufl., § 49 Anm. 2 und Beushausen-Küntzel-Kersten-Bühling, 5. Aufl., § 49 Anm. 7; anderer Meinung immer noch Rohs-Wedewer, § 49 Anm. IV und Fußn. 40f. für den Fall, daß die Erbfälle zusammenhängen (nach dem Tode des Vaters ist die Mutter testamentarische Alleinerbin geworden. Nach ihrem Tode ist der Nachlaß auf die Kinder übergegangen, die nunmehr Erbscheine nach ihren Eltern beantragen).

9 Auch die Beurkundung von Gesellschaftsbeschlüssen ist Tatsachenbeurkundung. Hier gilt jedoch eine Ausnahme. Nach der ausdrücklichen Bestimmung des § 27 Abs. 2 Satz 1 KostO ist der § 44 KostO entsprechend anzuwenden, und zwar auch dann, wenn Beschlüsse mit und ohne bestimmten Geldwert zusammentreffen und mit der weiteren Maßgabe, daß mehrere Wahlen oder Wahlen zusammen mit Entlastungsbeschlüssen als ein Beschluß gelten. Hierauf wird später zurückzukommen sein.

Dagegen ist § 44 KostO nicht anzuwenden, wenn Gesellschaftsbeschlüsse (§§ 36ff. BeurkG) mit der Beurkundung rechtsgeschäftlicher Erklärungen (§§ 8ff. BeurkG) zusammentreffen. Für jede Beurkundungsart in sich gilt § 44, sei es direkt, sei es im Falle des § 27 KostO entsprechend. Im Verhältnis der beiden Beurkundungsarten zueinander ist jedoch getrennt zu berechnen.

Beschließt die Gesellschafterversammlung einer GmbH eine Kapitalerhöhung und wird zugleich die Übernahme eines neuen Anteils erklärt, so gilt für den Kapitalerhöhungsbeschluß § 47 KostO und für die Übernahmeerklärung § 36 Abs. 1 KostO.

Werden Geschäftsanteile verkauft und abgetreten (§ 36 Abs. 2 KostO) und wird anschließend eine Gesellschafterversammlung der GmbH abgehalten, in der der Anteilserwerber zum neuen Geschäftsführer gewählt wird (§ 47 KostO), so entstehen auch hier getrennte Gebühren nach § 36 II KostO einerseits und § 47 KostO andererseits.

In derartigen Fällen wird also für jede Beurkundungsart eine besondere Gebühr angesetzt, was sich sogar auf die Zusatzgebühren des § 58 Abs. I oder Abs. III KostO erstreckt, die als zusätzliche Beurkundungsgebühr für jede Beurkundungsart besonders zu berechnen sind.

10 Schließlich gilt § 44 KostO nicht für sonstige Tätigkeiten des Notars. Für mehrere Vertretungsbescheinigungen nach § 21 BNotO, auch wenn sie in einer Urkunde abgegeben werden, entstehen auch mehrere Gebühren nach § 150 Abs. 1 KostO. Der Fall ist häufig, wenn die Vertretungsmacht für eine GmbH & Co KG festgestellt werden soll, das Handelsregister A und B eingesehen werden müssen. Entsprechendes gilt für Handelsregisterbescheinigungen nach § 22a BNotO.

Für jede besondere Betreuungstätigkeit ist eine besondere Gebühr aus § 147 Abs. 1 KostO zu erheben. Für Vollzugstätigkeiten nach § 146 Abs. 1 KostO entsteht die Gebühr jedoch nur einmal, weil nach dem ausdrücklichen Wortlaut des Gesetzes die gesamte Vollzugstätigkeit durch die Gebühr aus § 146 I abgegolten wird.

Andererseits kann durch § 146 I KostO keine unter § 147 I KostO fallende Tätigkeit abgegolten werden. So entstehen, wenn der Notar eine erforderliche Teilungsgenehmigung beantragt und zugleich feststellt, ob bezüglich des Grundstücks ein gesetzliches Vorkaufsrecht besteht, die Gebühren des § 146 I und die des § 147 I KostO nebeneinander, letztere allerdings nur nach einem geringeren Schätzungswert.

9. KAPITEL

Die Beitreibung der Kosten und die Zwangsvollstreckung aus der vollstreckbaren Ausfertigung der Kostenberechnung

1 Für die Beitreibung der ihm zustehenden Kosten (Gebühren und Auslagen) ist dem Notar der Klageweg verschlossen. Als Träger eines Amtes treibt er die Kosten selbst bei, das heißt, er darf ohne Einschaltung des Gerichts selbst vollstrecken.

2 Den dafür erforderlichen Vollstreckungstitel stellt er selbst her, indem er auf eine Abschrift der Kostenberechnung – das Gesetz (§ 155 KostO) verwendet ungenau den Ausdruck „Ausfertigung" – eine Vollstreckungsklausel setzt.

Voraussetzung ist eine den Formerfordernissen des § 154 KostO genügende Kostenberechnung, die dem Kostenschuldner in Urschrift zugegangen ist und von der der Notar eine Abschrift bei seinen Akten zurückbehält.

Die Kostenberechnung muß, wenn sie ihre volle Wirksamkeit entfalten will, folgende Angaben enthalten:

a) Die Angabe des Geschäftswertes. Die Anführung von Wertvorschriften ist nicht erforderlich, kann aber zweckmäßig sein, z. B. Wert gemäß § 24 Abs. 2 oder Wert gemäß § 30, Abs. 2 KostO.

b) Die Gebührenvorschriften. Diese sind vollständig und so genau wie möglich anzugeben. Die frühere Rechtsprechung, wonach auch Absätze und weitere Unterteilungen anzuführen waren, ist aufgegeben, vgl. KG, Rpfleger, 74, 241 Aufgabe von KG DNotZ 62, 429 und OLG Düsseldorf DNotZ 1976, 253. Die Notare sollten gleichwohl dabei bleiben, die Kostenbestimmungen so genau wie möglich anzugeben. Insbesondere gilt das für § 38 mit seinen vielen verschiedenen Fällen und unterschiedlichen Gebührensätzen. Gedankenlose Anführung des § 38 ohne nähere Bezeichnung führt leicht zu fehlerhaften Gebührensätzen. Die §§ 32 und 141 sind keine eigentlichen Gebührenvorschriften. § 32 verweist auf die Kostentabelle, nach § 141 sind die Vorschriften des ersten Teils auf die Kosten der Notare anzuwenden. Da es sich nicht um Gebührenvorschriften handelt, brauchen sie nicht angeführt zu werden (str.), man kann sie aber in die Überschrift setzen, so heißt es z. B. in gedruckten Formularen: Kostenberechnung gem. § 32 und 141 KostO.

c) Auslagen. Auch hier müssen die betreffenden Vorschriften angeführt werden (OLG Düsseldorf, DNotZ 1976, 253), z. B. Schreibauslagen gem. §§ 136, 152 KostO. Umsatzsteuer ist als solche und im Falle des § 151a als Ausgleichsbetrag zu bezeichnen. Verauslagte Gerichtskosten sind anzuführen, erhaltene Vorschüsse zu verrechnen.

d) Unterschrift des Notars. Ohne diese Unterschrift liegt keine wirksame Kostenberechnung vor.

Von jeder Kostenberechnung ist eine Abschrift zu den Akten zu bringen. Das geschieht durch Vermerk auf der Urschrift, der beglaubigten Abschrift des Entwurfs mit Unterschriftbeglaubigung oder dem Vermerkblatt nach § 18 oder 16 DONot. Die auf die Urschrift der Urkunde, eine beglaubigte Abschrift des Entwurfs oder ein Unterschriftsbeglaubigungs- oder ein Testamentsvermerkblatt zu setzende Kostenberechnung ist niemals Urschrift, sondern ein Aktenvermerk. Häufig wird nicht beachtet, daß die Kostenberechnung gem. § 154 Abs. 3 auch unter jeder Ausfertigung und jedem Beglaubigungsvermerk aufzustellen ist.

Mit dem Letzteren sind Vermerkurkunden nach § 39 Beurkundungsgesetz gemeint. Deshalb gilt die Vorschrift nicht für einfache oder beglaubigte Abschriften von Urschriften.

Die Kostenberechnung kann der Notar vollstreckbar machen. Zu diesem Zweck stellt er eine Abschrift her.

Auf diese Abschrift setzt er die Vollstreckungsklausel, für die keine besondere Form vorgeschrieben ist, vgl. die verschiedenen Muster bei Beushausen-Küntzel-Kersten-Bühling, KostO, 5. Auflage, § 155 Anm. 1 S. 639, 640.

Obwohl das nicht ausdrücklich gesagt ist, *muß* entsprechend § 725 ZPO (§ 155 KostO verweist auf die Vorschriften der ZPO – „nach den Vorschriften der ZPO beigetrieben") das Siegel (Präge- oder Farbdrucksiegel) beigefügt werden.

Beispiel betreffend Beitreibung der Kosten für eine Schuldurkunde mit Hypothekenbestellung und Unterwerfung unter die Zwangsvollstreckung:

Vollstreckbare Ausfertigung
Kostenberechnung gemäß §§ 32, 141 KostO

Berlin, den 5. 3. 1976

Herrn
Otto Krüger
Vionvillestraße 18
1000 Berlin 41

Betr.: Urkundenrolle Nr. 83/76

Geschäftswert: 60000,– DM

Gebühren: §§ 36 I, 38 II 5a, 44 I KostO	165,00 DM
Schreibauslagen § 136 KostO (12 Seiten)	12,00 DM
Umsatzsteuer (5,5%)	9,74 DM
	186,74 DM.

Weise
Notar.

Diese Ausfertigung erteile ich mir selbst zum Zwecke der Zwangsvollstreckung.

Berlin, den 30. September 1976
Weise
L. S. Notar

3 Gemäß § 798 ZPO, auf den § 155 KostO verweist, darf die Zwangsvollstreckung erst *eine Woche* nach der Zustellung beginnen.

4 Mit den in der Kostenberechnung aufgeführten Kosten werden die Kosten der Zustellung und der Zwangsvollstreckung beigetrieben, nicht jedoch Zinsen. Eine dem § 104 ZPO entsprechende Bestimmung gibt es nicht. Etwaige Verzugszinsen können jedenfalls im Verfahren der §§ 154, 155, 156 KostO nicht beigetrieben werden, KWAL (8.) § 155 Anm. 1 u. KG DNotZ 1938, 399 = JVBl. 1938, 258 – JFGErg. 18, 19).

5 Die Zustellung löst die Frist des § 156 Abs. 3 KostO aus, d. h. Einwendungen gegen die Kostenberechnung nach Ablauf des auf die Zustellung folgenden Kalenderjahres sind grundsätzlich ausgeschlossen. Die Frist beginnt aber nur, wenn die Kostenberechnung dem § 154 Abs. 2 entspricht.

6 Durch Zustellung einer *vollstreckbaren Ausfertigung* und die Vornahme von Vollstreckungshandlungen wird die Verjährung unterbrochen, gleichwohl entsteht kein 30 Jahre vollstreckbarer Titel, der Kostenanspruch unterliegt vielmehr weiterhin der kurzen Verjährungsfrist von 2 Jahren, vgl. Kap. 1,35d.

10. KAPITEL

Die Notariatskostenbeschwerde

1 a) Notariatskosten sind nicht einklagbar, aber vollstreckbar.

b) Einwendungen gegen die Kostenberechnung des Notars und gegen die Vollstreckung aus der Kostenberechnung können nicht im Klagewege erhoben werden.

Klagen zu a) und b) sind als unzulässig zurückzuweisen, im Falle b) kann die Zivilkammer, wenn sie in Verkennung des § 156 KostO zunächst verhandelt und Beweis erhoben hat, das Verfahren an die zuständige Beschwerdekammer verweisen, so jedenfalls beim LG Berlin geschehen.

Wie weit und umfassend § 156 KostO auszulegen ist, zeigt das Urteil des BGH vom 22. 11. 1966 – VI ZR 39/65 – JVBl. 67/62, Betr. 67, 160, NJW 67, 930.

> „Sind einem Notar im Zusammenhang mit einem beurkundeten Vertrag Geldbeträge übergeben worden und behält der Notar bei der Abrechnung hiervon dem seiner Kostenberechnung entsprechenden Betrag ein, so ist, wenn die Berechtigung der Kostenberechnung bestritten wird, über die Forderung auf Auszahlung des eingehaltenen Betrages im Verfahren nach § 156 KostO zu entscheiden. Eine Klage im Zivilprozeß ist unzulässig".

2 Das Verfahren nach § 156 Abs. 1 KostO ist ein streitiges Verfahren der *freiwilligen Gerichtsbarkeit,* auf das aber die Beschwerdevorschriften der *Zivilprozeßordnung* anzuwenden sind. Sowohl im Beschwerdeverfahren vor dem Landgericht

als auch für die weitere Beschwerde ist aber § 567 Abs. 2 ZPO ausgeschlossen, d. h. daß weder das Verfahren erster noch zweiter Instanz von einer Beschwerdesumme abhängig sind.

3 Über die Notariatskostenbeschwerde oder den Antrag auf Überprüfung der Kostenberechnung entscheidet in erster Instanz eine Zivilkammer des Landgerichts. Als Verfahren der freiwilligen Gerichtsbarkeit unterliegt es keinem Anwaltszwang, so ausdrücklich § 156 Abs. 4 KostO – auch für die weitere Beschwerde.

4 Das Verfahren vor dem Landgericht kann auf folgende Weise eingeleitet werden:

a) Der Kostenschuldner legt Beschwerde ein (§ 156 Abs. 1 Satz 1 KostO),

b) der Kostenschuldner erhebt Einwendungen und der Notar beantragt nunmehr die Entscheidung des Landgerichts (§ 156 Abs. 1 Satz 3 KostO).

Auch das ist im Grunde eine Kostenbeschwerde des Kostenschuldners, die durch den Antrag des Notars an das Landgericht weitergeleitet wird.

§ 156 Abs. 1 Satz 3 KostO sagt, daß der Notar die Entscheidung des Landgerichts beantragen *kann*. Wie das Schl.H.OLG (Schl.H.Anz. 69/165) zutreffend ausführt, *muß* sich der Notar entscheiden, ob er die Einwendungen des Kostenschuldners anerkennen will. Anderenfalls muß er das Landgericht entscheiden lassen.

Beispiele

a) Der Notar hat für die Beurkundung der Zustimmung zur Adoption nach dem Regelwert von 5000,– DM eine Gebühr aus § 36 Abs. 1 KostO berechnet. Der Kostenschuldner erhebt Einwendungen unter Hinweis auf § 38 Abs. 4 KostO.

Hier wird der Notar sofort seine Kostenberechnung berichtigen und die Gebühr von 45,– DM auf 11,30 DM ermäßigen.

b) Der Notar hat als Geschäftswert eines Grundstücksschenkungsvertrages den ihm aus den Grundakten ersichtlichen Kaufpreis angesetzt, den das Grundstück vor einem Jahr gekostet hatte. Der Kostenschuldner wendet ein, daß er nur den Einheitswert zugrunde legen dürfe.

Hier wird der Notar die Einwendungen des Schuldners, der § 19 Abs. 2 KostO n. F. verkannt hat, an das Landgericht weiterreichen und die Entscheidung über seine Kostenberechnung beantragen.

c) Der Landgerichtspräsident kann den Notar anweisen, die Entscheidung des Landgerichts herbeizuführen (§ 156 Abs. 5 KostO).

Der Landgerichtspräsident kann allerdings den Notar nicht unmittelbar mit disziplinarischen Mitteln zwingen, die Kostenberechnung zu berichtigen. § 56 Kostenverfügung sagt hierzu:

„I. Gibt der Kostenansatz eines Notars, dem die Kosten selbst zufließen, der Dienstaufsichtsbehörde zu Beanstandungen Anlaß, so fordert sie den Notar auf, den Ansatz zu berichtigen, gegebenenfalls zu viel erhobene Beträge zu erstatten oder zu wenig erhobene Beträge nachzufordern und, falls er die Beanstandungen nicht als berechtigt anerkennt, die Entscheidung des Landgerichts herbeizuführen. Die Aufforderung soll unterbleiben, wenn es sich um Kleinstbeträge handelt, von deren Erstattung oder Nachforderung nach den für Gerichtskosten im Verkehr mit Privatpersonen geltenden Bestimmungen abgesehen werden darf. Die Dienstaufsichtsbehörde kann darüber hinaus dem Notar im Einzelfall gestatten, von der Nachforderung eines Betrages bis zu 20,– DM abzusehen.

II. Hat der Kostenschuldner Beschwerde gegen den Kostenansatz eingelegt, so kann die Aufsichtsbehörde, wenn sie den Kostenansatz für zu niedrig hält, den Notar anweisen, sich der Beschwerde mit dem Ziel der Erhöhung des Kostenansatzes anzuschließen.

III. Beschwerdeentscheidungen des Landgerichts, gegen die das Rechtsmittel der weiteren Beschwerde zulässig ist, hat der Kostenbeamte des Landgerichts mit den Akten alsbald der Dienstaufsichtsbehörde des Notars zur Prüfung vorzulegen, ob der Notar angewiesen werden soll, weitere Beschwerde zu erheben."

Folgt der Notar der Weisung des Landgerichtspräsidenten, so hat er zwar den Inhalt der Weisungsverfügung dem Gericht mitzuteilen, ist im übrigen aber nicht gehindert, seinen eigenen Standpunkt darzulegen und der Auffassung der Aufsichtsbehörde zu widersprechen.

5 Der Notar ist aber nicht befugt, aus eigenem Recht die Überprüfung seiner Kostenberechnung zu beantragen, etwa um in einer der vielen streitigen Kostenfragen sicherzugehen, daß seine Kostenberechnung Bestand hat.

6 Die Notariatskostenbeschwerde ist an keine Form und an keine Frist gebunden.

Einzige Ausnahme: Hatte der Notar eine vollstreckbare Ausfertigung der Kostenberechnung zugestellt, so kann nach Ablauf des darauf folgenden Kalenderjahres eine neue Beschwerde nicht mehr erhoben werden, es sei denn, daß die Einwendungen auf Gründen beruhen, die *nach der Zustellung* der vollstreckbaren Ausfertigung entstanden sind. Voraussetzung ist dabei, daß die vollstreckbare Kostenberechnung den zwingenden Erfordernissen des § 154 Abs. 2 KostO entsprach.

Beispiel

Der Notar hat am 10. August 1970 eine vollstreckbare Ausfertigung zugestellt. Nach dem 31. Dezember 1971 ist eine neue Beschwerde unzulässig.

Der Kostenschuldner kann also ab 1. 1. 1972 keine Beschwerde mit der Begründung einlegen, der Notar habe in der Kostenberechnung zu einem Grundstückskaufvertrag den § 44 Abs. 1 KostO übersehen und für gegenstandsgleiche Löschungsanträge ihm nicht zustehende Gebühren erhoben.

Er kann aber nach Ablauf der Frist noch nach der Zustellung neuentstandene Beschwerdegründe vorbringen, z. B. er habe gezahlt, er rechne mit einer später entstandenen Schadensersatzforderung aus Amtspflichtsverletzung auf usw.

7 Die *Weisung der Dientstaufsichtsbehörde* ist von der *Frist des § 156 Abs. 3 Satz 1 KostO nicht betroffen.*

8 Streitig ist, ob § 156 Abs. 3 Satz 1 KostO entsprechend anzuwenden ist, wenn der Notar keine vollstreckbare Ausfertigung der Kostenberechnung zugestellt hat, weil der Schuldner gleich nach der Beurkundung bezahlt hat. Erst nach zwei Jahren entdeckt der Schuldner, daß der Notar den Höchstwert von 1 000 000,– DM bei der Beurkundung einer Vollmacht übersehen und einige hundert DM überhoben hat. Nach OLG Frankfurt (Darmstadt Rechtspfleger 66, 342) soll sich der Notar hier den Einwendungen des Schuldners gegenüber auf § 156 Abs. 3 KostO berufen dürfen. Infrage käme nur eine entsprechende Anwendung, vgl. dazu die ausführliche ablehnende Stellungsnahme von Rohs, Rechtspfleger 66, 343ff.

Die herrschende Meinung lehnt eine entsprechende Anwendung ab.

9 Eine Verwirkung des Beschwerderechts kommt grundsätzlich nicht in Betracht, OLG Frankfurt DNotZ 65, 369 = Rpfleger 65, 182.

10 Der Kostenschuldner, der eine Beschwerde später als einen Monat nach Zustellung der vollstreckbaren Ausfertigung einlegt, verliert etwaige Schadensersatzansprüche nach § 157 KostO.

11 Die Beschwerde bedarf keiner Form und auch keiner Begründung, muß aber erkennen lassen, was der Kostenschuldner beanstanden will. Das braucht nicht in der Form eines einwandfreien Antrages zu geschehen, der Schuldner muß aber erklären, was er will, z. B.

er sei nicht Kostenschuldner,
der Geschäftswert sei zu hoch,
die Gebührenbestimmungen träfen nicht zu (z. B. der Notar habe für eine Grundschuldbestellung, Entwurf und Unterschriftsbeglaubigung, statt 5/10 aus § 38 Abs. I Nr. 5a KostO 10/10 aus § 36 Abs. 1 KostO berechnet),
er rechne mit einer Schadensersatzforderung auf usw.

Da es sich um ein Verfahren der freiwilligen Gerichtsbarkeit handelt, obliegt dem Gericht eine Amtsermittlungspflicht gemäß § 12 FGG, jedoch mit der Einschränkung, daß das Gericht an den Antrag bzw. den bestimmten Umfang der Einwendungen gebunden ist. (OLG Frankfurt DNotZ 70, 124).

Dem Kostenschuldner, der gemäß § 156 Abs. 1 Satz 1 KostO Beschwerde erhebt, obliegt es, zur Förderung des Verfahrens den ihm bekannten Sachverhalt vorzutragen und die ihm bekannten Beweismittel anzugeben. Hat er die ihm bekannten, für die Entscheidung über die Zulässigkeit der Beschwerde erheblichen Umstände dem Gericht nicht mitgeteilt, so genügt das Gericht seiner Aufklärungspflicht nach § 12 FGG mit einer Aufforderung zur Ergänzung des Vortrages. Kommt der Beschwerdeführer dem nicht nach, so kann das Gericht nach der Sachlage die Beschwerde als unzulässig verwerfen. Über den aus dem Vorbringen des Kostenschuldners sich ergebenden Antrag kann das Gericht nicht hinausgehen.

Entsprechend kann im Weisungsbeschwerdeverfahren das Gericht nicht von sich aus über die Weisung der Aufsichtsbehörde hinausgehen. Im Regelfall wird die erforderliche Korrektur dadurch erreicht werden, daß der Landgerichtspräsident als Dienstaufsichtsbehörde gehört wird und Gelegenheit hat, dem Notar die erforderlichen Weisungen zu erteilen.

Beispiel

a) Der Kostenschuldner beanstandet den Geschäftswert.

Die Kostenkammer des Landgerichts ist der Ansicht, daß auch die Gebühren nicht zutreffen, z. B. in folgendem *Grenzfall:*

Der Notar hat für die Neufassung eines Gesellschaftsvertrages 20/10 aus § 36 Abs. 2 KostO berechnet. Der Landgerichtspräsident stimmt insoweit mit ihm überein. Die Kammer hält die Urkunde für eine Änderungsverhandlung im Sinne von § 42 KostO, für die nur 10/10 berechnet werden kann.

Da der Kostenschuldner den Gebührenansatz aber nicht beanstandet, darf sie nur über den Geschäftswert entscheiden. Die Prüfung des Gebührenansatzes wäre nur möglich, wenn der Landgerichtspräsident den Notar anweisen würde, seine Kostenberechnung auch hinsichtlich des Gebührenansatzes der Kostenkammer des Landgerichts zur Entscheidung vorzulegen.

b) Der Kostenschuldner – ein für eine Erbscheinsverhandlung in Anspruch genommener Miterbe, der selbst nicht beteiligt war, (gilt hier § 6 KostO? Nein!) – bestreitet seine Haftung. Dann ist der Geschäftswert und Kostenansatz als solcher außer Streit.

c) Das gleiche gilt, wenn der Kostenschuldner mit einer Schadensersatzforderung aufrechnet, ohne die Kostenberechnung als solche anzugreifen.

Hält die Kostenkammer die Schadensersatzforderung für unbegründet, die Kostenberechnung aber für falsch, kann sie nichts tun und muß die Kostenberechnung bestätigen; wenn nicht der Landgerichtspräsident den Notar anweist, sich der Beschwerde mit dem Ziele der Abänderung seiner Kostenberechnung anzuschließen.

Beispiel

Der Notar hat als Geschäftswert einer Testamentsvollstreckerzeugnisverhandlung den reinen Nachlaßwert angesetzt, statt nach §§ 109 Abs. 1 Nr. 1 Satz 2 und 30 Abs. 2 KostO zu verfahren, was der Kostenschuldner gar nicht beanstandet hat.

12 Wie aus dem Gesagten erhellt, können Einwendungen aller Art gegen die Kostenberechnung erhoben werden. Der Kostenschuldner kann z. B. vorbringen:

a) er sei nicht der richtige Kostenschuldner (z. B. weil der Notar den Geschäftsführer einer GmbH für die Kosten einer Handelsregisteranmeldung der GmbH persönlich in Anspruch nimmt), oder er habe dem Notar keinen Auftrag zur Herstellung eines Entwurfs erteilt,

b) der Geschäftswert sei zu hoch (z. B. der Notar sei vom Einheitswert eines Grundstücks abgewichen, obwohl keine konkreten Anhaltspunkte für einen höheren Wert gegeben seien oder er habe bei einer Handelsregisteranmeldung den Höchstwert des § 26 Abs. 10 KostO übersehen usw.),

c) der Notar habe falsche Gebühren berechnet (z. B. er habe für eine Vollmacht 10/10 aus § 36 Abs. 1 KostO berechnet, worauf der Notar entgegnet, auf ausdrücklichen Wunsch sei der Auftrag mitbeurkundet worden, der Notar habe eine Gebühr aus § 146 Abs. 1 KostO angesetzt, obwohl eine Vollzugstätigkeit nicht erforderlich gewesen sei und der Notar eine völlig überflüssige Negativbescheinigung nach § 23 BBauG eingeholt habe),

c) er rechne mit einem Schadensersatzanspruch auf, er habe geschwankt, ob er sein Grundstück nur an die Tochter oder an Tochter und Schwiegersohn verkaufen solle, der Notar habe eine steuerrechtliche Auskunft nicht abgelehnt, wozu er berechtigt gewesen wäre, sondern ausdrücklich und *falsch* belehrt, daß in beiden Fällen keine Grunderwerbsteuer entstehe.

Vgl. OLG Hamm JurBüro 63, 798:

> Gibt der Notar, ohne dazu verpflichtet zu sein, bei der Beurkundung eines Rechtsgeschäfts steuerliche Auskünfte oder Hinweise, so haftet er den Beteiligten nicht schon bei einer unvollständigen oder unklaren, sondern allenfalls bei einer offensichtlich unrichtigen Belehrung.

Gegenansprüche wegen Amtspflichtverletzung können auch noch geltend gemacht werden, wenn die Kostenberechnung des Notars bezahlt ist (OLG Frankfurt Rpfleger 63, 128) und auch dann, wenn die Gegenforderung auf Amtstätigkeiten beruht, die nicht Gegenstand der Kostenberechnung des Notars sind (OLG Düsseldorf Rpfleger 1975, 411).

e) Der Schuldner kann falsche Sachbehandlung einwenden, z. B. der Notar habe eine Vollmacht für einen Adoptionsvertrag nur beglaubigt anstatt gem. § 1751a BGB zu protokollieren. Der Schuldner ist in einem solchen Falle nicht verpflichtet, dem Notar Gelegenheit zu geben, die Urkunde in der rechten Form und fehlerfrei zu wiederholen.

f) Fraglich könnte sein, ob im Verfahren nach § 156 KostO auch mit Ansprüchen aufgerechnet werden kann, die mit dem Beurkundungsgeschäft überhaupt nichts zu tun haben. Kostenschuldner hat gegen den Notar eine Kaufpreis-, Miet- oder eine Schadensersatzforderung aus einem Verkehrsunfall usw. Nach OLG Celle Nds. Rpfl. 1958, 207 = DNotZ 1959, 276 und OLG Frankfurt Rpfleger 58, 288 und Düsseldorf Rpfl. 73, 74 können Einwendungen, die mit der Amtstätigkeit des Notars nichts zu tun haben, im Verfahren nach § 156 KostO nicht vorgebracht werden. Dem ist zuzustimmen.

13 Bis zum Abschluß der Tatsacheninstanz kann der Notar seine Kostenberechnung jederzeit berichtigen. Die berichtigte Kostenberechnung bildet dann die Grundlage für das weitere Verfahren, OLG Hamm JVBl. 67, 113 = Büro 66, 977.

14 Im erstinstanzlichen Verfahren nach § 156 KostO sind vor der Entscheidung der Landgerichtspräsident und die Beteiligten zu hören. Entgegen dem Wortlaut „sollen" handelt es sich um eine Mußvorschrift – OLG Hamm DNotZ 1971, 562 –.

a) Die Anhörung des Landgerichtspräsidenten macht diesen nicht zum Beteiligten. Seine Stellungnahme hat die Bedeutung eines Rechtsgutachtens. Deshalb nimmt z. B. der Präsident des Landgerichts Berlin zu Tatfragen, insbesondere zur Beweisaufnahme, die der tatsächlichen Würdigung der Kammer überlassen bleiben muß, grundsätzlich nicht Stellung.

Die Hauptbedeutung der Stellungnahme des Landgerichtspräsidenten liegt in der Möglichkeit, dem Notar Weisungen in bezug auf das Beschwerdeverfahren erteilen zu können und Fehler der Kostenberechnung, die der Kostenschuldner nicht erkannt hat oder die zu dessen Lasten gehen, korrigieren zu können, indem er den Notar anweist, sich dem Verfahren in bestimmter Richtung anzuschließen.

b) Die Stellungnahme des Landgerichtspräsidenten ist den Beteiligten zur Kenntnis zu bringen. Geschieht das nicht, so verletzt das Gericht den Anspruch auf rechtliches Gehör nach Art. 103 GG.

c) Die Äußerung der Beteiligten. Neben dem Kostenschuldner sind alle Personen zu hören, die als Schuldner in Betracht kommen, es sei denn, daß der in Anspruch genommene Schuldner lediglich seine Zahlungspflicht bestreitet, denn in diesem Falle berührt die Entscheidung den rechtlichen Status der anderen etwaigen Kostenschuldner nicht. Die Anhörung der Beteiligten dient sowohl der Sachaufklärung im Sinne von § 12 FGG als auch der ausreichenden Gewährung rechtlichen Gehörs und der Verhinderung widersprechender Entscheidungen hinsichtlich einzelner Kostenschuldner.

15 Das Landgericht entscheidet durch Beschluß. Es kann die Kostenberechnung des Notars bestätigen oder im Rahmen der gestellten Anträge oder dem Notar erteilten Weisungen abändern.

16 Für das Verfahren vor dem Landgericht werden keine Gerichtskosten berechnet. Außergerichtliche Kosten können nach § 13a FGG nach billigem Ermessen festgesetzt werden. Das wird nur in Ausnahmefällen geschehen, zumal dem Notar, der sich selbst zu vertreten pflegt, keine außergerichtlichen Kosten erwachsen.

17 Gegen die Entscheidung des Landgerichts gibt es das Rechtsmittel der weiteren Beschwerde nur, wenn sie das Landgericht ausdrücklich zugelassen hat. An diesem strengen Grundsatz hat die Rechtsprechung allen Lockerungsbestrebungen entgegen bisher festgehalten. Wenn die Kammer entschieden und die weitere Beschwerde nicht zugelassen hat, kann darüber nicht noch nachträglich entschieden werden. Eine Ausnahme ist nur für den Fall denkbar, daß die Kammer tat-

sächlich beschlossen hat, sie zuzulassen und dies lediglich durch ein Versehen in dem Tenor des Beschlusses nicht zum Ausdruck gebracht hat. Nur in diesem Falle wäre eine Berichtigung denkbar.

Die Entscheidung über die Zulassung der weiteren Beschwerde wird von den Kostengerichten zwar manchmal etwas engherzig gehandhabt. So erwünscht es wäre, in dem einen oder dem anderen Falle die Zulassung doch noch zu erreichen, ist aber im Interesse der Prozeßökonomie an dem Erfordernis der Zulassung durch das Beschwerdegericht unbedingt festzuhalten.

Auch wenn das Landgericht das rechtliche Gehör verletzt hat, z. B. weil es die Stellungnahme des Präsidenten des Landgerichts den Beteiligten nicht mitgeteilt hat, so reicht das nicht aus, die weitere Beschwerde zuzulassen. Ein nach dem Verfahrensgesetz nicht gegebenes Rechtsmittel kann nicht dadurch zulässig werden, daß das Gericht eine Verfassungsbestimmung nicht beachtet. Das Ermessen des Landgerichts ist auch selbst bei schwerwiegenden Verstößen nicht nachprüfbar, OLG Düsseldorf Rpfleger 71, 118, KG Rpfleger 61, 409.

18 Die weitere Beschwerde ist eine reine Rechtsbeschwerde, die nur darauf gestützt werden kann, daß die Entscheidung des Landgerichts auf einer Gesetzesverletzung beruht. Das Gesetz ist verletzt, wenn eine Rechtsnorm nicht oder nicht richtig angewendet ist.

An die tatsächlichen Feststellungen des Landgerichts ist das Oberlandesgericht gebunden. Neue Tatsachen dürfen im Rechtsbeschwerdeverfahren nicht berücksichtigt werden.

Soweit die Tatsacheninstanz eine Ermessensentscheidung zu treffen hatte, z. B. bei Wertbestimmungen nach freiem Ermessen (§§ 30 Abs. 1 und Abs. 2, 41 KostO u. a.), kann das OLG nur nachprüfen, ob das Landgericht die Grenzen des ihm eingeräumten Ermessens überschritten hat oder ob es von ungenügenden oder verfahrenswidrig zustandegekommenen Feststellungen ausgegangen ist, ob es wesentliche Gesichtspunkte außer acht gelassen oder sich mit den Denkgesetzen und allgemeinen Grundsätzen der Lebenserfahrung in Widerspruch gesetzt hat. Die Angemessenheit und Zweckmäßigkeit der angefochtenen Entscheidung ist dagegen der Überprüfung des Beschwerdegerichts entzogen, BayObLG Rpfleger 1970, 181, BGHZ 18, 143, 148.

19 Die Dienstaufsichtsbehörde kann den Notar jederzeit anweisen, weitere Beschwerde einzulegen. Zu diesem Zweck hat ihm das Beschwerdegericht gemäß § 156 KostO seine Akten vorzulegen, wenn es in seinem Beschluß die weitere Beschwerde zugelassen hat. Dabei ist eine der wichtigsten Entwicklungen auf dem Gebiet des Beschwerderechts die sich immer mehr durchsetzende Auffassung, daß die Weisungsbeschwerde keine Beschwer der Dienstaufsichtsbehörde erfordert, vgl. KG DNotZ 69, 49, OLG Bremen DNotZ 66, 116, BayObLG DNotZ 66, 629, OLG Celle JurBüro 66, 692 = JVBl. 66, 204.

11. KAPITEL

Rückzahlung und Schadensersatz, § 157 KostO

1 Wird die Kostenberechnung zugunsten des Kostenschuldners abgeändert, so hat der Notar zuviel empfangene Beträge zu erstatten. Das gleiche gilt, wenn der Notar Vorschüsse erhoben hat, die den endgültigen Kostenbetrag überschreiten, z. B. er hat gemäß §§ 8, 149 KostO Vorschuß auf Hebegebühren erhoben, die nicht zur Entstehung gelangen, weil die Beteiligten den Vertrag vor Zahlungen auf Anderkonto rückgängig machen.

2 Gegenüber dem Rückzahlungsanspruch kann sich der Notar nicht auf Wegfall der Bereicherung berufen, auch § 817 Abs. 2 BGB steht nicht entgegen. Der Notar kann aber mit einem fälligen Gebührenanspruch für eine andere Amtshandlung aufrechnen. Eine Aufrechnung mit Anwaltskosten kommt nach KG Rpfleger 1965, 353 in Betracht, wenn die Notariatskostenberechnung mit der Begründung aufgehoben wird, daß der Anwaltsnotar nicht als Notar, sondern als Rechtsanwalt tätig geworden sei, und der Kostenschuldner nun die gezahlten Notariatskosten im Verfahren nach § 157 KostO zurückverlangt.

3 Der Notar wird in der Regel zuviel erhaltene Beträge freiwillig zurückzahlen, so daß Verfahren nach §§ 157, 156 KostO selten sind. Erforderlichenfalls ist über die Rückzahlungspflicht gemäß § 157 Abs. 2 KostO auf Antrag im Verfahren nach § 156 KostO zu entscheiden.

Der Antrag nach § 157 Abs. 2 KostO setzt kein Verfahren nach § 156 KostO voraus, kann aber mit der Notariatskostenbeschwerde verbunden werden. Er kann auch selbständig im Anschluß an ein Beschwerdeverfahren nach § 156 KostO gestellt werden.

4 Das Verfahren richtet sich nach § 156 KostO, jedoch findet eine Anhörung der Dienstaufsichtsbehörde und der sonstigen Beteiligten nicht statt. Es entscheidet die nach § 156 KostO zuständige Zivilkammer des Landgerichts. Der die Rückzahlungspflicht aussprechende Beschluß ist ein vollstreckbarer Titel, der nach den Vorschriften der ZPO vollstreckbar ist.

5 Hatte der Notar eine vollstreckbare Ausfertigung der Kostenberechnung zugestellt und evtl. vollstreckt und hatte der Kostenschuldner *innerhalb eines Monats seit Zustellung* der vollstreckbaren Ausfertigung der Kostenberechnung Beschwerde nach § 156 Abs. 1 Satz 1 KostO erhoben und hatte diese Beschwerde Erfolg, dann hat der Notar (über die Rückzahlungspflicht hinaus) den Schaden zu ersetzen, der dem Kostenschuldner durch die Zwangsvollstreckung oder durch eine zur Abwendung der Vollstreckung erbrachte Leistung entstanden ist. Auch über diese Ansprüche des Kostenschuldners ist im Verfahren nach § 156 KostO zu entscheiden. Der ordentliche Rechtsweg ist ausgeschlossen.

II. Teil

12. KAPITEL

Einseitige Erklärungen

1 Bei der Beurkundung einseitiger Erklärungen muß man zwischen materiellrechtlichen (Willens)-Erklärungen und tatsächlichen (meist Wissens-)erklärungen unterscheiden. Wie für beide Arten verschiedene Beurkundungsverfahren gelten (§§ 8ff. und §§ 36ff. BeurkG), so sind auch verschiedene Gebührenbestimmungen anzuwenden (§§ 36ff. und §§ 47ff. KostO).

2 Materiellrechtliche Erklärungen. Für die Beurkundung einseitiger materiellrechtlicher Erklärungen steht dem Notar gemäß § 36 Abs. 1 KostO eine volle Gebühr zu.

Beurkundet der Notar ein einseitiges Schuldbekenntnis des A. über einen Betrag von 30000,– DM, dann stellt er folgende Kostenberechnung auf:

Geschäftswert: 30000,– DM	
Gebühr § 36 Abs. 1 KostO	115,00 DM
Umsatzsteuer 5,5%	6,33 DM
	121,33 DM.

3 Wenn der Notar ein Vaterschaftsanerkenntnis des A. beurkundet, beträgt der Geschäftswert gemäß § 30 Abs. 3 und Abs. 2 KostO 5000,– DM. In der älteren Literatur und Rechtsprechung zur Bewertung von Vaterschaftsanerkenntnissen ist wiederholt die Ansicht vertreten worden, daß man ein Vaterschaftsanerkenntnis grundsätzlich nur mit 1000,– DM bewerten könne. Aus § 24 Abs. 4 KostO ergäbe sich, daß der Gesetzgeber die uneheliche Vaterschaft niedrig bewerte. Diese Auffassung ist nach Inkrafttreten des Nichtehelichengesetzes nicht mehr haltbar, so daß keine Veranlassung besteht, vom Regelwert abzuweichen.

Die volle Gebühr aus § 36 Abs. 1 KostO würde hier 45,– DM betragen. Da es sich um eine Erklärung handelt, die auch das Jugendamt beurkunden kann, muß der Notar seine Gebühr gemäß § 55a KostO und § 144 Abs. 3 KostO auf ein Fünftel = 9,– DM ermäßigen, erhält aber 10,– DM, da dies die Mindestgebühr ist.

4 Um einseitige Erklärungen handelt es sich auch, wenn, obwohl es sich um einen Vertrag handelt, nur die Erklärung einer Seite beurkundet wird, Bürgschaft, Abtretung u. a. In solchen Fällen hat der Notar darauf zu achten, daß nicht überflüssigerweise ein Vertrag beurkundet wird. Es besteht ein allgemeiner kosten-

rechtlicher Grundsatz, daß der Notar bei gleicher Sicherheit den billigeren Weg zu wählen hat. Typisch ist die Abtretung. Die Abtretung ist ein Vertrag. Beurkundet wird aber nur die einseitige Abtretungserklärung des Zedenten. Es wäre deshalb falsche Sachbehandlung, wenn der Notar eine Annahmeerklärung des Zessionars mitbeurkundet und damit eine 20/10-Gebühr verursachen würde, es sei denn, daß die Beteiligten trotz Belehrung des Notars aus irgend welchen Gründen ausdrücklich auf Beurkundung eines Vertrages bestehen oder daß die Abtretung im Rahmen umfassender Regelungen erklärt wird, die die Vertragsform unerläßlich macht.

5 Hat A. auf einem Grundstück eine Eigentümergrundschuld über 50000,– DM bestellt und tritt er diese nun zur Sicherung eines Zwischenkredits an die B-Bank ab, ist die Kostenberechnung wie folgt aufzustellen:

Geschäftswert: 50000,– DM	
Gebühr § 36 Abs. 1 KostO	150,00 DM
Umsatzsteuer 5,5%	8,25 DM
	158,25 DM.

Diese Kostenberechnung trifft allerdings nur zu, wenn es sich um eine Briefgrundschuld handelt. Eine Briefgrundschuld wird außerhalb des Grundbuchs durch beglaubigte oder beurkundete Abtretungserklärung und Übergabe des Briefes übertragen. Mit Rücksicht auf §§ 1154 und 403 BGB in Verbindung mit § 29 GBO ist hier die Beurkundung der materiellrechtlichen Abtretungserklärung erforderlich, so daß § 36 Abs. 1 KostO anzuwenden ist. Ist dagegen die Erteilung des Grundschuldbriefes ausgeschlossen, so finden gemäß § 1154 Abs. 3 BGB die Vorschriften der §§ 873 und 878 BGB entsprechend Anwendung. Die Abtretung der Grundschuld erfolgt durch Einigung und Eintragung, wobei die Einigung selbst keiner Form bedarf, sondern nur die einseitige Eintragungsbewilligung im Sinne von § 29 GBO erforderlich ist. Das ist dann lediglich eine formelle Grundbucherklärung, für die nur eine halbe Gebühr aus § 38 Abs. 2 Nr. 5a KostO zu berechnen ist, vgl. unten Nr. 12.

6 A. hat der B-Bank an seinem Grundstück eine Hypothek bestellt. Die Bank verlangt jetzt als zusätzliche Sicherung eine Bürgschaftserklärung der Ehefrau des A. mit Unterwerfung unter die Zwangsvollstreckung oder eine Mitschulderklärung der Ehefrau A. mit Unterwerfung unter die Zwangsvollstreckung. In beiden Fällen sieht die Kostenberechnung bei einem Darlehnsbetrag von 100000,– DM folgendermaßen aus:

Geschäftswert: 100000,– DM	
Gebühr §§ 36 Abs. 1, 44 Abs. 1 KostO	225,00 DM
Umsatzsteuer 5,5%	12,38 DM
	237,38 DM.

In der vorstehenden Kostenberechnung ist der § 44 Abs. 1 KostO neben § 36 Abs. 1 KostO angeführt, weil es sich nicht nur um eine, sondern um zwei selbständige Erklärungen handelt, nämlich einmal die Schuldübernahme und im anderen Falle die Bürgschaft als rein materiellrechtliche Erklärung und daneben die Unterwerfung unter die Zwangsvollstreckung als prozeßrechtliche Erklärung, die aber wie eine materiellrechtliche Erklärung behandelt wird. Da beide Erklärungen das gleiche Rechtsverhältnis betreffen, nämlich im Verhältnis von Haupterklärung und Sicherungserklärung, ist die Gebühr aus § 36 Abs. 1 KostO aber nur einmal zu erheben.

7 Für die Berechnung der Gebühr des § 36 Abs. 1 KostO ist es unerheblich, ob die Erklärung von einer oder von mehreren Personen abgegeben wird. Auch für gemeinschaftliche Erklärungen mehrerer Beteiligten entsteht nur eine Gebühr.

Die Beteiligten A., B. und C. sind Eigentümer eines Grundstücks in Bruchteilsgemeinschaft zu je 1/3. Sie erklären gemeinsam ein Schuldbekenntnis über 100000,– DM, bestellen insoweit eine Hypothek und unterwerfen sich der Zwangsvollstreckung.

Hier handelt es sich um drei selbständige Erklärungen, nämlich das Schuldbekenntnis (§ 36 Abs. 1 KostO), die Bewilligung der Hypothek (§ 38 Abs. 2 Nr. 5a KostO) und die Unterwerfung unter die Zwangsvollstreckung (wiederum § 36 Abs. 1 KostO). Alle Erklärungen sind gegenstandsgleich. Im übrigen wird aber auch ohne Rücksicht darauf, daß es sich um drei Personen handelt, die Gebühr des § 36 Abs. 1 KostO nur einmal erhoben. Die drei Beteiligten haften als Gesamtschuldner. Der Notar kann die vollen Kosten von jedem erheben. § 40 KostO ist nicht anwendbar, da es sich nicht um Erklärungen von Mitberechtigten sondern von Mitverpflichteten handelt.

8 Ein weiteres Beispiel mit vielen Beteiligten und verschiedenen Erklärungen, die alle gegenstandsgleich sind, wäre folgender Fall:

Die OHG Meier und Schulze, vertreten durch ihre Gesellschafter Meier und Schulze, daneben aber auch Meier und Schulze jeder für sich persönlich, geben ein Schuldbekenntnis über 100000,– DM ab. Die Ehefrauen Meier und Schulze übernehmen außerdem jede für sich die Bürgschaft für den gesamten Betrag.

Auch hier ist nach 100000,– DM unter Anführung der §§ 36 Abs. 1 und 44 Abs. 1 KostO eine volle Gebühr in Höhe von 225,– DM nebst 12,38 DM Umsatzsteuer und den erforderlichen Auslagen nebst Umsatzsteuer zu berechnen. Auch hier sind die Gesellschaft als solche, die Gesellschafter und ihre Ehefrauen Gesamtschuldner der gesamten Kosten.

9 Einseitige Erklärungen (aber auch Verträge) sind zum Teil durch die Sondervorschrift des § 38 KostO gebührenbegünstigt.

So kostet eine Zustimmung zu einer beurkundeten Erklärung (§ 38 Abs. 2 Nr. 1 KostO), eine Vollmacht (§ 38 Abs. 2 Nr. 4 KostO), eine Löschungsbewilligung (§ 38 Abs. 2 Nr. 5a KostO), eine Handelsregisteranmeldung (§ 38 Abs. 2 Nr. 7 KostO) nur 5/10. Eine Erbausschlagung (§ 38 Abs. 3 KostO) und die Zustimmung zur Adoption (§ 38 Abs. 4 KostO) werden sogar nur mit 5/20 abgegolten.

Die verschiedenartigen Erklärungen müssen wegen ihrer jeweiligen Besonderheiten an verschiedenen Stellen dieses Buches erörtert werden. Hier soll sich der Text auf die formellen Grundbucherklärungen nach § 38 Abs. 2 Nr. 5a und b KostO beschränken. Die Vorschrift hängt zusammen mit dem formellen Konsensprinzip des Grundbuchrechts. Danach bedarf die für Rechtsveränderungen erforderliche Einigung der Beteiligten keiner Form und wird auch – mit Ausnahme der Auflassung – vom Grundbuchamt nicht nachgeprüft. Um eine Veränderung im Grundbuch herbeizuführen, sind nur formelle Bewilligungen und Anträge der Berechtigten, d. h. grundsätzlich der im Grundbuch eingetragenen oder einzutragenden Berechtigten herbeizuführen.

Diese formellen Grundbucherklärungen sind gebührenbegünstigt und kosten nur eine halbe Gebühr. Das ist Sinn und Zweck der Vorschriften des § 38 Abs. 2 Nr. 5a und b KostO.

10 Beschränkt sich die beurkundete Erklärung auf eine formelle Grundbuchbewilligung, dann ist nach der Spezialvorschrift des § 38 Abs. 2 Nr. 5 KostO nur eine halbe Gebühr zu berechnen. In der Praxis wird das nicht immer klar erkannt und unterschieden. In den folgenden Fällen ist die Rechtslage aber eindeutig:

a) Der Grundstückseigentümer A. beantragt unter Vorlage einer Löschungsbewilligung die Löschung einer Hypothek über 30000,– DM. Hier ist nach dem Wert von 30000,– DM eine halbe Gebühr aus § 38 Abs. 2 Nr. 5a KostO in Höhe von 57,50 DM nebst 3,30 DM Umsatzsteuer zu berechnen.

Oder:

b) Der Hypothekengläubiger G. räumt mit seiner Hypothek Abt. III/2 über 50000,– DM der Hypothek in Abt. III/4 mit 90000,– DM den Vorrang ein.

Die Gebühr für diese rein formelle Grundbucherklärung ist wiederum die 5/10-Gebühr des § 38 Abs. 2 Nr. 5a KostO. Es fragt sich hier aber, welcher Geschäftswert anzusetzen ist. Nach § 23 Abs. 3 KostO ist bei der Einräumung des Vorrangs der Wert des vortretenden Rechts, höchstens jedoch der Wert des zurücktretenden Rechts maßgebend. Der Wert des vortretenden Rechts beträgt hier 90000,– DM, der Wert des zurücktretenden Rechts jedoch nur 50000,– DM. Infolgedessen ergibt sich folgende Kostenberechnung:

Geschäftswert: 50000,– DM	
Gebühr § 38 Abs. 2 Nr. 5a KostO	75,00 DM
Umsatzsteuer 5,5%	4,10 DM
	79,10 DM.

Beim Entwurf oder der Beurkundung von Rangerklärungen sind möglichst die Werte der vor- oder zurücktretenden Rechte anzuführen, weil anderenfalls die richtige Aufstellung bzw. die Nachprüfung der Kostenberechnung nicht möglich ist. Ferner gilt § 23 Abs. 3 KostO nur bei selbständigen Rangerklärungen in einer Niederschrift oder in einem Entwurf zusammen, dann gilt gemäß § 44 Abs. 3 KostO als Gegenstand der Rangerklärung das vortretende oder das zurücktretende Recht, je nachdem es für den Kostenschuldner nach den vorstehenden Vorschriften günstiger ist.

Vgl. Kapitel 13 über die Kosten von Rangerklärungen und Löschungsvormerkungen.

11 A. bewilligt als Gläubiger der Hypothek Abt. III/1 über 50000,– DM die Löschung, und zwar in Form einer abstrakten Löschungsbewilligung. Hier sind nach dem Wert von 50000,– DM 5/10 aus § 38 Abs. 2 Nr. 5a KostO zu berechnen.

In der Praxis wird oft nicht genügend zwischen der löschungsfähigen Quittung und der abstrakten Löschungsbewilligung unterschieden. Die abstrakte Löschungsbewilligung ist eine rein formelle Grundbucherklärung. Sie reicht aus, wenn das Recht gelöscht werden soll und zwar auch dann, wenn der Gläubiger die Löschungsbewilligung erst erteilt, nachdem er befriedigt ist und damit die Inhaberschaft des Rechts verloren hat, denn nach der Vermutung des § 891 BGB gilt er dem Grundbuchamt gegenüber, so lange er eingetragen ist, als der materiell Berechtigte und damit als derjenige, der die Löschung zu bewilligen hat.

Eine Quittung ist dagegen eine materiellrechtliche Erklärung, für die eine volle Gebühr aus § 36 Abs. 1 KostO zu berechnen ist. Wenn die Quittung nicht von dem Schuldner ausdrücklich verlangt wird, was nur gelegentlich vorkommt, dann ist sie nur dann erforderlich, wenn der Grundstückseigentümer über die durch Rückzahlung entstandene Eigentümergrundschuld anderweit verfügen will und dem Grundbuchamt nunmehr durch eine löschungsfähige Quittung nachweisen muß, daß das Recht auf ihn übergegangen ist, vgl. dazu den Aufsatz über Löschungsbewilligung und löschungsfähige Quittung von Notar Dr. Hoffmann in RheinNotK 1971 Seite 605ff. Der Notar hat auch hier nach dem allgemeinen standesrechtlichen Grundsatz den billigsten Weg zu wählen und den Entwurf oder die Beurkundung einer abstrakten Löschungsbewilligung zu empfehlen, wenn das Recht gelöscht werden soll.

Er muß auch fehlerhafte Erklärungen vermeiden. Erklärt der Gläubiger ohne Nennung des Schuldners, er sei befriedigt und bewillige die Löschung, so ist das für eine abstrakte Löschungsbewilligung zuviel und für eine löschungsfähige Quittung zu wenig. Wer sich für befriedigt erklärt, widerlegt damit dem Grundbuchamt gegenüber die Vermutung des § 891 BGB. Es steht jetzt fest, daß ihm das Recht nicht mehr zusteht und daß er nicht mehr berechtigt ist, die Löschung zu bewilligen. Andererseits muß eine Quittung durch Angabe des Namens desjenigen, der den Gläubiger befriedigt hat, dem Grundbuchamt den Nachweis ermöglichen, auf wen die Hypothek übergegangen ist. So kann der Grundstückseigentümer über das Recht nur weiterverfügen, wenn sich aus der Quittung ergibt, daß er den Gläubiger befriedigt hat und damit feststeht, daß die Hypothek Eigentümergrundschuld geworden ist.

12 *Das Verhältnis von materiellrechtlichen und formal rechtlichen Grundbucherklärungen.* In dem vorangegangenen Beispiel der abstrakten Löschungsbewilligung und der materiellrechtlichen Quittung handelt es sich um ein Entweder-Oder. Die Erklärung ist entweder eine abstrakte Löschungsbewilligung und damit eine formelle Grundbucherklärung, für die nur 5/10 zu berechnen sind, oder sie ist eine materiellrechtliche Quittung, für die 10/10 anzusetzen sind. Es gibt nun aber zahlreiche Beispiele, in denen materiellrechtliche Erklärungen scheinbar mitbeurkundet sind, es sich gleichwohl aber nur um eine rein formelle Grundbucherklärung im Sinne von § 38 Abs. 2 Nr. 5a KostO handelt. Die Behandlung dieser Grenzfälle in der Kostenliteratur und Rechtsprechung erfolgt nach rein pragmatischen Gesichtspunkten, indem man davon ausgeht, daß eine Beurkundung oder Beglaubigung nur insoweit gewollt sei, als sie materiell oder grundbuchrechtlich erforderlich sei. In der Niederschrift oder dem Entwurf miterscheinende materiellrechtliche Erklärungen seien deshalb nur als historisch erwähnt anzusehen.

Beispiel

Zur Bestellung einer Sicherungshypothek bedarf es neben dem zugrundeliegenden schuldrechtlichen Darlehnsgeschäft einer dinglichen Einigung von Gläubiger und Schuldner sowie einer Grundbuchbewilligung. Nur die Grundbuchbewilligung bedarf mit Rücksicht auf § 29 GBO mindestens der Form der öffentlichen Beglaubigung (bei der Hypothekenbestellung bedarf es daher einer Niederschrift nur dann, wenn sich der Schuldner wegen der Forderung und der Hypothek der Zwangsvollstreckung unterwirft). Erklärt der Schuldner S., daß er dem Gläubiger G. 10000,– DM schulde und bewilligt er die Eintragung einer Hypothek in dieser Höhe, so nimmt man an, daß das Schuldbekenntnis nur historisch erwähnt sei. Für die Bestellung einer Hypothek ohne Unterwerfungsklausel, die Bewilligung einer Grundschuld ohne Vollstreckungsunterwerfung sowie alle sonstigen dinglichen Erklärungen, wie Anträge auf Grundstücksvereinigungen, Grundstückszuschreibungen, Grundbuchberichtigungen und dergleichen, sind daher grundsätzlich nur 5/10 zu berechnen.

Daß man dieses Prinzip auch übertreiben kann, zeigt die Entscheidung des OLG Celle DNotZ 1971, 605, die von Kaiser DNotZ 1971, 607 mit Recht kritisiert wird. Das OLG Celle hat den Fall einer Grundschuldbewilligung der Bewilligung einer Hypothek gleichgestellt. In seiner Kritik weist Kaiser zutreffend darauf hin, daß bei der Bewilligung einer Hypothek die Aufnahme der das persönliche Schuldbekenntnis betreffenden Erklärungen in dem Entwurf regelmäßig nicht gewollt sind. Bei der Grundschuld, die von einer Forderung unabhängig ist, braucht aber zur Begründung des dinglichen Rechts eine zugrundeliegende Forderung überhaupt nicht erwähnt zu werden. Wenn gleichwohl ein Kreditinstitut die Aufnahme von Zahlungsbedingungen hinsichtlich des zugrundeliegenden obligatorischen Rechtsverhältnisses fordert, dann wird man annehmen müssen, daß die Forderung nicht nur zwecks Erläuterung oder nicht nur historisch erwähnt wird.

13. KAPITEL

Rangerklärungen und Löschungsvormerkungen

1 Die Bewilligung von oder die Zustimmung zu Rangveränderungen (Rangerklärungen) und die Bewilligung von Löschungsvormerkungen sind formelle Grundbucherklärungen, für die grundsätzlich halbe Gebühren aus § 38 Abs. 2 Nr. 5 a anzusetzen sind. Als Geschäftswert der vor- oder zurücktretenden Grundpfandrechte ist der Nennbetrag, bei der Rentenschuld der Ablösungsbetrag anzusetzen (§ 23 Abs. 2 KostO). Hier haben wir es aber jeweils mit zwei Rechten zu tun, bei der Vorrangseinräumung und beim Rangrücktritt eines, das im Range vorrückt, eines, das zurücktritt; bei der Löschungsvormerkung eines das belastet, eines das begünstigt wird. Der Gesetzgeber hat nun nicht das eine oder andere für maßgebend erklärt, also nicht immer das vortretende (begünstigte) oder zurücktretende (belastete) Recht, sondern er stellt darauf ab, welches der beiden Rechte geringeren Wert hat. Das ist gemeint, wenn gemäß § 23 Abs. 3 KostO der Wert des vortretenden, höchstens jedoch des zurücktretenden maßgebend sein soll.

2 Räumt eine Hypothek von 200000,– DM einem Grundpfandrecht über 50000,– DM den Vorrang ein, dann ist das vortretende Recht mit 50000,– DM maßgebend. Räumt umgekehrt eine Hypothek von 50000,– DM einer Grundschuld von 200000,– DM den Vorrang ein, dann bestimmt höchstens der Nennwert des zurücktretenden Rechts mit 50000,– DM den Geschäftswert.

Man muß also immer den Nennwert der beiden betroffenen Rechte miteinander vergleichen und den geringeren als Geschäftswert ansetzen.

3 § 23 Abs. 3 KostO gilt auch, wenn mehrere vor- und zurücktretende Rechte betroffen sind. In diesem Falle sind die jeweils vortretenden und zurücktretenden Rechte zusammenzuzählen und die Summen zu vergleichen.

Eine Hypothek von 80000,– DM und eine von 40000,– DM räumen einer Hypothek von 100000,– DM den Vorrang ein. Dann beträgt die Summe der zurücktretenden Rechte 120000,– DM. Der Wert des vortretenden Rechts (100000,– DM) ist niedriger und bestimmt daher den Geschäftswert.

Räumen 70000,– DM und 50000,– DM Rechten über 80000,– DM und 60000,– DM den Vorrang ein, dann ergibt die Summe der zurücktretenden Rechte 120000,– DM und die Summe der vortretenden Rechte 140000,– DM. Der Wert beträgt also 120000,– DM. Er bleibt auch 120000,– DM, wenn umgekehrt 80000,– DM und 60000,– DM zurücktreten und 70000,– DM und 50000,– DM vorrücken.

Bei der Hypothek über 80000,– DM soll zugunsten der Hypotheken über 60000,– DM und 70000,– DM je eine Löschungsvormerkung eingetragen werden.

Der Geschäftswert beträgt dann 80000,– DM, da die Summe der begünstigten Rechte mit 130000,– DM höher ist.

4 § 23 Abs. 3 KostO ist auch anzuwenden, wenn Rangverschiebungen sich zwischen Rechten in Abteilung II und solchen in Abteilung III des Grundbuchs abspielen. Tritt zum Beispiel der Berechtigte einer Rückauflassungsvormerkung hinter einem Recht in Abteilung III zurück, so wird im allgemeinen die Hypothek oder Grundschuld den Geschäftswert bestimmen, weil der Wert der Auflassungsvormerkung dem vollen Grundstückswert entspricht.

Treten Wegerechte, Tankstellendienstbarkeiten oder sonstige Grunddienstbarkeiten oder beschränkt persönliche Dienstbarkeiten zurück, so sind die nach § 22 oder § 24 KostO zu ermittelnden Werte der Rechte in Abteilung II mit dem Wert der Rechte in Abteilung III zu vergleichen.

5 Diese allgemeinen Regeln gelten nur, wenn es sich um eine isolierte Rangerklärung oder Löschungsvormerkungsbewilligung handelt. Wenn diese Erklärungen mit anderen Erklärungen in einer Urkunde zusammentreffen, dann greift die Vorschrift des § 44 Abs. 3 KostO ein.

Treffen die genannten Erklärungen mit anderen Erklärungen in einer Urkunde zusammen, so wird nicht mehr darauf abgestellt, welches der beiden Rechte den höheren Wert hat. Vielmehr ist das vortretende oder zurücktretende Recht maßgebend, je nachdem sich der Kostenschuldner nach den Vorschriften des § 44 Abs. 1 oder 2 KostO günstiger steht. Wert der Rangerklärung kann danach auch das höherwertige Recht sein.

6 Der in der Praxis am häufigsten vorkommende Fall ist die Neubestellung eines Grundpfandrechts verbunden mit Rangverschiebungen und Löschungsvormerkungen.

> Z. B.: A. bewilligt eine Hypothek über 75000,– DM. Diese Hypothek soll den Rang vor bereits eingetragenen 60000,– DM und 50000,– DM (zusammen 110000,– DM) erhalten. Zugunsten der 60000,– DM und 50000,– DM sollen bei den neuen 75000,– DM Löschungsvormerkungen eingetragen werden.

Hier nimmt man als Gegenstand der Rangänderungen und Löschungsvormerkungen den Wert von 75000,– DM, nicht weil das weniger ist als die Summe 110000,– DM, sondern weil dann die Rangänderung pp. das gleiche Rechtsverhältnis betrifft wie die Haupterklärung über 75000,– DM. Es besteht dann Gegenstandsgleichheit und die Gebühr für die Bewilligung des Vorrangs und der Löschungsvormerkungen wird durch die Gebühr für das Hauptgeschäft abgegolten.

Das Hauptgeschäft wäre also auch maßgebend, wenn sein Wert höher wäre, die neue Hypothek z. B. eine Valuta von 175000,– DM erhalten soll.

Man merke sich daher die Regel:

Enthält eine Hypotheken- oder Grundschuldbestellungsurkunde Vorrangseinräumungen oder die Bewilligung von Löschungsvormerkungen, so sind diese immer mit dem neuen Recht gegenstandsgleich, und es entsteht neben der Gebühr für das Hauptgeschäft keine weitere Gebühr.

7 Davon zu unterscheiden ist das Zusammentreffen von Grundpfandrechtsbewilligung mit Löschungsanträgen. Die Löschungsanträge dienen zwar auch dazu, dem neuen Recht den vorgesehenen Rang zu verschaffen. Es fehlt aber an einer dem § 44 Abs. 3 KostO entsprechenden Regel. Die Löschungsanträge betreffen die mit dem neuen Recht in keinem Zusammenhang stehenden Drittrechte und damit andere Rechtsverhältnisse. Wird z. B. die Eintragung von 100 000,– DM mit Unterwerfung unter die Zwangsvollstreckung bewilligt und zugleich die Löschung von 50 000,– DM, so entsteht eine

volle Gebühr aus § 36 Abs. 1 KostO	= 225,00 DM
eine halbe Gebühr aus § 38 Abs. 2 Nr. 5a KostO	= 75,00 DM
nebst Umsatzsteuer	= 16,50 DM
	zus.: 316,50 DM.

Wird das Grundpfandrecht ohne Unterwerfung unter die Zwangsvollstreckung bewilligt, dann kostet diese Erklärung nur 5/10 aus § 38 Abs. 2 Nr. 5a KostO. Es sind dann zwei Erklärungen mit dem gleichen Gebührenansatz vorhanden. Die Werte sind also gemäß § 44 Abs. 2a KostO zu addieren. Nach der Summe von 150 000,– DM entsteht dann also eine halbe Gebühr aus § 38 Abs. 2 Nr. 5a KostO = 150,– DM.

8 Hier soll nun auch noch daran erinnert werden, daß Löschungsanträge im Kaufvertrag als Erfüllungserklärung des Verkäufers gegenstandsgleich sind, weil der Verkäufer damit seiner Verpflichtung nachkommt, das Grundstück frei von Rechten Dritter zu übertragen und das Grundbuch frei zu machen.

9 Wir können uns deshalb folgende Regeln merken: Rangerklärungen in Grundpfandrechtsbewilligungsurkunden lösen keine besondere Gebühr aus. Entsprechendes gilt für die Bewilligung von Löschungsvormerkungen.

Löschungsanträge in Grundpfandrechtsbewilligungsurkunden betreffen besondere Rechtsverhältnisse und bringen 5/10 Gebühr des § 38 Abs. 2 Nr. 5a KostO zur Entstehung.

Löschungsanträge der Vertragsparteien in Kaufverträgen sind in der Regel gegenstandsgleich mit dem Vertrage und werden durch die Vertragsgebühren abgegolten.

14. KAPITEL

Einseitige Erklärungen, Fortsetzung

1 *Zustimmungserklärungen.* Durch § 38 Abs. 2 Nr. 1 KostO wird die nachträgliche Zustimmung einzelner Teilnehmer zu einer bereits anderweit beurkundeten Erklärung gebührenbegünstigt. Es muß sich also um die Erklärung eines Teilnehmers handeln sowie um die Zustimmung zu einer bereits beurkundeten Erklärung. Deshalb gilt § 38 Abs. 2 Nr. 1 KostO z. B. nicht, wenn Eltern gemäß § 3 Ehegesetz der Eheschließung ihrer minderjährigen Tochter zustimmen. Hierfür entsteht die volle Gebühr des § 36 Abs. 1 KostO. Ferner liegen die Voraussetzungen von § 38 Abs. 2 Nr. 1 KostO nicht vor, wenn die Zustimmungserklärung vorher abgegeben wird, z. B. wenn eine Ehefrau noch vor Beurkundung des Kaufvertrages ihre Zustimmung zu dem von ihrem Ehemann abzuschließenden Grundstückskaufvertrag gemäß § 1365 BGB erteilt. Meist wird man solche vorherigen Zustimmungserklärungen jedoch in eine Vollmacht umdeuten. So mit Recht Korintenberg-Wenz-Ackermann-Lappe, KostO, 8. Auflage, § 38 Anm. I, 1c.

2 Der Begriff des „Teilnehmers" ist möglichst weit zu fassen.

Beispiele

a) A. hat als vollmachtloser Vertreter des B. ein Grundstück an C. verkauft. Der Vertrag ist beim Notar beurkundet worden. B. genehmigt nun in besonderer Urkunde (Entwurf mit Unterschriftsbeglaubigung) die Erklärungen des A.

Dann ist für den Entwurf der Genehmigungserklärung mit Unterschriftsbeglaubigung eine halbe Gebühr aus § 38 Abs. 2 Nr. 1 KostO zu berechnen. Als Geschäftswert ist der Wert des Geschäfts anzusetzen, auf das sich die Genehmigungserklärung bezieht. Dieser Grundsatz gilt allgemein. Von ihm ist auch auszugehen, wenn für die Zustimmungserklärung einzelner Mitberechtigter nur ein anteiliger Geschäftswert anzusetzen ist. Ist das Grundstück für 250000,– DM veräußert worden, dann ergibt sich folgende Kostenberechnung:

Geschäftswert: 250000,– DM	
Gebühr §§ 145 Abs. 1, 38 Abs. 2 Nr. 1 KostO	= 225,00 DM
Umsatzsteuer 5,5%	= 12,38 DM
	zus.: 237,38 DM.

Oder:

b) Die Witwe A. hat als nicht befreite Vorerbin ein Grundstück an B. verkauft und aufgelassen. Die Nacherben D. und E. genehmigen in besonderer Urkunde die Veräußerung und bewilligen die Löschung des Nacherbenvermerks im Grundbuch.

Auch hier gilt der Grundsatz, daß die Genehmigungserklärung den gleichen Geschäftswert hat, wie das genehmigte Geschäft. Man darf hier nicht den Wert des Nacherbenvermerks als einer Verfügungsbeschränkung, der nach § 30 Abs. 1 KostO zu schätzen wäre, verwechseln mit dem Wert der von den Nacherben abzugebenden Zustimmungserklärung. Der Geschäftswert entspricht dem Kaufpreis, so daß die gleiche Kostenberechnung wie im vorstehenden Beispiel aufzustellen ist. Wenn man ganz genau sein will, könnte man hier noch § 38 Abs. 2 Nr. 5a und § 44 Abs. 1 KostO hinzufügen, weil die Bewilligung der Löschung des Nacherbenvermerks eine selbständige Erklärung ist. Dies betrifft jedoch das gleiche Rechtsverhältnis wie die Genehmigungserklärung und wird daher durch die 5/10-Gebühr nach dem höchsten Wert aus § 38 Abs. 2 Nr. 1 KostO mitabgegolten.

c) In einem Erbbaurechtsvertrag ist vorgesehen, daß der Erbbauberechtigte zur Belastung des Erbbaurechts der Zustimmung des Grundstückseigentümers bedarf. Die erbbauberechtigte Wohnungsbaugesellschaft „Neubau-GmbH" hat die Eintragung einer Bauhypothek über 500000,– DM bewilligt. Der Grundstückseigentümer erklärt in besonderer Urkunde seine Zustimmung.

Nach dem bisher Gesagten könnte eigentlich kein Zweifel daran bestehen, daß hier für die Zustimmungserklärung eine halbe Gebühr nach dem Wert von 500000,– DM zu berechnen ist. Gleichwohl ist dieser Fall streitig. Zweifel bestehen sowohl hinsichtlich der Frage, ob der Grundstückseigentümer ein Teilnehmer im Sinne von § 38 Abs. 2 Nr. 1 KostO sei als auch bezüglich des Geschäftswerts. Von OLG Celle DNotZ 1968 Seite 384 ist noch einmal eindeutig klargestellt worden, daß die dem Eigentümer vorbehaltene Zustimmung zur Belastung oder Veräußerung des Erbbaurechts die eines Teilnehmers im Sinne von § 38 Abs. 2 Nr. 1 KostO ist, so daß nur eine halbe Gebühr anfällt. Jedoch wollen Rohs-Wedewer, § 30 Anm. IIa 9 und OLG Hamm Büro 1966, 511 und DNotZ 1973, 488 als Geschäftswert nicht den Wert des zustimmungsbedürftigen Rechtsgeschäfts ansetzen, sondern den Wert nach dem Interesse des Eigentümers bzw. Erbbauberechtigten bestimmen. Dagegen mit Recht Ackermann, Büro 1967 Seite 772ff., vgl. auch Korintenberg-Wenz-Ackermann-Lappe, KostO, 8. Auflage, § 40 Fußn. 1. Diese Streitfragen haben gerade beim Erbbaurecht wegen der dort vorkommenden hohen Geschäftswerte erhebliche Auswirkung. Der Notar kann hier ein übriges tun, indem er dafür sorgt, daß der Eigentümer vor Beurkundung der Veräußerung oder Belastung des Erbbaurechts dem Erbbauberechtigten eine Vollmacht erteilt, die Zustimmungserklärung in seinem Namen mitzuerklären. Als solche ist sie dann gegenstandsgleich und wird durch die Beurkundungsgebühr des Veräußerungs- oder Belastungsgeschäfts mitabgegolten. Ferner wird durch die Vollmacht eindeutig klargestellt, daß nur eine halbe Gebühr in Betracht kommt, und schließlich gilt bei der Vollmacht der Höchstwert von 1 Million DM, eine wertmäßige Einschränkung, die im Rahmen von § 38 Abs. 2 Nr. 1 KostO nicht vorgesehen ist.

Nachträgliche Zustimmungen zu beurkundeten Kindesannahmeverträgen und Erklärungen bezüglich der Legitimation eines Kindes fallen nicht unter § 38 Abs. 2 Nr. 1 KostO, sondern die weitere Spezialvorschrift des § 38 Abs. 4 KostO, für sie kommt nur 1/4-Gebühr in Betracht.

3 *Vollmachten.* Handelt § 38 Abs. 2 Nr. 1 KostO von der nachträglichen Zustimmung zu einem beurkundeten Rechtsgeschäft, so ermöglicht die Vollmacht zu zukünftigem Handeln. Dazwischen steht die Beurkundung der Vollmachtsbestätigung, die lediglich den Zweck hat, eine bereits vor Beurkundung eines Rechtsgeschäfts mündlich oder privatschriftlich erteilte Vollmacht dem Grundbuchamt in der Form des § 29 GBO nachzuweisen. Sie ist kostenrechtlich wie eine Vollmacht zu behandeln. Für die Beurkundung einer Vollmacht steht dem Notar eine halbe Gebühr aus § 38 Abs. 2 Nr. 4 KostO zu.

4 Der Geschäftswert ist verschieden, je nachdem, ob sich die Vollmacht auf ein bestimmtes Rechtsgeschäft bezieht oder ob sie eine allgemeine Ermächtigung enthält. Der Geschäftswert einer speziellen Vollmacht bestimmt sich nach dem Wert des Geschäftes, zu dessen Vornahme die Vollmacht ermächtigt.

Beispiel

A. erteilt dem B. Vollmacht zum Erwerb eines Grundstücks bis zum Kaufpreis von 150000,– DM.

Hier ist gemäß § 41 Abs. 1 KostO ein Geschäftswert von 150000,– DM anzusetzen und nach § 38 Abs. 2 Nr. 4 KostO eine halbe Gebühr in Höhe von 150,– DM nebst 8,25 DM Umsatzsteuer zu berechnen.

5 Die Vollmacht ist ein abstraktes Geschäft. Auch bei der Vollmacht ergibt sich daher ein ähnliches Problem wie bei der Abgrenzung materiellrechtlicher und dinglicher Rechtsgeschäfte im Rahmen des § 38 Abs. 2 Nr. 5 KostO. Die Gebührenermäßigung des § 38 Abs. 2 Nr. 4 KostO gilt nur für die abstrakte Vollmacht als solche, nicht jedoch für das zugrunde liegende Rechtsverhältnis. Wird dieses mitbeurkundet, so bestimmt sich die Gebühr je nachdem nach § 36 Abs. 1 oder 2 KostO, während die Vollmacht dann in der Regel als Durchführungserklärung gemäß § 44 Abs. 1 KostO gegenstandsgleich ist.

Ähnlich wie im Rahmen des § 38 Abs. 2 Nr. 5a KostO wird aber auch bei Vollmachten die Beurkundung des Auftrages oder eines ähnlichen Grundverhältnisses nicht gewollt sein. Lautet die Vollmacht in dem oben angeführten Beispiel also etwa: „Ich, der unterzeichnete Kaufmann Emil Müller, beauftrage den Immobilienhändler Lehmann in Osterode das im Grundbuch von Osterode Blatt 95 eingetragene Grundstück zum Kaufpreis von 150000,– DM zu erwerben und erteile ihm Vollmacht, den Kaufvertrag abzuschließen und die Auflassung zu erklären", so müßte nach dem Wortlaut dieser Urkunde eine volle Gebühr nach § 36 Abs. 1 KostO berechnet werden. Die Beteiligten würden aber bei entsprechender Belehrung durch den Notar auf die Beurkundung des Grundgeschäfts verzichtet haben, da für den Rechtsverkehr im Außenverhältnis die Beurkundung der Vollmacht ausreicht. Man wird deshalb hier die Mitbeurkundung des Grundverhältnisses als historische Erwähnung oder Erläuterung ansehen können. Unter Umständen wird man dem Notar, der das Grundverhältnis überflüssigerweise mitbeurkundet hat, den Vorwurf falscher Sachbehandlung machen können, was dazu führen müßte, daß die Differenz zur vollen Gebühr abgesetzt werden müßte.

Es bleibt also auch in diesem Falle bei einer halben Gebühr aus § 38 Abs. 2 Nr. 4 KostO.

6 Eine Vollmacht kann höchstens einen Wert von 1 Million DM haben. Will z. B. eine große Aktiengesellschaft ein Industriegelände zum Aufbau einer Maschinenfabrik für 7 Millionen DM erwerben und erteilt sie dem Immobilienmakler Meier Vollmacht, sie bei Abschluß des Kaufvertrages zu vertreten, so hätte die Vollmacht nur einen Wert von 1 Million DM. Dagegen hätte eine nachträgliche Zustimmung, etwa zum Handeln eines vollmachtlosen Vertreters, einen Wert von 7 Millionen DM. Deshalb ist bei Auftreten von Vertretern ohne ausreichende Vollmachtsurkunde sehr genau zu erwägen und zu prüfen, ob der Vertreter sich auf eine mündliche oder privatschriftlich erteilte Vollmacht beziehen oder als Vertreter ohne Vertretungsmacht auftreten soll. Dies ist eine interessante Interessenkollision. Der Notar hat auf der einen Seite dafür zu sorgen, daß möglichst geringe Kosten entstehen. Das wäre der Fall, wenn nur noch eine Vollmachtsbestätigung erforderlich wäre. Er muß aber auch auf die Sicherheit des im fremden Namen Handelnden bedacht sein, dem der BGH ausdrücklich gestattet, von einer ihm erteilten Vollmacht keinen Gebrauch zu machen und als vollmachtloser Vertreter vorbehaltlich der Genehmigung des Vertretenden zu handeln, BGH DNotZ 68, 406.

7 Der Wert einer allgemeinen Vollmacht ist gemäß § 41 Abs. 2 zu schätzen. Erteilt der Kaufmann A. dem Steuerberater B. Vollmacht, ihn in jeder Hinsicht zu vertreten und soll die Vollmacht über den Tod hinaus gelten und von den Einschränkungen des § 181 BGB befreien, so liegt eine allgemeine Vollmacht vor, und zwar eine Generalvollmacht. Der Geschäftswert einer solchen allgemeinen Vollmacht ist gemäß § 41 Abs. 2 KostO unter Berücksichtigung des Aktivvermögens des Vollmachtgebers und des Umfanges der Vollmacht nach freiem Ermessen festzusetzen. Vom Aktivvermögen ist auszugehen, weil auch hier das Abzugsverbot des § 18 Abs. 3 KostO gilt. Nach der Rechtsprechung des Kammergerichts ist als Geschäftswert einer in jeder Hinsicht unbeschränkten Generalvollmacht das volle Aktivvermögen des Vollmachtgebers anzusetzen, vgl. dazu allerdings die Bedenken bei Korintenberg-Wenz-Ackermann-Lappe, KostO, 8. Auflage, Fußn. 6 zu § 41.

Hat der Vollmachtgeber sein Vermögen ohne Abzug von Verbindlichkeiten mit 350000,– DM angegeben, so ist, da der Umfang der Vollmacht völlig unbeschränkt ist, nach einem Geschäftswert von 350000,– DM eine halbe Gebühr aus § 38 Abs. 2 Nr. 4 KostO in Höhe von 300,– DM nebst 16,50 DM Umsatzsteuer zu berechnen.

Gibt der Vollmachtgeber sein Vermögen mit 3 Millionen DM an, so gilt auch hier wieder der Höchstwert von 1 Million DM. Der Geschäftswert beträgt also 1 Million DM gemäß § 41 Abs. 4 KostO. Nach § 38 Abs. 2 Nr. 4 KostO sind danach 787,50 DM nebst 43,31 DM Umsatzsteuer anzusetzen.

8 Die Wertangaben in Vollmachten sind oft unzulänglich oder unzutreffend. So findet sich häufig der Satz: „Den Wert der Vollmacht gebe ich mit 10000,– DM an", oder ähnlich. Der Vollmachtgeber hat aber nicht den Wert der Vollmacht als solchen anzugeben, sondern dem Notar die erforderlichen tatsächlichen Angaben zu machen oder Unterlagen zur Verfügung zu stellen, auf Grund deren er den Wert der Vollmacht gemäß § 41 KostO festzustellen hat. Findet sich z. B. in Vollmachten, wie das gar nicht selten ist, die zu erheblichen Grundstücksbelastungen ermächtigen, der Satz, daß der Wert der Vollmacht 10000,– DM betrage, so liegt auf der Hand, daß diese Wertangabe nicht zutreffend ist. Sie entbindet den Notar auch in keiner Weise von der Verpflichtung, den Geschäftswert der Vollmacht richtig festzusetzen. Enthält die Vollmachtsurkunde überhaupt keine Zahlenangaben, so sollte der Wert wenigstens in einem bei den Akten des Notars verbleibenden Vermerk erläutert werden. Dieses Verfahren empfiehlt sich dann, wenn die Vollmachtgeber Wert darauf legen, daß in der nach außenhin in Erscheinung tretenden Ausfertigung oder Urschrift der Vollmacht keine Angaben über ihr Vermögen enthalten sind.

9 Da der Wert einer in jeder Hinsicht unbeschränkten Vollmacht möglicherweise hoch ist, sollte der Notar darauf achten, daß diese Form der Vollmacht nur dann Verwendung findet, wenn das wirklich notwendig ist. Die Einwendungen von Korintenberg-Wenz-Ackermann-Lappe, KostO, 8. Auflage, a. a. O., daß eine Generalvollmacht schon der Dauer nach beschränkt sein könne oder daß die Vollmachtserteilung nur in beschränktem Maße Verwendung finden solle, greift letzten Endes nicht durch, weil solche Einschränkungen in der Vollmacht selbst zum Ausdruck gebracht werden müssen. Die Erteilung von Generalvollmachten beruht nicht selten auf der gedankenlosen Verwendung von Formularen. So gibt es in der Notariatspraxis ein viel verwendetes Formular für eine Generalvollmacht, wonach der Bevollmächtigte berechtigt ist, den Vollmachtgeber in jeder Hinsicht zu vertreten, dem dann aber vom Notar zugefügt ist „insbesondere beim Abschluß des Erbauseinandersetzungsvertrages nach dem Erblasser Emil Müller". In diesem Falle bedurfte es gar keiner Generalvollmacht, sondern einer Spezialvollmacht zum Abschluß eines Erbauseinandersetzungsvertrages. Außerdem braucht auch nicht jede allgemeine Vollmacht eine in jeder Hinsicht unbeschränkte Generalvollmacht zu sein. Ein Kaufmann, der seiner Frau oder seinem Sohn eine zunächst einmal völlig unbeschränkte Generalvollmacht erteilt, weil er sich auf eine wochenlange Geschäftsreise begibt, sollte die Vollmacht zeitlich begrenzen. Oder eine Vollmacht, die dem bereits im Testament eingesetzten Testamentsvollstrecker für die Zeit nach dem Tode des Vollmachtgebers gewährt wird, um die Zeit zwischen Erbfall und Erteilung des Testamentsvollstreckerzeugnisses zu überbrücken, sollte ebenfalls zeitlich begrenzt sein.

10 Eine allgemeine Vollmacht kann auch auf einen bestimmten Gewerbezweig, ein bestimmtes Handelsunternehmen oder die Verwaltung eines bestimmten Vermögensgegenstandes, insbesondere eines Hauses, begrenzt sein. Bei der Handlungsvollmacht ist von dem Aktivwert der betreffenden Firma auszugehen, jedoch zu berücksichtigen, daß der Handlungsbevollmächtigte keinesfalls unbegrenzt und unbeschränkt für den Prinzipal handeln darf, sondern meist nur in einem begrenzten Umfang. Bei der Hausverwaltervollmacht, die zur Einziehung von Mieten ermächtigt, kann man § 24 Abs. 1b KostO als Bewertungsfaktor im Rahmen von § 41 KostO heranziehen, mag diese Bestimmung auch nicht unmittelbar anwendbar sein. Eine Bewertung der Vollmacht mit dem 12 1/2fachen Jahresmietertrag dürfte angemessen sein, jedoch sollte man keinen höheren Wert als den Verkehrswert des Grundstücks ansetzen. Die Verwaltervollmacht kann keinen höheren Wert als die Veräußerungsvollmacht haben. (Diese Frage ist zweifelhaft. Das Kammergericht hatte die Frage, ob man den Einheitswert des Grundstücks überschreiten könne, offengelassen, vgl. DNotZ 1943, 281 = JFGErg. 23, 65 = JVBl. 1943 Seite 113).

11 Die Miterben Albert, Heinrich und Käte Krüger erteilen dem Bürovorsteher Kluge Vollmacht zur Veräußerung und Auflassung des Nachlaßgrundstücks; vorgesehener Kaufpreis 180000,– DM.

Obwohl es sich hier um mehrere Vollmachtgeber handelt, bestehen keine Besonderheiten. Der Fall, daß einer von mehreren Miterben diese Vollmacht erteilt, liegt allerdings etwas anders, und wird unten besonders erläutert. Im vorliegenden Fall ist jedenfalls nach dem vorgesehenen Kaufpreis von 180000,– DM eine halbe Gebühr aus § 38 Abs. 2 Nr. 4 KostO nebst anteiliger Umsatzsteuer zu berechnen. Aus dem Beispiel läßt sich folgender Schluß ziehen: Erteilen mehrere Personen in einer Urkunde hinsichtlich eines bestimmten Rechtsgeschäfts Vollmacht, so ist *eine* Gebühr nach dem Wert des Rechtsgeschäfts zu berechnen. Erteilen die Eheleute Krüger ihrem Sohn Hans Generalvollmacht, sie in jeder Hinsicht über den Tod hinaus und unter Befreiung von § 181 BGB zu vertreten, so ist das Aktivvermögen beider Ehegatten zusammenzurechnen und danach eine halbe Gebühr aus § 38 Abs. 2 Nr. 4 KostO anzusetzen.

12 Den gleichen Wert hat die Vollmacht, wenn die Eheleute Krüger nicht nur ihren Sohn Hans, sondern ihre Söhne Hans und Peter, und zwar jeder für sich allein, ermächtigen, sie zu vertreten. Das war früher streitig, man nahm zum Teil zwei Vollmachten an. Die Streitfrage ist jedoch durch das Kammergericht Rpfleger 1970, 220 = JurBüro 70, 600 beendet worden. Das alte Kammergericht (KG DNotZ 1940, 102 = JVBl. 40, 162 = JFGErg. 21, 71) hatte eine allgemeine Vollmacht, die zwei Bevollmächtigten erteilt wird, mit der Maßgabe, daß jeder für sich allein zu handeln berechtigt ist, mit dem doppelten Wert des Vermögens des Vollmachtgebers angesetzt, was dazu führte, daß auch der Höchstwert von 1 Million DM bis zu 2 Millionen DM überschritten werden konnte. Jetzt hat das neue Kammergericht sich der von Korintenberg-Wenz-Ackermann-Lappe, KostO, 8. Auflage, § 41 Anm. 6 und Fußn. 9 sowie Rohs-Wedewer, 2. Auflage,

§ 41 Anm. 3 und Fußn. 21 vertretenen Auffassung angeschlossen. Bei der mehreren Vollmachtnehmern erteilten Vollmacht ist also in jedem Falle nur noch von dem einfachen Wert des Vermögens des Vollmachtgebers oder der Vollmachtgeber auszugehen.

Wir können daraus den Schluß ziehen, daß es sich sowohl bei mehreren Vollmachten als auch bei mehreren Bevollmächtigten grundsätzlich nur um eine Vollmacht handelt. Anders wäre es nur, wenn die Vollmacht verschiedene Geschäfte betrifft. Erteilt z. B. ein Kaufmann zugleich im eigenen Namen als auch als Geschäftsführer einer GmbH, so handelt es sich um zwei Vollmachten, die für sich zu bewerten sind. Die Werte sind dann zusammenzuziehen. Vorausgesetzt ist, daß die Vollmacht hinsichtlich der GmbH in irgendeiner Weise beschränkt ist, denn eine quasi die Organstellung übertragende Generalvollmacht hinsichtlich der GmbH wäre unzulässig.

13 Zustimmung und Vollmacht von Mitberechtigten. Sowohl bei der Zustimmung einzelner Mitberechtigter als auch bei der von einen Mitberechtigten ausgestellten Vollmacht bestimmt sich der Geschäftswert nach dem Anteil des Mitberechtigten (§ 40 und § 41 Abs. 3 KostO). Z. B. die Eheleute Krüger sind Grundstückseigentümer je zur ideelen Hälfte. Sie schenken das Grundstück, das einen Verkehrswert von 200000,– DM hat, ihrem Sohn Hans. In der Schenkungsverhandlung erscheint nur der Ehemann Krüger, er handelt im eigenen Namen und als Vertreter ohne Vertretungsmacht für seine Ehefrau. Die Ehefrau genehmigt nachträglich die Erklärung ihres Ehemannes.

Da sie hinsichtlich des Schenkungsvertrages als Mitberechtigte gehandelt hat, hat ihre Erklärung nur einen Wert von 100000,– DM, so daß eine halbe Gebühr aus § 38 Abs. 2 Nr. 1 KostO in Höhe von 112,50 DM nebst 6,– DM zu berechnen ist.

Hat der Ehemann Krüger nicht als Vertreter ohne Vertretungsmacht, sondern auf Grund einer mündlich erteilten Vollmacht gehandelt, dann hat die beglaubigte Vollmachtsbestätigung der Ehefrau Krüger ebenfalls nur einen Wert von 100000,– DM. Hier folgt die gleiche Gebühr aus § 38 Abs. 2 Nr. 4 KostO.

14 Sowohl § 40 KostO als auch § 41 Abs. 3 KostO gelten nur für die Erklärung von Mitberechtigten, nicht für solche von Mitverpflichteten.

Beispiel

Die Eheleute Krüger kaufen ein Grundstück und verpflichten sich als Gesamtschuldner zur Zahlung des Kaufpreises von 200000,– DM und unterwerfen sich auch insoweit der Zwangsvollstreckung in ihr Vermögen. Hat der Ehemann Krüger zunächst als Vertreter ohne Vertretungsmacht gehandelt und genehmigt die Ehefrau später diese Erklärung, so hat diese Genehmigungserklärung ebenfalls einen Wert von 200000,– DM. Genau so würde der Fall liegen, wenn die Eheleute eine Hypothek über 200000,– DM als Gesamtschuldner bestellen und die Ehefrau später eine entsprechende Erklärung ihres Ehemannes genehmigt. Den gleichen Wert hätte eine von der Ehefrau vorher erteilte Vollmacht zum Erwerb des Grundstücks.

15 Besonderheiten hat die neuere Rechtsprechung zur Bewertung von Vollmachten und Zustimmungserklärungen zur Gesellschaftsgründung entwickelt.

So war es früher unbestrittene allgemeine Meinung, daß der Wert der Vollmacht eines der künftigen Mitgesellschafter zum Abschluß des Gesellschaftsvertrages einer GmbH dem Anteil entsprach, den der Vollmachtgeber im Gründungsvertrag übernahm. In JVBl. 1969, 94 = Rpfleger 69, 28 führt das Kammergericht nun zutreffend aus, daß es sich bei der Gründungsvollmacht nicht um die Vollmacht eines Mitberechtigten handelt. Sie ist vielmehr auf Bildung eines Gesamtvermögens gerichtet. Die Mitberechtigung entsteht erst mit dem Vertrag. Deshalb ist § 41 Abs. 3 KostO nicht anwendbar, die Vollmacht hat vielmehr den Wert des gesamten geplanten Gesellschaftskapitals.

Was das Kammergericht hier zur Vollmacht ausführt, muß selbstverständlich gelten, wenn einer der Gesellschafter im Gründungsvertrag durch einen Vertreter ohne Vertretungsmacht vertreten wird und nun nachträglich zustimmt. Wie bei der Vollmacht § 41 Abs. 3 KostO ist hier § 40 KostO nicht anwendbar.

16 Ein ähnliches Problem ergibt sich bei Vollmachten zur Gründung einer GmbH & Co. KG oder die anläßlich der Gründung der Komplementär-GmbH von dem hinzutretenden Kommanditisten erteilte Ermächtigung, ihn bei allen zukünftigen Handelsregisteranmeldungen zu vertreten. Berücksichtigt man, daß der Kommanditist gemäß §§ 161, 108 HGB zur Mitwirkung bei allen wesentlichen Handelsregisteranmeldungen verpflichtet ist, so muß man dem BayObLG DNotZ 1972, 244, dem OLG Düsseldorf DNotZ 1970, 440 u. a. zustimmen – (so auch ständige Rechtsprechung der Kostenkammer des Landgerichts Berlin) –, daß als Wert das gesamte Gesellschaftsvermögen bzw. das durch Einbringung von Kommanditisten bis zu einer bestimmten Höhe geplante Gesamtvermögen den Geschäftswert bestimmt.

Bei zahlreichen Abschreibungs-GmbH & Co. KG, die große Bauvorhaben durchführen und mit Millionenbeträgen zu arbeiten pflegen, wird daher häufig der Höchstwert einer Vollmacht von 1 000 000,– DM erreicht sein.

15. KAPITEL

Einseitige Erklärungen, Fortsetzung

1 Die Annahme von Angeboten.

Für die *Beurkundung eines Vertrages* ist gemäß § 36 Abs. 2 KostO das *Doppelte* der vollen Gebühr (20/10) zu berechnen. Wird der Vertrag gemäß § 128 BGB in der Form beurkundet, daß zunächst der *Antrag* und sodann die *Annahme* beurkundet wird, so entstehen *ebenfalls 20/10,* nämlich *15/10* für das *Angebot* gemäß § 37 KostO und *5/10* für die *Annahme* gemäß § 38 Abs. 2 Nr. 2 KostO.

Wegen der vielfältigen Problematik, die sich bei getrennter Beurkundung durch eine nachfolgende Änderung des Angebots, durch Annahme nach Ablauf der Annahmefrist, Annahme mit Abänderungen usw. ergeben können, erfordern die §§ 37 und 38 Abs. 2 Nr. 2 KostO eine zusammenhängende Darstellung, vgl. dazu Kapitel 20.

2 Zu den gebührenbegünstigten einseitigen Erklärungen des § 38 Abs. 2 KostO gehören ferner alle Registeranmeldungen, insbesondere die Anmeldungen zum Handelsregister. So einfach der Gebührenansatz (5/10) zu sein scheint, so schwierig sind die nach den §§ 26, 28 und 29 KostO vorzunehmenden Wertberechnungen. Deshalb ergibt sich auch hier die Notwendigkeit einer zusammenfassenden Behandlung in Kapitel 32.

3 *Erklärungen gegenüber dem Nachlaßgericht* erfordern von dem beurkundenden (oder entwerfenden) Notar häufig außerordentlich schwierige rechtliche Prüfungen, die neben genauer Kenntnis des Erbrechts auch die Berücksichtigung steuerrechtlicher und wirtschaftlicher Zusammenhänge notwendig machen können. Es ist deshalb unverantwortlich, daß der Gesetzgeber den Notar hier mit einer Viertelgebühr abspeist. Soziale Gesichtspunkte dürften dabei keine Rolle spielen. Wird z. B. eine Erbschaft wegen Überschuldung des Nachlasses ausgeschlagen, dann würde auch die volle Gebühr nur 10,– DM betragen, also der Mindestgebühr entsprechen, die dem Notar auf alle Fälle zusteht. Häufigster Fall des § 38 Abs. 3 KostO ist die Ausschlagung der Erbschaft. Geschäftswert der Erbausschlagung gemäß § 112 Abs. 2 KostO ist der reine Nachlaßwert. Das ist also einer der Fälle, in dem im Beurkundungsabschnitt wegen des Geschäftswertes auf eine Gerichtskostenvorschrift verwiesen wird.

a) A. ist verstorben und wird von seinen Kindern E. und F. je zur Hälfte beerbt. Der Nachlaß hat nach Abzug der Nachlaßverbindlichkeiten einen Wert von 86000,– DM. Der unverheiratete und kinderlose E. möchte die Erbschaft allein seiner Schwester F. zuwenden.

Wert der Erbausschlagung ist der Anteil des E. am Reinnachlaß, also 43000,– DM. Dann ergibt sich folgenden Kostenberechnung:

Kostenberechnung gemäß §§ 32, 141 KostO.

Geschäftswert: §§ 38 Abs. 3, 112 Abs. 2 KostO = 43000,– DM

Gebühr §§ 145 Abs. 1, 38 Abs. 3 KostO	37,50 DM
Umsatzsteuer 5,5%	2,06 DM
zus.:	39,56 DM.

b) Der Erblasser Sch. in Dresden ist verstorben und von seiner Ehefrau und seinem in Westberlin lebenden Bruder je zur Hälfte beerbt worden. Der vollständig in Dresden belegene Nachlaß hat einen Wert von 60000,– DM der Deutschen Notenbank. Der Bruder schlägt aus, um der in Dresden lebenden Schwägerin den Nachlaß allein zu überlassen, zumal er als Westberliner sowieso an den Nachlaß praktisch nicht heran kann.

Wert nicht 30000,– DM, sondern 30000,– DM d. D. N. B., umgestellt nach dem Umtauschkurs auf ca. 10000,– DM d. BB.

Gebühr § 38 Abs. 3 KostO	28,80 DM
Umsatzsteuer 5,5%	1,58 DM
zus.:	30,38 DM.

c) A. ist von seiner Witwe E. und den Kindern F. und G. beerbt worden. Es stellt sich heraus, daß der Nachlaß überschuldet ist. Die Erben, die die Ausschlagungsfrist versäumt haben, fechten nun die Annahme der Erbschaft an (§ 112 Abs. 1 Nr. 2 KostO und §§ 1954, 1955 BGB).

Der Geschäftswert beträgt nicht etwa 5000,– DM nach § 30 Abs. 2 KostO (häufiger Fehler!), sondern nach § 112 Abs. 2 KostO mit Rücksicht auf die Überschuldung 0–500,– DM, entspricht also der niedrigsten Wertstufe. Danach ist eine Gebühr von 10,– DM zu berechnen. Auch hier sind die §§ 145 Abs. 1, 38 Abs. 3 KostO anzuführen und nicht etwa § 33 KostO. Der § 33 KostO besagt, daß die Mindestgebühr 10,– DM beträgt, ist aber selbst keine Gebührenbestimmung im Sinne von § 154 Abs. 2 KostO.

4 Die Ausschlagung eines *Vermächtnisses* bedarf keiner Form und wird nicht dem Nachlaßgericht gegenüber erklärt, sondern gegenüber den *Erben* (§ 2180 Abs. 2 und 3 BGB, wo auf die Formvorschrift des § 1955 BGB eben nicht verwiesen wird).

Wird die Erklärung ausnahmsweise beurkundet, z. B. auf ausdrücklichen Wunsch trotz Belehrung durch den Notar, zu Beweiszwecken o. ä., so entsteht eine volle Gebühr aus § 36 Abs. 1 KostO.

Beispiel

Der Erblasser E. hat seine Tochter Inge zur Erbin bestimmt und seinem Sohn Franz ein Vermächtnis ausgesetzt. Franz schlägt gemäß § 2307 BGB das Vermächtnis aus, weil er glaubt, sich mit dem Pflichtteil besser zu stehen.

Besteht das Vemächtnis in einer Hypothek über 80000,– DM auf dem Nachlaßgrundstück, dann ist nach 80000,– DM eine volle Gebühr aus § 36 Abs. 1 KostO in Höhe von 195,– DM nebst 11,– DM Umsatzsteuer zu berechnen.

5 Für die Anfechtung eines Testaments oder Erbvertrages ist nach § 46 Abs. 2 KostO eine halbe Gebühr anzusetzen, jedoch nur eine Viertelgebühr nach § 38 Abs. 3 KostO, wenn die Anfechtung gegenüber dem Nachlaßgericht erklärt wird.

Beispiel

a) A. und B. haben einen Erbvertrag geschlossen. A. ficht dem B. gegenüber den Erbvertrag wegen Irrtums an.

Gebühr gemäß § 46 Abs. 2 KostO 5/10.

b) Nach dem Tode von B. ficht A. den Erbvertrag (oder ein gemeinschaftliches Testament), soweit seine Kinder bedacht sind, durch Erklärung gegenüber dem Nachlaßgericht an, weil er wieder geheiratet hat und damit ein bei Abschluß des Erbvertrages nicht vorhanden gewesener Pflichtteilberechtigter hinzutritt (§§ 2281 Abs. 2, 2079 BGB).

Gebühr §§ 46 Abs. 2, 38 Abs. 3 KostO = 5/20. Vergleiche im übrigen hierzu Kapitel 30.

6 T. ist durch Testament des E. zum Testamentsvollstrecker bestellt. Der Aktivnachlaß beträgt 300000,– DM, der Reinnachlaß ca. 240000,– DM, die Vollstreckung bereitet rechtliche Schwierigkeiten (z. B. schwierige gesellschaftsrechtliche Auseinandersetzungen usw.). T. erklärt gegenüber dem Nachlaßgericht, daß er das Amt ablehne.

Da diese Erklärung keiner Form bedarf, wird sie in der Praxis selten sein, während die Annahme des Amtes in der Regel Bestandteil der Testamentsvollstreckerzeugnisverhandlung ist.

Wird die Ablehnungserklärung beurkundet, so bstimmt sich der Wert nach §§ 112 Abs. 2, 38 Abs. 3 KostO, wobei nach Lage des Falles vom Regelwert von 5000,– DM nach oben oder unten abzuweichen ist.

50000,– DM dürften hier angemessen sein. Dann beträgt die 5/20 Gebühr des § 38 Abs. 3 KostO 37,50 DM + 2,06 DM Umsatzsteuer.

Einer *Form* bedarf die Ernennung eines Mitvollstreckers oder eines Nachfolgers. Hier entstehen die gleichen Kosten wie oben, also

Wert: 50000,– DM	
Gebühr §§ 145 Abs. 1, 38 Abs. 3 KostO	37,50 DM
Umsatzsteuer 5,5%	2,06 DM
	39,56 DM.

7 Die Zustimmung zur Adoption und zur Legitimation eines nichtehelichen Kindes ist schon im Kapitel 14,2a erwähnt. Hier ist noch einmal klarzustellen, daß die Gebühr für die Zustimmungserklärungen nur nach der speziellen Vorschrift des § 38 Abs. 4 KostO 5/20 zu berechnen sind, und zwar in den meisten Fällen nach dem Regelwert von 5000,– DM. Wird die Zustimmungserklärung mit einer Vollmacht zum Abschluß des Adoptionsvertrages verbunden, dann entsteht gemäß §§ 38 Abs. 2 Nr. 4, 38 Abs. 4, 44 Abs. 1 KostO eine halbe Gebühr. Beide Erklärungen betreffen das gleiche Rechtsverhältnis.

Die Zustimmung zur Adoption und zur Legitimation fallen nicht unter die Zuständigkeit des Jugendamtes (§ 49 JWG), so daß eine Ermäßigung nach §§ 55a, 144 Abs. 3 KostO nicht in Betracht kommt.

16. KAPITEL
Verträge

1 Mit der Beurkundung eines Vertrages entsteht grundsätzlich das Doppelte der vollen Gebühr (= 20/10), sei es aus § 36 Abs. 2 KostO, sei es bei getrennter Beurkundung von Angebot und Annahme aus §§ 37 und 38 Abs. 2 Nr. 2 KostO, sei es für Erbverträge aus § 46 Abs. 1 KostO. Ausgenommen sind die dinglichen Verträge des § 38 Abs. 2 Nr. 6 KostO. Auflassung, Einigung über Einräumung oder Aufhebung von Sondereigentum, Einigung über Bestellung oder Übertragung eines Erbbaurechts und schließlich Verträge über die Abtretung von Geschäftsanteilen einer GmbH kosten nur eine halbe Gebühr (5/10), sofern das zugrundeliegende obligatorische Geschäft bereits beurkundet ist. Eine halbe Gebühr entsteht auch in allerdings sehr engen Grenzen gemäß § 38 Abs. 2 Nr. 3 KostO für den Vertrag über Aufhebung eines Vertrages.

2 In zwei Fällen beträgt die Vertragsgebühr nur eine volle Gebühr (10/10). Nach § 42 KostO darf für den Vertrag, durch den ein Vertrag abgeändert wird, sofern es sich nicht um etwas völlig Neues handelt, höchstens eine volle Gebühr berechnet werden. Nach der neuen Vorschrift des § 38 Abs. 1 KostO ermäßigt sich die Gebühr für einen Grundstückskaufvertrag auf eine volle Gebühr, wenn wegen des Grundstücks bereits ein Kaufbewerbervertrag beurkundet war.

3 Auch bei der Beurkundung von Verträgen ist der allgemeine standes- und kostenrechtliche Grundsatz zu beachten, daß der Notar den für die Beteiligten billigsten Weg zu wählen hat. Wenn nicht die Beteiligten ausdrücklich darauf bestehen, sollte deshalb ein Vertrag nicht beurkundet werden, wenn nach materiellem Recht die Beurkundung einseitiger Erklärungen und evtl. sogar nur eine formelle Grundbucherklärung ausreicht. So ist z. B. die Abtretung ein Vertrag, beurkundet wird in der Regel aber nur die einseitige Abtretungserklärung. Vertrag ist auch das Darlehen, beurkundet wird jedoch meist nicht der Darlehnsvertrag, sondern nur das einseitige Schuldbekenntnis, evtl. mit Unterwerfung unter die Zwangsvollstreckung und Bestellung eines Grundpfandrechts.

4 Andererseits darf der Notar nicht nur einseitige Erklärungen beurkunden, wenn ein beurkundeter Vertrag gesetzlich vorgeschrieben ist. So kommen gar nicht selten einseitige Erbverzichtserklärungen vor, obwohl außer der Erbausschlagung nur eine Erbteilsübertragung in Form des beurkundeten Vertrages nach § 2033 BGB möglich ist. Beurkundet werden einseitige Schenkungen auf den Todesfall, obwohl sich hier als einzig mögliche Form nur der Erbvertrag in Gestalt eines Vermächtnisvertrages anbietet. GmbH-Geschäftsanteile werden entgegen § 15 GmbH-Ges. durch einseitige Erklärungen abgetreten, was nicht gleich zutage tritt, weil die Abtretung von Geschäftsanteilen nicht zum Handelsregister angemeldet zu werden braucht, und dergleichen mehr.

5 Bei den folgenden Erörterungen soll von folgendem Grundfall ausgegangen werden:

Hat A. dem B. ein Grundstück für 200000,– DM verkauft, so ist folgende Kostenberechnung aufzustellen:

Geschäftswert: 200000,– DM – Kaufpreis gemäß § 20 KostO. Der Wert des Grundstückes ist nicht höher.

Gebühr §§ 32, 36 Abs. 2 KostO	750,00 DM
Schreibauslagen §§ 136, 152, 30 Seiten	30,00 DM
Umsatzsteuer 5,5%	42,90 DM
	822,90 DM.

Durchführungsgebühren und Zusatzgebühren der §§ 146 Abs. 1, 147 Abs. 1, 58 Abs. 1 und 58 Abs. 3 KostO und evtl. Hebegebühren nach §§ 8, 149 KostO sind dabei noch nicht berücksichtigt.

6 Hinsichtlich des Geschäftswertes können nun folgende Grundtypen herausgestellt werden:

a) Der *einseitige* Vertrag, z. B. A. schenkt dem B. ein Grundstück. Aus dem Vertrage sind keinerlei Gegenleistungen ersichtlich.

Maßgeblich ist der Wert des Grundstücks. Etwaige Belastungen werden nicht abgezogen (§ 18 Abs. 3 KostO). Die Beteiligten geben den Verkehrswert mit 200000,– DM an (§ 19 Abs. 2 KostO). Dann lautet die Kostenberechnung genau so wie das oben angeführte Muster. Zur Bewertung von Grundstücken vergleiche insbesondere die Ausführungen zu § 19 in Kapitel 5.

b) Austauschverträge

Das Prinzip des Austauschvertrages findet sich in der Kostenordnung an zwei Stellen, nämlich in § 39 Abs. 2 und in § 20 KostO, außerdem auch noch in einigen Spezialbestimmungen, z. B. in § 21 Abs. 1 KostO (Vergleich des Wertes des Erbbaurechts mit dem vereinbarten Erbbauzins).

Das in den genannten Vorschriften zum Ausdruck kommende Prinzip ist das des *Wertvergleichs*. Der Begriff des *Austauschvertrages* ist dabei *weiter* als der des *gegenseitigen Vertrages*. Es genügt, daß sich *Leistung und Gegenleistung gegenüberstehen*. Ist das der Fall, dann sind *Leistungen und Gegenleistungen miteinander zu vergleichen*. Der Geschäftswert bestimmt sich nach dem aus dem Vergleich ersichtlichen *höheren Wert*, Beispiel eines solchen Austauschvertrages, der über den Begriff des gegenseitigen Vertrages hinausgeht, wäre z. B. eine Urkunde, in der A. seinem Sohn B. 30000,– DM schenkt und B. dem A. gegenüber auf sein Erb- und Pflichtteilsrecht verzichtet (z. B., um dem A., der an ein gemeinschaftliches Testament mit seiner verstorbenen Frau gebunden ist und der nun wieder verheiratet ist, die Errichtung einer neuen Verfügung von Todes wegen zu ermöglichen).

Hier sind zu vergleichen die 30000,– DM, die B. erhält, mit dem Wert des Erbrechts, auf das er verzichtet hat. Wäre B. z. B. in dem gemeinschaftlichen Testament des A. zum Erben des Letztversterbenden bestellt worden (Berliner Testament), dann würde er den ganzen Nachlaß erhalten, der etwa 100000,– DM beträgt. Jetzt begnügt er sich mit Rücksicht darauf, daß sein Vater wieder geheiratet hat und aus der Ehe noch ein Kind zu erwarten ist, mit nur 30000,– DM. In diesem Falle bestimmt sich der Geschäftswert nach dem wesentlich höheren Wert des Erbrechts, auf das er verzichtet hat, das aber durch mögliche Pflichtteilsansprüche gemindert wäre.

7 Austauschvertrag im Sinne von § 39 Abs. 2 KostO ist auch der Schenkungsvertrag mit Auflagen. Z. B.

A. schenkt seinem Sohn B. ein Grundstück. B. räumt jedoch als Gegenleistung seiner Schwester S. ein Grundpfandrecht in Höhe von 50000,– DM ein.

Ist das Grundstück 100000,– DM wert, dann ergibt sich aus dem Wertvergleich, daß auch der Geschäftswert 100000,– DM beträgt. (Im übrigen würde, wenn die Beteiligten den Verkehrswert des Grundstücks nicht angeben wollen, die Belastung zugunsten der Schwester, die wirtschaftlich gleichgestellt werden soll, einen Anhaltspunkt für einen vom Einheitswert abweichenden höheren Wert ergeben).

8 Austauschverträge im Sinne von § 39 Abs. 2 KostO sind selbstverständlich alle *Tausch*verträge. Auch beim Tauschvertrag sind die Werte der geschätzten Gegenstände miteinander zu vergleichen. Der höhere Geschäftswert ist maßgebend. Die Werte der Tauschgrundstücke dürfen also nicht zusammengerechnet werden, auch nicht, wenn es sich nur um den Tausch weniger Parzellen zum Ausgleich einer Grenze, eines Weges oder dergleichen handelt. Tauscht A. im Wege einer Grenzbegradigung 800 qm gegen 1000 qm des B. und wird nichts weiter vereinbart, so bestimmen die 1000 qm, sofern es sich um gleichwertiges Land handelt, den Geschäftswert. Meist wird in solchen Fällen allerdings eine Ausgleichsleistung vereinbart, so daß auf beiden Seiten eine gleichwertige Leistung gegeben ist, von denen dann aber nur eine den Geschäftswert bestimmt. Hat der Grund und Boden im vorstehenden Beispiel einen Wert von 20,– DM pro qm und wird in dem Austauschvertrag vereinbart, daß für die Differenz von 200 qm eine Ausgleichsleistung von 4000,– DM zu zahlen ist, dann stehen sich auf beiden Seiten 20000,– DM als Wert gegenüber. Der Geschäftswert beträgt dann 20000,– DM, und nicht etwa 40000,– DM.

9 Keine Austauschverträge im kostenrechtlichen Sinne sind dagegen Miet-, Pacht- und Dienstverträge. Obwohl es sich hier um echte gegenseitige Verträge im Sinne des bürgerlichen Rechts handelt, findet nach der Spezialbestimmung des § 25 KostO kein Wertvergleich zwischen dem Miet- oder Pachtgegenstand oder den Dienstleistungen einerseits und den Gegenleistungen andererseits statt. Vielmehr bestimmt sich der Geschäftswert ausschließlich nach dem Miet- oder Pachtzins oder im Falle des Dienstvertrages nach dem Wert der Bezüge des Dienstverpflichteten, und zwar nach Maßgabe des § 25 KostO, der Gegenstand des 25. Kapitels (Miet-, Pacht- und Dienstverträge) sein wird.

10 Ein Spezialfall des Austauschvertrages ist der Kaufvertrag, für dessen Bewertung die Vorschrift des § 20 KostO gilt. Auch hier gilt das Prinzip des Wertvergleichs zwischen Leistung und Gegenleistung. Zu vergleichen ist der Wert der Sache mit dem Kaufpreis. Maßgebend ist der höhere Wert. § 20 KostO unterscheidet sich von § 39 KostO wesentlich dadurch, daß dem Kaufpreis der Wert vorbehaltener Nutzungen und der vom Käufer übernommenen oder ihm sonst infolge der Veräußerung obliegenden Leistungen hinzugerechnet wird.

Die Vorschrift wird im Rahmen des nächsten Kapitels über Grundstückskaufverträge Gegenstand eingehender Erörterungen sein. Hier genügt zunächst darauf hinzuweisen, daß im Regelfall der Kaufpreis dem Wert des Gegenstandes entsprechen wird, so daß man an den Notar keine übermäßigen Anforderungen zu stellen braucht. Beurkundet der Notar z. B. einen Kaufvertrag über einen Gebrauchtwagen (A. verkauft dem B. seinen zwei Jahre alten PKW für 4000,– DM), so kann er davon ausgehen, daß der gemeine Wert dieses Wagens nicht höher ist, als der Kaufpreis und kann seine Kostenberechnung nach einem Wert von 4000,– DM aufstellen.

Entsprechendes gilt z. B. auch für den Verkauf und die Abtretung von Geschäftsanteilen einer GmbH. Die Bestimmung des gemeinen Wertes eines Geschäftsanteils würde häufig schwierige Überlegungen und Ermittlungen erfordern (Wert des auf den Anteil entfallenden Anteils am Reinvermögen der GmbH). Auch hier wird sich der Notar in der Regel darauf verlassen können, daß der Kaufpreis dem gemeinen Wert des Geschäftsanteils entspricht.

11 Vorsicht ist aber geboten, wenn der Kaufpreis in einer Rente besteht, die nach § 24 KostO zu berechnen ist. Denn in diesen Fällen sind die Werte der Renten häufig erheblich niedriger, als der Wert des Kaufgegenstandes. Bezüglich der Umstände, nach denen die Rente zu bewerten ist, kann auf Kapitel 6 verwiesen werden.

12 Im Gegensatz zu den Austauschverträgen, die einen Wertvergleich erfordern, stehen die Gesellschaftsverträge im weitesten Sinne, die nicht auf den Austausch, sondern auf die Zusammenfassung von Leistungen gerichtet sind und für die der Grundsatz gilt, daß die Summe der Einlagen, höchstens jedoch 10000000,– DM, maßgebend sind. Sie werden im 26. Kapitel näher behandelt werden.

13 Vermögensrechtlicher Art sind auch Güterrechtsverträge, bei denen aber kein Wertvergleich, sondern eine Zusammenrechnung des Vermögens der Ehegatten in Betracht kommt. Sie sind Gegenstand des 28. Kapitels. Für alle sonstigen familienrechtlichen Verträge, insbesondere Adoptionsverträge, gelten die Sonderbestimmungen des § 30 Abs. 3 KostO, die wiederum auf § 30 Abs. 2 KostO verweist, vgl. dazu das Kapitel 7.

17. KAPITEL

Vorverträge, bedingte Verträge und unbedingte Verträge mit bedingten Verpflichtungen

1 Vorverträge sind echte Verträge, also keine Angebote und keine bedingten Hauptverträge, so daß sie hinsichtlich der Gebühren keine Besonderheiten aufweisen. Ihre Abgrenzung ist nicht immer leicht, vgl. dazu Palandt-Danckelmann, 29 und 30. Auflage, Vorbemerkung 4 vor § 145. Der Notar hat in solchen Fällen gemäß § 17 BeurkG unbedingt für Klarheit zu sorgen.

2 Vorverträge bedürfen derselben Form wie das Hauptgeschäft.

Beispiel

Architekt A. schließt ein Gelände auf, das er erworben hat, um Einfamilienreihenhäuser zu errichten, die er dann den Kaufinteressenten veräußern will. Er braucht, um die erforderlichen Bankkredite zu erhalten, einen Kapitalgrundstock, der von Kaufinteressenten zu erbringen ist. Die Beurkundung von Kaufverträgen ist noch nicht möglich, da noch zu viele technische Daten ungewiß sind. A. schließt also Vorverträge, bei denen anstelle genügender Bestimmtheit auch die Bestimmbarkeit der wichtigsten Vertragspunkte genügt, Einzelheiten also noch offen bleiben können. Also schließt A. z. B. mit dem Kaufinteressenten K. und dessen Ehefrau einen Vorvertrag, in dem beide Parteien sich verpflichten, zu gegebener Zeit einen Kaufvertrag über eine bestimmte Parzelle und dem darauf von A. errichteten Eigenheim zum Gesamtpreise von 120000,– DM abzuschließen.

Geschäftswert: 120000,– DM	
Gebühren: §§ 32, 36 Abs. 2 KostO	510,00 DM
Schreibgebühren § 136 KostO	20,00 DM
Umsatzsteuer 5,5%	29,15 DM
Summe	559,15 DM.

3 Weitere mögliche Beispiele sind Wohnungsbauverträge von Siedlungs- und Wohnungsunternehmen, z. B. Baubetreuungsvertrag, Baubetreuungsvorvertrag, Bewerbervertrag und Kaufanwartschaftsvertrag oder Kaufanwärtervertrag.

4 Mit Änderung des § 313 BGB durch Gesetz vom 30. 5. 1973 (BGBl. I S. 501) ist klargestellt worden, daß auch die Verpflichtung zum Erwerb eines Grundstückes der Beurkundungsform bedarf. Damit steht nun fest, daß sämtliche Kaufbewerberverträge und ähnliche auf den Erwerb eines Grundstücks gerichtete Vorverträge notariell beurkundet werden müssen. Mit Abschluß des endgültigen Kaufvertrages müßten die Erwerber nochmals die Beurkundungsgebühren zahlen, sie müßten also für den Erwerb eines Grundstücks oder grundstücksgleichen Rechts insgesamt 40/10 Gebühren aufwenden. Dem hat der Gesetzgeber im gleichen Gesetz Rechnung getragen, indem er dem § 38 KostO einen neuen Absatz 1 eingefügt hat. Danach kostet der Hauptvertrag nur noch 10/10, wenn sich der eine Vertragsteil bereits in einem beurkundeten Vorvertrag zum Erwerb oder zur Veräußerung eines Grundstücks verpflichtet hat.

Durch den neuen Absatz 1 sind die folgenden Absätze nun 2 bis 4. Das wird häufig noch nicht beachtet.

5 *Weiteres Beispiel*

A. und B. hoffen und haben beträchtliche Aussicht, eine Lizenz für einen neu konstruierten Verbrennungsmotor zu erhalten. Sie wollen die Lizenz in Form einer GmbH verwerten und ausnutzen, können dies aber nur, wenn der ihnen bekannte C. als Geldgeber mitmacht. Sie schließen daher mit C. einen Vertrag, durch den A., B. und C. sich verpflichten, den notariellen Vertrag über die Errichtung einer GmbH mit einem Kapital von 100000,– DM zu schließen, falls A. und B. die Lizenz erteilt wird, die A. und B. dann wiederum in die GmbH einbringen wollen.

Das ist ein Vorvertrag, der zugleich eine Bedingung enthält. Wie unten zu erörtern sein wird, ist ein bedingter Vertrag wie ein unbedingter zu behandeln. Auch als Vorvertrag ist er kostenrechtlich wie der Hauptvertrag zu bewerten. Geschäftswert ist also die Summe der Einlagen, also das vorgesehene Stammkapital von 100000,– DM, evtl. aber auch ein höherer Wert von Sacheinlagen, vgl. Kap. 26,10. Die Kostenberechnung ergibt also bei einem Wert von 100000,– DM eine Gebühr aus § 36 Abs. 2 KostO in Höhe von 450,– DM nebst Schreibgebühren und Umsatzsteuer.

6 Bedingte Verträge sind kostenrechtlich wie unbedingte zu behandeln. Der bedingte Vertrag ist aber von dem bedingten Anspruch im Rahmen eines unbedingten Vertrages zu unterscheiden.

Soweit der Vertrag im ganzen von einer Bedingung abhängt, besteht in Literatur und Rechtsprechung volle Einigkeit darüber, daß er kostenrechtlich wie ein unbedingter zu behandeln ist. Vgl. aber hinsichtlich der Einräumung eines Ankaufsrechts durch bedingten Vorvertrag BayObLG DNotZ 1976 S. 245 und Kap. 22,14.

Beispiel

A. und B. schließen einen Kaufvertrag über ein dem Grundstücksverkehrsgesetz unterliegendes Grundstück im Außenbereich unter der auflösenden Bedingung, daß die Genehmigung der Auflassung und die Baugenehmigung verweigert werden oder unter der aufschiebenden Bedingung, daß sie erteilt werden.

Die Bedingung (man könnte auch mit einem Rücktrittsvorbehalt arbeiten) ist deshalb hier von Bedeutung, weil – anders als nach dem früheren Wohnsiedlungsgesetz und nach dem Grundstücksverkehrsgesetz – der obligatorische Vertrag von dem Erfordernis der Auflassungsgenehmigung nach § 19 Abs. 2 BBauG nicht berührt und mit der Beurkundung wirksam wird. Die Verweigerung der Auflassungsgenehmigung ist ein Rechtsmangel, die Verweigerung der Baugenehmigung ein Sachmangel, vgl. BGH DNotZ 1969, 617.

Beträgt der Kaufpreis 80000,– DM, so sind danach 20/10 aus § 36 Abs. 2 KostO in Höhe von 340,– DM zu berechnen.

7 *Weiteres Beispiel*

A. und B. schließen einen Kaufvertrag über ein bebautes Grundstück im Innenbereich unter der auflösenden Bedingung, daß die Gemeinde ein ihr etwa zustehendes Vorkaufsrecht nach § 24 BBauG nicht ausübt.

Die Bedingung ist zwar Gemäß § 506 BGB gegenüber der vorkaufsberechtigten Gemeinde unwirksam, befreit aber den Verkäufer von jeglicher Mängelhaftung und sonstigen Ansprüchen aus dem Kaufvertrag. Wenn eine solche Bedingung vereinbart ist, die Gemeinde aber ihr Vorkaufsrecht nur wegen eines Teilstückes ausübt, kann der Verpflichtete gemäß § 508 Satz 2 BGB verlangen, daß die Gemeinde in den ganzen Vertrag eintritt.

Kostenrechtlich ist das Beispiel genau wie das vorstehende zu behandeln.

8 Streitig ist dagegen die Feststellung des Geschäftswerts, wenn der Vertrag unbedingt abgeschlossen wird, die Höhe des Kaufpreises aber von Bedingungen abhängig gemacht wird.

Beispiel

Die Landgemeinde S. verkauft ein Gelände von 5000 qm an den Fabrikanten F. zum Vorzugspreis von 30,– DM pro qm, also für 150000,– DM, vereinbart aber, daß sich der Kaufpreis auf den Verkehrswert von 60,– DM pro qm, also auf 300000,– DM erhöht, falls F. nicht innerhalb von 5 Jahren eine Textilfabrik errichtet.

Nach der Auffassung des OLG Frankfurt, Rpfleger 60, 256, wäre auch in diesem Falle der Vertrag wie ein unbedingter Vertrag zu behandeln und der höchste Wert, wie er sich aus dem Vertrage ergibt, anzusetzen, nämlich 300000 DM. Nach der Auffassung des BayObLG JVBl. 1966 S. 202 = JurBüro 1966 S. 792 und BayObLGZ 64, 294 ist der Wert der bedingten Kaufpreiserhöhung nicht mit dem vollen Nennbetrag hinzuzurechnen, vielmehr ist der Wert gemäß § 30 Abs. 2 KostO nach dem Wahrscheinlichkeitsgrad des Eintritts der Bedingung zu schätzen, vgl. dazu den Aufsatz von Mümmler, JVBl. 1970, 220, in dem die gesamte bis dahin erschienene Rechtsprechung und Literatur zu dieser Frage angeführt ist und dem man im Ergebnis zustimmen kann. Mümmler führt noch folgende Beispiele an, die für den didaktischen Zweck dieses Buches geeignet erscheinen, nämlich

a) Verkauf eines Grundstücks für 30000,– DM zum Zwecke der Errichtung eines Wohnhauses. Für den Fall der spekulativen Weiterveräußerung des Grundstücks ist der Käufer verpflichtet, 50000, DM nachzuzahlen.

Dieses Beispiel entspricht in etwa dem oben angeführten Verkauf eines Geländes für einen Fabrikneubau.

b) Grundstücksüberlassungsvertrag an den Sohn B. für Gegenleistungen im Gesamtwert von 50000,– DM. Der Erwerber verpflichtet sich jedoch für den Fall, daß der in Rußland vermißte Bruder zurückkehrt, diesem 30000,– DM zu zahlen.

Dies ist ein brauchbares Beispiel dafür, daß der Eintritt einer Bedingung höchst unwahrscheinlich ist und trotz der hohen Zahl von 30000,– DM allenfalls mit dem Regelwert von 3000,– DM bewertet werden sollte.

c) Schließlich der umgekehrte Fall einer Kaufpreisermäßigung:
A. verkauft an B. ein Tankstellengrundstück für 100000,– DM. Falls jedoch durch den Bau einer bereits projektierten Umgehungsstraße der Umsatz der Tankstelle mindestens um die Hälfte zurückgehen sollte, soll sich der Kaufpreis auf 50000,– DM ermäßigen.

Man darf aber bei den vorstehenden Beispielen nicht außer acht lassen, daß sich die Streitfrage erledigt, wenn die „Bedingungen" Anhaltspunkte für einen höheren Grundstückswert geben, der dann nach § 20 KostO den Kaufpreis bestimmen müßte. Das Grundstück ist zumindest dann mehr wert als der Kaufpreis, wenn dem Käufer aus wirtschafts- oder baupolitischen Gründen ein Vorzugspreis gewährt wird. Man ist im allgemeinen daran gewöhnt, daß der Wert eines Kaufvertrages dem Kaufpreis entspricht. Deshalb wird die Alternative, daß das Grundstück einen höheren Wert hat, leicht übersehen.

18. KAPITEL

Die Aufhebung von Verträgen

1 Auch die Aufhebung eines Vertrages durch entsprechende Vereinbarung der Parteien ist ein Vertrag, dessen Beurkundung grundsätzlich die gleichen Kosten verursacht, wie die ursprüngliche Vertragsbeurkundung selbst.

Beispiele

a) Die Eheleute Krause haben einen Güterrechtsvertrag geschlossen, durch den sie Gütertrennung vereinbart haben. Ihr Reinvermögen (§ 39 Abs. 4 KostO) beträgt 170000,– DM.

Dafür entsteht nach dem Wert von 170000,– DM gemäß § 36 Abs. 2 KostO eine doppelte Gebühr von 660,– DM nebst anteiliger Umsatzsteuer.

Bald darauf entschließen sie sich, den Vertrag wieder aufzuheben und zur Zugewinngemeinschaft zurückzukehren (was nebenbeibemerkt nun unbedingt in das Güterrechtsregister einzutragen ist, wenn man sich auf § 1365 BGB u. andere Schutzwirkungen der Zugewinngemeinschaft berufen will).

Hierfür entstehen, wenn sich das Vermögen nicht verändert hat, die gleichen Gebühren wie zuvor.

b) A. hat dem B. ein Grundstück für 170000,– DM verkauft und aufgelassen. 170000,– DM sind beim Notar hinterlegt, eine Eigentumsverschaffungsvormerkung ist eingetragen, es fehlt nur noch die Umschreibung im Grundbuch.

In diesem Stadium entschließen sich die Parteien, den Vertrag wieder aufzuheben.

Wird die Aufhebung beurkundet, so entstehen erneut 20/10 aus § 36 Abs. 2 KostO nach dem vollen Wert. Es kosten also sowohl die Beurkundung des Vertrages als auch die seiner Aufhebung je 660,– DM nebst Umsatzsteuer und Nebenkosten.

2 Nun besteht aber zwischen den beiden Beispielsfällen ein wesentlicher Unterschied. Ein Ehevertrag, welcher der Form des § 1410 BGB bedarf, kann nur durch einen ebenfalls dieser Form bedürftigen Vertrag aufgehoben oder abgeändert werden. (Genauer muß es hier wohl heißen, daß der durch Vertrag geschaffene Güterstand wiederum nur durch beurkundeten Vertrag abgeändert werden kann. Für die kostenrechtliche Behandlung ist das aber unerheblich.)

Ein der Form des § 313 BGB bedürftiger Grundstückskaufvertrag kann dagegen bis zur Eigentumsumschreibung im Grundbuch formlos aufgehoben werden. Im Beispiel 2 hätte es genügt, daß die Beteiligten die Löschung der Eigentumsverschaffungsvormerkung bewilligten und beantragten und in der Bewilligungsurkunde auf die formlose Aufhebung des Vertrages lediglich klarstellend Bezug nahmen. Das hätte dann nur 5/10 aus § 38 Abs. 2 Nr. 5a KostO gekostet. Nicht anwendbar war dagegen, was häufig falsch gemacht und nachstehend näher ausgeführt wird, die ermäßigte Gebühr für die Vertragsaufhebung aus § 38 Abs. 2 Nr. 3 KostO.

3 Wünschen die Beteiligten die Beurkundung einer Vertragsaufhebung, so hat der Notar deshalb im Rahmen seiner Prüfungs- und Belehrungspflicht sehr sorgfältig zu prüfen, ob es einer Beurkundung bedarf und ob nicht eventuell zur Beseitigung von Vertragsfolgen eine einseitige Bewilligung genügt. Beurkundet der Notar, weil er irrtümlich die Form für geboten hält, überflüssigerweise einen Aufhebungsvertrag, so setzt er sich hinsichtlich der Kosten dem Einwand falscher Sachbehandlung aus (KG DNotZ 1943, 340; Beushausen-Küntzel-Kersten-Bühling, KostO, 5. Auflage, § 38 III 5).

4 Die Gebührenbegünstigung der Vertragsaufhebung kommt in der Praxis viel seltener vor, als es nach ihrer Stellung im Rahmen des sonst die Notariatskosten weithin beherrschenden § 38 Abs. 2 KostO den Anschein haben könnte.

In Betracht kommen nur Verträge, die einer Erfüllung im Sinne von §§ 362ff. BGB fähig sind, das heißt nur obligatorische Verträge.

Wird z. B. ein Vertrag über die Abtretung von GmbH-Anteilen, also ein dinglicher Vertrag aufgehoben, so fällt die Beurkundung unter § 36 Abs. 2 KostO. Das gleiche gilt für die Aufhebung eines Vertrages über die Abtretung von Erbteilen oder für die Aufhebung eines Erbverzichtsvertrages, eines Adoptionsvertrages usw.

Die Aufhebung eines Erbvertrages ohne gleichzeitige Beurkundung eines neuen Erbvertrages ist jedoch nach § 46 Abs. 2 KostO begünstigt und kostet nur 5/10.

5 Die Aufhebung auch eines schuldrechtlichen Vertrages ist nur dann begünstigt, wenn der Vertrag bisher von keiner Seite ganz *oder teilweise* erfüllt ist. Das ist aber gerade meist der Fall. So ist z. B. in Grundstückskaufverträgen meist die Auflassung mitbeurkundet (– die Auflassung soll ja in der Regel mitbeurkundet werden, um die besonderen Kosten einer späteren Auflassungserklärung zu sparen –). In der Auflassung liegt bereits eine teilweise Erfüllung. Wird in Ausnahmefällen die Auflassung noch nicht erklärt, sondern (statt der sonst üblichen Eigentumsverschaffungsvormerkung) nur eine Auflassungsvormerkung bewilligt, so ist das allerdings noch keine Erfüllung. Andererseits sind Kaufpreiszahlungen (ganz oder teilweise) Erfüllungshandlungen. Auf das Problem, ob die Zahlung auf Notaranderkonto bereits Erfüllung oder nur Vorbereitung der Erfüllung ist oder ob Schuldübernahme vor Genehmigung des Gläubigers Erfüllung ist, soll hier nicht weiter eingegangen werden.

6 Schließlich tritt die Ermäßigung nur ein, wenn (seltener Fall) keine weiteren Erklärungen, Schadensersatz, oder weitere der Abwicklung des aufgehobenen Geschäfts dienenden Erklärungen mitbeurkundet werden.

Beispiel

A. und B. schließen einen Kaufvertrag über ein noch nicht vermessenes Trennstück eines innerstädtischen Grundstücks und vereinbaren, daß die Auflassung nach *Vermessung* erklärt und der Kaufpreis mit dem Abschluß der Vermessung fällig werden soll. A. bewilligt die Eintragung einer Auflassungsvormerkung. Dieser Vertrag ist nicht etwa schwebend unwirksam. Die Teilung (Abschreibung des Trennstücks) ist zwar nach § 19 Abs. 1

BBauG genehmigungspflichtig, das berührt aber nicht die Wirksamkeit des obligatorischen Vertrages. Noch vor Abschluß der Vermessungsarbeiten heben die Parteien den Vertrag auf.

Hier kostet die Beurkundung nur 5/10, denn dieser Vertrag ist bisher von keiner Seite erfüllt. Die von B. erklärte Bewilligung der Löschung der zu seinen Gunsten eingetragenen Auflassungsvormerkung ist mit der Vertragsaufhebung gegenstandsgleich.

Betrug der vereinbarte Kaufpreis 86000,– DM, so ergibt sich folgende Kostenberechnung:

Geschäftswert: 86000,– DM	
Gebühr §§ 32, 38 Abs. 2 Nr. 3, Abs. 1 Nr. 5a 44 Abs. 1 KostO	105,00 DM
Umsatzsteuer 5,5%	5,78 DM
	110,78 DM.

Wird jedoch bereits die Auflassung erklärt und eine Eigentumsverschaffungsvormerkung bewilligt, (Auch das noch nicht vermessene Trennstück kann aufgelassen werden, wenn es nur hinreichend beschrieben ist. Es bedarf dann nur einer späteren Identitätserklärung als Ergänzung der Auflassung – Geb. 5/10 aus §§ 42, 38 Abs. 2 Nr. 6a KostO nach einem Wert von etwa 10 bis 20% des Kaufpreises), und wird die Aufhebung beurkundet, so kostet die Beurkundung gemäß § 36 Abs. 2 KostO 20/10, also 420,– DM. Diese Beurkundung ist aber u. a. – wie oben u. 2 ausgeführt – falsche Sachbehandlung, denn mit Rücksicht auf § 29 GBO war nur die Bewilligung der Löschung der Eigentumsverschaffungsvormerkung unter historischer – also kostenrechtlich irrelevanter Erwähnung der formlos vereinbarten Vertragsaufhebung zu beurkunden. Dafür entstehen dann wiederum nur 5/10 aus § 38 Abs. 2 Nr. 5a KostO.

7 Abwandlung: In dem Vertrag in der Gestalt *ohne Auflassung* behielt sich B. den Rücktritt für den Fall vor, daß er keine Baugenehmigung erhält. Es wird vereinbart, daß der Rücktritt nur durch beurkundete Erklärung ausgesprochen werden kann.

Nach Korintenberg-Wenz-Ackermann-Lappe, KostO, 8. Auflage, § 38 Anm. I 3c soll auch die einseitige Rücktrittserklärung unter Nr. 3 fallen, was natürlich nur gelten kann, wenn es sich auch hier um einen von keiner Seite erfüllten Vertrag handelt. Grundsätzlich bedarf die Rücktrittserklärung aber keiner Form; wer zurücktritt, hat aber gemäß § 346 BGB die Löschung einer zu seinen Gunsten eingetragenen Vormerkung in der Form des § 29 GBO zu erklären. Das führt dann wieder zu einer Gebühr aus § 38 Abs. 2 Nr. 5a KostO.

19. KAPITEL

Ergänzung und Änderung beurkundeter Erklärungen

Nach § 42 KostO wird für die Beurkundung von Ergänzungen und Änderungen einer beurkundeten Erklärung derselbe Gebührensatz wie für die ursprüngliche Beurkundung erhoben, jedoch nicht mehr als die volle Gebühr.

1 Nicht selten trifft man die irrtümliche Vorstellung an, daß dem Notar für die Änderung beurkundeter Erklärungen keine Gebühr zustehe. Wie in den einleitenden Grundsätzen ausgeführt, hat der Notar für jede Beurkundungshandlung, also auch für die Änderung und Ergänzung beurkundeter Erklärungen, Gebühren zu erheben, es sei denn, daß die Voraussetzungen des § 16 Abs. 1 KostO oder des § 13 der Standesrichtlinien vorliegen. Der Vermerk: „Kosten wegen Änderung außer Ansatz" ist falsch.

2 § 42 KostO ist eine reine Gebührenbestimmung. Die Vorschrift, daß derselbe Gebührensatz zu erheben ist, bedeutet daher nicht, daß für die neue Urkunde auch der gleiche Geschäftswert anzusetzen ist. Der Geschäftswert bestimmt sich vielmehr nach § 39 Abs. 1 KostO, wobei dann zu unterscheiden ist, ob die Änderung einen bestimmten Geldwert hat oder nicht. Im letzteren Falle ist der Wert der Änderung nach § 30 Abs. 1 oder Abs. 2 KostO zu schätzen.

Beispiel

A. hat dem B. ein Grundstück für 120000,– DM verkauft. Der Kaufvertrag bedarf vormundschaftsgerichtlicher Genehmigung. Das Vormundschaftsgericht macht, nachdem es ein Gutachten des Gutachterausschusses für Grundstückswerte eingeholt hat, die Genehmigung davon abhängig, daß der Kaufpreis auf 140000,– DM erhöht wird. A. und B. schließen nun einen Änderungsvertrag, durch den der Kaufpreis von 120000,– DM auf 140000,– DM erhöht wird. Diese Änderung hat den bestimmten Geldwert der Differenz von 120000,– DM zu 140000,– DM. Die Kostenberechnung lautet also:

Geschäftswert: 20000,– DM
Gebühr gem. §§ 32, 36 Abs. 2, 42 KostO 90,– DM
nebst Schreibauslagen und anteiliger Umsatzsteuer.

3 Im folgenden Falle vereinbaren die Parteien Änderungen ohne bestimmten Geldwert:

A. und B. haben einen Kaufvertrag über 120000,– DM abgeschlossen und vereinbart, daß 60000,– DM sofort bei Beurkundung und weitere

60000,– DM nach Eintragung der Auflassungsvormerkung gezahlt werden sollen. Inzwischen stellt der Käufer B. fest, daß die Finanzierung nicht so läuft, wie er sich das vorgestellt hat. Er kann die weiteren 60000,– DM erst in einem halben Jahr aufbringen. In einem Abänderungsvertrag wird nunmehr vereinbart, daß die weiteren 60000,– DM nicht sofort nach Eintragung der Auflassungsvormerkung gezahlt werden sollen, sondern Zug um Zug mit der Eigentumsumschreibung, die erst dann erfolgen soll, wenn der Käufer dem Notar mitteilt, daß die 60000,– DM bereit stehen, spätestens jedoch ein halbes Jahr nach der Beurkundung (man kann sich dieses Beispiel vielfach variiert vorstellen).

Hier ist nicht der Kaufpreis, sondern die Kaufpreisbelegung und der Zahlungsmodus geändert worden, so daß man den Geschäftswert der Änderung nach § 30 Abs. 1 KostO schätzen muß. Dabei dürfte hier etwa ein Betrag von 20% der zweiten Kaufpreishälfte in Betracht kommen, also 12000,– DM. Danach ist eine volle Gebühr zu berechnen.

Zu beachten ist aber, daß auch die Änderung der Kaufpreisbelegung, deren Wert zu schätzen ist, bei hinzutretender Unterwerfung unter die Zwangsvollstreckung ihren vollen Wert in Höhe der Unterwerfung hat.

Der Verkäufer hatte z. B. in dem ursprünglichen Kaufvertrag wegen der zweiten Kaufpreishälte auf Unterwerfung unter die Zwangsvollstreckung trotz Belehrung durch den Notar verzichtet. Jetzt verlangt er, daß der Käufer sich wegen der 60000,– DM, die nunmehr gestundet werden, der Zwangsvollstreckung unterwirft. Man kann dieses Beispiel auch dahin variieren, daß der Käufer nunmehr wegen des Restkaufgeldes von 60000,– DM dem Verkäufer eine Hypothek bestellt und sich insoweit der Zwangsvollstreckung unterwirft.

Dann hat diese Änderung einen Wert von 60000,– DM. Denn die Unterwerfungserklärung betrifft zwar das gleiche Rechtsverhältnis, behält aber den vollen Wert der Unterwerfung. Danach ist eine volle Gebühr nebst Schreibauslagen und Umsatzsteuer zu berechnen.

4 Weitere Beispiele von Ergänzungen und Änderungen beurkundeter Erklärungen:

a) Auf dem Grundstück des A. ist für B. eine Hypothek von 100000,– DM nebst 6% Zinsen eingetragen. Die Hypothek wird nun dahin abgeändert, daß der Zinssatz von 6% auf 8% erhöht wird. Die Änderung hat einen bestimmten Geldwert, nämlich 2% = 2000 × 12,5 = 25000,– DM. Keinesfalls darf hier mit dem Regelwert von 5000,– DM gerechnet werden.
Danach sind dann 10/10 nebst anteiliger Umsatzsteuer zu berechnen.

b) Ein besonders häufiger Anwendungsfall des § 42 KostO ist die sogenannte Identitätserklärung.

A. und B. haben einen Grundstückskaufvertrag mit Auflassung über ein Trennstück abgeschlossen, das noch nicht katasteramtlich vermessen war. In einer sogenannten Identitätserklärung stellen sie nunmehr fest, daß das inzwischen vermessene Grundstück bestimmte Parzellennummern erhalten habe und diese mit dem veräußerten Trennstück übereinstimmen.

Hier handelt es sich nicht um eine Ergänzung des Kaufvertrages im ganzen, so daß etwa 10/10 zu erheben wären, sondern um eine Ergänzung der mit dem Kaufvertrag zugleich mitbeurkundeten gegenstandgleichen Auflassung. Als Geschäftswert sind hier gemäß § 30 Abs. 1 KostO je nach Größe 10 bis 20% des Grundstückswerts bzw. des Kaufpreises anzusetzen. Ist das Grundstück für 120000,– DM veräußert worden, so sind für die Identitätserklärung also 12000,– DM als Geschäftswert anzusetzen. Danach ist gemäß § 42 KostO i. V. mit § 38 Abs. 2 Nr. 6a KostO eine 5/10-Gebühr von 37,50 DM nebst anteiliger Umsatzsteuer zu berechnen.

5 Wie dieses Beispiel zeigt, ist es kostenrechtlich billiger, die Auflassung zugleich mitzubeurkunden, auch wenn das Grundstück noch nicht vermessen ist. Bei gleicher Sicherheit ist der Notar aber verpflichtet, den für die Beteiligten billigeren Weg zu gehen. Eine nachträgliche Auflassung würde hier bei einem Wert von 120000,– DM eine Gebühr von 127,50 DM auslösen, während die Identitätserklärung nur 37,50 DM kostet.

Man darf aber diesen kostenrechtlichen Gesichtspunkt nicht überbewerten. Mehr noch als das kostenrechtliche Interesse hat der Notar die Sicherheit der Beteiligten zu beachten. Gerade in der heutigen Zeit, in der Grundstückskäufer zur Zeit des Abschlusses des Kaufvertrages oft noch gar nicht über die erforderlichen Mittel verfügen, sondern diese erst durch Bausparkassen, Zwischenfinanzierungen und dergleichen oder durch die Hereinnahme von Kommanditanteilen einer GmbH & Co. KG beschaffen müssen, darf dieser Gesichtspunkt nicht vernachlässigt werden. Bei einem Objekt von 120000,– DM ist eine Gebührendifferenz von ca. 90,– DM nicht so erheblich, daß dem Notar ein Vorwurf daraus gemacht werden könnte, wenn er aus sachlichen Gründen, wie sie vorstehend angeführt sind, den Beteiligten empfiehlt, die Auflassung nicht mit dem ursprünglichen Kaufvertrag, sondern erst nach Vorliegen des Vermessungsergebnisses zu beurkunden.

6 Ein Fall des § 42 KostO liegt auch vor, wenn der Gesellschaftsvertrag einer GmbH vor Eintragung der Gesellschaft in das Handelsregister geändert werden soll. Das kommt sehr häufig vor. Nach Einreichung der ursprünglichen Fassung des Gesellschaftsvertrages beim Handelsregister werden wegen der Firma oder aus sonstigen Gründen von der IHK und dem Registergericht Beanstandungen erhoben. Hier werden die Vertragsänderungen häufig in Form einer Gesellschafterversammlung beurkundet und dafür 20/10 aus § 47 KostO berechnet. Durch satzungsändernden Beschluß der Gesellschafterversammlung kann aber erst die eingetragene GmbH ihre Satzung ändern. Zur Eintragung einer GmbH in das Handelsregister ist gemäß § 2 GmbHG ein beurkundeter Vertrag erforderlich, wobei Änderungen dieses Vertrages der gleichen Beurkundungsform der §§ 8ff. BeurkG bedürfen. Das wird überzeugend klar, wenn man sich vor Augen hält, daß für die Beurkundung des ursprünglichen Vertrages einschließlich der Satzungsänderungen und für die Beurkundung von Gesellschafterbeschlüssen zwei völlig verschiedene Beurkundungsformen vorgesehen sind. Im ersteren Falle handelt es sich um die Beurkundung rechtsgeschäftlicher Erklärungen, im zweiten Falle um die tatsächliche Beurkundung eines Sozialaktes, nämlich des Beschlusses der Gesellschafterversammlung, wobei man bei der GmbH zweifeln könnte, ob § 130 AktG entsprechend anzuwenden ist oder die §§ 36ff. BeurkG. In beiden Fällen handelt es sich um die Beurkundung von Tatsachen (Beschlüsse als Sozialakte), nicht um rechtsgeschäftliche Erklärungen. Muß also ein GmbH-Vertrag geändert werden, weil die Industrie- und Handelskammer und ihr zufolge das Registergericht die Firmenbezeichnung beanstandet hat, dann ist als Geschäftswert etwa gemäß § 30 Abs. 2 KostO ein Wert von 5000,– DM anzunehmen und danach sind gemäß § 36 Abs. 2 KostO in Verbindung mit § 42 KostO 45,– DM zu berechnen.

7 Im Gesellschaftsrecht ist oft zweifelhaft, ob es sich noch um einen Fall des § 42 KostO oder um eine Neubeurkundung handelt, für die 20/10 aus § 36 Abs. 2 KostO zu berechnen sind. Handelt es sich z. B. bei der GmbH zunächst um eine Sachgründung die ja bekanntlich schwierig ist und die wegen Nichterfüllung der Voraussetzungen des § 5 Abs. 4 GmbHG vom Registergericht beanstandet wird, so können Ergänzungen beurkundet werden, um dieser Vorschrift Genüge zu tun. Das ist dann noch ein klarer Fall des § 42 KostO. Wenn die Beteiligten dagegen wegen der rechtlichen und sachlichen Schwierigkeiten der sogenannten Sachgründung davon überhaupt absehen und nunmehr die Gesellschaft in der Form der Bargründung errichten, dann handelt es sich m. E. um etwas wirtschaftlich anderes, um einen völlig neuen Gesellschaftsvertrag, so daß dafür 20/10 aus § 36 Abs. 2 KostO berechnet werden müssen.

Um etwas Neues dürfte es sich auch handeln, wenn noch vor der Eintragung das Kapital der GmbH wesentlich erhöht werden soll. Ein neuer Vertrag würde ohnehin vorliegen, wenn noch weitere Gesellschafter der GmbH beitreten würden. Das gleiche muß aber auch gelten, wenn die bisherigen Gesellschafter ihr Kapital noch vor Eintragung wesentlich erhöhen. Es ist nicht angängig, eine GmbH, die ein Kapital von 200000,– DM haben soll, zunächst mit einem Kapital von 20000,– DM zu gründen und dann nachträglich eine Änderung zu vereinbaren, wonach weitere 180000,– DM Kapital eingebracht und als Stammeinlagen übernommen werden, und dann dafür nur 10/10 aus § 42 KostO zu berechnen.

8 Auch bei der Personalgesellschaft können hier zahlreiche Grenzfälle auftreten, wobei wesentlich auf den Willen der Beteiligten abzustellen ist.

Typisch ist etwa folgender Fall:

Eine OHG ist vor 10 Jahren gegründet worden. Bereits damals ist der Gesellschaftsvertrag in notarieller Form aufgestellt worden. Jetzt wünschen die Gesellschafter mit Rücksicht auf inzwischen geänderte Verhältnisse ihre gesellschaftsrechtlichen Verhältnisse völlig neu zu regeln.

Das ist dann etwas völlig Neues, auch wenn in der Urkunde gesagt wird, der ursprüngliche Gesellschaftsvertrag werde geändert. Anders ist es, wenn in einem vorliegenden Gesellschaftsvertrag nur die eine oder die andere Bestimmung geändert wird. Immer handelt es sich um etwas Neues, wenn der Gesellschaft neue Gesellschafter beitreten, wie überhaupt § 42 KostO voraussetzt, daß Gegenstand und Beteiligte des ursprünglichen Geschäfts und der Änderungsurkunde identisch sind.

9 Deshalb liegen die Voraussetzungen des § 42 KostO nicht vor, was häufig übersehen wird, wenn bei einem Grundstückskaufvertrag die Parteien ausgewechselt werden. Zwei Fälle dieser Art sind in der Praxis besonders häufig:

a) A. hat dem B. ein Grundstück verkauft. B. möchte noch vor der Eigentumsumschreibung den Kaufvertrag dahin „abändern", daß er nicht allein als Käufer auftritt, sondern mit ihm seine Ehefrau, und beide Ehegatten das Grundstück je zur ideellen Hälfte erwerben.

Das ist keine Änderung des ursprünglichen Kaufvertrages, sondern die Aufhebung des ursprünglichen Kaufvertrages bezüglich der ideellen Hälfte und ein neuer Kaufvertrag bezüglich dieser ideellen Hälfte des Grundstücks. Wird die Aufhebung mitbeurkundet oder mit einem unzulässigen Sprachgebrauch von einer „Abänderung" gesprochen, dann sind die Geschäftswerte des Aufhebungsvertrages und des Neuabschlusses gemäß § 44 Abs. 2a KostO zusammenzurechnen und danach 20/10 zu berechnen, so daß praktisch noch einmal 20/10 nach dem vollen Wert des ursprünglichen Vertrages anzusetzen sind. Das kann man nur vermeiden, wenn man den ursprünglichen Kaufvertrag bezüglich der ideellen Hälfte formlos aufhebt, was möglich ist, wenn diese Aufhebung in der neuen Urkunde nur historisch erwähnt wird.

Nicht gangbar ist aus steuerrechtlichen Gründen die Abtretung des Auflassungsanspruchs bezüglich einer ideellen Hälfte an die Ehefrau, weil dann zweimal Grunderwerbsteuer entsteht. Denn bekanntlich ist der Grundstückserwerb zwischen Ehegatten grunderwerbsteuerrechtlich nicht begünstigt.

b) Um eine Abänderung im Sinne von § 42 KostO handelt es sich auch dann nicht,

wenn die Wohnungsbaugesellschaft X mit dem zukünftigen Wohnungseigentümer W. einen Kaufvertrag über eine Eigentumswohnung abgeschlossen hat und W. nun mit der X-Gesellschaft übereinkommt, daß er nicht die Wohnung im 8. Stock, sondern eine gleichgeschnittene Wohnung im 12. Stock des für die Errichtung von Eigentumswohnungen vorgesehenen Hochhauses erwirbt.

Hier sind zwar die Parteien des Vertrages die gleichen, aber der Vertragsinhalt ist völlig verändert. Es tritt ein ganz anderes Objekt an die Stelle des ursprünglichen, so daß es sich auch hier um zwei Verträge, nämlich um einen Aufhebungsvertrag und um einen Neuabschluß handelt, wobei hinsichtlich der Aufhebung des ersten Vertrages das gleiche gilt, was im vorstehenden Beispiel gesagt wurde.

Einen Grenzfall, in dem man sich die Bedeutung des § 42 KostO sehr schön klarmachen kann, erwähnen Rohs-Wedewer, KostO, 2. Auflage, V S. 429.

A. und B. haben einen Grundstückskaufvertrag über ein Gartengrundstück zwecks gärtnerischer Nutzung abgeschlossen. B. entschließt sich dann noch einen schmalen Streifen von 2 m Breite hinzuzuerwerben.

Den dafür erforderlichen Nachtragsvertrag wird man noch unter § 42 KostO subsumieren können. Wenn B. sich aber entschließt, das ganze Nachbargrundstück hinzuzunehmen, dann wird der Nachtragsvertrag über dieses zweite Grundstück ein neues Rechtsgeschäft im Sinne von § 36 Abs. 2 KostO sein.

10 Nach bisheriger Auffassung gilt § 42 KostO nur für die Änderung und Ergänzung rechtsgeschäftlicher Erklärungen unter Lebenden. Bei der eidesstattlichen Versicherung, insbesondere der Erbscheinsverhandlung, wird man aber zu erwägen haben, ob mit Rücksicht auf § 38 BeurkG, wonach die Beurkundungsformen für rechtsgeschäftliche Erklärungen anzuwenden sind, für solche Erklärungen tatsächlicher Art nicht auch die kostenrechtlichen Bestimmungen für rechtsgeschäftliche Erklärungen angewendet werden können.

20. KAPITEL

Angebot und Annahme

Werden Angebot und Annahme in getrennten Verhandlungen beurkundet, dann sind für das Angebot 15/10 aus § 37 KostO und für die Annahme 5/10 aus § 38 Abs. 2 Nr. 2 KostO zu berechnen.

1 A. bietet dem B. an, ihm ein Grundstück für 150000,– DM zu verkaufen und erteilt ihm Vollmacht unter Befreiung von § 181 BGB, die Auflassung zu erklären.

Der Geschäftswert ist gemäß § 20 KostO der vorgesehene Kaufpreis. Die Gebühr für das Angebot beträgt nach § 37 KostO 15/10. Die Auflassungsvollmacht, die deshalb notwendig ist, weil die Auflassung nur bei gleichzeitiger Anwesenheit, also nicht in der Form des Angebots und der Annahme erklärt werden kann, bezieht sich auf das gleiche Rechtsverhältnis wie das Vertragsangebot, ist daher gegenstandsgleich und wird durch die Gebühr des § 37 KostO mitabgegolten.

Die Kostenberechnung lautet daher:
Geschäftswert: 150000,– DM
Gebühr §§ 32, 37, 38 Abs. 2 Nr. 4,
44 Abs. 1 KostO 450,00 DM
nebst Schreibauslagen (§ 136 KostO) und Umsatzsteuer.

Nimmt B. das Angebot an, so ist hierfür nach demselben Wert wie für das Angebot eine halbe Gebühr aus § 38 Abs. 2 Nr. 2 KostO zu berechnen. Gleichzeitig erklärt B. die Auflassung. Sie ist mit der Annahmeerklärung gegenstandsgleich.

Die Kostenberechnung lautet:
Geschäftswert: 150000,– DM
Gebühr §§ 32, 38 Abs. 2 Nr. 2, 38 Abs. 2 Nr. 6a,
44 Abs. 1 KostO 150,00 DM
nebst Schreibauslagen und Umsatzsteuer.

2 Besondere Aufmerksamkeit ist geboten, wenn sich der Käufer bei getrennter Beurkundung wegen des Kaufpreises der Zwangsvollstreckung unterwirft.

Winkler, DNotZ 1971 Seite 354 hat überzeugend nachgewiesen, daß die Unterwerfung unter die Zwangsvollstreckung als einseitige prozessuale Erklärung nicht in der Form des Angebots und der Annahme beurkundet werden kann. Deshalb kommt es darauf an, wer anbietet und wer annimmt. Macht der Käufer dem Verkäufer das Angebot, ihm ein Grundstück abzukaufen, und ist in dem Angebot ein Restkaufgeld von 100000,– DM vorgesehen, für das der Käufer eine Restkaufgeldhypothek bewilligt und sich insoweit der Zwangsvollstreckung unterwirft, dann gibt es keine Besonderheiten. Der Käufer erklärt selbst die Unterwerfung unter die sofortige Zwangsvollstreckung, die lediglich durch die Annahme des Kaufvertragsangebots bedingt ist. Der Käufer nimmt das Angebot lediglich an, so daß, wie oben ausgeführt, 15/10 für das Angebot und 5/10 für die Annahme zu berechnen sind.

Bietet aber der Verkäufer dem Käufer den Kauf eines Grundstücks an, enthält das Angebot einen vollständig formulierten Kaufvertrag mit einer Unterwerfungserklärung des Käufers, dann genügt es nicht, daß der Käufer lediglich die Annahme erklärt. Durch die Annahme wird die Erklärung der Unterwerfung in dem Angebot nicht zu seiner eigenen Erklärung. Er muß also neben der Annahme die Unterwerfung unter die Zwangsvollstreckung erklären. Dann ist aber nicht nur eine halbe Gebühr aus § 38 Abs. 2 Nr. 2 KostO für die Beurkundung der Annahme, sondern auch eine Gebühr aus § 36 Abs. 1 KostO für die Unterwerfung unter die Zwangsvollstreckung entstanden. Die beiden Erklärungen betreffen das gleiche Rechtsverhältnis. Sie sind also gegenstandsgleich im Sinne von § 44 Abs. 1 KostO. Demzufolge ist die höchste Gebühr nach dem höchsten Wert zu berechnen, wenn sich der Kostenschuldner nicht bei getrennter Berechnung günstiger steht. Bei einem Kaufpreis von 120000,– DM und einer Unterwerfungserklärung über 100000,– DM beträgt die volle Gebühr nach dem höchsten Wert 255,– DM, eine halbe Gebühr nach einem Wert von 20000,– DM 45,– DM, eine volle Gebühr nach 100000,– DM 225,– DM. Der Kostenschuldner steht sich also in diesem Falle günstiger, wenn nach dem vollen Wert von 120000,– DM eine volle Gebühr berechnet wird.

Beträgt der Kaufpreis 200000,– DM und hat die Unterwerfungserklärung nur einen Wert von 100000,– DM, dann beträgt die halbe Gebühr nach 200000,– DM 187,50 DM, die volle Gebühr nach 100000,– DM 225,– DM, zusammen 412,50 DM, während die volle Gebühr nach 200000,– DM 375,– DM beträgt, so daß sich auch in diesem Falle der Kostenschuldner günstiger steht, wenn eine volle

Gebühr nach dem vollen Wert berechnet wird. Hat beim gleichen Beispiel die Unterwerfung unter die Zwangsvollstreckung nur einen Wert von 50000,– DM, dann beträgt die volle Gebühr nach 50000,– DM 150,– DM, die halbe Gebühr nach 200000,– DM 187,50 DM, so daß der Kostenschuldner sich hier bei getrennter Berechnung günstiger steht, denn die volle Gebühr nach 200000,– DM würde 375,– DM betragen und damit wesentlich höher sein.

Nach OLG Schleswig (DNotZ 1971, 119) ist die *volle* Gebühr für die Unterwerfung unter die Zwangsvollstreckung auch dann zu berechnen, wenn der Käufer das Angebot nur annimmt, ohne die von ihm zu übernehmende Unterwerfung unter die Zwangsvollstreckung ausdrücklich zu erklären.

3 Änderungen des Vertragsangebots während der Annahmefrist haben auch kostenrechtliche Folgen, wobei die kostenrechtliche Betrachtungsweise zum Teil von der materiellrechtlichen abweicht.

Beispiel

A. bietet dem B. an, ein Grundstück für 100000,– DM zu kaufen. B. teilt dem A. formlos mit, daß er das Grundstück nicht unter 120000,– DM verkaufen würde. A. ändert sein Angebot und erhöht den Kaufpreis auf 120000,– DM. Dieses Angebot wird dann später von B. angenommen.

Die neue Urkunde stellt die Änderung einer beurkundeten Erklärung im Sinne von § 42 KostO dar, so daß nicht mehr als eine volle Gebühr berechnet werden darf. Der Geschäftswert hat hier den bestimmten Geldwert der Differenz zwischen 100000,– DM und 120000,– DM.

Die Kostenberechnung lautet daher:
Geschäftswert: 20000,– DM
Gebühr §§ 32, 37, 42 KostO 90,00 DM
nebst Schreibauslagen und Umsatzsteuer.

4 Der nächst Fall betrifft die Änderung der Annahmefrist.

A. bietet dem B. den Abschluß eines Grundstückskaufvertrages mit einem Kaufpreis von 120000,– DM an. Das Angebot ist bis zum 15. 11. 1976 befristet. Da B. mit der Finanzierung nicht klar kommt, bittet er den A., das Angebot um einen Monat zu verlängern. Noch vor Ablauf der Annahmefrist verlängert A. durch beurkundete Erklärung die Annahmefrist bis zum 15. 12. des gleichen Jahres.

Auch hier handelt es sich um einen Fall des § 42 KostO. Der Geschäftswert hat hier jedoch keinen bestimmten Geldwert, sondern ist nach § 30 Abs. 1 KostO zu schätzen. Bei der verhältnismäßig kurzen Verlängerung dürfte hier ein Wert von 5 bis 10% angemessen sein, je nach der Bedeutung, die das Geschäft für die Beteiligten hat.

Die Kostenberechnung lautet also etwa:
Geschäftswert § 30 Abs. 1 KostO: 10000,– DM
Gebühr §§ 32, 37, 42 KostO 60,00 DM
nebst Schreibauslagen und Umsatzsteuer.

5 Streitig ist die kostenrechtliche Behandlung einer Verlängerung des Angebots nach Ablauf der Annahmefrist.

A. hat dem B. den Abschluß eines Grundstückskaufvertrages mit einem Kaufpreis von 100000,– DM angeboten und das Angebot bis zum 15. 11. 1975 befristet. B. hat die Annahmefrist versäumt. Gleichwohl erklärt A. in einer neuen Urkunde nach Ablauf der Annahmefrist, daß er unter Aufrechterhaltung seines Angebots die Annahmefrist bis zum 15. 12. 1976 verlängere.

Materiellrechtlich kann die Angebotsfrist nicht verlängert werden (§ 148 BGB). Die Urkunde stellt daher ein neues Angebot dar. Auf Grund dieser materiellen Rechtslage schließen Beushausen-Küntzel-Kersten-Bühling, 5. Auflage, § 37 Anm. 2, Kaiser DNotZ 1953, 271 sowie Korintenberg-Wenz-Ackermann-Lappe, KostO, 8. Auflage, § 37 Anm. 2 und Fußnote 3, daß erneut 15/10 aus § 37 KostO nach dem vollen Wert zu berechnen sind.

Anderer Ansicht sind u. a. Rohs-Wedewer, § 42 Anm. II, die darauf abstellen, daß es lediglich darauf ankomme, was beurkundet sei.

M. E. sollte der Notar in einem solchen Fall 15/10 aus § 37 KostO berechnen und es eventuell auf eine Kostenbeschwerde ankommen lassen. Vor allem hat er darauf zu achten, daß materiellrechtlich richtig verfahren wird, das heißt, daß ein neues Angebot beurkundet wird.

6 Ein beurkundetes Angebot auf Abschluß eines formbedürften Vertrages kann nicht durch privatschriftliche oder mündliche Vereinbarungen der Beteiligten verlängert werden. Ein Notar hatte die Annahme eines Angebots auf Übertragung von GmbH-Anteilen nach Ablauf der Annahmefrist beurkundet und in der Urkunde festgestellt, daß die Anbietenden die Annahmefrist fernmündlich verlängert hatten. Der Fall ist bereits 1927 vom Reichsgericht entschieden worden, vgl. JW 1928 Seite 649. Die verspätete Annahme gilt gemäß § 150 BGB als neuer Antrag.

7 Änderungen anläßlich der Annahme:

a) A. hat dem B. angeboten, ihm sein Grundstück für 100000,– DM abzukaufen. B. teilt ihm zunächst formlos mit, daß er das Grundstück nur für 120000,– DM verkaufen werde, womit A. schließlich einverstanden ist. Beide treffen sich nun beim Notar und lassen folgende Erklärung beurkunden: „A. erklärt, daß er den Kaufpreis seines Angebots um 20000,– DM auf 120000,– DM erhöhe. B. nimmt dieses Angebot an und beide erklären nunmehr die Auflassung".

Es handelt sich um drei Erklärungen, die das gleiche Rechtsverhältnis betreffen, so daß § 44 Abs. 1 KostO anzuwenden ist. Danach ist die höchste Gebühr nach dem höchsten Wert zu berechnen, sofern sich der Kostenschuldner bei getrenntem Gebührenansatz nicht günstiger steht. Die höchste Gebühr ist eine volle Gebühr aus § 37 KostO in Verbindung mit § 42 KostO. Der höchste Wert ist hier der geänderte Kaufpreis mit 120000,– DM. Eine volle Gebühr nach 120000,– DM. würde 255,– DM betragen. Dagegen ergibt sich folgende Berechnung bei getrenntem Ansatz: Eine volle Gebühr für die Änderung des Angebots gemäß § 37 KostO in Verbindung mit § 42 KostO kostet 90,– DM, eine halbe Gebühr für die Annahmeerklärung und die gegenstandsgleiche Auflassungsverhandlung (§§ 38 Abs. 2 Nr. 1 und § 38 Abs. 2 Nr. 6a KostO) beträgt 127,50 DM. Beide Gebühren ergeben zusammen 217,50 DM.

Das ist also wesentlich geringern als die volle Gebühr nach dem höchsten Wert mit 255,– DM.

Die Kostenberechnung lautet also:

Geschäftswert: a) 20000,– DM
b) 120000,– DM

Gebühr a)	§§ 32, 37, 42 KostO	90,00 DM
b)	§§ 32, 38 Abs. 2 Nr. 1 und § 38 Abs. 2 Nr. 6a KostO	127,50 DM

nebst Schreibauslagen und Umsatzsteuer.

b) A. macht dem B. den Antrag auf Abschluß eines Grundstückskaufvertrages mit einem Kaufpreis von 120000,– DM, der sofort bar gezahlt werden soll. B. nimmt das Angebot an, jedoch mit der Maßgabe, daß er nur 60000,– DM bar zahlt und bezüglich des Restes von 60000,– DM eine Restkaufgeldhypothek mit Unterwerfung unter die Zwangsvollstreckung bestellt werden soll. Dieses geänderte Angebot nimmt A. in der gleichen Verhandlung an.

In diesem Falle weicht die kostenrechtliche Beurteilung von der materiellrechtlichen ab. Man nimmt an, daß zunächst das ursprüngliche Angebot angenommen wird und sodann ein Vertrag über die Änderung des nunmehr beurkundeten Vertrages geschlossen wird. Beide Erklärungen betreffen das gleiche Rechtsverhältnis, so daß entweder eine volle Gebühr nach dem höchsten Wert oder getrennt zu berechnen ist, je nachdem, wie sich der Kostenschuldner günstiger steht. In diesem Falle ist für die Annahme nach einem Wert von 120000,– DM eine halbe Gebühr von 127,50 DM entstanden. Die Änderung hat hier einen Wert von 60000,– DM, und zwar weil auf jeden Fall eine volle Gebühr für die Unterwerfung unter die Zwangsvollstreckung nach einem Wert von 60000,– DM entstanden ist. Also ergibt sich eine Gebühr von 165,– DM. Die Summe beider Gebühren beträgt 292,50 DM, so daß sich der Kostenschuldner hier wesentlich besser steht, wenn eine volle Gebühr nach dem höchsten Wert von 120000,– DM = 255,– DM berechnet wird.

21. KAPITEL

Dingliche Verträge

1 Bestimmte dingliche Verträge, nämlich die Auflassung, die Einräumung oder Aufhebung von Sondereigentum, die Einigung über die Bestellung oder Übertragung eines Erbbaurechts und die Abtretung von Geschäftsanteilen einer GmbH sind gemäß § 38 Abs. 2 Nr. 6 gebührenbegünstigt, jedoch nur, *wenn das zugrundeliegende* Rechtsgeschäft bereits beurkundet ist.

2 In den meisten Fällen werden die der Erfüllung eines zugrundeliegenden Rechtsgeschäfts dienenden dinglichen Verträge gleichzeitig mit dem obligatorischen Rechtsgeschäft beurkundet. Insbesondere bei der Auflassung gilt es als falsche Sachbehandlung, wenn der Notar ohne beachtliche Gründe die Auflassung mit dem zugrundeliegenden Kaufvertrag, Schenkungsvertrag und dergleichen nicht mitbeurkundet und auf diese Weise neben der 20/10-Gebühr für den Vertrag eine zusätzliche 5/10-Gebühr für die Auflassung veranlaßt, vergl. aber Kap. 19,5.

3 Wird die Auflassung, weil dies z. B. von den Parteien so gewünscht wurde, erst im Anschluß an die Beurkundung des Kaufvertrages in einer gesonderten Urkunde aufgenommen, dann entsteht dafür nur eine halbe Gebühr aus § 38 Abs. 2 Nr. 6a KostO.

Wird z. B. in einem Grundstückskaufvertrag von der Mitbeurkundung der Auflassung Abstand genommen, weil der Käufer über die Finanzierung durch Bausparkassen noch keine sicheren Angaben machen konnte und der Verkäufer es unter diesen Umständen ablehnte, bereits die Auflassung zu erklären, so ist für die später aufgenommene Auflassungserklärung bei einem Kaufpreis von 185000,– DM eine halbe Gebühr aus § 38 Abs. 2 Nr. 6a KostO = 105,– DM nebst Umsatzsteuer zu berechnen.

4 Gemäß § 925a BGB darf der Notar eine Auflassung nur entgegennehmen, wenn die nach § 313 Satz 1 BGB erforderliche Urkunde über den Vertrag vorgelegt oder gleichzeitig errichtet wird. Gleichwohl gibt es eine Anzahl von Fällen, in denen eine Auflassung erklärt wird und auch entgegengenommen werden darf, obwohl das Grundgeschäft nicht beurkundet ist. Ein in der Praxis allerdings äußerst selten vorkommender Fall, ist die Verpflichtung zur Auflassung eines Grundstücks aus einem Auftragsverhältnis. Wer ein Grundstück im Auftrage eines Dritten erworben hat, ist gemäß § 667 BGB verpflichtet, es seinem Auftraggeber herauszugeben. In diesem Falle beruht die Herausgabepflicht, also die Herausgabe eines Grundstücks durch Einigung und Auflassung, auf Gesetz, so daß es der Beurkundung eines besonderen schuldrechtlichen Vertrages in der Form des § 313 BGB nicht bedarf. In diesem Falle kostet die Auflassung dann aber nicht 5/10, sondern 20/10, weil ein zugrundeliegendes Rechtseschäft nicht beurkundet ist.

5 Die Auflassung kann nur von einem deutschen Notar entgegengenommen werden. Ist der Grundstückskaufvertrag von einem Schweizer Notar beurkundet und wird die Auflassung nunmehr von einem deutschen Notar erklärt, dann liegt ein bereits beurkundetes Rechtsgeschäft zugrunde, so daß der deutsche Notar nur 5/10 berechnen darf. Ist der Kaufvertrag aber z. B. in Frankreich privatschriftlich abgeschlossen worden, was nach dem dortigen Recht möglich ist, und wird die Auflassung nunmehr vor einem deutschen Notar erklärt, dann hat dieser 20/10 gemäß § 36 Abs. 2 KostO zu berechnen. Da die Auflassung in diesem Falle nicht gebührenbegünstigt ist, wird es sich dann empfehlen, das ganze Rechtsgeschäft noch einmal zu überprüfen und möglichst den Inhalt des obligatorischen Kaufvertrages noch einmal in einer deutschen Urkunde festzustellen.

6 Mag es sich bei den beiden zunächst genannten Beispielen um seltene Ausnahmefälle handeln, so stellt sich das Problem verhältnismäßig häufig bei der Erfüllung von Auflagen oder Vermächtnissen einer Verfügung von Todes wegen.

> Z. B. Der Erblasser E. hat seinen Sohn S. zum Erben eingesetzt, seiner Nichte N. aber ein Grundstück zugewandt, das er selbst vor einigen Jahren für 60000,– DM gekauft hat und das einen Einheitswert von 20000,– DM hat.

Will S. jetzt das Vermächtnis erfüllen, indem er seiner Cousine N. das Grundstück aufläßt, so kommt es darauf an: Ist das Testament des E. notariell beurkundet oder handelt es sich bei der letztwilligen Verfügung des E. um einen Erbvertrag, dann ist im Sinne von § 38 Abs. 2 Nr. 6 KostO das zugrundeliegende Rechtsgeschäft bereits beurkundet. Für die Auflassung ist dann nur eine halbe Gebühr aus § 38 Abs. 2 Nr. 6a KostO zu berechnen.

Ist das Vermächtnis dagegen in einem eigenhändigen Testament des E. ausgesetzt, dann ist das zugrundeliegende Rechtsgeschäft nicht beurkundet; für die Auflassung sind daher 20/10 aus § 36 Abs. 2 KostO zu berechnen.

Ähnlich stellt sich das Problem bei der Teilungsanordnung.

> Der Erblasser E. hat seinen Sohn und seine Tochter als Erben eingesetzt und im Wege einer Teilungsanordnung bestimmt, daß der Sohn das vom Vater betriebene Handelsgeschäft und die Tochter ein Wohngrundstück erhalten soll.

In diesem Falle bedarf es keines besonderen Erbauseinandersetzungsvertrages, der erst die obligatorische Grundlage für die Verteilung des Vermögens schaffen würde. Die Erben können sich vielmehr darauf beschränken, die Teilungsanordnung des Erblassers zu erfüllen. Auch hier kommt es darauf an, ob das zugrundeliegende Testament beurkundet oder eigenhändig ist. Im letzteren Falle sind für die Auflassung des Grundstücks an die Tochter 20/10 zu berechnen, falls das Testament aber bereits beurkundet war, nur 5/10.

7 Die gleichen Probleme können sich selbstverständlich bei der Beurkundung der Einräumung oder Aufhebung von Sondereigentum, der Bestellung oder Übertragung eines Erbbaurechts und der Abtretung von Geschäftsanteilen einer GmbH ergeben.

8 Das zugrundeliegende Rechtsgeschäft braucht nicht eine Urkunde im Sinne des Beurkundungsgesetzes zu sein. Eine Urkunde in diesem Sinne ist auch ein gerichtlicher Vergleich. Gemäß § 127a BGB wird die notarielle Beurkundung durch einen nach den Vorschriften der ZPO errichteten Vergleich ersetzt. Bei dieser Gelegenheit darf auf einen in der Praxis wiederholt vorgekommenen Fehler hingewiesen werden: Eine Auflassung darf bekanntlich gemäß § 925 BGB nicht unter einer Bedingung erklärt werden. Sie kann deshalb nicht wirksam in einem für den Fall der Rechtskraft des Scheidungsurteils geschlossenen Vergleich der Ehegatten erklärt werden. Der Vergleich stellt aber dann die erforderliche Beurkundung des Grundgeschäfts dar mit der Folge, daß für die vor einem Notar zu erklärende Auflassung dann nur noch 5/10 aus § 38 Abs. 2 Nr. 6a KostO berechnet werden dürfen.

9 Ein in der Praxis noch nicht ausreichend geklärtes Problem ergibt sich bei der Beurkundung von Gesellschaftsverträgen. In einem dem Verfasser aus seiner Notariatsrevisionspraxis bekannten Fall schlossen sich die Beteiligten zu einer oHG zusammen, wobei einer der Beteiligten Grundstücke im Werte von über 30 Millionen DM einbrachte. Für die Beurkundung des Gesellschaftsvertrages kam mit Rücksicht auf § 39 Abs. 4 KostO nur ein Geschäftswert von 10 Millionen DM in Betracht. Aus besonderen, hier nicht näher zu erörternden Gründen, wünschten die Beteiligten, daß die Auflassung der Grundstücke an die Gesellschaft in besonderen Urkunden erklärt werden sollten. Es ergab sich die Frage, ob nun für die Auflassung als Geschäftswert auch nur der Höchstwert von 10 Millionen DM anzunehmen war oder ob jeweils eine halbe Gebühr aus § 38 Abs. 2 Nr. 6a KostO nach dem vollen Grundstückswert berechnet werden durfte. Bei Korintenberg-Wenz-Ackermann-Lappe, KostO, 8. Auflage, Fußnote 24 zu § 39 KostO findet sich unter Bezugnahme von BayObLG DNotZ 1964 Seite 552 die Auffassung, daß der für den Gründungsvertrag bestimmte Höchstwert auch für das Ausführungsgeschäft, die Auflassung, gelte. Für zwingend halte ich das nicht. Der Fall wird aber so selten vorkommen, daß er im Rahmen dieses Buches nur angedeutet zu werden braucht.

22. KAPITEL

Grundstückskaufverträge und sonstige Grundstücksgeschäfte

1 Grundstückskaufverträge sind Austauschverträge, für die, wie grundsätzlich für jeden Vertrag, 20/10 aus § 36 Abs. 2 KostO zu berechnen sind, bezüglich des Geschäftswertes jedoch nicht die allgemein für Austauschverträge geltende Vor-

schrift des § 39 Abs. 2 KostO, sondern die besondere Wertvorschrift des § 20 KostO anzuwenden ist. Da sich hinsichtlich der Gebühren keine Probleme ergeben, werden sich die nachstehenden Beispiele vornehmlich mit Bewertungsfragen zu befassen haben. Der Standardfall ist der folgende:

2 A. verkauft an B. ein unbelastetes Grundstück zum Kaufpreis von 85000,– DM. Das Grundstück hat einen Einheitswert von 35000,– DM.

Der Geschäftswert beträgt gemäß § 20 KostO 85000,– DM. Nach § 20 KostO sind der Wert des Grundstücks und der Kaufpreis miteinander zu vergleichen. Der Einheitswert ist niedriger als der Kaufpreis. Anhaltspunkte für einen den Kaufpreis übersteigenden Verkehrswert (§ 19 II) sind nicht gegeben. Danach lautet die Kostenberechnung:

Geschäftswert gemäß § 20 Abs. 1 KostO: 85000,– DM

Gebühren §§ 32, 36 Abs. 2 KostO	420,00 DM
Schreibauslagen §§ 136, 152 KostO (40 Seiten)	40,00 DM
	460,00 DM
Umsatzsteuer 5,5%	25,30 DM
	485,30 DM.

3 Wird gleichzeitig mit dem Kaufvertrag auch die Auflassung erklärt und eine Eigentumsverschaffungsvormerkung bewilligt, so betreffen diese Erklärungen die Erfüllung und Sicherung des Kaufvertrags und sind mit diesem gegenstandsgleich. Die Kostenberechnung ist die gleiche wie vorstehend. Nur sind bei der Anführung der Gebühren neben dem § 36 Abs. 2 KostO auch noch die §§ 38 Abs. 2 Nr. 5a und 38 Abs. 2 Nr. 6a KostO sowie § 44 Abs. 1 KostO anzuführen.

4 Im folgenden Beispiel ist der Wert des Grundstücks höher als der kostenrechtliche Kaufpreis.

A. verkauft an B. sein Grundstück auf Rentenbasis. Das Grundstück hat, wie dem Notar aus den Angaben der Beteiligten bekannt ist, einen Verkehrswert von 100000,– DM. Der 81 Jahre alte Verkäufer erhält als Kaufpreis auf Lebenszeit eine monatliche Rente von 2000,– DM.

Dann beträgt der Wert des Grundstücks 100000,– DM, der Wert der Kaufpreisrente dagegen gemäß § 24 Abs. 2 KostO 2000,– DM × 12 × 3 = 72000,– DM. Hier bestimmt sich der Geschäftswert nach dem höheren Wert des Grundstücks mit 100000,– DM, so daß die 20/10-Gebühr des § 36 Abs. 2 KostO 450,– DM ergibt, wozu etwaige Zusatzgebühren, Schreibgebühren, Auslagen und Umsatzsteuer hinzuzurechnen sind.

5 Gemäß § 20 Abs. 1 Satz 1 KostO sind dem Kaufpreis vorbehaltene Nutzungen oder vom Käufer übernommene oder ihm sonst infolge der Veräußerung obliegenden Leistungen hinzuzurechnen. Dabei kommt es häufig auf die Formulierung der Kaufverträge an.

Beispiel

Ein Grundstück soll für 200000,– DM verkauft werden. Dabei sollen Hypotheken und Grundschulden im Gesamtbetrage von 120000,– DM übernommen werden.

Hier kann auf zweierlei Weise formuliert werden:

a) Der Kaufpreis beträgt 200000,– DM. Davon sind 80000,– DM bar zu zahlen, etwa durch Zahlung auf Notaranderkonto. Ferner sind in Anrechnung auf den Kaufpreis die Hypothek Abt. III/3 in Höhe von 40000,– DM und die Grundschuld Abt. III/4 in Höhe von 80000,– DM zu übernehmen.

b) Man kann aber auch folgendermaßen formulieren: Der Kaufpreis berägt 80000,– DM. Ferner übernimmt der Käufer ohne Anrechnung auf den Kaufpreis die Hypothek Abt. III/3 von 40000,– DM und die Grundschuld Abt. III/4 von 80000,– DM.

Beide Male beträgt der Geschäftswert 200000,– DM.

6 Außer den Rechten in Abt. III können auch solche in Abt. II vorbehalten oder übernommen werden.

A. verkauft an B. ein Grundstück für 80000,– DM und behält sich ein Wohnrecht an einer bestimmten Wohnung vor. Die Miete für eine entsprechende Wohnung beträgt 200,– DM monatlich. Der Verkäufer ist 63 Jahre alt.

Hier ist dem Kaufpreis von 80000,– DM das vorbehaltene Wohnrecht hinzuzurechnen. Dieses hat gemäß § 24 Abs. 2 KostO einen Wert von 200 × 12 × 11 = 26400,– DM. Der Geschäftswert beträgt daher, sofern Anhaltspunkte für einen höheren Wert des Grundstücks nicht ersichtlich sind, 80000,– DM + 26400,– DM = 106400,– DM. Danach beträgt die Gebühr des § 36 Abs. 2 KostO 480,– DM nebst Nebenkosten und Umsatzsteuer.

7 Ein weiteres, heute häufig vorkommendes Beispiel, ist das folgende:

Das Grundstück des A. wird in der Weise geteilt, daß dem von der Straße aus rückwärts gelegenen Grundstück kein unmittelbarer Zugang gewährt wird. A. verkauft nun an B. das vordere Grundstück, wobei B. außer dem Kaufpreis von 60000,– DM die Verpflichtung übernimmt, zugunsten des jeweiligen Eigentümers des rückwärts gelegenen Grundstücks ein Wege- und Leitungsrecht einzuräumen.

In diesem Falle ist die Bestellung der Dienstbarkeit eine zusätzliche Leistung, die gemäß § 22 KostO hier mit 5000,– DM zu bewerten sein dürfte und gemäß § 20 KostO dem Kaufpreis hinzuzurechnen ist, so daß die Gebühr des § 36 Abs. 2 KostO nach einem Wert von 65000,– DM zu berechnen ist.

8 Anders liegt es, wenn B. das Grundstück für 60000,– DM weiter veräußert und der Käufer die bereits eingetragene Dienstbarkeit übernimmt.

Eine bereits bestehende immerwährende und nicht einseitig ablösbare Dienstbarkeit ist keine übernommene Leistung und deshalb dem Kaufpreis nicht hinzuzurechnen.

9 Beim Erwerb von Grundstücken sind regelmäßig auch *öffentliche Lasten* zu übernehmen. Die Übernahme solcher Lasten berührt grundsätzlich den Kaufpreis nicht, weil sie auf Grund gesetzlicher oder behördlicher Vorschriften infolge des Kaufs auf den Käufer übergehen und keine zusätzliche Leistung zugunsten des Verkäufers darstellen. Die Frage ist im allgemeinen unproblematisch kann aber erheblich werden, soweit es sich um Straßen- oder sonst. Anliegerkosten handelt. Hier kommt es nämlich darauf an, ob die Anliegerbeiträge oder Straßenkosten bereits zur Erhebung gestellt sind oder nur in Aussicht stehen. Falls sie noch nicht zur Erhebung gestellt sind, trifft den Verkäufer noch keine Verpflichtung. Sie werden deshalb auch vom Käufer gar nicht dem Verkäufer gegenüber übernommen, sondern werden als unmittelbare Verpflichtungen des Käufers mit seinem Eigentumserwerb der Gemeinde gegenüber begründet. Ist der Verkäufer aber bereits wegen der Straßenbaukosten in Anspruch genommen, dann übernimmt der Käufe *eine* dem Verkäufer obliegende Verpflichtung, die dem Kaufpreis hinzuzurechnen ist.

Zu beachten ist jetzt aber BGH MDR 1976, 212 = RheinNotK 76, 2 und Bundesverwaltungsgericht DNotZ 1976, 157.

Wie sich aus diesen Entscheidungen ergibt, entsteht die Beitragspflicht gem. § 133, Abs. 2 BBauG und ruht als öffentliche Last auf dem Grundstück mit Fertigstellung der Erschließungsanlagen. Das soll unabhängig davon gelten, daß die persönliche Beitragspflicht nur einmal mit der Zustellung des Bescheides an den Grundstückseigentümer gem. § 134 Abs. 1 entsteht. Das hätte m. E. zur Konsequenz, daß bereits die Übernahme der öffentlichen Last den Kaufpreis erhöht, auch wenn noch kein Bescheid an den Grundstückseigentümer ergangen ist. Denn hat der Käufer die Lasten erst von einem bestimmten Stichtag an übernommen, bestand die Beitragspflicht aber bereits vorher, dann ist der Verkäufer verpflichtet, den Käufer von seiner Beitragspflicht nach § 134 Abs. 1 BBauG, freizustellen.

10 Ein ähnliches Problem ergibt sich hinsichtlich der Maklerprovision.

In jedem Grundstückskaufvertrag ist im Interesse klarer Rechtsbeziehungen zwischen den Beteiligten festzustellen, ob ein Makler beteiligt war oder nicht und welche Partei die Maklerprovision zu tragen hat. Dabei war bisher folgende Formulierung brauchbar:

„Der Käufer übernimmt die Provision des von dem Verkäufer beauftragten Maklers in Höhe von 5% des Kaufpreises"

oder

„Der Käufer zahlt auch die Provision des Maklers, den er selbst mit der Beschaffung eines Grundstücks beauftragt hat".

Im ersten Fall übernimmt der Käufer eine Verkäuferleistung, so daß die Maklerprovision dem Kaufpreis hinzuzurechnen ist. Im zweiten Falle handelt es sich nur um eine kostenrechtlich unerhebliche Klarstellung. Davon zu unterscheiden ist der gar nicht seltene Fall, daß der Käufer ausdrücklich eine Zahlungsverpflichtung dem Makler gegenüber anerkennt und sich diesem gegenüber der Zwangsvollstreckung unterwirft. Diese Erklärung hat mit dem Kaufvertrag nichts zu tun, betrifft das besondere Rechtsverhältnis zwischen Käufer und Makler und löst eine 10/10 Gebühr aus § 36 Abs. 1 KostO nach dem Wert der Maklerprovision aus.

Praktisch sieht es aber heute im allgemeinen so aus, daß der Verkäufer einen Makler von vornherein mit der Maßgabe beauftragt, einen Käufer zu suchen, der die Maklerprovision übernimmt, so daß eine Verkäuferverpflichtung dem Makler gegenüber gar nicht erst begründet wird. Wenn es so liegt, dann kommt auch eine Hinzurechnung der Maklerprovision zum Kaufpreis nicht in Betracht. Diese Fragen hinsichtlich der Maklerprovision sind nicht nur für das Kostenrecht, sondern auch für die Höhe der Grunderwerbsteuer von erheblicher Bedeutung.

11 Gemäß § 20 Abs. 1 Satz 2 Halbs. 2 KostO bleibt bei der Ermittlung des Grundstückswerts eine für Rechnung des Erwerbers vorgenommene Bebauung außer Betracht. Aus der Stellung dieses Halbsatzes ergibt sich bereits, daß sich die Bestimmung nur auf den Wert des Grundstücks und nicht auf den Kaufpreis beziehen kann.

Beispiel

A. hat von B. ein Grundstück gepachtet und darauf für 40000,– DM ein Gebäude errichtet, das nach Maßgabe des Pachtvertrages wesentlicher Bestandteil des Grundstücks geworden ist. Später entschließen sich A. und B. zum Kaufvertrag über das Grundstück. Der Verkehrswert des Grundstücks mit dem darauf bestehenden Gebäude beträgt 60000,– DM. Der Kaufpreis wird jedoch nur mit 20000,– DM vereinbart. Diese 20000,– DM entsprechen dem Bodenwert.

Nach dem Grundsatz des § 20 Abs. 1 KostO wäre an sich der Kaufpreis mit dem Wert des Grundstücks zu vergleichen. Dabei hat jedoch der von dem Käufer errichtete Bau außer Betracht zu bleiben, so daß der Grundstückswert nicht höher ist als der Kaufpreis. Die Gebühr aus § 36 Abs. 2 KostO ist also nach dem Wert von 20000,– DM zu berechnen.

Die Bestimmung gilt nicht, wenn zwischen den Parteien nicht nur ein Grundstückskaufvertrag, sondern auch ein Bauvertrag zustande gekommen ist. Häufig sind Verträge, in denen Architekten oder Baugesellschaften ein Gelände erschließen, parzelliert und mit Einfamilienhäusern bebaut haben, die sie dann an einzelne Kaufinteressenten veräußern. Wie der Vertrag formuliert wird, hängt weitgehend von der Art der Finanzierung ab, wobei auch steuerliche Gesichtspunkte eine erhebliche Rolle spielen.

Verkauft der Architekt die Parzelle mit dem fertigen Wohnhaus, sei es, daß dieses schon steht, sei es, daß er verpflichtet ist, das Grundstück mit dem Wohnhaus zu übereignen, dann handelt es sich um einen ganz normalen Kaufvertrag. Das Gebäude ist dann auch nicht auf Kosten des Erwerbers errichtet. Dieser kauft das Grundstück mit dem Gebäude.

Verkauft der Architekt dagegen die unbebaute Parzelle und schließt er mit dem Erwerber einen Bauvertrag, dann handelt es sich in Wirklichkeit um zwei Verträge, nämlich einen Grundstückskaufvertrag, der sich nur auf das Baugelände als solches bezieht, und einen Bauvertrag. Die Geschäftswerte beider Verträge sind gemäß § 44 Abs. 2 KostO zusammenzurechnen. Da Gegenstand des Kaufvertrages nur das Baugelände als solches ist, kommt auch als Wert der Auflassung und der Grundbucheintragung nur der reine Grundstückswert in Betracht.

12 § 20 KostO gilt auch für den Kauf grundstücksgleicher Rechte, wie Erbbaurechte, Wohnungseigentums- und Wohnungserbbaurechte, während für die Begründung dieser Rechte andere Bestimmungen (§ 21 KostO) in Betracht kommen. Beim Verkauf eines Erbbaurechts ist wie beim Grundstückskaufvertrag der Wert des Erbbaurechts mit dem Kaufpreis zu vergleichen. Bei der Berechnung des Kaufpreises ist, was gelegentlich in der Praxis übersehen wird, darauf zu achten, daß die Übernahme des Erbbauzinses durch den Käufer nicht dem Kaufpreis hinzuzurechnen ist. Denn bei dem Erbbauzins handelt es sich um eine dauernde Last, die Inhalt des Erbbaurechts ist und keine Gegenleistung darstellt, sondern kraft Gesetzes auf den Erwerber übergeht (OLG Hamburg, DNotZ 58, 219, OLG Celle DNotZ 60, 410, OLG Braunschweig KostRspr. § 20 Abs. 1 Nr. 7 und OLG Hamm Büro 1966 S. 506), s. auch Kap. 25, 8.

13 Beim Verkauf von Eigentumswohnungen war insbesondere in der Rechtsprechung der Berliner Gerichte lange zweifelhaft, ob das kapitalisierte Wohngeld dem Kaufpreis hinzuzurechnen war. Die bei Korintenberg-Wenz-Ackermann-Lappe, KostO, 8. Auflage, § 21 Anm. III, zitierte Rechtsprechung des Landgerichts Berlin KostRspr. § 20 Nr. 13 bis 17, ist aber durch den Beschluß des Kammergerichts DNotZ 1965, 179 überholt. Danach ist das Wohngeld nicht nach § 24 zu kapitalisieren, sondern ein unselbständiger Bestandteil des Kaufvertrages.

14 Kaufvertragsähnlich ist die Einräumung eines Vorkaufs- oder Wiederkaufsrechts. In der Praxis wird häufig nur die Bestellung des Vorkaufsrechts oder Wiederkaufsrechts in der Form des Entwurfs mit Unterschriftsbeglaubigung beurkundet und dafür eine halbe Gebühr aus § 38 Abs. II Nr. 5 a KostO berechnet. Dabei wird übersehen, daß die Verpflichtung zur Einräumung eines

Vorkaufsrechts als eine bedingte Verpflichtung zur Grundstücksübertragung der Form eines beurkundeten Vertrages nach § 313 BGB bedarf, s. auch Kap. 25, 9. Die Notare dürften daher aus standesrechtlichen Gründen die Bewilligung des Vorkaufsrechts auf Grund eines nichtigen Vertrages nicht beurkunden. Schaden entsteht dadurch jedoch nicht, weil mit der Eintragung des Vorkaufsrechts der Formmangel geheilt wird. Als Wert eines Vorkaufsrechts ist im Regelfall der halbe Wert des Grundstücks anzusetzen, wobei auch hier jetzt nicht nur auf den Einheitswert, sondern auf den nach § 19 Abs. 2 KostO zu ermittelnden Wert zurückzugreifen ist. Über das Zusammentreffen eines Vorkaufsrechts mit einem Miet- oder Pachtvertrag und die Besonderheiten beim Vorkaufsrecht des Grundstückseigentümers am Erbbaurecht wird an anderer Stelle das erforderliche ausgeführt. Im Zusammenhang mit Grundstückskaufverträgen ist aber noch die Frage zu erörtern, ob der Vorbehalt eines Wiederkaufs- oder Rückkaufsrechts, das kostenrechtlich wie ein Vorkaufsrecht behandelt werden kann, eine vorbehaltene Leistung darstellt oder nicht. Die herrschende Meinung nimmt hier an, daß bei Einräumung von Vor-, Ankaufs-, Rückkaufs- oder Wiederkaufsrechten für den Verkäufer nur eine Beschränkung der dem Käufer übertragenen Rechte liegt, die bereits im Kaufpreis berücksichtigt werden, keine selbständige Leistung des Käufers darstellen und daher dem Kaufpreis nicht hinzuzurechnen sind. Nur wenn sich aus dem Zusammenhang ergibt, daß das betreffende Recht über die Sicherung hinaus selbständige Bedeutung hat, kommt eine Hinzurechnung als sonstige Leistung nach § 20 Abs. 1 Satz 1 KostO in Betracht, vgl. dazu im einzelnen Korintenberg-Wenz-Ackermann-Lappe, KostO 8. Auflage, § 20 Fußn. 8 und Rohs-Wedewer § 20 Fußn. 21 mit weiteren Nachweisen.

Nach BayObLG DNotZ 1976, 245, soll der Wert eines in einem bedingten Vorvertrag vereinbarten Ankaufsrechts entsprechend § 20 Abs. 2 mit dem halben Wert des Grundstücks oder Kaufpreises bemessen werden, auch wenn die Wirksamkeit des Kaufvertrages von keiner anderen Bedingung abhängt, als der Ausübung des Ankaufsrechts. Die Entscheidung betrifft zwar nicht den Wert des Vertrages, sondern den Wert der auf Grund des Ankaufsrechts eingetragenen Auflassungsvormerkung. In den Gründen vertritt aber das Gericht die Ansicht, daß der Vertrag über die Einräumung eines Ankaufsrechts durch einen bedingten Vorvertrag nach § 20 Abs. 2 KostO zu bewerten sei.

23. KAPITEL

Wohnungseigentum

1 Wohnungseigentum wird begründet durch Vertrag von Bruchteilseigentümern über die Einräumung von Sondereigentum nach § 3 WEG oder durch Teilungserklärung des Grundstückseigentümers nach § 8 WEG. Die Vertragsgebühr folgt aus § 36 Abs. 2 KostO, die Gebühr für die Teilungserklärung aus § 36 Abs. 1 KostO oder aus § 38 Abs. 2 Nr. 5a KostO. In beiden Fällen entspricht der Geschäftswert gemäß § 21 KostO dem halben Grundstückswert.

2 Der Grundstückswert richtet sich nach § 19 Abs. 2 KostO, wenn das Grundstück schon bebaut ist. Das ist z. B. der Fall, wenn ein Grundstückseigentümer sein Miethausgrundstück durch Teilungserklärung in Wohnungseigentum aufteilt, weil er sich daraus wirtschaftliche Vorteile verspricht.

3 Ist das Grundstück noch nicht bebaut, dann ist das erst noch zu errichtende Gebäude mitzuberücksichtigen. Alle Vereinbarungen über Sondereigentum, Gemeinschaftsordnung und Verwaltung beziehen sich ja auf das bebaute Grundstück mit den fertiggestellten Eigentumswohnungen. Das gleiche gilt für den Inhalt der Teilungserklärung. Der Wert ist dann gemäß § 30 KostO unter Berücksichtigung von § 19 Abs. 2 KostO und der voraussichtlichen Baukosten zu schätzen.

4 Schon vor der Neufassung von § 19 KostO stand fest, daß nicht ein zukünftiger Einheitswert zu schätzen war, auch keine Summe von Einheitswerten der Eigentumswohnungen, weil ein Einheitswert nur geschätzt werden kann, wenn mit seiner alsbaldigen Festsetzung zu rechnen ist (BayObLG JVBl. 68, 206, OLG Neustadt DNotZ 64, 242, OLG Hamm DNotZ 1965, 182 und DNotZ 1966, 121).

Jetzt erlaubt § 19 Abs. 2 KostO n. F. die Heranziehung der Baukosten als Bewertungsfaktor. Die Baukosten sind z. Z. der Beurkundung meist nur aus Kostenanschlägen bekannt. Das genügt aber, da eine Schätzung vorgenommen wird und es auf den Wert zur Zeit der Beurkundung ankommt. Spätere etwaige Kostensteigerungen bleiben daher unberücksichtigt.

Beispiel

Acht Beteiligte haben ein Baugrundstück zu je 1/8 für 80000,– DM erworben. Sie wollen Wohnungseigentum errichten und schließen nun einen Vertrag gemäß § 3 WEG, wonach sie ihr Miteigentum in der Weise beschränken, daß jedem Miteigentümer das Sondereigentum an einer bestimmten Wohnung zustehen soll. Der Vertrag enthält die Gemeinschaftsordnung. Außerdem wird die Einigung gemäß § 4 WEG erklärt.

Dann liegt ein Vertrag gemäß § 36 Abs. 2 KostO vor. Die Gemeinschaftsordnung ist Vertragsbestandteil. Die dingliche Einigung (§ 38 Abs. 2 Nr. 6b KostO) ist als Erfüllungsgeschäft gegenstandsgleich und wird durch die Vertragsgebühr mitabgegolten.

Der Grundstückswert im Sinne von § 21 Abs. 2 KostO setzt sich zusammen aus dem Wert des Grund und Bodens mit 80000,– DM und dem Wert des zukünftigen Gebäudes, das entsprechend den vorgesehenen Baukosten mit 800000,– DM zu veranschlagen ist. Das ergibt einen Grundstückswert von 880000,– DM, dessen Hälfte gemäß § 21 Abs. 2 KostO mit 440000,– DM den Geschäftswert bildet.

5 Hatten in Abwandlung des vorstehenden Beispiels die Beteiligten das Grundstück noch nicht erworben, sondern schließen sie den Kaufvertrag auf Erwerb von Bruchteilseigentum zugleich mit dem Vertrag nach § 3 WEG ab, so liegen zwei selbständige Verträge in einer Urkunde vor, deren Werte nach § 44 Abs. 2a KostO zusammenzurechnen sind. Der Kaufvertrag hat dabei den vollen Wert des Kaufpreises gemäß § 20 KostO.

Der Wert beträgt also	
a) Kaufvertrag (§ 20 KostO)	80000,– DM
b) Vertrag gemäß § 3 WEG (§ 21 Abs. 2 KostO)	440000,– DM
zusammen gem. § 44 Abs. 2a KostO	520000,– DM.

(Eine etwaige Gebühr aus § 146 Abs. 1 KostO wäre hier nur nach dem Wert von 80000,– DM zu berechnen.)

6 Es kommt vor, daß die Beteiligten in gleicher Urkunde ferner einen Werkvertrag über die Errichtung des Gebäudes schließen.

Ein solcher Vertrag wäre ein weiterer selbständiger Gegenstand mit dem Wert des zu errichtenden Bauwerkes, also weiteren 800000,– DM. Der Werkvertrag bedarf aber keiner Form. Da der Notar verpflichtet ist, den für die Beteiligten billigsten Weg zu suchen, muß er m. E. mit ihnen unter Hinweis auf die Kosten erörtern, ob der Werkvertrag beurkundet werden soll.

Zumindest wird in einem solchen Falle aber eine Vollmacht zweckmäßig sein, die den Unternehmer bevollmächtigt, alle für die Durchführung des Baues erforderlichen Erklärungen abzugeben. Neben einem Werkvertrag wäre sie gegenstandsgleich. Wird aber nur die Vollmacht in Verbindung mit dem Wohnungseigentumsvertrag beurkundet, so wäre dann eine weitere Gebühr aus § 38 Abs. 2 Nr. 4 KostO zu berechnen. Dabei ist darauf zu achten, daß bei großen Objekten der Höchstwert der Vollmacht von 1 Million DM nicht überschritten werden darf.

7 Wegen des Verhältnisses von Bauvertrag oder Baubetreuungsvertrag und Vollmacht besteht Streit. Wenn nämlich der Vertragspartner nicht eindeutig mit der Errichtung des Bauwerks, sondern nur mit der Bauleitung und Baubetreuung beauftragt wird, kann man zweifeln, ob Werkvertrag oder Dienstvertrag vorliegt. Vgl. OLG Stuttgart DNotZ 1968, 376 und Justiz 1973, 212 einerseits und BayObLG JurBüro 1973, 975ff. andererseits. Siehe auch die eingehende Darstellung des Bauherrn-Betreuer-Vertrages bei Rohs-Wedewer, § 39 Anm. IIb 9. Nach der ersten Auffassung hat der Baubetreuungsvertrag nur einen Wert von ca. 20% der Baukosten, nach BayObLG jedoch den vollen Wert der Baukosten; nach OLG Stuttgart hat die dazugehörige Vollmacht den vollen Wert der Baukosten, höchstens 1 Million DM, nach BayObLG ist sie gegenstandsgleich.

8 Zu jeder Wohnungseigentumsgemeinschaft gehört ein Verwalter. Da die Bestellung des Verwalters gemäß § 20 Abs. 2 WEG zwingend vorgeschrieben ist, muß man die im Wohnngseigentumsvertrag vorgenommene Bestimmung und Bevollmächtigung des Verwalters als Inhalt des Wohnungseigentums und damit als unselbständige Teile des Wohnungseigentumsvertrages ansehen. Nach Rohs-

Wedewer (§ 21 Anm. B II a) soll das auch für die Vergütung des Verwalters gelten, während Ackermann Rpfleger 1965, 298 III Abs. 1 darin einen selbständigen Rechnungsposten sieht. Nach letzterer Meinung wäre dem Geschäftswert also gemäß § 44 Abs. 2b u. 25 Abs. 2 KostO der dreifache Jahresbetrag der Verwaltervergütung hinzuzurechnen. Die Ansicht von Rohs-Wedewer a. a. O. ist aber schon deshalb vorzuziehen, weil sie die Kostenberechnung vereinfacht. Der dreifache Jahresbetrag der Verwalterbezüge steht meist auch in gar keinem Verhältnis zum Gesamtwert des Vertrages.

9 Die in der Praxis häufige Form der Wohnungseigentumsbegründung ist der Vorratsbau. Ein Grundstückseigentümer teilt gemäß § 8 WEG durch Erklärung gegenüber dem Grundbuchamt sein Eigentum in soundsoviele Bruchteile, verbunden mit dem Sondereigentum an einer Wohnung, auf. Auch die Teilungserklärung ist schon möglich, bevor das Bauwerk errichtet ist.

Da für die Teilungserklärung nur die Form der öffentlichen Beglaubigung erforderlich ist, lassen große Wohnungsbaugesellschaften sie häufig nur noch unter von ihnen selbst hergestellten Entwürfen beglaubigen.

Entwirft der Notar, so kommt es auf den Inhalt der Erklärung an.

Beschränkt sich die Erklärung lediglich auf die grundbuchrechtliche Aufteilung in Wohnungseigentum, ohne dieses näher zu bestimmen, so liegt nur eine formelle Grundbucherklärung im Sinne von § 38 Abs. 2 Nr. 5a KostO vor. Die Gebühr beträgt dann nur 5/10. Das ist aber der seltene Ausnahmefall. In der Regel enthält die Teilungserklärung gemäß §§ 8 Abs. 2, 5, 6, 7 Abs. 1, 3–5 WEG genaue Bestimmungen über Gegenstand und Inhalt des Sondereigentums und über die vorgesehene Gemeinschaftsordnung, und zwar in ihrer besonderen Ausgestaltung als Inhalt des Sondereigentums. Die Teilungserklärung entspricht dann ihrem Inhalt nach völlig einem Wohnungseigentumsvertrag nach § 3 WEG. Bei einer solchen allgemein üblichen Fassung überwiegt der materiellrechtliche Inhalt der Erklärung derart, daß eine volle Gebühr aus § 36 Abs. 1 KostO berechnet werden muß, so jetzt auch Kersten-Bühling-Appell, 16. Auflage, Muster 436, siehe auch OLG Hamm JVerwBl. 1971, 134. Als Geschäftswert ist auch hier der halbe Grundstückswert unter Einbeziehung der zukünftigen Bebauung anzusetzen.

10 § 21 Abs. 2 KostO gilt gemäß Abs. 3 entsprechend für die Begründung von Wohnungserbbaurechten (Teilerbbaurechten), wobei anstelle des Grundstückswertes der Wert des Erbbaurechts tritt.

§ 21 Abs. 2 KostO gilt ferner für die Aufhebung und das Erlöschen von Wohnungseigentum und Wohnungserbbaurechten.

24. KAPITEL

Kostenberechnungen zum Erbbaurecht

1 Erbbaurecht wird durch einen kaufvertragsähnlichen obligatorischen Vertrag begründet, der durch die der Auflassung entsprechende Einigung über die Bestellung eines Erbbaurechts und Eintragung erfüllt wird. Es wird übertragen durch einen obligatorischen Vertrag, in der Regel einem Kaufvertrag, der wiederum durch die Einigung über die Übertragung des Erbbaurechts und Eintragung erfüllt wird. Für den Begründungsvertrag folgt, wie für jeden obligatorischen Vertrag, die Gebühr aus § 36 Abs. 2 KostO. Der Erbbaurechtsvertrag kann auch in der Form des Angebots und der Annahme (§§ 37 und 38 Abs. 2 Nr. 2 KostO) beurkundet werden. Das gilt jedoch nicht für die Einigung über die Begründung oder Übertragung des Erbbaurechts, da gemäß § 11 ErbbaurechtsVO der § 925 BGB entsprechend Anwendung findet, wonach die Einigung bei gleichzeitiger Anwesenheit beider Teile vor dem Notar erklärt werden muß.

2 Der Geschäftswert bestimmt sich nach § 21 Abs. 1 KostO. Maßgeblich ist entweder 80 v. H. des Wertes des belasteten Grundstücks, wobei eine für Rechnung des Erbbauberechtigten erfolgte Bebauung des Grundstücks außer Betracht bleibt, oder der Erbbauzins, je nachdem, welcher der beiden Beträge höher ist.

Beispiel

A. bestellt dem B. an seinem Grundstück ein Erbbaurecht, das 99 Jahre bestehen soll und gibt den Verkehrswert des Grundstücks mit 100000,– DM an. Der Einheitswert des Grundstücks beträgt 40000,– DM. Der Erbbauzins soll 100,– DM monatlich betragen.

Dann kommt als Wert einerseits der Betrag von 80000,– DM in Betracht, denn gemäß § 19 Abs. 2 KostO n. F. ist hier vom Einheitswert abzuweichen, weil die Angabe des Bestellers einen ausreichenden Anhaltspunkt darstellt. Der Wert des Erbbauzinses beträgt dagegen 100 × 12 × 25. Gemäß § 24 Abs. 1a KostO ist der Wert der auf bestimmte Zeit beschränkten Nutzungen die Summe des Jahreswertes, jedoch höchstens das 25fache des Jahreswertes. Da das Erbbaurecht auf 99 Jahre bestellt ist, kommt also als Geschäftswert der 25fache Jahresbetrag in Frage. Das ergibt 30000,– DM. In diesem Falle beträgt der Geschäftswert nach dem höheren Wert des Grundstücks 80000,– DM.

Beträgt bei gleichem Grundstückswert der Erbbauzins monatlich 500,– DM, dann ergibt sich gemäß § 24 KostO ein Wert von 150000,– DM, der damit höher ist als 80% des Grundstückswertes. In diesem Falle ist der Geschäftswert also mit 150000,– DM festzustellen. Wenn also in dem Vertrag nichts weiter vereinbart ist, dann ergibt sich bei der zweiten Alternative eine 20/10 Gebühr aus § 36 Abs. 2 KostO in Höhe von 600,– DM.

3 Die übliche Bauverpflichtung des Erbbauberechtigten und sonstige den Inhalt des Erbbaurechts betreffenden Vereinbarungen werden mitabgegolten, wie überhaupt die Berechnung des Geschäftswerts der Erbbaurechtsbestellung gegenüber der KostO ursprünglicher Fassung, die keine dem § 21 KostO entsprechende Spezialbestimmung enthielt, erheblich vereinfacht worden ist.

4 Es kommen kaum Erbbaurechtsbestellungsverträge vor, in denen nicht die Belastung und/oder die Veräußerung des Erbbaurechts von der Zustimmung des Eigentümers abhängig gemacht werden und gegenseitige Vorkaufsrechte bestellt werden. Die Vereinbarung über Genehmigungserfordernisse hat keine selbständige Bedeutung, beeinflußt aber den Geschäftswert des Vorkaufsrechts.

5 A. bestellt dem B. ein Erbbaurecht. Der Verkehrswert des Grundstücks beträgt 100000,– DM, der Erbbauzins monatlich 500,– DM. B. wird auf dem Grundstück Gebäude im Werte von 600000,– DM errichten. A. bestellt dem B. ein Vorkaufsrecht an dem Erbbaugrundstück. B. bestellt dem A. ein Vorkaufsrecht an dem Erbbaurecht. Die Veräußerung des Erbbaurechts wird von einer Genehmigung des Grundstückseigentümers nicht abhängig gemacht.

In diesem Falle ist dem Geschäftswert des Erbbaurechts, der wie im vorstehenden Beispiel 150000,– DM beträgt, der Wert des Vorkaufsrechts am Erbbaurecht hinzuzurechnen. Das Vorkaufsrecht am Grundstück ist nicht zu bewerten, ganz gleich, ob man annimmt, daß es Bestandteil des Erbbaurechts ist oder ob man davon ausgeht, daß es als das geringerwertige beim Vergleich der beiden in einem Austauschverhältnis stehenden Vorkaufsrechte gemäß § 39 Abs. 2 KostO nicht zu bewerten ist.

Bei der Bewertung des Vorkaufsrechts am Erbbaurecht sind die auf Grund des Erbbaurechts noch zu errichtenden Gebäude bereits miteinzubeziehen. Absolut herrschende Meinung z. B. OLG Celle DNotZ 1960, 51, OLG Hamm JVBl. 64, 239, OLG Hamburg DNotZ 1961, 434, OLG Hamm DNotZ 1967, 571, KG DNotZ 1969, 437, BayObLG DNotZ 1968, 760. Anderer Ansicht vornehmlich: OLG Oldenburg, DNotZ 1962, 258. Weitere Nachweise bei Korintenberg-Wenz-Ackermann-Lappe, KostO, 8. Auflage, § 21 Anm. II 1. Da die Herstellungskosten der Gebäude, die den Wert des bebauten Erbbaurechts ausmachen, mit 600000,– DM veranschlagt sind, handelt der Notar im Rahmen pflichtgemäßen Ermessens, wenn er den Wert des Vorkaufsrechts in diesem Falle mit dem Regelwert des § 20 Abs. 2, also mit 300000,– DM berechnet. Danach ergibt sich folgende Kostenberechnung:

Geschäftswert:	a)	150000,– DM
	b)	300000,– DM
		450000,– DM

Gebühr gemäß § 36 Abs. 2 KostO 1500,– DM
nebst Schreibauslagen und Umsatzsteuer.

6 Wird dagegen die Veräußerung des Erbbaurechts von der Genehmigung des Eigentümers abhängig gemacht, so hat das Vorkaufsrecht einen erheblich geringeren Wert. Es würde nach herrschender Auffassung einen Ermessensfehler darstellen, wenn der Notar den Wert des Vorkaufsrechts gemäß § 20 Abs. 2 KostO mit dem halben Wert der Sache bestimmen würde. Nach Kammergericht DNotZ 1969 S. 437 erscheint die Abweichung von der Regelbewertung geboten, wenn infolge des Zustimmungsvorbehalts dem Vorkaufsrecht am Erbbaurecht eine geringere Bedeutung zukommt, a. A. OLG Schleswig JurBüro 1976, 354. Denn das Zustimmungserfordernis hat zur Folge, daß der Grundstückseigentümer jeder ihm nicht genehmen Veräußerung des Erbbaurechts widersprechen kann, ohne seinerseits sein Vorkaufsrecht in Geltung bringen zu müssen. Wieweit der Regelwert zu senken ist, liegt unter Berücksichtigung des Einzelfalles im Ermessen des beurkundenden Notars. In dem vom Kammergericht entschiedenen Fall hatte das Landgericht den Wert des Vorkaufsrechts am Erbbaurecht mit 1/4 des Grundstückswerts angesetzt. Das hat das Kammergericht gebilligt. Andere Obergerichte haben Wert von 1/5 bis 1/10 für gerechtfertigt gehalten. Vgl. dazu die in der Entscheidung des Kammergerichts angeführten Rechtsprechungs- und Literaturhinweise. Im vorliegenden Fall würde sich bei gleicher Sachlage wie in dem vom Kammergericht entschiedenen Fall folgende Kostenberechnung ergeben:

Geschäftswert:	a)	150000,– DM
	b)	150000,– DM
		300000,– DM

Gebühr gemäß § 36 Abs. 2 KostO 1050,– DM
nebst Schreibauslagen und Umsatzsteuer.

7 A. hat dem B. ein Vorkaufsrecht eingeräumt und darin die Belastung des Erbbaurechts von seiner Zustimmung abhängig gemacht. Nach Eintragung des Erbbaurechts gibt A. dem B. seine Zustimmung, daß das Erbbaurecht mit einer Hypothek von 250000,– DM belastet wird, und zwar in der Form des Entwurfs mit Unterschriftsbeglaubigung.

Diese Zustimmungserklärung hat den Wert von 250000,– DM. Zustimmungserklärungn haben grundsätzlich den gleichen Geschäftswert wie das Recht, dem zugestimmt wird. Das gilt entgegen OLG Hamm Büro. 1766, 511 u. DNotZ 73, 488 auch für die Zustimmung des Eigentümers zu einer Belastung des Erbbaurechts, vgl. dazu im einzelnen die Ausführungen in Kapitel 14,2c.

8 Der Kaufvertrag über das bestellte Erbbaurecht unterscheidet sich nicht von Kaufverträgen über Grundstücke und sonstige grundstücksgleiche Rechte. Sein Geschäftswert bestimmt sich nach § 20 KostO, so daß der Wert des Erbbaurechts und der Kaufpreis miteinander zu vergleichen sind. Zu vermeiden ist jedoch folgender, nicht selten vorkommender Fehler:

Der Käufer eines Erbbaurechts hat die Verpflichtung des Verkäufers zur Zahlung des Erbbauzinses zu übernehmen. Die Verpflichtung wird aber von dem

Käufer nicht im Sinne von § 20 Abs. 1 KostO als eine zusätzliche Kaufpreisleistung übernommen, sondern geht kraft Gesetzes auf den Käufer über. Der übernommene Erbbauzins darf also keinesfalls dem Kaufpreis hinzugerechnet werden.

Beispiel

Kaufvertrag über ein Erbbaurecht.

Der Kaufpreis beträgt 500 000,– DM. Der kapitalisierte Erbbauzins beträgt 1 800 000,– DM.

Dann beträgt der Geschäftswert nicht 2 300 000,– DM, sondern nur 500 000,– DM. Danach sind 20/10 aus § 36 Abs. 2 KostO zu berechnen (OLG Hamburg DNotZ 1958, 219, OLG Celle DNotZ 1960, 410, OLG Braunschweig KostRSpr. § 20 Abs. 1 Nr. 7, OLG Hamm Büro 66, 506).

9 Durch Änderung des § 146 Abs. 1 KostO hat der Gesetzgeber klargestellt, daß die Vollzugsgebühr auch bei Begründung oder Veräußerung eines Erbbaurechts entstehen kann, vgl. Kapitel 38.

25. KAPITEL

Miet-, Pacht- und Dienstverträge

Miet- und Pachtverträge

1 Der Geschäftswert von Miet- und Pachtverträgen bestimmt sich nach § 25 Abs. 1 KostO. Die Vorschrift gilt für Miet- und Pachtverhältnisse aller Art, jedoch nicht für Leihe, die nach § 30 Abs. 1 KostO zu bewerten ist (Rohs-Wedewer, § 30 II a 3).

2 Obwohl auch beim Miet- oder Pachtvertrag Leistungen ausgetauscht werden, findet kein Wertvergleich (§ 39 Abs. 2 KostO) statt. Maßgebend sind nach der speziellen Vorschrift des § 25 Abs. 1 KostO allein die Leistungen des Mieters oder Pächters.

3 Zu unterscheiden sind Miet- und Pachtverträge auf bestimmte Zeit und solche auf unbestimmte Zeit. Ist ein Vertrag auf bestimmte Zeit geschlossen, so ist die gesamte Vertragsdauer maßgebend. Jedoch darf der 25fache Jahresbetrag nicht überschritten werden. Ein auf 10 Jahre abgeschlossener Vertrag ist mit der 10fachen Jahresmiete zu bewerten, ein auf 30 Jahre vereinbartes Mietverhältnis jedoch nur mit dem 25fachen Jahresbetrag.

Geschäftswert des auf unbestimmte Zeit geschlossenen Vertrages ist die dreifache Jahresmiete.

4 Die Leistungen des Mieters oder Pächters bestehen in dem vereinbarten Miet- oder Pachtzins und Nebenleistungen. Dabei können monatliche, vierteljährliche Zahlungen oder sonstige Zahlungstermine vereinbart sein. Maßgeblich ist der höchste Zins, der während des nach § 25 Abs. 1 KostO in Betracht kommenden Bewertungszeitraumes zu zahlen ist.

Als Nebenleistungen kommen besondere Unterhaltungskosten in Betracht (evtl. nach § 30 KostO zu schätzen), ferner, soweit im Vertrage vereinbart, Heizungskosten, Warmwasserkosten. Beim Pachtvertrag ist nicht selten die Verpflichtung, den Verpächter von Mietforderungen freizustellen.

> Hat z. B. A. seine in gemieteten Räumen betriebene Gastwirtschaft für einen Pachtzins von 800,– DM monatlich verpachtet, und verpflichtet sich der Pächter B., den A. von seiner Mietzinspflicht von 500,– DM freizustellen,

so ist bei der Bewertung des Pachtvertrages nicht nur vom Pachtzins, sondern von der Summe von Pachtzins (800,– DM) und Befreiungspflicht (500,– DM) auszugehen. Bei zehnjähriger Vertragsdauer ergäbe sich dann ein Wert von 800,– DM + 500,– DM = 1300,– DM × 12 × 10 = 156000,– DM.

5 Ein jederzeit ohne besondere Voraussetzungen kündbarer Vertrag ist auf unbestimmte Zeit geschlossen, auch wenn in dem Vertrag eine bestimmte Vertragsdauer angegeben ist.

6 Anders ist es, wenn die Kündigung an besondere Voraussetzungen geknüpft ist. Wird der Vertrag auf 10 Jahre abgeschlossen und vereinbart, daß das Mietverhältnis aus bestimmten Gründen (Zahlungsverzug u. a.) fristlos gekündigt werden könne, so bleibt der Vertrag auf 10 Jahre geschlossen und ist mit dem 10fachen Jahresmiet(Pacht)zins zu bewerten (ganz herrschende Meinung KWAL, 8. Auflage, Anm. II, Rohs-Wedewer, § 25 Ib, OLG Hamm DNotZ 58, 666 u. Rpfleger 59, 289).

Wie Rohs-Wedewer a. a. O. zutreffend ausführen, muß man bei Vereinbarung außerordentlicher Kündigungsrechte bestimmte Vertragsdauer annehmen, weil es sonst überhaupt kein Miet- oder Pachtverhältnis von bestimmter Dauer mehr gebe, denn im Gesetz seien zahlreiche außerordentliche Kündigungsgründe vorgesehen, die für jeden Pachtvertrag gelten.

7 Auf unbestimmte Zeit geschlossen ist der Vertrag mit Verlängerungsklausel. Zahlreiche Mietverträge sind auf ein Jahr geschlossen mit der Maßgabe, daß sich das Mietverhältnis jeweils um ein Jahr verlängere, wenn es nicht vorher gekündigt werde. Das ist kein Vertrag auf die bestimmte Dauer von einem Jahr, sondern eben auf unbestimmte Zeit. Man hätte genau so gut formulieren können, daß der Vertrag auf unbestimmte Zeit geschlossen, jeweils am 1. 10. aber zum Jahresende gekündigt werden könne. Im Normalfall ist ein solcher Vertrag also mit der dreifachen Jahresmiete (-pacht) zu bewerten.

Soll bei ähnlicher Vertragsgestaltung die erste Kündigung erst nach einem länger als drei Jahre liegenden Zeitpunkt gekündigt werden, dann ist der spätere

Zeitpunkt bestimmend. Der Vertrag wird mit der Maßgabe geschlossen, daß er erstmalig zum Ende des fünften Jahres gekündigt werden kann und sich dann von Jahr zu Jahr verlängert. Wert dieses Vertrages ist der fünffache Jahresbetrag.

8 Der Abschluß eines Mietvertrages oder Pachtvertrages auf Lebenszeit ist in § 25 Abs. 1 KostO nicht ausdrücklich erwähnt. Da aber § 25 Abs. 1 KostO die Bewertung von Miet- und Pachtverträgen ausschließlich regeln will, bleibt nichts anderes übrig, als den auf Lebenszeit geschlossenen Vertrag als einen solchen mit unbestimmter Vertragsdauer zu behandeln (OLG Schleswig, Rpfleger 62, 395, OLG Hamm Rpfleger 1959, 289 mit Anm. Rohs). Die Ansicht von Oppenburg in NJW 1959, 1263, der die Bestimmung über lebenslängliche Dauerrechte in § 24 Abs. 2 KostO anwenden will, ist vereinzelt geblieben und abzulehnen.

9 Ein mit einem Miet- oder Pachtvertrag verbundenes Vorkaufsrecht am Miet- oder Pachtgrundstück dient nicht nur der Sicherung der Miete oder Pacht, sondern begründet ein selbständiges Rechtsverhältnis. Bei Beurkundung des Mietvertrages .und des Vertrages über die Einräumung des Vorkaufsrechts in einer Niederschrift sind also die Werte gemäß § 44 Abs. 2a KostO zu addieren. Nach der Summe sind dann 20/10 aus § 36 Abs. 2 KostO zu berechnen.

Wie in Kap. 22,14 ausgeführt, bedarf der Vertrag über die Einräumung eines Vorkaufsrechtes der Form des § 313 BGB, weil darin bereits die bedingte Verpflichtung zur Veräußerung eines Grundstücks liegt (RGZ 148, 108). Wird das Vorkaufsrecht in einem formlosen Miet- oder Pachtvertrag vereinbart, dann kann der Verstoß auch zur Nichtigkeit des Mietvertrages führen (LG Stade MDR 1971 S. 761). Eine dem § 925a BGB entsprechende Vorschrift, die den Notar anhalten würde, die Bewilligung eines Vorkaufsrechts nicht ohne das obligatorische Geschäft zu beurkunden, ist allerdings nicht vorhanden.

Bei der Bewertung des Vorkaufsrechts ist im Rahmen von § 20 Abs. 2 KostO auch § 19 KostO n. F. zu beachten. Hier kann unter Umständen die Kombination von Mietvertrag mit dem Vorkaufsrecht aus der vereinbarten Miete wesentliche Anhaltspunkte für ein Abweichen vom Einheitswert bieten. Wie bei § 19 KostO ausgeführt ist, läßt sich der Verkehrswert eines Grundstücks nach dem orts- und lageüblichen Multiplikator der Miet- und Pachterträge bestimmen.

Dienstverträge

10 Der Wert eines Dienstvertrages bestimmt sich gemäß § 25 Abs. 2 KostO nach den Bezügen, die der Dienstberechtigte erhält, und zwar sowohl, was er an Geld als auch an Sachleistungen erhält.

11 Erhält der Verpflichtete auf längere oder unbestimmte Zeit wiederkehrende Bezüge, z. B. ein Angestelltenmonatsgehalt, dann ist der Wert nicht höher als der dreifache Jahresbetrag.

12 § 25 Abs. 2 KostO gilt auch entsprechend für den Maklervertrag, bei dem aber nicht Lohn- oder Gehaltszahlungen, sondern Prozente nach dem gemakelten Objekt den Geschäftswert bilden.

13 Entsprechend ist § 25 Abs. 2 KostO auch anzuwenden, wenn der Dienstverpflichtete, z. B. ein Rechtsanwalt oder ein Arzt, nach einer Gebührenordnung liquidiert.

26. KAPITEL

Gesellschaftsverträge

1 Das Schema der Kostenberechnungen zu Gesellschaftsverträgen unterscheidet sich nicht von den Kostenberechnungen für andere Verträge und bietet gebührenrechtlich keine Besonderheiten. Schwierigkeiten kann dagegen die Bewertung machen, und hier kommen in der Praxis häufig Fehler vor, weil die Notare das Abzugsverbot des § 18 Abs. 3 KostO bei Sacheinlagen übersehen und zu ihrem Nachteil viel zu geringe Geschäftswerte ansetzen.

Für die Aufstellung der Kostenberechnung gelten folgende Grundsätze.

2 Der Gesellschaftsvertrag ist gegenseitiger Vertrag im Sinne der §§ 320ff. BGB, aber er ist kein Austauschvertrag im Sinne von § 39 Abs. 2 KostO. Leistungen werden nicht getauscht, sondern als Einlagen in das Gesellschaftsvermögen eingebracht. Der Vertrag ist also nicht auf den Austausch von Leistungen, sondern auf die Vereinigung von Leistungen für einen gemeinschaftlichen Zweck gerichtet. Geschäftswert ist daher die Summe der Leistungen.

Ausnahme: Die stille Gesellschaft kennt kein Gesellschaftsvermögen. Deshalb ist als Wert eines Gesellschaftsvertrages, durch den eine stille Gesellschaft gegründet wird, die Einlage des Stillen maßgebend, vgl. unten 13.

3 Da auch der Gesellschaftsvertrag ein Vertrag im Sinne von § 36 Abs. 2 KostO ist, kostet seine Beurkundung zwei volle Gebühren. Der Vertrag ist zu unterscheiden von den Satzungsbeschlüssen der bereits eingetragenen Kapitalgesellschaft. Ferner können nach dem eigentümlichen Umwandlungsgesetz sowohl Personal- als auch Kapitalgesellschaften durch Beschluß (§ 47 KostO) errichtet werden.

4 Die kostenrechtlich einfachste Form des Gesellschaftsvertrages ist die Bargründung, bei der alle Gesellschafter sich verpflichten, bestimmte Geldbeträge einzubringen. Für die folgenden drei Beispiele gelten die gleichen Grundsätze:

a) A., B. und C. gründen eine OHG. Jeder von ihnen bringt 20000,– DM ein.

b) A. als persönlich haftender Gesellschafter und B. und C. als Kommanditisten gründen eine Kommanditgesellschaft. Der Komplementär A. bringt 40000,– DM ein, B. und C. je eine Kommanditeinlage von 10000,– DM.

c) A., B. und C. gründen eine GmbH mit einem Stammkapital von 60000,– DM. Jeder Gründer übernimmt ein Stammanteil von 20000,– DM.

5 Für die Kostenberechnung des Beurkundungsgeschäfts ist es unerheblich, daß die Verträge der Personalgesellschaften grundsätzlich keiner Form bedürfen, für die GmbH aber gemäß § 2 GmbHG die Beurkundungsform vorgeschrieben wird. Der Unterschied ist aber wesentlich für die Entwurfsgebühr des § 145 Abs. 3 KostO, die nur berechnet werden kann, wenn der mit der Beurkundung beauftragte Notar den Entwurf auf Verlangen ausgehändigt hat und es sich um ein der Beurkundung bedürftiges Rechtsgeschäft handelt. Das ist bei der Personalgesellschaft nur der Fall, wenn Grundstücke (§ 313 BGB) oder Geschäftsanteile einer GmbH (§ 15 GmbHG) eingebracht werden.

6 In allen drei genannten Fällen beträgt der Geschäftswert 60000,– DM. Deshalb ist zu allen drei Urkunden die folgende Kostenberechnung aufzustellen:

Kostenberechnung gemäß §§ 141, 32 KostO

Geschäftswert: 60000,– DM	
Gebühr § 36 Abs. 2 KostO	330,00 DM
Schreibauslagen gem. § 136 KostO 22 Seiten à 1,– DM	22,00 DM
Umsatzsteuer 5,5%	19,86 DM
	371,36 DM.

7 Die folgenden Beispiele von Gesellschaftsverträgen unterscheiden sich von dem Grundbeispiel der Bargründung durch besondere Arten von Einlagen.

a) A., B. und C. gründen eine OHG und verpflichten sich, je 20000,– DM einzubringen. Der Gesellschafter C. übernimmt ferner die Verpflichtung, der Gesellschaft ein Darlehen von 100000,– DM zu verschaffen.

Die Verpflichtung zur Beschaffung des Darlehens stellt eine Einlageleistung dar und ist dem Geschäftswert hinzuzurechnen. Der Geschäftswert beträgt also 160000,– DM.

b) C. verpflichtet sich, ein Darlehen zu beschaffen, dessen Höhe aber nicht bestimmt ist.

In diesem Falle ist der Wert der Verpflichtung zur Beschaffung des Darlehens gemäß § 30 Abs. 1 KostO zu schätzen. Z. B. die Gesellschafter benötigen zur Anschaffung eines Fuhrparks ein Darlehen in der Größenordnung von etwa 300000,– DM. Man verhandelt aber noch über verschiedene günstige Angebote, so daß sowohl ein geringerer als ein noch darüber hinaus gehender Betrag erforderlich sein kann. Hier wird man den Darlehensbetrag auf 300000,– DM schätzen können, so daß sich ein Geschäftswert von 360000,– DM ergibt.

c) A. und B. gründen eine GmbH mit dem üblichen Stammkapital von 20000,– DM, auf die jeder von ihnen 10000,– DM einbringt. In dem Gesellschaftsvertrag wird aber von vornherein vereinbart, daß das Kapital unter bestimmten Voraussetzungen auf 40000,– DM erhöht wird, wobei jeder der beiden Gesellschafter weitere 10000,– DM zu übernehmen hat.

Gemäß § 26 GmbHG kann die Nachschußpflicht bereits im Gesellschaftsvertrag vereinbart werden, wobei sie auf einen bestimmten, nach dem Verhältnis der Geschäftsanteile festzusetzenden Betrag, beschränkt werden kann. In diesem Falle ist auch die vereinbarte satzungsmäßige Nachschußleistung dem Geschäftswert hinzuzurechnen, so daß der Geschäftswert des GmbH-Vertrages nicht 20000,– DM, sondern 40000,– DM beträgt, wenn auch bei der Eintragung der GmbH nur das zunächst vorhandene Stammkapital von 20000,– DM in das Handelsregister einzutragen ist.

d) 10 Gründer errichten eine Aktiengesellschaft mit einem Grundkapital von 500000,– DM.

Werden die Aktien zum Nennbetrag ausgegeben, so beträgt der Geschäftswert 500000,– DM.

Werden die Aktien zum Doppelten des Nennbetrages ausgegeben, so beträgt der Geschäftswert 1 Million DM, auch wenn in das Handelsregister nur 500000,– DM eingetragen werden können und die Anmeldung daher nur diesen Wert hat.

e) 500000,– DM werden zum Nennbetrag ausgegeben. Gleichzeitig wird der Vorstand der Satzung ermächtigt, das Grundkapital durch Ausgabe neuer Aktien gegen Einzahlung weiterer 500000,– DM zu erhöhen.

In diesem Falle ist das genehmigte Kapital, das auch in das Handelsregister als solches eingetragen wird, hinzuzurechnen, so daß sich ein Geschäftswert von 1 Million DM ergibt.

f) Die Hochbau GmbH gründet mit ihren beiden Gesellschaftern Müller und Schulze eine GmbH & Co. KG. Die GmbH als persönlich haftende Gesellschafterin bringt 10000,– DM ein. Ihre beiden Gesellschafter bringen als Kommanditisten je 50000,– DM ein. Ohne weitere Satzungsbestimmungen wäre das ein Vertrag mit einem Geschäftswert von 110000,– DM. Nun wird aber gleichzeitig die persönlich haftende Gesellschafterin ermächtigt, weitere Kommanditisten mit Mindesteinlagen von je 50000,– DM bis zum Betrage von 3 Millionen DM aufzunehmen und mit ihnen im Namen sämtlicher Gesellschafter die erforderlichen Verträge zu schließen, Handelsregisteranmeldungen vorzunehmen und dergleichen.

Die Bewertung derartiger Verträge ist umstritten. Nach Auffassung des KG DNotZ 1973, 483 und Rpfleger 75, 39 und OLG Zweibrücken Rpfleger 1975, 408 ist die vertragsmäßig verbindlich ausgehandelte Ermächtigung der persönlich haftenden Gesellschafter, weitere Kommanditisten aufzunehmen, mit dem vollen

Betrage der vorgesehenen Kommanditeinlagen zu bewerten, so daß sich hier ein Geschäftswert von 3110000,– DM ergibt.

Das OLG Hamm DNotZ 74, 493 hat dagegen in der Abrede über die Erhöhung des Kommanditkapitals ein kostenrechtlich bedeutungsloses Programm gesehen. Die Ermächtigung soll nach OLG Hamm nur eine Vollmacht sein, die nur mit dem Höchstbetrag von 1 Million DM bewertet werden kann und für die nur eine halbe Gebühr aus § 38 Abs. 2 Nr. 4 KostO zu berechnen wäre. Diese Auffassung verkennt m. E., daß hier nicht nur das abstrakte Vollmachtsverhältnis, sondern auch die der Vollmacht zugrunde liegenden vertraglichen Vereinbarungen beurkundet worden sind und daß von vornherein ein Gesellschaftsvertrag einer großen Kapitalgesellschaft, wenn auch in Form der Personalgesellschaft, vorgesehen ist. Die Entscheidung des Kammergerichts verdient daher den Vorzug.

g) Das folgende Beispiel behandelt die Bewertung der Arbeitskraft als Gesellschaftseinlage.

A., B. und C. gründen eine OHG zum Betrieb eines Hotels. A. und B. bringen jeder 50000,– DM ein, während C. seine Fachkenntnisse als Hotelfachmann und seine volle Arbeitskraft einbringt.

Da alle Gesellschafter verpflichtet sind, sich voll für die Zwecke der OHG einzusetzen, wird Arbeitskraft grundsätzlich nicht bewertet. Bei der Personalgesellschaft wird von jedem Gesellschafter erwartet, daß er seine ganze Arbeitskraft dem von der Gesellschaft betriebenen Unternehmen zur Verfügung stellt. Anders ist es, wenn Dienstleistungen, Fachkenntnisse und dergleichen ausdrücklich als Einlage behandelt werden, wie dies in dem angeführten Beispiel der Fall ist. Im Gesellschaftsvertrag soll vorgesehen sein, daß jeder Gesellschafter monatlich 2000,– DM entnehmen kann. Ferner soll der Vertrag auf unbestimmte Zeit abgeschlossen sein. In diesem Falle wird man die Dienstleistungen des Gesellschafters C. unter Heranziehung des Grundgedankens des § 25 Abs. 2 KostO mit dem dreifachen Jahresbetrag, also mit 72000,– DM, schätzen können, so daß sich ein Geschäftswert von 172000,– DM ergibt. Vgl. allerdings die etwas andere Berechnungsweise des LG Lübeck bei einem auf bestimmte Zeit abgeschlossenen Vertrag in Büro 1963, 229 = KostRechtspr. KostO § 39 Nr. 3 – Korintenberg-Wenz-Ackermann-Lappe, 8. Auflage, § 39 Fußn. 16c.

8 Bei der nun zu erörternden Sachgründung führt das Abzugsverbot des § 18 Abs. 3 KostO zu erheblichen Differenzen zwischen der kostenrechtlichen und der wirtschaftlichen Bewertung des Geschäfts.

Der Einzelkaufmann Müller nimmt seine bisherigen Angestellten Krüger und Schulze als Gesellschafter auf und gründet mit ihnen eine OHG. Müller bringt sein Handelsgeschäft ein und gibt in dem Gesellschaftsvertrag sein in dem Handelsgeschäft steckendes Eigenkapital mit 200000,– DM an. Krüger und Schulze bringen je 30000,– DM ein.

Der Geschäftswert beträgt hier nicht nur 200000,– DM + 60000,– DM = 260000,– DM. Falsch wäre es auch, das von Müller eingebrachte Handelsgeschäft mit dem letzten steuerlichen Betriebseinheitswert zu bewerten, wie das auch häufig vorkommt. Vielmehr ist der Aktivwert des Unternehmens ohne Abzug von Verbindlichkeiten maßgebend, wie er sich aus der letzten Bilanz ergibt. Das beruht auf dem Abzugsverbot des § 18 Abs. 3 KostO. Nach dieser Bestimmung gilt das Verbot, Verbindlichkeiten, die auf dem Gegenstand lasten, bei der Ermittlung des Geschäftswertes abzuziehen auch dann, wenn es sich nicht um einen Einzelgegenstand, sondern um eine Vermögensmasse handelt. Eine solche Vermögensmasse ist das Handelsunternehmen. Abzuziehen von dem Aktivwert der Bilanz sind lediglich auf der Passivseite stehende Wertberichtigungsposten, weil es sich bei diesen nicht um echte Verbindlichkeiten handelt, sondern um den Ausgleich von Forderungen und dergleichen, die auf der Aktivseite mit ihrem vollen Nominalwert angeführt werden, jedoch dubios, schwer oder gar nicht einbringlich sind. Der Notar muß sich also bei der Aufstellung des Geschäftswertes die Bilanzzahlen sagen oder die Bilanz vorlegen lassen. Unter Umständen genügt auch der Einheitswertbescheid, weil in diesem auch das Aktivvermögen angegeben ist, aus dem dann durch Abzug der Verbindlichkeiten der Einheitswert errechnet wird. Die unter Umständen erhebliche Differenz zwischen dem kostenrechtlichen und dem wirtschaftlichen Wert wird von den beteiligten Vertragsparteien häufig nicht verstanden, so daß der Notar oft Schwierigkeiten haben wird, ihnen klar zu machen, daß er an die Wert- und Kostenberechnung nach der Kostenordnung gebunden ist und daß auch Absprachen hinsichtlich des Geschäftswertes eine unzulässige Gebührenvereinbarung im Sinne von § 140 KostO darstellen würden (vgl. zu diesen Fragen insbesondere Korintenberg-Wenz-Ackermann-Lappe, KostO, 8. Auflage, § 39 Fußn. 16b).

9 Besonderheiten ergeben sich bei der Sachgründung einer GmbH.

A. und B. sind Gesellschafter einer OHG. Sie gründen nunmehr eine GmbH, in die sie das Vermögen der OHG einbringen. Dabei vereinbaren sie ein Stammkapital von 400000,– DM, wovon jeder 200000,– DM übernimmt. Dieses Stammkapital soll durch das Vermögen der eingebrachten OHG erbracht werden. Der über das Stammkapital hinausgehende Betrag soll der GmbH als Darlehen zur Verfügung gestellt werden.

Obwohl das Stammkapital mit 400000,– DM festgesetzt ist und die Handelsregisteranmeldung der GmbH auch nur den bestimmten Wert des in das Handelsregister einzutragenden Stammkapitals von 400000,– DM hat, ist der Geschäftswert des Gesellschaftsvertrages erheblich höher. Auch hier ist das eingebrachte Unternehmen der OHG mit dem vollen Aktivwert ohne Abzug von Verbindlichkeiten zu bewerten, also nicht etwa mit das in dem Unternehmen steckende Eigenkapital der beiden Gesellschafter maßgeblich, sondern das volle Aktivvermögen, das in diesem Falle 1,8 Millionen DM beträgt. Nach Abzug von Delkredereposten von rund 200000,– DM ergibt sich danach ein Geschäftswert von 1,6 Millionen DM.

Der gleiche Geschäftswert käme auch in Betracht, wenn a und b die OHG nach dem Umwandlungsgesetz in eine GmbH umwandeln würden. Bei allen Sachgründungen sind also die eingebrachten Gegenstände nach ihrem vollen Wert ohne Abzug von Verbindlichkeiten anzusetzen, auch wenn die Kapitalanteile der Gesellschafter, sei es bei der Personalgesellschaft, sei es bei der Kapitalgesellschaft, nur auf Grund des wirtschaftlichen Wertes, also erheblich niedriger bestimmt werden.

Bei der GmbH ist im übrigen von der Sachgründung, wenn sie nicht aus steuerlichen und wirtschaftlichen Gründen geboten ist, dringend abzuraten. Sie macht registerrechtlich erhebliche Schwierigkeiten und ist auch in der Regel nicht notwendig, da sich der Gesellschaftszweck fast in allen Fällen durch eine Bargründung erreichen läßt, wobei auf das Mindestgesellschaftskapital von 20000,– DM nur 1/4 eingezahlt zu werden braucht.

10 Gesellschaftsgründung nach dem Umwandlungsgesetz.

Nach der Neufassung des Umwandlungsgesetzes in der Fassung vom 6. 11. 1969, BGBl. Teil I Seite 2081, kann nunmehr auch eine Personalgesellschaft durch Übertragung des Vermögens in eine Gesellschaft mit beschränkter Haftung umgewandelt werden (§§ 46 bis 49 des Umwandlungsgesetzes). Dies geschieht in der Form eines Umwandlungsbeschlusses, der gemäß § 48 in einer Gesellschafterversammlung gefaßt wird, der Zustimmung aller Gesellschafter bedarf und notariell beurkundet werden muß. In dem Umwandlungsbeschluß muß der vollständige Gesellschaftsvertrag der Gesellschaft mbH enthalten sein, wodurch die Gründungsform des § 2 GmbHG ersetzt wird. Da es sich hier um die Beurkundung eines Beschlusses handelt, folgt die 20/10 Gebühr aus § 47 KostO. An der Bewertung ändert sich aber nichts gegenüber dem vorstehenden Beispiel, weil es sich hier um eine Vermögensübertragung handelt, also einen Beschluß mit bestimmtem Geldwert, so daß auch hier der volle Aktivwert der Bilanz ohne Abzug von Verbindlichkeiten maßgeblich ist. Bei sehr großen Vermögen ist der Umwandlungsbeschluß allerdings kostenrechtlich begünstigt, weil die Höchstgebühr nach § 47 KostO nur 10000,– DM beträgt, während für die Aufstellung eines Gesellschaftsvertrages nur die Begrenzung des § 39 Abs. 4 KostO gilt, wonach als Geschäftswert einer Satzung nicht mehr als 10 Millionen DM angesetzt werden dürfen.

Für alle Umwandlungen nach dem Umwandlungsgesetz gilt das Prinzip, daß eine Vermögensübertragung beschlossen und dabei die Satzung oder der Gesellschaftsvertrag des neuen Vermögensträgers beschlossen wird. Es entstehen regelmäßig 20/10 aus § 47 KostO nach dem Betrag des übertragenden Kapitals.

Hiervon gibt es eine Ausnahme.

Überträgt ein Einzelkaufmann sein Vermögen auf eine von ihm zu errichtende Aktiengesellschaft, so bedarf es hierzu nicht eines „Beschlusses", sondern gemäß § 51 UmwG einer Umwandlungserklärung, die notariell beurkundet werden muß und in der die Satzung der Aktiengesellschaft festgestellt wird.

Diese Erklärung ist nach KG DNotZ 1976, 438 eine einseitige rechtsgeschäftliche Erklärung im Sinne von § 36 Abs. 1 KostO, jedoch ist der Geschäftswert auf den Höchstwert einer Satzung von 10 Millionen DM begrenzt. Wandelt also ein Kaufmann sein Handelsvermögen von 30 Millionen DM in eine Aktiengesellschaft oder Kommanditgesellschaft auf Aktien um, so lautet die Kostenberechnung:

Geschäftswert § 39 Abs. 4 KostO: 10000000,– DM

Gebühr § 36 Abs. 1 KostO	15075,00 DM
Schreibauslagen 60 Seiten	60,00 DM
Umsatzsteuer 5,5%	100,70 DM
	15235,70 DM.

11 Von der üblichen Bewertung von Gesellschaftsverträgen weicht die stille Gesellschaft ab. Der Vertrag über die Gründung einer stillen Gesellschaft ist nicht auf die Schaffung eines gemeinschaftlichen Gesellschaftskapitals gerichtet. Da mit dem Eintritt eines stillen Gesellschafters in ein einzelkaufmännisches Unternehmen oder in ein Handelsgeschäft kein Gesellschaftsvermögen entsteht, ist als Geschäftswert nur die Einlage des Stillen anzusetzen.

Nimmt also der Kaufmann Müller den Rentier Krüger als stillen Gesellschafter mit einer Einlage von 100000,– DM auf, so hat der Gesellschaftsvertrag nur einen Wert von 100000,– DM.

Dieser Geschäftswert kommt auch dann in Betracht, wenn es sich um atypische Formen der stillen Gesellschaft handelt sowie bei Grenzfällen, bei denen schwer zu entscheiden ist, ob es sich noch um eine stille Gesellschaft oder bereits um ein sogenanntes partiarisches Darlehen handelt. Arbeitet der Stille mit, übernimmt also der stille Gesellschafter Dienstleistungen im Rahmen des Gesellschaftsvertrages, dann liegt als atypische Gesellschaft eine Kombination von Gesellschaft mit Dienstvertrag vor. Der nach § 25 Abs. 2 KostO mit dem dreifachen Jahresbetrag der Bezüge zu bewertende Dienstvertrag ist dann dem Betrag der Einlage hinzuzurechnen.

Leistet also der „Stille“ eine Einlage von 100000,– DM und erhält er für Dienstleistungen eine Vergütung von 2000,– DM monatlich, dann ergibt sich ein Geschäftswert von 100000,– DM + 72000,– DM = 172000,– DM.

Erhält der mitarbeitende Stille keine besondere Vergütung, sondern nur eine Gewinnbeteiligung, dann ist der Wert seiner Dienstleistungen frei zu schätzen.

12 Verträge über den Eintritt und das Ausscheiden von Gesellschaftern sind im Gegensatz zu den Gesellschaftsverträgen, die auf der Vereinigung von Leistungen und auf Schaffung eines Gesellschaftsvermögens gerichtet sind, echte Austauschverträge. Wer in eine Gesellschaft eintritt, erbringt eine Einlage und erhält dafür einen Anteil am Gesellschaftsvermögen. Diese beiden vermögenswerten Leistungen sind nach dem Grundsatz des § 39 Abs. 2 KostO miteinander zu vergleichen. Der höhere der beiden Werte bestimmt dann den Geschäftswert.

Eine Gesellschaft hat ein Aktivvermögen von 500000,– DM. In diese Gesellschaft tritt ein weiterer Gesellschafter ein und erbringt eine Einlage von 125000,– DM, wofür er an dem Gesellschaftsvermögen mit 25% beteiligt wird.

Dann wächst ihm für eine Einlage von 125000,– DM ein Gesellschaftsanteil im Werte von 125000,– DM zu. Die beiden Werte decken sich, so daß der Geschäftswert 125000,– DM beträgt, wonach eine 20/10 Gebühr aus § 36 Abs. 2 KostO zu berechnen ist.

Bringt der Beteiligte nur 100000,– DM ein, erhält aber dafür den 25%igen Anteil im Werte von 125000,– DM, dann beträgt der Geschäftswert wiederum 125000,– DM nach dem höheren Wert der Beteiligung.

Soll andererseits durch Eintritt eines kapitalkräftigen Gesellschafters eine kleine Gesellschaft, die nur geringe Aktiven hat, aktionsfähig gemacht werden, leistet z. B. A. 100000,– DM und wächst ihm nur eine Beteiligung im Werte von 50000,– DM zu, dann ist der höhere Wert der Beteiligung von 100000,– DM maßgebend.

13 In der Praxis ist einzuräumen, daß die richtige Berechnung hier häufig auf große und manchmal unüberwindliche Schwierigkeiten stoßen wird. Wenn ein Vertrag zwischen einer Gesellschaft und einem eintretenden Gesellschafter beurkundet werden soll, dann steht zwar die Höhe der Einlage ohne weiteres fest. Die Höhe der dem Eintretenden zuwachsenden Beteiligung wird sich dagegen außerordentlich schwer ermitteln lassen. Das gilt insbesondere für die zahllosen Verträge, die eine GmbH & Co. KG mit neueintretenden Kommanditisten abschließt, wobei die Höhe des Gesellschaftskapitals ständig im Fluß ist. Man wird deshalb hier keine allzu strengen Anforderungen stellen können.

14 Was für den Eintritt eines Gesellschafters gesagt wird, gilt auch für den Vertrag über das Ausscheiden eines Gesellschafters. Wer aus einer Gesellschaft ausscheidet, verliert seinen Anteil am Gesellschaftsvermögen und erhält dafür im Regelfall eine Abfindung. Auch hier sind die beiderseitigen Werte miteinander zu vergleichen.

15 Die Grundsätze über den Austauschvertrag sind in der Regel auch anzuwenden, wenn es sich um die Auflösung einer Zweimanngesellschaft handelt. Bei der Zweimanngesellschaft bestehen zwei Möglichkeiten, nämlich die Auseinandersetzung über das Gesellschaftsvermögen, die dann am Platze ist, wenn die Gesellschaft liquidiert wird und das Unternehmen nicht fortgesetzt werden soll. Auseinandersetzungsverträge sind nach herrschender Meinung (KG DNotZ 36 Seite 306; anderer Ansicht Korintenberg-Wenz-Ackermann-Lappe, KostO, 8. Auflage, § 39 Anm. II 1 und Fußn. 13) keine Austauschverträge, sondern auf die Verteilung einer Vermögensmasse gerichtet. Beide Auffassungen kommen übrigens zu dem gleichen Ergebnis, daß als Geschäftswert des Auseinandersetzungsvertrages der volle Aktivwert der auseinanderzusetzenden Vermögensmasse ohne Abzug von Verbindlichkeiten anzusetzen ist. Das gilt also auch für die Auseinandersetzung des Gesamthandvermögens einer BGB- oder HGB-Gesellschaft.

Häufiger ist aber der Fall, daß einer der beiden Gesellschaftern ausscheidet und der andere die Firma unter Übernahme aller Aktiven und Passiven fortführt. Diese Möglichkeit der HGB-Gesellschaft (§ 142 HGB) ist nach der Rechtsprechung des BGH (BGH 32, 314) auch bei der BGB-Gesellschaft anwendbar. Die auch kostenrechtlich und wertmäßig wichtigste Folge dieser Form „der Auseinandersetzung" besteht darin, daß der Gesellschaftsanteil des ausscheidenden Gesellschafters den verbleibenden Gesellschaftern „anwächst", so daß es in diesem Falle auch keiner Auflassung oder bezüglich beweglicher Sachen besonderen dinglichen Einigung bedarf.

Diese Form der Auseinandersetzung gibt es nur im Gesellschaftsrecht, nicht bei anderen Gesamthandsmassen. Das wird insbesondere bei der Auseinandersetzung der Erbengemeinschaft häufig nicht genügend beachtet. Wenn einer von zwei Miterben einer ungeteilten Erbengemeinschaft ausscheiden will, so ist bezüglich des zum Nachlaß gehörigen Grundstücks immer eine Auflassung des ganzen Grundstücks von beiden Miterben auf den nun verbleibenden Miterben als Alleineigentümer notwendig, so daß als Geschäftswert der volle Nachlaßwert anzusetzen ist, wenn nicht aus praktischen Gründen eine Erbteilsabtretung vorzuziehen ist. Bei der Übernahme des Unternehmens durch einen verbleibenden Gesellschafter ist dagegen wie bei dem oben angeführten Beispiel der Gesellschaftsanteil des ausscheidenden, der dem verbleibenden Gesellschafter anwächst, mit der dem ausscheidenden zu zahlenden Abfindung zu vergleichen.

27. KAPITEL

Annahme an Kindes Statt

1 *Der Vertrag über die Annahme an Kindes Statt (Adoptionsvertrag)* ist eine nicht vermögensrechtliche Angelegenheit. Der Geschäftswert bestimmt sich daher gemäß § 30 Abs. 3 KostO nach § 30 Abs. 2 KostO. Das bedeutet, daß grundsätzlich vom Regelwert von 5000,– DM auszugehen ist. Die Beurkundungsgebühr folgt aus § 36 Abs. 2 KostO. Eine Beurkundung in der Form des Angebots (§ 37 KostO) und der Annahme (§ 38 Abs. 2 Nr. 2 KostO) kommt nicht in Betracht, da nach § 1750 BGB gleichzeitige Anwesenheit der Vertragschließenden bei der Beurkundung erforderlich ist.

Im Regelfall lautet die Kostenberechnung also:

Geschäftswert: 5000,– DM	
Gebühr §§ 32, 36 Abs. 2 KostO	90,00 DM
Schreibauslagen § 136 KostO (12 Seiten)	12,00 DM
Umsatzsteuer 5,5%	5,61 DM
	107,61 DM.

Der Regelwert von 5000,– DM wird für die überwiegende Zahl der von den Jugendämtern vermittelten Adoptionsverträge in Betracht kommen sowie für alle diejenigen Verträge, bei denen nach den gesellschaftlichen und vermögensrechtlichen Umständen der Beteiligten mittlere Verhältnisse vorliegen.

2 Andererseits darf der Notar nicht übersehen, daß von dem Regelwert des § 30 Abs. 2 KostO bis zur Höhe von 1000000,– DM nach Lage des Einzelfalles abgewichen werden kann. Ein Abweichen nach unten dürfte in keinem Falle gerechtfertigt sein, da auch bei einfachsten Lebensverhältnissen die Annahme an Kindes Statt von so hoher Bedeutung für die Beteiligten ist, daß der Regelwert von 5000,– DM nicht unterschritten werden sollte.

Bei einer Abweichung nach oben bis zum Höchstwert von 1 Million DM sind alle in Betracht kommenden Umstände zu berücksichtigen, auch die wirtschaftlichen. Die Abweichung vom Regelwert ist dabei zu begründen. Wenn der Notar ein Abweichen vom Regelwert für geboten erachtet, dann sollte er zunächst die beiden grundsätzlichen Entscheidungen des OLG Frankfurt DNotZ 1963, 698 = Rpfleger 1964, 59 und OLG Hamm DNotZ 1971, 562 = Rpfleger 1970, 257 = JurBüro 70, 683 = JVBl. 70, 229 nachlesen. Dagegen dürfte die von Heissenberg, DNotZ 1963, 670 entwickelte Formel zu starr und für die Berücksichtigung der Umstände des Einzelfalles ungeeignet sein.

3 Nach der genannten Entscheidung des OLG Frankfurt ist entgegen der früheren Auffassungen nicht nur das Vermögen, sondern auch das Einkommen der Beteiligten, insbesondere der Adoptiveltern, zu berücksichtigen. Das entspricht den soziologischen Verhältnissen der modernen Industriegesellschaft, in der hohe Gehälter und Einkommen ohne das gleichzeitige Vorhandensein bedeutender Vermögen häufig sind. Nach OLG Hamm ist daneben auch die gesellschaftliche Stellung und das Ansehen der Annehmenden zu berücksichtigen, wobei das OLG mit Recht feststellt, daß ohne Rücksicht darauf, ob solche Unterschiede erwünscht sind, sie doch tatsächlich vorhanden sind und die Lebensumstände des Adoptivkindes wesentlich beeinflussen können.

Der Notar darf aber andererseits nicht übertreiben. So hält das OLG Hamm in dem von ihm entschiedenen Fall bei einer Stellung des Adoptivvaters als Diplomingenieur und Baurat, die der Eingangsstufe aller akademischen Beamten entsprechen würde, einen Geschäftswert von 12000,– DM für angemessen. Nach Anhebung des Regelwertes dürfte für den gleichen Fall ein Betrag von 20000,– DM angemessen sein.

4 Die Durchführung des Adoptionsvertrages.

Ist der Notar mit der Durchführung des Adoptionsvertrages beauftragt, ist ihm insbesondere die Doppelermächtigung zur Beschaffung und Mitteilung der vormundschaftsgerichtlichen Genehmigung erteilt worden, hat er die Bestätigung zu beantragen und erforderliche Befreiungen zu erreichen, so steht ihm dafür eine Gebühr aus § 147 Abs. 1 KostO, evtl. aber auch aus § 146 Abs. 2 KostO zu, vgl. insbesondere den Beschluß des OLG Stuttgart, Rpfleger 1965, 184. Beide Vorschriften gewähren eine halbe Gebühr, wobei sich der Geschäftswert nach § 30 Abs. 2 KostO bestimmt.

5 Für die Beurkundung von Einwilligungserklärungen (Zustimmungserklärungen zur Adoption) steht dem Notar, obwohl auch hier gemäß § 1748 Abs. 3 BGB die Form der Niederschrift vorgeschrieben ist, nur eine Gebühr von 5/20 aus § 38 Abs. 4 KostO zu. Die Kostenberechnung lautet dann:

Geschäftswert: 5000,– DM	
Gebühr §§ 32, 38 Abs. 4 KostO	11,30 DM
Umsatzsteuer 5,5%	1,62 DM
	11,92 DM.

6 Der Beurkundungsform bedarf auch die Vollmacht zum Abschluß eines Adoptionsvertrages (§ 1751 a BGB).

Die Kostenberechnung lautet dann im Regelfall:

Geschäftswert: 5000,– DM	
Gebühren §§ 32, 38 Abs. 2 Nr. 4 KostO	22,50 DM
Umsatzsteuer 5,5%	1,24 DM
	23,74 DM.

7 Nicht selten kommt es vor, daß die Kindesmutter oder der Kindesvater in die Adoption einwilligen und in der gleichen Urkunde den Amtsvormund oder Amtspfleger bevollmächtigen, den Adoptionsvertrag abzuschließen. Dann betreffen beide Erklärungen das gleiche Rechtsverhältnis, sind also gegenstandsgleich im Sinne von § 44 Abs. 1 KostO, so daß die höhere der beiden Gebühren zu berechnen ist. Die Gebühren sind also die 5/10 der Vollmacht aus § 38 Abs. 2 Nr. 4 KostO.

28. KAPITEL

Eheverträge

1 Eheverträge sind in der Regel Güterrechtsverträge; die Eheleute schließen den gesetzlichen Güterstand der Zugewinngemeinschaft aus und vereinbaren Gütertrennung, sie vereinbaren Gütergemeinschaft, kehren von der Gütertrennung zum gesetzlichen Güterstand zurück usw. Alle diese Verträge bedürfen gemäß § 1410 BGB der Form notarieller Beurkundung. Da § 1410 BGB gleichzeitige (wenn auch nicht persönliche) Anwesenheit der Ehegatten oder Verlobten erfordert, kommt eine getrennte Beurkundung von Angebot und Annahme nicht in Betracht. In Ermangelung einer spezielleren Vorschrift bestimmt sich die Gebühr aus § 36 Abs. 2 KostO. Beim Zusammentreffen von Ehe- und Erbvertrag in einer Niederschrift kann die Gebühr aber aus § 46 KostO zu entnehmen sein, vgl. dazu die Ausführungen in Kap. 8,7. In beiden Fällen ist eine 20/10-Gebühr zu berechnen.

2 Wohl aber gibt es eine Spezialvorschrift für den Geschäftswert, die eine der wenigen Ausnahmen vom Abzugsverbot des § 18 Abs. 3 KostO enthält.

Gemäß § 39 Abs. 3 KostO bestimmt sich der Geschäftswert nach dem Wert des gegenwärtigen Vermögens beider Ehegatten, von dem die Schulden abzuziehen sind. Das gilt praktisch für die große Masse der Güterrechtsverträge, und zwar auch dann, wenn lediglich der Ausgleich des Zugewinns ausgeschlossen und die Gütertrennung vereinbart wird. Das war gelegentlich bezweifelt worden. Es ist aber jetzt absolut herrschende Meinung, daß das Reinvermögen beider Ehegatten anzusetzen ist. (Näheres hierzu bei Rohs-Wedewer (2) § 39 Anm. Vb). Geben z. B. die Eheleute M., die Gütertrennung vereinbaren, ihr Vermögen nach Abzug der Schulden mit 43000,– DM an, dann sind nach diesem Wert 20/10 aus § 36 Abs. 2 KostO = 300,– DM, zu berechnen.

3 § 39 Abs. 3 KostO erwähnt die Möglichkeit, daß ein Ehevertrag nur das Vermögen eines Ehegatten betrifft. Solche Verträge werden nach der Reform des Ehe- und Güterstandsrechts durch das Gleichberechtigungsgesetz selten sein. Kersten-Bühling-Appell, Formularbuch, 16. Auflage, bringen unter Muster 706 als Beispiel die Überlassung des Verwaltungsrechts bei gesetzlichem Güterstand unter Ausschluß des Widerrufs gemäß § 1413 BGB.

4 Wohl aber kann sich ein Güterrechtsvertrag auf bestimmte Gegenstände beschränken. Dann bestimmt der Wert dieser Gegenstände den Geschäftswert des Vertrages. So kann im Recht der Gütergemeinschaft ein Grundstück, ein Paket Aktien, ein Anteil an einer GmbH u. ä. Vermögensgegenstände zum Vorbehaltsgut erklärt werden.

Einige interessante Variationen zu dem Gesagten bringen Kersten-Bühling-Appell, 16. Auflage, Muster 692, 693 und 694.

5 a) Voller Wert des Reinvermögens beider Ehegatten ist auch maßgebend (OLG Hamm DNotZ 1959, 99), wenn unter Aufrechterhaltung der Zugewinngemeinschaft die Verfügungsbeschränkung beider Ehegatten aufgehoben wird.

b) Reinvermögen des Mannes ist maßgebend, wenn ihm unter Aufrechterhaltung der Zugewinngemeinschaft grundsätzlich gestattet wird, über sein Vermögen im ganzen zu verfügen.

c) Schließlich kann auch ein bestimmter Gegenstand maßgebend sein, wenn z. B. die Verfügungsbeschränkung nur hinsichtlich eines bestimmten Gewerbebetriebes und des diesem gewidmeten Geschäftsvermögens ausgeschlossen wird.

6 Gegenstandsgleich mit dem Güterrechtsvertrag ist die Stellung des nach § 1561 BGB erforderlichen und nach § 1560 BGB formbedürftigen Antrages auf Eintragung in das Güterrechtsregister. Der Notar wird deshalb den Antrag zugleich mit dem Vertrage beurkunden. Unterlassung des Antrages ist unter Umständen falsche Sachbehandlung, so daß ein späterer gesonderter Antrag gebührenfrei vorgenommen werden müßte. Dagegen ist es niemals falsche Sachbehandlung, wenn der Antrag gestellt wird. Zwar wird von manchen (Gottschalg zu LG Bochum DNotZ 71, 485) bezweifelt, ob die Vereinbarung der Gütertrennung eintragungsfähig ist, weil sie die Verfügungsmacht der Ehegatten nicht einschränkt, sondern erweitert. Ohne hierauf näher einzugehen, kann man aber sagen, die Eintragung entspricht sosehr der Praxis sowohl der Notare als auch der Registergerichte, daß von einer falschen Sachbehandlung nie die Rede sein kann. So jetzt auch BGHBB 1976, 813.

7 Wenn die Beteiligten den Antrag zur Zeit noch nicht stellen, sich aber für später vorbehalten, dann empfiehlt sich die folgende Formel (Knur: RheinNotK 1958, 838):

„Wir beantragen die Eintragung dieser Änderung des gesetzlichen Güterstandes in das Güterrechtsregister.
Der Notar soll diesen Antrag jedoch nur auf eine besondere schriftliche Anweisung wenigstens eines von uns einreichen, unbeschadet seines Rechts zur jederzeitigen Einreichung".

Bei dieser Fassung ist der Antrag bereits formgerecht gestellt und wird durch die Gebühr für den Ehevertrag mitabgegolten.

8 Häufig wird dem Güterrechtsvertrag ein Inventarverzeichnis beigefügt. Das ist dann ein unselbständiger Teil des Vertrages, an dem der Notar kaum Anteil hat.

Anders ist es, wenn die Beteiligten nicht anderes tun, als ihre Vermögensverhältnisse klarzustellen. Sie stellten unter Herstellung eines Inventars zur Niederschrift des Notars ihr Anfangsvermögen fest. Damit geben die Beteiligten keine rechtsgeschäftlichen Erklärungen ab. Sie stellen unter Mitwirkung des Notars ein Inventar auf. Dafür kann dann keine Vertragsgebühr aus § 36 Abs. 2 KostO erwachsen. Vielmehr entsteht die halbe Gebühr aus § 52 KostO. Davon zu unterscheiden ist die durch Ehevertrag vereinbarte Änderung des Anfangsvermögens durch Hinzurechnungen (Palandt-Lauterbach § 1374 Anm. 4). Kersten-Bühling-Appell, 16. Auflage, machen in Muster 698 und 699 deshalb mit Recht einen Unterschied zwischen der einfachen Inventarisierung (§ 52 KostO) und der vereinbarten Feststellung des Anfangsvermögens, für die Kosten aus § 36 Abs. 2 KostO angesetzt werden sollen. Zweifeln könnte man beim zweiten Fall nur hinsichtlich des Geschäftswertes. Soll wirklich das gesamte Vermögen der Ehegatten für den Vertrag maßgebend sein, wenn nur bestimmte Geldbeträge durch ihre Hinzurechnung betroffen sind? Ich schlage daher vor, in diesem Falle eine halbe Gebühr aus § 52 KostO für das Inventar nach dem Reinvermögen beider Ehegatten und daneben 20/10 aus § 36 Abs. 2 KostO für die allein von dem Vertrage betroffenen Hinzurechnungen. Die Kostenberechnung könnte daher lauten:

Geschäftswert: a) 180000,– DM
b) 20000,– DM

Gebühr zu a) § 52 KostO	172,50 DM
Gebühr zu b) § 36 Abs. 2 KostO	180,00 DM
	352,50 DM
Umsatzsteuer	19,39 DM
	371,89 DM.

Aus didaktischen Gründen sei hier nochmals erwähnt, daß § 44 KostO im Verhältnis der Tatsachenbeurkundung des § 52 KostO zur rechtsgeschäftlichen Erklärung des § 36 Abs. 2 KostO keine Anwendung findet.

9 Eheverträge eigener Art haben die zahlreichen Eheschließungen deutscher Frauen mit Mohammedanern erforderlich gemacht. Wegen der völlig andersartigen Gestaltung des islamischen Eherechts wird versucht, die Rechtsstellung der Frau durch einen Ehevertrag zu sichern, der u. a. sicherstellen soll, daß die Einehe gewahrt wird, und der Vorsorge für den Fall der Scheidung trifft. Daneben werden dann auch vermögensrechtliche Belange geregelt. Für einen solchen Vertrag vgl. das vorbildliche Muster 713 bei Kersten-Bühling-Appell, 16. Auflage. In der Kostennote gehen sie mit Recht davon aus, daß der Wert der reinen Eherechtsregelung nach § 30 Abs. 3 KostO in Verbindung mit Abs. 2 zu bewerten ist und daß § 39 Abs. 3 KostO anzuwenden ist, soweit des eheliche Vermögen betroffen wird. Es ergeben sich daher zwei Werte, die gemäß § 44 Abs. 2a KostO zu addieren sind.

29. KAPITEL

Testamente und Erbverträge

1 Verfügungen von Todes wegen sind rechtsgeschäftliche Erklärungen, die aber gegenüber rechtsgeschäftlichen Erklärungen unter Lebenden beurkundungs- und kostenrechtliche Besonderheiten aufweisen. Im Beurkundungsrecht gelten neben den §§ 8ff. die Spezialbestimmungen der §§ 27ff. BeurkG. Kostenrechtlich sind die Gebühren- und Geschäftswertbestimmungen in § 46 KostO zusammengefaßt. Außerdem besteht Einigkeit darüber, daß § 44 KostO nicht anwendbar ist.

2 Nach § 46 Abs. 1 KostO beträgt die Gebühr für die Errichtung eines einseitigen Testaments 10/10, die für die Beurkundung eines gemeinschaftlichen Testaments oder eines Erbvertrages 20/10.

3 Geschäftswert ist das Reinvermögen des oder der Erblasser, das heißt sein oder ihr Vermögen nach Abzug der Verbindlichkeiten. Es handelt sich also um eine der wenigen Ausnahmen vom Abzugsverbot des § 18 Abs. 3 KostO.

4 Bei der Berechnung des Reinvermögens sind Belastungen, die das Testament selbst verfügt, also Vermächtnisse, Pflichtteilsrechte und Auflagen noch nicht abzuziehen (§ 46 Abs. 4 Satz 2). Das ist dann später im Erbscheinsverfahren anders.

Hat der Erblasser ein Aktivvermögen von 500000,– DM, dem Schulden in Höhe von 200000,– DM gegenüberstehen, so ergibt sich ein Nachlaßwert als Geschäftswert des Testamentes von 300000,– DM. Bei diesem Wert bleibt es auch, wenn der Erblasser nicht nur seine beiden Neffen als Erben je zur Hälfte einsetzt, sondern daneben seinem langjährigen Angestellten A. ein Vermächtnis von 50000,– DM aussetzt.

Stirbt der Erblasser und beantragen die beiden Erben ein Erbschein, so ist nun neben anderen Nachlaßverbindlichkeiten wie Beerdigungskosten, Herstellung eines Grabmals usw. (etwa 10000,– DM) auch das Vermächtnis als Verbindlichkeit abzusetzen, so daß sich z. B. ein Wert von 240000,– DM ergeben kann.

5 Der mit der Beurkundung eines Testaments oder Erbvertrages beauftragte Notar hat den Erblasser nach der Höhe seines Vermögens und seiner Verbindlichkeiten zu fragen, jedoch weitere Ermittlungen zu unterlassen. § 46 Abs. 5 S. 1 KostO sagt wörtlich: „Der Berechnung der Gebühren sind in der Regel die Angaben des Verfügenden über den Geschäftswert zugrunde zu legen".

Das vom Erblasser angegebene Reinvermögen ist aber unter Umständen nur ein vorläufiger Wert. Jeder Notar macht die Erfahrung, daß ihm über den Geschäftswert unrichtige Angaben gemacht werden. Seine Möglichkeiten, den wirklichen Wert zu ermitteln, sind begrenzt. Immerhin soll er das grundsätzlich versuchen. Beim Testament soll er sich dagegen auf die Angaben des Erblassers verlassen. Dafür räumt ihm § 46 Abs. 5 KostO über die üblichen Verjährungsfristen hinaus das Recht der Nachforderung ein, wenn sich später eindeutige Anhaltspunkte für die Unrichtigkeit der Angaben des Erblassers ergeben (vgl. u. a. OLG Düsseldorf, DNotZ 1956 Seite 626). Die Verjährungsfristen für eine Nachforderung des Notars beginnen erst mit dem Ablauf des Jahres zu laufen, in denen die Verfügung eröffnet oder aus der amtlichen Verwahrung zurückgegeben worden ist.

Beurkundet der Notar ein einseitiges Testament und gibt der Erblasser den Geschäftswert mit 85000,– DM an, so sind aus § 46 Abs. 1 KostO 10/10 zu berechnen.

Die Kostenrechnung lautet also:

Geschäftswert: 85000,– DM	
Gebühr gemäß §§ 32, 46 KostO	210,00 DM
Umsatzsteuer	11,55 DM
	221,55 DM.

6 *Beglaubigung und Entwurf und Beglaubigung von Testamenten*

Vor der Testamentserrichtung belehrt der Notar den Erblasser, daß er verpflichtet ist, das notarielle Testament unverzüglich zu verschließen und in die besondere amtliche Verwahrung des Amtsgerichts zu bringen, und daß er diese Verpflichtung auch entgegen dem Willen des Erblassers erfüllen müßte. Ist der Erblasser damit gar nicht einverstanden, möchte er aus irgend welchen Gründen vermeiden, daß sein Testament in die besondere amtliche Verwahrung des Amtsgerichts gebracht wird, belehrt ihn der Notar, daß er nur zwei Möglichkeiten hat, die strikte Ablieferungspflicht des Notars nach § 34 Abs. 2 BeurkG zu vermeiden. Er kann einen Erbvertrag abschließen und bei diesem die besondere amtliche Verwahrung ausschließen oder er muß ein eigenhändiges Testament errichten. Der Erblasser entschließt sich, um die doppelten Kosten des Erbvertrages zu vermeiden, ein eigenhändiges Testament zu errichten und bittet den Notar, dieses Testament zu entwerfen und dann seine Unterschrift zu beglaubigen. Der Notar entwirft also das Testament, veranlaßt den Erblasser es eigenhändig zu schreiben und zu unterschreiben und beglaubigt dann die Unterschrift. Hier darf der Notar eine Entwurfsgebühr berechnen. § 145 KostO gilt nur für rechtsgeschäftliche Erklärungen, aber auch für solche von Todes wegen. Durch die Entwurfsgebühr wird die Unterschriftsbeglaubigung abgegolten. Die Kostenberechnung lautet dann wie oben. Nur ist hier § 145 Abs. 1 KostO hinzuzufügen, also

Geschäftswert: 85 000,– DM
Gebühr gemäß §§ 145 Abs. 1, 46 Abs. 1 KostO 210,– DM.

7 Wird der Notar nur ersucht, die Unterschrift unter einem eigenhändigen Testament, das der Erblasser selbst erstellt hat, zu beglaubigen, so entsteht nur eine Gebühr aus § 45 KostO in Höhe von 5/20.

In diesem Falle hat der Notar zu prüfen, ob es sich wirklich um ein eigenhändiges Testament im Sinne von § 2247 BGB handelt. Auch bei der begrenzten Prüfungspflicht, wie sie § 40 Abs. 2 BeurkG für Unterschriftsbeglaubigungen vorsieht, müßte der Notar seine Amtstätigkeit versagen, wenn er erkennen würde, daß die Erklärung, unter der er die Unterschrift beglaubigt, wegen eines Formmangels nichtig wäre. Er dürfte also die Unterschrift des Erblassers unter einem mit Schreibmaschine geschriebenen und nur eigenhändig unterschriebenen Testament nicht beglaubigen.

8 Wird von dem Notar ein selbständiger Testamentsentwurf gefordert, z. B. weil der Erblasser eigenhändig testieren will oder weil er den Entwurf eines schwierigen Unternehmertestaments noch einmal mit Finanz- und Steuerexperten durchsprechen will, dann steht dem Notar die Gebühr aus § 145 Abs. 1 KostO in Verbindung mit § 46 Abs. 1 KostO zu, beim gemeinschaftlichen Testament also 20/10, sonst 10/10.

Wird der Entwurf dagegen lediglich zwecks Vorbereitung der Beurkundung beantragt, wünscht der Erblasser aber, daß der Notar ihm vorher eine Abschrift zur Durchsicht übersendet und kommt es dann nicht zu einer Beurkundung, dann steht dem Notar die Gebühr aus § 145 Abs. 3 KostO zu, das heißt also nicht mehr als 10/10. Anderer Ansicht Beushausen-Küntzel-Kersten-Bühling, KostO, 5. Auflage, § 46 Anm. 3 mit der Begründung, für ein Testament sei die Beurkundungsform nicht zwingend vorgeschrieben. M. E. ist das notarielle Testament aber gegenüber dem eigenhändigen Testament eine eigentümliche Gestaltungsform, die an die Beurkundungsform gebunden ist. Das ist qualitativ etwas ganz anderes, als wenn etwa ein OHG-Vertrag, der auch formlos geschlossen werden könnte, zu Beweiszwecken beurkundet werden soll.

Beim Erbvertrag ist die Anwendbarkeit des § 145 Abs. 3 KostO unzweifelhaft und unbestritten.

9 Das Reinvermögen des Erblassers ist als Geschäftswert nur maßgebend, soweit es von der letztwilligen Verfügung betroffen wird. Setzt der Erblasser lediglich ein Vermächtnis ein, so gilt im übrigen die gesetzliche Erbfolge. Das Vermächtnis geht z. B. dahin, daß die langjährige Haushälterin des Erblassers 10000,– DM erhalten soll. Hier wird nur über diese 10000,– DM verfügt. Der Geschäftswert beträgt 10000,– DM. Die Gebühr aus § 46 Abs. 1 KostO ergibt dann 60,– DM.

10 Erhält der Vermächtnisnehmer den Anteil des Erblassers an einer OHG, so bewertet sich der Anteil nach dem Reinvermögen der OHG nach Abzug der Verbindlichkeiten, OLG München DNotZ 1941 S. 501 und KG DNotZ 1942 S. 113.

11 Bestimmt der Erblasser, daß seine Schwester den Nießbrauch am Nachlaßgrundstück erhält und beträgt der Jahresertrag 10000,– DM, dann wäre der Nießbrauchswert gemäß § 24 Abs. 3 KostO zunächst der fünffache Jahresbetrag, also 50000,– DM. Dabei wird aber auch zu berücksichtigen sein, daß der Nießbrauch erst später einsetzt, so daß der Wert nach § 24 Abs. 6 KostO ermäßigt werden kann, jedoch nicht unter den dreifachen Jahresbetrag, da dieser Wert gemäß § 24 Abs. 2 KostO auch bei höchstem Alter der Beteiligten anzusetzen ist.

12 Beim gemeinschaftlichen Testament ist darauf zu achten, daß diese Testamentsform nur Ehegatten zur Verfügung steht und grundsätzlich nur innerhalb des deutschen Rechts anwendbar ist. Insbesondere die romanischen Rechte kennen diese Rechtsform nicht.

Da beide Ehegatten verfügen, ist als Geschäftswert das gemeinschaftliche Reinvermögen beider Ehegatten anzusetzen. Es gibt also hier kein Austauschprinzip. Wird das gemeinsame Reinvermögen dem Notar mit 120000,– DM angegeben, so lautet die Kostenberechnung:

Geschäftswert: 120000,– DM
Gebühr gemäß § 46 Abs. 1 KostO (20/10) 510,– DM
nebst Schreibauslagen und Umsatzsteuer.

13 Auch für Erbverträge beträgt die Gebühr 20/10. Einseitige und zweiseitige Erbverträge unterscheiden sich nur im Wertansatz, nicht im Gebührenansatz.

Geschäftswert eines einseitigen Erbvertrages zwischen dem Erblasser A. und dem Vertragspartner B. ist nur das Reinvermögen des Erblassers. Wird es mit 100000,– DM angegeben, so lautet die Kostenberechnung also:

Geschäftswert: 100000,– DM
Gebühr gemäß § 46 Abs. 1 KostO 450,– DM.

Beim zweiseitigen Erbvertrag zwischen Erblasser A. und Erblasser B. ist Geschäftswert das zusammengerechnete Reinvermögen beider Erblasser. Im übrigen ist die Kostenberechnung wie vorstehend aufzustellen.

14 Erbverträge werden häufig mit Verträgen unter Lebenden verbunden. Dann sind grundsätzlich, weil § 44 KostO nicht anwendbar ist, getrennte Gebühren wie bei getrennter Beurkundung zu berechnen. Wäre z. B. ein Erbvertrag mit einem

Erbverzichtsvertrag, einem Pflege- und Altenteilsvertrag, einem Schenkungsvertrag oder einem sonstigen Geschäft unter Lebenden verbunden, dann gilt folgendes Schema:

Geschäftswert Erbvertrag:	100000,– DM
Vertrag unter Lebenden:	50000,– DM
Gebühr § 46 Abs. 1 KostO	450,00 DM
Gebühr § 36 Abs. 2 KostO	300,00 DM
Schreibauslagen 20 Seiten	20,00 DM
	770,00 DM
Umsatzsteuer 5,5%	42,35 DM
	812,35 DM.

15 Kostenrechtlich begünstigt ist dagegen das Zusammentreffen eines Erbvertrages mit einem ehelichen Güterrechtsvertrag. Wird ein Erbvertrag gleichzeitig mit einem Ehevertrag beurkundet, so wird die Gebühr nur einmal berechnet, und zwar nach dem Vertrag, der den höchsten Geschäftswert hat. Der Güterrechtsvertrag kann unter Umständen einen höheren Wert haben, wenn nur einer der Vertragspartner eine letztwillige Verfügung trifft. Im allgemeinen wird der Wert beider Verträge aber gleich sein, weil auch als Wert des üblichen Güterrechtsvertrages das Reinvermögen beider Ehegatten anzusetzen ist, das dann dem Reinvermögen beider Erblasser entsprechen würde (§§ 39 Abs. 3, 46 Abs. 4 KostO).

16 Da der Ehevertrag auch dann, wenn sich der Geschäftswert nach dem Erbvertrag bestimmt, ein Vertrag unter Lebenden bleibt, ist hier nun doch eine Einbruchsstelle für § 44 KostO. Mit dem Güterrechtsvertrag können nämlich nun weitere Verträge verbunden werden, mit der Folge, daß eine Zusammenrechnung der Werte nach § 44 Abs. 2a KostO in Betracht kommt. In diesem Falle sind eben nicht getrennte Gebühren zu berechnen. Beurkundet ein Notar z. B. zugleich mit einem nach § 46 Abs. 3 KostO bewerteten Ehe- und Erbvertrag einen Erbverzichtsvertrag, so wird die Gebühr nur einmal nach den zusammengerechneten Werten von Ehe- und Erbvertrag einerseits und Erbverzichtsvertrag andererseits erhoben (OLG Stuttgart DNotZ 1976, 62), s. auch Kap. 8,7.

17 Gebührenbegünstigt sind der Widerruf eines Testaments, die Aufhebung oder Anfechtung eines Erbvertrages und der Rücktritt vom Erbvertrag. Sie lösen gemäß § 46 Abs. 2 KostO nur eine halbe Gebühr aus. Ist die Anfechtung des Testamentes oder des Erbvertrages dem Nachlaßgericht gegenüber zu erklären, so ist sogar nur 1/4 Gebühr nach § 38 Abs. 3 KostO zu berechnen.

§ 46 Abs. 2 KostO faßt verschiedene materiellrechtlich scharf zu trennende Möglichkeiten der Testamentsaufhebung zusammen, von denen hier nur einzelne Beispiele angeführt werden können.

Eine neue Verfügung von Todes wegen völlig anderen Inhalts würde als Widerruf anzusehen sein.

Der Erblasser will aber sein notarielles Testament widerrufen und nicht neu testieren. Hier ist der Notar verpflichtet, den Erblasser auf die Möglichkeit hinzuweisen, das Testament durch Rücknahme aus der amtlichen Verwahrung zu widerrufen (§ 2256 BGB), oder wenn es sich um ein eigenhändiges Testament handelt, die Testamentsurkunde durch schlüssiges Verhalten zu vernichten, beseitigen oder ungültig zu machen. Der Erblasser wünscht hier aber aus besonderen Gründen die ausdrückliche Beurkundung des Widerrufstestaments. Geschäftswert dieses Widerrufstestaments ist der Nachlaßwert im Augenblick der Beurkundung des Widerrufs.

Möglichkeit a): Hätte der Erblasser seinerzeit über den ganzen Nachlaß verfügt, dann kann sich der Wert durch wirtschaftliche Entwicklung verändert haben.

Möglichkeit b): Hätte der Erblasser nur ein Vermächtnis ausgesetzt, dann dürfte der Wert grundsätzlich unverändert sein.

Der Wert beträgt beispielsweise 30000,– DM, die Gebühr aus § 46 Abs. 2 KostO also 57,50 DM.

18 Die Eheleute M. haben ein gemeinschaftliches Testament errichtet. Jetzt leben sie in Scheidung und der Ehemann M. will die rückbezüglichen Verfügungen des Testaments widerrufen.

Der Widerruf erfolgt durch eine einseitige, beurkundete Erklärung, die in Urschrift oder Ausfertigung zugestellt werden muß, das heißt, daß der Ehefrau eine Ausfertigung ausgehändigt werden muß (ständige Rechtsprechung des BGH, vgl. Nachweise bei Palandt, 29. Auflage, § 2271 Anm. 2 B a, Höfer-Huhn, Allgemeines Urkundenrecht, § 25, 3, Kersten-Bühling-Appell, 16. Auflage, § 111 Muster 853 S. 899).

In diesem Falle ist streitig, ob der Wert des gemeinsamen Testaments zur Zeit der Beurkundung des Widerrufs maßgebend ist (so KG DNotZ 36, 968) oder ob als Wert nur das Vermögen des Widerrufenden anzusetzen ist (so Beushausen-Küntzel-Kersten-Bühling, KostO, 5. Auflage, § 46 Anm. 7a, Rohs-Wedewer, (2) § 49 II a). M. E. ist hier der Ansicht des Kammergerichts zu folgen, weil durch den Widerruf das ganze Testament einschließlich der Verfügung des anderen Ehegatten aufgehoben wird. Dann beträgt bei einem Geschäftswert von etwa 40000,– DM die Gebühr aus § 46 Abs. 2 KostO 67,50 DM.

Gleiche Kostenberechnungen entstehen

a) beim Rücktritt vom Erbvertrag durch Erklärung gegenüber dem anderen Vertragsteil,
b) bei der Aufhebung des Erbvertrages durch Aufhebungsvertrag und
c) bei der Anfechtung eines Testaments und eines Erbvertrages durch Anfechtungserklärung gegenüber dem anderen Erblasser oder Vertragspartner.

Ist die Anfechtung dem Nachlaßgericht gegenüber zu erklären, z. B. nach dem Tode des Erblassers, dann entsteht nur 1/4 Gebühr aus § 38 Abs. 3 KostO.

Die häufigste Form des Widerrufs, der Aufhebung und dergleichen, ist die Errichtung eines neuen Testaments oder der Abschluß eines neuen Erbvertrages. Hier bestimmt § 46 Abs. 2 KostO, daß eine Gebühr für den Widerruf oder die

Aufhebung nur insoweit erhoben wird, als der Geschäftswert der neuerrichteten Verfügung hinter dem der widerrufenen oder aufgehobenen Verfügung zurückbleibt, z. B.:

19 A. hat ein Testament errichtet, in dem er den B. als Erben eingesetzt hat. Der Wert betrug damals 300000,– DM. Jetzt hebt er dieses Testament auf, weil er von B. enttäuscht wird und setzt nunmehr C. als Erben ein.

Dann ist nur das neuerrichtete Testament zu bewerten. Anders liegt es im folgenden Fall:

A. hat in seinem Testament den B. als Erben eingesetzt. Der reine Nachlaßwert betrug 300000,– DM. Jetzt hebt er dieses Testament auf und bestimmt ohne Erben einzusetzen, daß B. lediglich ein Vermächtnis von 50000,– DM erhalten soll.

Dann sind 5/10 nach 250000,– DM und 10/10 nach 50000,– DM zu berechnen. Denn hier bleibt der Wert des neuen Testaments um 250000,– DM hinter dem Wert des aufgehobenen zurück.

30. KAPITEL

Erbauseinandersetzungsverträge

1 Auseinandersetzungen sind Verträge, durch die sich Gemeinschaften, insbesondere Gesamthandsgemeinschaften über das gemeinschaftliche Vermögen auseinandersetzen, z. B. die einzelnen Gegenstände auf die Mitglieder einer Gemeinschaft anteilmäßig verteilen, eine Liquidation durchführen und den Erlös aufteilen usw. Gegenstand eines solchen Vertrages ist die auseinanderzusetzende Vermögensmasse oder der betreffende Gegenstand (z. B. ein Grundstück). Es gilt das Abzugsverbot des § 18 Abs. 3 KostO, der Geschäftswert entspricht also dem Aktivwert des Gegenstandes ohne Abzug von Verbindlichkeiten. Stehen sich z. B. bei einer Erbauseinandersetzung Aktiven von 300000,– DM und Passiven von 50000,– DM gegenüber, so beträgt der Wert 300000,– DM, obwohl der wirtschaftliche Wert, also der Reinnachlaß, wie er etwa für das Erbscheinsverfahren maßgebend ist, nur 250000,– DM ausmacht. Die Erbauseinandersetzung bedarf grundsätzlich keiner Form, die Beurkundungsform ergibt sich jedoch gegebenenfalls aus § 313 BGB oder § 15 GmbHG. Wird statt der echten Auseinandersetzung eine Erbteilsabtretung vorgenommen, so ergibt sich die Form aus § 2033 BGB.

2 Die häufigste, in der Notariatspraxis vorkommende Auseinandersetzung ist der „Teilerbauseinandersetzungsvertrag“ über ein Grundstück. Das kann in Form einer echten Auseinandersetzung geschehen, unter Umständen aber auch in der

Form von Erbanteilsübertragungen, wobei natürlich nicht übersehen werden darf, daß Miterben nicht über ihre Anteile am Nachlaßgrundstück, sondern nur über Erbanteile verfügen dürfen. (Die Verwechslung ist leider nicht selten.) Diese zweite Form empfiehlt sich, wenn zum Nachlaß nur das Grundstück gehört, sei es von Anfang an, sei es, daß sich die Miterben über den sonstigen Nachlaß bereits formlos auseinandergesetzt haben. Soll nun einer von ihnen das Grundstück erhalten, dann können die weichenden Miterben ihre Anteile schenkungshalber oder gegen Abfindung auf den einen abtreten. Denn dann ist die Erbteilsübertragung billiger und einfacher, weil sie sich nicht auf den ganzen Nachlaß bezieht. Sie ist nicht Auseinandersetzung, sondern Austauschvertrag über den oder die Erbanteile. Dinglich ist hier keine Auflassung, sondern nur eine Grundbuchberichtigung erforderlich. Der Notar wird die Beteiligten auf diese Möglichkeit aufmerksam machen. Sie scheidet aber sofort aus, wenn mehrere Miterben Bruchteilseigentümer werden sollen oder wenn alle Miterben ihre Gesamthandsbeteiligung in Bruchteilseigentum umwandeln wollen, denn in beiden Fällen muß die Gemeinschaft als Gesamthand das Eigentum an die nunmehrigen Bruchteilseigentümer auflassen.

3 Das soll am Beispiel einer dreiköpfigen Erbengemeinschaft erläutert werden.

> A., B. und C. sind Miterben in ungeteilter Erbengemeinschaft, und zwar die Witwe A. Miterbin zu 1/2, die Kinder B. und C. zu je 1/4. Durchzuführen ist die Teilerbauseinandersetzung über ein Grundstück, das nach Angabe der Beteiligten einen Verkehrswert von 100000,– DM hat. Die Kinder wünschen, daß ihre Mutter, die Miterbin zu A., das Grundstück erhalten und jedem der beiden Miterben dafür eine Abfindung von 25000,– DM auszahlen soll.

Stellt das Grundstück nur einen Teil des Nachlasses dar, bzw. hat man sich über den sonstigen Nachlaß noch nicht auseinandergesetzt, dann ist eine reguläre Erbauseinandersetzung durchzuführen. Diese ist obligatorisch durch einen Erbauseinandersetzungsvertrag zu vereinbaren, der gemäß § 313 BGB der Beurkundungsform bedarf. Das ganze in Gesamthandseigentum stehende Grundstück ist sodann von der Erbengemeinschaft an die Miterbin A. aufzulassen. Der Wert beträgt gemäß § 19 Abs. 2 KostO mit Rücksicht auf die Angabe der Beteiligten hier 100000,– DM. Die Gebühr aus § 36 Abs. 2 KostO ergibt 450,– DM nebst Schreibauslagen, Umsatzsteuer usw.

4 Besteht der Nachlaß aber nur (oder nur noch) aus dem Grundstück, dann ist der gleiche Erfolg in der Weise zu erreichen, daß die Kinder B. und C. ihre Erbanteile gemäß § 2341 ff. BGB an die Mutter A. für je 25000,– DM verkaufen und ihr gemäß § 2033 BGB mit dinglicher Wirkung abtreten. Dabei darf nicht übersehen werden, daß § 2033 BGB nur das dingliche Erfüllungsgeschäft der Erbteilsabtretung regelt und daß ein der Form ermangelndes obligatorisches Geschäft (Erbschaftskauf, Erbschaftsschenkung), das der Erbteilsabtretung zugrunde liegt, durch § 2033 BGB nicht geheilt wird. Es ist also immer eine causa anzugeben.

Dieser Vertrag ist wesentlich billiger. Der Geschäftswert beträgt nur 50000,– DM. Danach beträgt die 20/10 Gebühr nur 300,– DM.

5 Auch im Rahmen des Erbauseinandersetzungsvertrages sind Grundstücke nach § 19 Abs. 2 KostO, also grundsätzlich nicht nach dem Einheitswert, zu bewerten. Anhaltspunkte für eine vom Einheitswert abweichende Bewertung ergeben sich hier oft schon aus den vereinbarten Abfindungsbeträgen und dergleichen. In dem oben genannten Beispiel ergibt sich der Wert von 100000,– DM nicht nur aus den Angaben der Beteiligten, sondern auch aus den beiden Abfindungsbeträgen von je 25000,– DM, die die Mutter ihren beiden Kindern zahlt, so daß für das ganze Grundstück 100000,– DM in Betracht kommen. Es kommt aber immer auf die Umstände des Einzelfalles an. Es kann ja sein, daß sich die Kinder der Mutter gegenüber auch im Vertrauen auf ihren späteren Erbteil nach der Mutter mit einer erheblich unter dem Grundstückswert liegenden Abfindung begnügen.

6 Nach § 19 Abs. 2 bestimmt sich der Wert auch, wenn Miterben sich lediglich in der Weise auseinandersetzen, daß sie Gesamthandseigentum in Bruchteilseigentum umwandeln.

Beispiel

A., B. und C. sind Miterben eines Grundstücks in ungeteilter Erbengemeinschaft. Sie setzen sich jetzt in der Weise auseinander, daß A. Bruchteilseigentümerin zu 1/2 und B. und C. je Bruchteilseigentümer zu 1/4 werden.

Auch in diesem Falle ist das ganze Grundstück von der Erbengemeinschaft an die einzelnen Miterben zu den vereinbarten Bruchteilen aufzulassen. Der Einheitswert des Grundstücks beträgt 35000,– DM. Damit darf sich der Notar nicht begnügen. Er hat zunächst die Beteiligten zu fragen, wie hoch der gemeine Wert des Grundstücks ist oder, falls er keine zulängliche Antwort erhält, nach Maßgabe der Ausführungen zu § 19 Abs. 2 KostO im 5. Kapitel, unter Umständen durch Rückfrage beim Gutachterausschuß für Grundstückspreise, den Wert zu ermitteln.

7 Enthält das Testament eine Teilungsanordnung oder Vermächtnisse, so ist unter Umständen ein obligatorischer Erbauseinandersetzungsvertrag nicht mehr notwendig. Die causa liegt dann in dem Vermächtnis oder der Teilungsanordnung. Die Grundstücke sind deshalb nur nach Maßgabe der Teilungsanordnung oder in Erfüllung von Vermächtnissen oder Vorausvermächtnissen aufzulassen. Für die Kosten ist dabei die Form des Testaments maßgebend. Die Auflassung kostet, wenn das Testament *beurkundet* war, nur 5/10 gemäß § 38 Abs. 2 Nr. 6a. Handelt es sich um ein eigenhändiges Testament, dann fehlt die Beurkundung des Grundgeschäfts im Sinne von § 38 Abs. 2 Nr. 6a KostO, so daß die Gebührenermäßigung entfällt. In diesem Falle sind auch für das rein dingliche Geschäft der Auflassung 20/10 zu berechnen.

8 Von der Beurkundung der Erbauseinandersetzung ist die Vermittlung der Auseinandersetzung zu unterscheiden. Nach §§ 118, 116 KostO stehen dem Notar für die Vermittlung einer Auseinandersetzung unter Umständen weitere 20/10 zu. Das Gesetz geht davon aus, daß das Gericht den Notar mit der Vermittlung der Auseinandersetzung beauftragt. Dieser Fall ist aber so selten, daß er hier nicht erörtert werden soll. Hier soll nur die Rede davon sein, daß die Erben den Notar unmittelbar um Vermittlung der Auseinandersetzung ersuchen. Das kommt auch nur selten vor und ist nur dann der Fall, wenn die über den Inhalt der Auseinandersetzung streitenden oder unschlüssigen Miterben den Notar gemeinsam ersuchen, die Auseinandersetzung unter ihnen zu vermitteln. Der Ton liegt auf dem *gemeinsamen* Wunsch der Miterben, die durch Einschaltung eines Notars einen Erbschaftsstreit zu vermeiden suchen.

Nur in diesem Falle darf der Notar für eine gelungene Vermittlung 20/10 und daneben 20/10 für die Beurkundung, im ganzen also 40/10 berechnen.

Viel häufiger ist es so, daß sich ein Miterbe an einen Anwaltsnotar wendet, um seinen Willen den Miterben gegenüber durchzusetzen. Das ist dann zunächst eine Anwaltssache, bei der möglicherweise auch die Gegenseite durch Anwälte vertreten ist. Gelingt es den beteiligten Anwälten, ihre Parteien zu einer Einigung zu veranlassen, so müssen sie darüber nach der BRAGO liquidieren.

Soll nun einer der mehreren an dem Erbstreit als Parteivertreter beteiligten Anwälte den Erbauseinandersetzungsvertrag beurkunden, so ist jeder von ihnen zunächst durch das Mitwirkungsverbot des § 3 Abs. 1 Nr. 5 BeurkG gehindert, weil er in der gleichen Angelegenheit Bevollmächtigter eines Beteiligten war. Er darf erst beurkunden, wenn das Anwaltsmandat vollständig erledigt ist und die Beteiligten trotz Belehrung über seine frühere Stellung als Bevollmächtigter keine Einwendungen erheben. Dann stehen ihm aber als Notar nur die 20/10-Beurkundungsgebühren zu.

31. KAPITEL

Eidesstattliche Versicherungen, Erbscheinsverhandlungen und Testamentsvollstreckerzeugnisverhandlungen

1 Die eidesstattliche Versicherung ist keine rechtsgeschäftliche, sondern eine tatsächliche Erklärung, soll aber gemäß § 38 BeurkG nach den Vorschriften der §§ 8ff. BeurkG in Form der Niederschrift rechtsgeschäftlicher Erklärungen beurkundet werden. Die Beurkundungsgebühr beträgt 10/10 aus § 49 KostO. Der Geschäftswert bestimmt sich in der Regel nach § 30 Abs. 1 oder Abs. 2 KostO.

Beispiel

A. versichert nach entsprechender Belehrung durch den Notar an Eides Statt zwecks Vorlage bei einem Versorgungsamt, daß ihm die Tätigkeit des B. bei einer bestimmten Behörde in den Jahren 1935 bis 1942 bekannt ist.

Geschäftswert gemäß § 30 Abs. 2 KostO: 5000,– DM
Gebühr gemäß § 49 KostO 45,– DM
nebst Schreibauslagen und Umsatzsteuer.

2 § 38 BeurkG schließt nicht aus, daß der Notar die Unterschrift unter einer privatschriftlich verfaßten eidesstattlichen Versicherung beglaubigt. Es ist dem Notar auch nicht schlechthin untersagt, die eidesstattliche Versicherung zu entwerfen und dann darunter eine Unterschrift zu beglaubigen.

Hat aber der Notar die eidesstattliche Versicherung nur entworfen und die Unterschrift des X. beglaubigt anstatt eine Niederschrift aufzunehmen, dann wird die Kostenberechnung kompliziert. § 49 KostO ist dann nicht anwendbar. Denn § 145 KostO, wonach für einen Entwurf die Beurkundungsgebühr berechnet werden darf, gilt nur für die Beurkundung rechtsgeschäftlicher Erklärungen. Für den Entwurf einer tatsächlichen Erklärung sieht die Kostenordnung keine Gebührenbestimmung vor. Deshalb greift die Generalklausel des § 147 Abs. 1 KostO ein. Danach steht dem Notar eine halbe Gebühr zu. Andererseits wird, anders als im Falle des § 145 Abs. 1 KostO, die Beglaubigungsgebühr nicht mitabgegolten, so daß der Notar nunmehr zusätzlich 5/20 aus § 45 Abs. 1 KostO zu berechnen hat. Insgesamt entstehen also 3/4 Gebühren. Die Kostenberechnung sieht danach folgendermaßen aus:

Geschäftswert gemäß § 30 Abs. 2 KostO: 5000,– DM

Gebühr gemäß § 147 Abs. 1 KostO	22,50 DM
Gebühr gemäß § 45 Abs. 1 KostO	11,30 DM
	33,80 DM

nebst etwaigen Schreibauslagen und Umsatzsteuer.

3 Die Erbscheinsverhandlung ist eine Form der eidesstattlichen Versicherung, verbunden mit einem Erbscheinsantrag. Maßgeblicher Inhalt der Erbscheinsverhandlung ist die eidesstattliche Versicherung gemäß § 2356 BGB, die gemäß § 38 BeurkG der Protokollform bedarf. Der nicht formbedürftige aber mitbeurkundete Erbscheinsantrag wird nach ausdrücklicher Bestimmung durch die Gebühr des § 49 KostO mitabgegolten. Der Antrag auf Testamentseröffnung ist gebührenfreies Nebengeschäft im Sinne von § 147 Abs. 2 KostO.

4 Wegen des Geschäftswertes verweist § 49 Abs. 2 KostO auf § 107 KostO. Danach ist der reine Nachlaßwert nach Abzug der Verbindlichkeiten maßgebend. Während es für die Bewertung sonst auf den Tag der Beurkundung ankommt, ist hier der Wert am Tage des Erbfalles zu ermitteln, was insbesondere für die Kursveränderungen von Wertpapieren erheblich ist.

Beispiel

A. beantragt einen Erbschein auf Grund gesetzlicher Erbfolge nach seinem Vater, wonach er und sein Bruder B. Erben je zur Hälfte geworden sind. Er gibt den Wert des reinen Nachlasses mit 40000,– DM an. Die Kostenberechnung lautet dann:

Geschäftswert: 40000,– DM
Gebühren gemäß §§ 32, 49 KostO 135,– DM.

5 Den Geschäftswert hat der Notar zu ermitteln, wenn er sich auch hier weitgehend auf die Angaben des Antragstellers verlassen muß. Jedoch schon mit Rücksicht auf die Erbschaftssteuer wird er den Antragsteller zur Wahrheit anhalten müssen. Bis zur Neufassung des § 19 KostO war für Grundstücke der Einheitswert anzusetzen. Deshalb führt die Tatsache, daß nicht der Aktiv- sondern der Reinnachlaß den Wert bestimmt häufig zu groben Unbilligkeiten. Das ist jetzt anders. Vom Einheitswert ist abzuweichen, wenn Anhaltspunkte für einen höheren Wert gegeben sind. Selbst wenn dem Notar keine anderen Anhaltspunkte für den Wert des Grundstücks als die Belastungen zur Verfügung stehen, so ist der Grundstückswert jetzt mindestens mit der Höhe der Belastungen anzusetzen, so daß sich dann im schlimmsten Falle Grundstückswert und abzuziehende Belastungen aufheben und mit den sonstigen Nachlaßgegenständen noch ein aktiver Nachlaß übrig bleibt. Im übrigen sind auch sonstige Anhaltspunkte für einen noch höheren Wert denkbar, vor allem soll der Notar stets nach dem Verkehrswert des Grundstücks fragen und ggfl. eine Auskunft des Gutachterausschusses einholen, vgl. Kap. 5.

6 Neben den ererbten Schulden sind nun auch die erst mit dem Erbfall entstehenden Nachlaßverbindlichkeiten im engeren Sinne abzuziehen, also Vermächtnisse, Pflichtteile, Auflagen, Beerdigungskosten usw.

7 Betrifft die Erbscheinsverhandlung nur einen Teil des Nachlasses, so ist nur dieser Teil maßgebend. Z. B. sind A. und B. Miterben. Der Antragsteller A. kennt aber den gegenwärtigen Aufenthalt von B. nicht und kann deshalb auch keine Erklärung darüber abgeben, ob B. die Erbschaft angenommen hat. Er beantragt deshalb einen Teilerbschein, wonach er Erbe des Erblassers zu 1/2 geworden ist. Bei einem Gesamtnachlaßwert von 40000,– DM beträgt der Geschäftswert dann 20000,– DM.

Im übrigen ergeben sich hinsichtlich der Kostenberechnung keine Besonderheiten.

8 Der für das Erbscheinsverfahren gemäß §§ 49, 107 KostO ermittelte Wert gilt nicht für die Beschwerdeinstanz.

> A. beantragt z. B. in der Annahme, daß er mit seiner Ehefrau ein sogenanntes Berliner Testament errichtet habe, nach dem der Sohn Erbe des Letztversterbenden sein soll, einen Erbschein als Alleinerbe nach seiner verstorbenen Ehefrau. Das Nachlaßgericht ist der Ansicht, daß es sich nicht um ein Berliner Testament, sondern um die Einsetzung eines Vor- und Nacherben handelt und weist den Erbscheinsantrag zurück. A. geht in die Beschwerde.

In diesem Falle bestimmt sich der Beschwerdewert nicht ohne weiteres nach § 107 KostO, sondern nach dem Interesse des Beschwerdeführers und dem Wert des ihm zugewendeten Teils der Erbschaft (OLG Frankfurt JurBüro 1969, 1291).

9 Geschäftswert eines gegenständlich beschränkten Erbscheins ist das im Inland belegene Vermögen des ausländischen Erblassers.

A. ist Erbe des schwedischen Staatsangehörigen S. S. besaß in Deutschland verschiedene Grundstücke im Werte von 200000,– DM. Sein sonstiges erhebliches Vermögen befindet sich im Ausland.

Auf die unter Umständen schwierigen Fragen des internationalen Erbrechts kann hier nicht eingegangen werden. Wenn A. einen gegenständlich beschränkten Erbschein nach § 2369 BGB beantragt, so ist der Wert der im Inland befindlichen Gegenstände, hier also der Wert der in Deutschland befindlichen Grundstücke, maßgebend. Die Gebühr folgt wieder aus § 49 KostO.

10 Durch das Gesetz vom 20. 12. 1963 (BGBl. IS. 986) ist ein Erbschein mit begrenzter Verwendung geschaffen worden. Um insbesondere die Grundbücher auf dem laufenden zu halten, ist nämlich § 107 KostO erweitert worden. Wird glaubhaft gemacht, daß der Erbschein nur zur Verfügung über Grundstücke oder im Grundbuch eingetragener Rechte oder zum Zwecke der Berichtigung des Grundbuches gebraucht wird, so bestimmt sich der Geschäftswert nur nach dem Wert der betreffenden Grundstücke oder Grundstücksrechte, wobei die Werte mehrerer Grundstücke und Grundstücksrechte zusammengezogen werden. Entsprechendes gilt hinsichtlich eingetragener Schiffe, Schiffsbauwerke oder im Schiffsregister und Schiffsbauregister eingetragener Rechte.

Beispiel

Der Erblasser E. hat ein Vermögen von 2 Millionen DM hinterlassen. Ca. 1 Million DM besteht aus Bargeld, Wertpapieren, Beteiligungen und dergleichen, über die der Erbe ohne Erbschein verfügen kann. Die andere Hälfte des Nachlasses besteht aus zwei Grundstücken im Verkehrswert von 1 Million DM, die jedoch mit 500000,– DM belastet sind.

Wenn der Erbe A. nun einen Erbschein beantragt und glaubhaft macht, daß er ihn nur benötigt, um die Berichtigung der Grundbücher zu beantragen, dann beträgt der Geschäftswert 1 Million DM minus 500000,– DM = 500000,– DM. Danach ist eine Gebühr aus § 49 KostO in Höhe von 825,– DM zu berechnen.

Stellt sich heraus, daß der Erbe von dem Erbschein dann noch zu einem anderen Zwecke Gebrauch gemacht hat, z. B. um an ein Bankdepot heranzukommen, dann ist der Differenzbetrag gemäß § 107a KostO nachzuberechnen. Der Gesamtnachlaß hätte dann einen Wert von 1500000,– DM. Die volle Gebühr hierfür beträgt 2325,– DM. 825,– DM sind bereits gezahlt, so daß der Rest nachzuberechnen ist. Der Anspruch auf Nachzahlung des Differenzbetrages steht sowohl dem Notar als auch dem Nachlaßgericht zu, das den Erbschein erteilt hat.

11 Mehrere Erbscheinsverhandlungen sind selbständige Geschäfte, auch wenn über die eidesstattlichen Versicherungen und die Anträge nur eine Niederschrift aufgenommen wurde.

A. und B. beantragen einen Erbschein nach ihren Eltern, die nacheinander verstorben sind. Zuerst ist der Vater verstorben und von der Mutter M. und den Söhnen A. und B. beerbt worden. Danach ist die Mutter verstorben und von ihren Söhnen A. und B. beerbt worden. A. und B. geben nun die eidesstattliche Versicherung gemäß § 2356 BGB für beide Erbfälle in einer Verhandlung ab.

In diesem Falle war es streitig, ob es sich um eine eidesstattliche Versicherung handelt, für die eine Gebühr aus § 49 KostO nach dem zusammengerechneten Wert der beiden Nachlässe zu berechnen ist oder ob es sich um zwei eidesstattliche Versicherungen handelt, die bloß äußerlich in einer Verhandlung zusammengefaßt sind, so daß für jeden einzelnen Erbfall eine Gebühr aus § 49 KostO nach dem jeweiligen Nachlaßwert anzusetzen ist. Die letztere Auffassung scheint sich nunmehr durchzusetzen, vgl. u. a. OLG Frankfurt DNotZ 1965, 178, LG Bonn DNotZ 1959, 276, OLG Neustadt DNotZ 1960, 411, OLG Hamm JVBl. 1964, 195, vgl. auch Kersten-Bühling-Appell, 16. Auflage, § 124 Muster 944, s. auch Kap. 8, 8 mit weiteren Nachweisen.

12 Ein ähnliches Problem ergibt sich, wenn in einer Verhandlung eine eidesstattliche Versicherung aufgenommen wird, die sich sowohl auf den Erbscheinsantrag als auf den Antrag auf Erteilung eines Testamentsvollstreckerzeugnisses bezieht. Dieser Fall, der m. W. in der Kostenliteratur noch nicht behandelt worden ist, muß ebenso entschieden werden, so daß auch hier zwei getrennte Gebühren wie bei getrennter Beurkundung berechnet werden müssen.

13 Der Geschäftswert der eidesstattlichen Versicherung zwecks Erlangung eines Testamentsvollstreckerzeugnisses bestimmt sich im Gegensatz zur Erbscheinsverhandlung nicht nach dem Reinnachlaß, sondern nach einem Schätzungswert. § 49 Abs. 2 KostO verweist hier auf § 109, und § 109 Abs. 1 Nr. 2 Satz 2 KostO verweist wiederum auf § 30 Abs. 2 KostO. Es ist also vom Regelwert von 5000,– DM auszugehen. Von dem Regelwert kann aber nach den Umständen des Einzelfalles im Rahmen von mindestens 200,– DM bis höchstens 1 000 000,– DM abgewichen werden. Zwar ist § 30 Abs. 1 KostO nicht anwendbar. Wenn eine andere Vorschrift der Kostenordnung auf § 30 Abs. 2 KostO verweist, dann bleibt die Bewertung im Rahmen des Ermessensspielraums dieser Bestimmung, auch wenn Anhaltspunkte für eine Schätzung nach § 30 Abs. 1 KostO gegeben wären. Maßgebende Umstände für ein Abweichen vom Regelwert von 5000,– DM wären etwa die vermutliche Dauer und Schwierigkeit der Testamentsvollstreckung. Auch der Umfang des der Verfügungsmacht des Testamentsvollstreckers unterliegenden Aktivnachlasses spielt eine erhebliche Rolle.

In der Praxis hat sich die nicht ganz korrekte, aber praktische Faustregel bewährt, bei hohen Nachlässen 20% des Reinnachlasses anzusetzen. Diese Regel darf aber nicht dazu führen, sie auch bei durchschnittlichen und geringen Nachlässen anzuwenden. Vielmehr ist dort in jedem Fall ernsthaft zu prüfen, ob Veranlassung besteht, vom Regelwert von 5000,– DM abzuweichen. Mit der Erhöhung des Regelwertes von 3000,– DM auf 5000,– DM dürfte dazu bei zahlreichen Nachlässen keine Veranlassung mehr bestehen, wobei auch zu berücksichtigen ist, daß 5000,– DM keine eigene Wertstufe darstellt und die 5000,– DM innerhalb der Wertstufe von über 4000,– DM bis 6000,– DM liegen.

32. KAPITEL

Handelsregister- und sonstige Registeranmeldungen

1 Die Gebühr für die Beurkundung aller Registeranmeldungen beträgt gemäß § 38 Abs. 2 Nr. 7 KostO die Hälfte der vollen Gebühr (5/10). Die Beurkundung geschieht in der Regel in der Form des Entwurfs mit Unterschriftsbeglaubigung, weil auf diese Weise die erforderlichen Zeichnungen dem Registergericht im Original vorgelegt werden können. Anzuführen sind dann die §§ 145 Abs. 1, 38 Abs. 2 Nr. 7 KostO. § 38 Abs. 2 Nr. 7 KostO betrifft die Anmeldung zum Handelsregister, Anmeldungen zum Genossenschafts-, Vereins-, Schiffs- und Schiffbauregister, zum Kabelbuch und zum Güterrechtsregister. Ferner gehört dazu die besondere Verhandlung über eine Firmenzeichnung, die selbst keine Handelsregisteranmeldung ist und deshalb in § 38 Abs. 2 Nr. 7 KostO ausdrücklich erwähnt werden mußte. Im Gegensatz zur Handelsregisteranmeldung bestimmt sich ihr Wert nicht nach § 26 KostO, sondern nach § 30 KostO. Beim Schiffs- und Schiffsbauregister und beim Kabelbuch ist zu unterscheiden die eigentliche Anmeldung des Schiffs, des Schiffsbauwerks, Hochseekabels, die unter § 38 Abs. 2 Nr. 7 KostO fällt, und die Belastung mit Hypotheken, Pfandrechten, für die die Gebühr aus § 38 Abs. II Nr. 5a und b KostO zu entnehmen ist. So einfach es ist, für alle diese verschiedenen Anmeldungen die 5/10 Gebühr aus § 38 Abs. 2 Nr. 7 KostO zu finden, so schwierig kann es sein, den richtigen Geschäftswert zu ermitteln. Dabei sind die nicht weniger als 10 Absätze des § 26 KostO, ferner §§ 28, 29 und 30 Abs. 1 und 2 KostO zu berücksichtigen.

2 *Der Höchstwert für alle Registeranmeldungen beträgt 1 Million DM.*
Das folgt für das Handelregister aus § 26 Abs. 10 KostO, für andere Register aus § 28 KostO in Verbindung mit § 30 Abs. 2 KostO und für das Güterrechtsregister aus § 29 KostO in Verbindung mit § 30 Abs. 2 KostO. § 29 KostO in Verbindung mit § 30 Abs. 2 KostO gilt auch für *Anmeldungen* auf Grund von Eheverträgen. Nur für die *Eintragung* auf Grund von Eheverträgen gilt § 39 Abs. 3 KostO.

Bei der Anmeldung zum Handelsregister bleibt der Höchstwert auch dann eine Million DM, wenn bestimmte und unter Umständen wesentlich höhere bestimmte Geldbeträge zur Eintragung in das Handelsregister eingetragen werden.

Die Gebühr für die Beurkundung einer Registeranmeldung kann also in keinem Falle mehr als 787,50 DM betragen.

3 Handelsregisteranmeldungen sind rechtsgeschäftliche Erklärungen. Es gilt daher § 44 KostO. Enthält die Anmeldung mehrere selbständige Gegenstände, so sind die Geschäftswerte gemäß § 44 Abs. 2a KostO zusammenzuziehen, gegenstandsgleiche Anmeldungen sind dagegen nur einmal anzusetzen.

Wird z. B. die Erhöhung einer Kommanditeinlage und die Bestellung eines Prokuristen angemeldet, so sind das zwei Gegenstände, deren Werte zu addieren sind; eine Kapitalerhöhung einer GmbH ist dagegen mit der gleichzeitigen Anmeldung der Satzungsänderung gegenstandsgleich, weil das Kapital nur durch satzungsändernden Beschluß erhöht werden kann.

4 Da für die Anmeldung § 44 KostO gilt, ist es konsequent, daß *§ 26 Abs. 5 KostO nur Eintragungen* und *nicht Anmeldungen* betrifft. Es ist ein häufiger Anfängerfehler, § 26 Abs. 5 KostO falsch zu lesen und aus mehreren Anmeldungsgegenständen einen einheitlichen Wert zu bilden, der dann nach billigem Ermessen um nur bis drei Stufen erhöht werden kann. Es kommt aber nach § 44 Abs. 1 und Abs. 2a KostO nur in Betracht, daß mehrere Anmeldungsgegenstände das gleiche oder mehrere Rechtsverhältnisse betreffen und je nachdem die Werte nur einmal anzusetzen oder zu addieren sind.

5 Bei der Feststellung des einzelnen Anmeldungsgegenstandes ist zu unterscheiden, ob die Anmeldung einen bestimmten Geldwert hat oder ob das nicht der Fall ist. Ob ein bestimmter Geldwert vorliegt, ist bei der Handelsregisteranmeldung im Gegensatz zur Feststellung bestimmter Beschlußwerte leicht zu ermitteln.

Eine Handelsregisteranmeldung hat einen bestimmten Geldwert, wenn ein bestimmter Geldbetrag in das Handelsregister einzutragen ist. Eine Ausnahme besteht nur bei der Kommanditgesellschaft, deren Erstanmeldung sich nur dann nach dem Betrag der in das Register einzutragenden Kommanditeinlagen richtet, wenn der nach § 26 Abs. 3 KostO bestimmte Wert nicht höher ist. Darüber unten.

6 Die Bedeutung des § 26 Abs. 1 KostO wird häufig verkannt bei der Erstanmeldung einer Kapitalgesellschaft. Wird z. B. eine GmbH zum Handelsregister angemeldet, so ist das Stammkapital in das Register einzutragen. Die Anmeldung hat also einen bestimmten Geldwert in Höhe des Stammkapitals. Beträgt dieses 20000,– DM, so ist auch der Geschäftswert 20000,– DM und nicht 6000,– DM nach § 26 Abs. 3 KostO. Das Gegenbeispiel wäre die OHG mit einem Betriebskapital von 20000,– DM. Bei ihr beträgt der Geschäftswert, wie unten auszuführen ist, 6000,– DM als dem Stufenwert des § 26 Abs. 3 KostO.

7 Anmeldungen mit bestimmtem Geldwert sind also z. B.

a) Anmeldung einer GmbH mit einem Stammkapital von 100000,– DM = 100000,– DM (aber Anmeldung einer AG mit 2500000,– DM Aktienkapital = 1000000,– DM gemäß § 26 Abs. 10 KostO).

b) Kapitalerhöhung einer GmbH um 300000,– DM = 300000,– DM.

c) Herabsetzung des Kapitals einer GmbH um 200000,– DM = 200000,– DM.

d) Eintritt von 5 Kommanditisten mit je 50000,– DM in eine KG = 5 × 50000,– DM = 250000,– DM (§ 44 Abs. 2a KostO).

8 Wie das Beispiel c) zeigt, hat auch die Löschung eines Kapitalbetrages im Handelsregister einen bestimmten Geldwert. Die Löschung ist eine negative Eintragung mit bestimmtem Geldwert.

Hieran knüpft sich eine besonders wichtige Streitfrage. Wird eine Kapitalgesellschaft im Handelsregister gelöscht, so wird damit zwangsläufig auch das Kapital gelöscht. Daraus schließt die eine Meinung, daß die Löschung der Kapitalgesellschaft eine negative Eintragung eines bestimmten Geldbetrages enthalte und deshalb wie die Eintragung mit dem bestimmten Betrag ihres Stammkapitals oder Aktienkapitals zu bewerten sei. Das ist u. a. die Meinung des OLG Düsseldorf KostRspr. § 26 Nr. 77 und des BayObLG DNotZ 1972, 108. Sie betont den Grundsatz, daß Eintragungen und Löschungen gleichzubehandeln seien.

Die Gegenmeinung, mit besonderem Nachdruck von Ackermann bei Korintenberg-Wenz-Ackermann-Lappe, KostO, 8. Auflage § 26 Anm. IV IId und u. a. Büro 1974, 137/138 vertreten, stellt darauf ab, daß das ganze Unternehmen, das möglicherweise zur wirtschaftlichen Bedeutungslosigkeit herabgesunken sei, im Handelsregister zu löschen, und dies sei eine spätere Anmeldung ohne bestimmten Geldwert, vgl. u. a. OLG Zweibrücken Rpfleger 1973, 73.

Je nachdem, welcher Meinung man sich hier anschließt, ergeben sich erhebliche Wert- und Gebührenunterschiede (die übrigens bezüglich der Gerichtskosten des § 79 KostO noch gravierender sind – Ackermann Büro 1974, 137/138). Soll eine Gesellschaft mit einem Stammkapital von 200000,– DM gelöscht werden, hat sie aber nur noch einen Betriebswert von 20000,– DM, dann stehen sich Werte von 200000,– DM und 3000,– DM und Gebühren von 187,50 und 22,50 DM gegenüber.

Bei wirtschaftlicher Betrachtungsweise verdient die Auffassung von Ackermann, Lappe u. a. den Vorzug. Der Notar wird aber guttun, sich vor Aufstellung der Kostenberechnung zu vergewissern, ob und wie das für ihn zuständige Obergericht entschieden hat.

9 Besonderer Erwähnung bedarf das sogenannte genehmigte Kapital, vgl. Kap. 26, 7e. Der Vorstand einer AG kann schon in der Satzung oder später durch Beschluß der Hauptversammlung ermächtigt werden, Aktien in und bis zu bestimmter Höhe auszugeben. Bei der Anmeldung der AG ist dem Aktienkapital das genehmigte Kapital hinzuzurechnen. Ebenso hat die Anmeldung eines Beschlusses über genehmigtes Kapital bestimmten Geldwert in Höhe dieses Kapitals.

Wenn der Vorstand die Kapitalerhöhung durchgeführt hat, muß er die Durchführung zum Handelsregister anmelden. Diese Anmeldung hat dann aber nur noch unbestimmten Geldwert, ist also nach § 26 Abs. 4 KostO zu bewerten.

Wird die Durchführung zugleich mit der Ermächtigung angemeldet, so ist sie gemäß § 44 Abs. 1 KostO gegenstandsgleich und ist daher nicht besonders zu bewerten.

In jedem Falle ist auch hier darauf zu achten, daß der Höchstwert von 1 Million DM nicht überschritten wird.

10 Der Geschäftswert von Handelsregisteranmeldungen, bei denen kein bestimmter Geldbetrag in das Handelsregister eingetragen wird, richtet sich nach dem Betriebswert, aber nicht unmittelbar nach dem in § 26 Abs. 2 KostO genannten Wert des Betriebsvermögens, sondern nach dem gemäß § 26 Abs. 3 und 4 KostO gebildeten Stufenwert (Ausnahme auch hier gegebenenfalls die Kommanditgesellschaft mit der Sonderregelung des § 26 Abs. 9 KostO).

Wird die Firma eines Einzelkaufmanns angemeldet und beträgt der Wert seines Betriebsvermögens 80000,– DM, so ist das nicht der Geschäftswert. Vielmehr ergibt sich daraus der Stufenwert des § 26 Abs. 3 KostO mit 20000,– DM.

11 Der Wert des Betriebsvermögens ist grundsätzlich der Einheitswert des Betriebsvermögens, der zur Zeit die Fälligkeit der Gebühr bereits festgestellt wird. Mit dieser Fassung des § 26 Abs. 2 KostO durch das Gesetz vom 28. 12. 1968 (BGBl. I S. 1458) hat der Gesetzgeber eine alte Streitfrage entschieden. Steuerrechtlich kann der Betriebseinheitswert mit rückwirkender Kraft fortgeschrieben werden. Das kann zur Folge haben, daß rückwirkend auf den Tag der Beurkundung ein anderer Einheitswert gilt, als am Beurkundungstag festgestellt werden konnte. Man stritt darüber, ob die Fortschreibung des Einheitswertes mit rückwirkender Kraft eine Berichtigung der Kostenberechnung erforderlich machte. Jetzt ist mit den Worten „zur Zeit der Fälligkeit der Gebühr bereits festgestellt" klargestellt, daß allein der am Tage der Beurkundung bekannte letzte Einheitswert maßgebend ist.

12 Den Einheitswert hat der Notar jeweils festzustellen. Erteilen ihm die Beteiligten nicht die dazu erforderliche Auskunft, so ist er gemäß § 26 Abs. 6 KostO berechtigt und m. E. verpflichtet, das Finanzamt um Auskunft zu ersuchen. Das Finanzamt ist ohne Rücksicht auf das Steuergeheimnis zur Auskunft und erforderlichenfalls auch zur Erteilung einer Abschrift des Einheitswertbescheides verpflichtet.

13 Ist ein Einheitswert noch nicht festgestellt, so ist er gemäß § 26 Abs. 6 KostO von dem Notar vorläufig zu schätzen, z. B. eine neue gegründete OHG gibt bei der Anmeldung ihr Geschäftsvermögen mit 35000,– DM an. Dann kann der Einheitswert entsprechend geschätzt und ein Stufenwert von 16000,– DM angenommen werden.

Keinesfalls gilt hier § 28 KostO; diese unten zu erörternde Vorschrift gilt nur, wenn die Feststellung eines Einheitswertes überhaupt nicht in Frage kommt, nicht aber, wenn die Feststellung des Einheitswertes durch das Finanzamt mit Sicherheit zu erwarten ist, aber aus Zeitgründen o. ä. noch aussteht.

14 Mit Hilfe des Finanzamtes läßt sich also der Einheitswert des Betriebsvermögens leicht feststellen. Jedoch ist zu beachten:

a) ein negativer Einheitswert ist nach richtiger Auffassung (KG DNotZ 1963, 613; OLG Düsseldorf DNotZ 1961, 542; OLG Frankfurt DNotZ 1963, 616) ein Wert bis 10000,– DM. Eine spätere Anmeldung mit einem negativen Einheitswert hat also einen Stufenwert von 1500,– DM.

b) Der negative Einheitswert beruht häufig darauf, daß Grundstücke bei der Feststellung des Betriebseinheitswertes mit dem Grundstückseinheitswert angesetzt werden, der dann erheblich unter den Belastungen liegt.

Hier hat die Neufassung von § 26 Abs. 2 KostO nun die Möglichkeit zu einer Wertberichtigung für die Kostenberechnung geschaffen. Es kann nämlich die Differenz zwischen dem Grundstückseinheitswert und dem nach § 19 Abs. 2 KostO n. F. ermittelte Verkehrswert des Grundstücks oder der Grundstücke dem vom Finanzamt festgestellten Betriebseinheitswert hinzugerechnet werden.

Die vom Gesetzgeber gutgemeinte Möglichkeit läßt sich in der Praxis nur schwer verwirklichen. Es sind aufwendige Ermittlungen notwendig, die dann, wenn die Grundstücke sehr hoch belastet sind, den Einsatz kaum lohnen.

c) Wichtiger ist das nun auch in die Kostenordnung eingebaute Schachtelprivileg bei Konzerngesellschaften. Das geht zurück auf die Entscheidung des BayObLG DNotZ 1961, 44, deren Ergebnis der Gesetzgeber übernommen hat. Eine Beteiligung an einer Kapitalgesellschaft, die wegen des sogenannten Schachtelprivilegs beim Einheitswert der Muttergesellschaft steuerrechtlich nicht mitgerechnet worden ist, wird kostenrechtlich dem Einheitswert wieder zugerechnet, i. e. § 26 Abs. 2 S. 4.

d) Nicht übernommen hat der Gesetzgeber die höchst umstrittene Entscheidung des OLG Hamburg (2. Senat) DNotZ 1962, 439. Versicherungsgesellschaften haben niedrige oder negative Einheitswerte, weil die versicherungstechnischen Rücklagen abgesetzt werden. Dabei muß es nach dem eindeutigen Willen des Gesetzgebers auch für das Kostenrecht bleiben. Vergleiche auch OLG Hamburg (3. Senat) DNotZ 1965, 112 und KG DNotZ 1966, 564.

15 Bei der Anmeldung ohne bestimmten Geldwert ist zu unterscheiden zwischen Erstanmeldung und spätere Anmeldung. Das gilt nur für Anmeldungen ohne bestimmten Geldwert. Es wäre ein schwerer Fehler, den bestimmten Wert einer Kapitalerhöhung zu halbieren, weil es sich um eine spätere Anmeldung handelt. Der Wert der Erstanmeldung ist der volle Stufenwert des § 26 Abs. 3 KostO, der Wert der späteren Anmeldung gemäß § 26 Abs. 4 KostO der halbe Stufenwert. Halbiert wird also der Stufenwert und nicht etwa der Betriebswert.

16 Wird eine Prokura angemeldet, so ist zunächst der Betriebswert, z. B. 200000,– DM, festzustellen, danach der Stufenwert des § 26 Abs. 3 KostO = 25000,– DM und sodann der hier maßgebliche halbe Stufenwert mit 12500,– DM.

Die Prokura ist immer eine spätere Anmeldung, auch wenn sie mit einer Erstanmeldung verbunden wird, weil sie begrifflich die eingetragene Firma voraussetzt.

Beispiel

Erstanmeldung der OHG § 26 Abs. 3 KostO	25000,– DM
Anmeldung einer Prokura § 26 Abs. 4 KostO	12500,– DM
zusammen gemäß § 44 Abs. 2 KostO	37500,– DM.

17 Der Begriff der Erstanmeldung wird manchmal verkannt.

Wird eine Firma überhaupt zum ersten Male in das Handelsregister eingetragen, so ist das eindeutig eine Erstanmeldung. Erstanmeldungen sind aber auch möglich, obwohl die Firma bereits im Handelsregister geführt wird. Erstanmeldung im Sinne von § 26 Abs. 3 KostO ist nämlich jede Eintragung eines neuen Rechtssubjekts als Inhaber der Firma, wobei unter Rechtssubjekt auch Gesellschaften und Erbengemeinschaften zu verstehen sind.

Das folgende Beispiel zeigt die Eintragung und Veränderungen einer Firma, die sämtlich als Erstanmeldungen anzusehen sind. Die Firma selbst bleibt unverändert, wobei auf die Kontroverse, wieweit bei der abgeleiteten Firma erläuternde Zusätze über Gesellschaftsverhältnisse u. ä. erforderlich sind, nicht eingegangen, sondern der älteren Rechtsprechung gefolgt wird, die eine unveränderte Weiterführung einer abgeleiteten Firma gestattet.

a) Kaufmann Fritz Krause meldet seine Firma „Fritz Krause, Holzgroßhandlung" erstmalig zum Handelsregister an.

b) Hanna Krause meldet an, daß Fritz Krause verstorben sei und die Firma auf sie als Alleinerbin übergegangen sei.

c) Hanna Krause und Otto Krüger melden an, daß Otto Krüger die Firma „Fritz Krause, Holzgroßhandlung" mit dem Recht der Firmenfortführung erworben hat.

d) Otto Krüger, Hans Schäfer und Horst Bollmann melden an, daß Hans Schäfer und Horst Bollmann in die Firma Fritz Krause, Holzgroßhandlung, als Gesellschafter eingetreten seien; die dadurch entstandene OHG habe ihre Tätigkeit am 1. 10. 1975 begonnen. Neues Rechtssubjekt ist hier die OHG als selbständige Gesamthand. Man muß also unterscheiden zwischen dem Eintritt von Gesellschaftern in die Firma eines Einzelkaufmanns, wodurch die Gesellschaft erst entsteht – diese Anmeldung ist Erstanmeldung –, und dem Eintritt in eine bereits bestehende Gesellschaft, bei der die Gesamthand als Rechtssubjekt bereits besteht. Das ist dann spätere Anmeldung.

e) Die Gesamthand kann wieder in ein Einzelsubjekt zurückverwandelt werden. Die drei Gesellschafter der OHG melden an, daß Otto Krüger und Hans Schäfer ausgeschieden seien und Horst Bollmann die Firma allein fortführe. Hier ist der erste Teil der Anmeldung, die zwei Gegenstände umfaßt, die spätere Anmeldung der Auflösung der OHG. Der zweite Teil ist als Anmeldung eines Einzelkaufmannes als Firmeninhaber wiederum Erstanmeldung.

f) Horst Bollmann und Jürgen Schneider melden an, daß Schneider die Firma „Fritz Krause, Holzgroßhandlung" mit dem Recht der Fortführung der Firma unter Beifügung des Zusatzes „Pächter Jürgen Schneider" gepachtet habe.

Pachtverhältnisse kommen besonders häufig in dem Apothekenrecht vor. Hier ist jeder Wechsel der Inhaberschaft der Apotheke als Erstanmeldung zu behandeln.

Das vorstehende Beispiel e) zeigte, daß eine Erstanmeldung mit einer späteren Anmeldung zusammentreffen kann. Das gleiche gilt für das oben bereits erörterte

Beispiel der Prokura, deren Anmeldung wie gesagt immer eine spätere ist, auch wenn sie mit der Anmeldung der Firma in einer Urkunde verbunden ist.

18 Zu unterscheiden von der Prokura als begrifflich notwendig spätere Anmeldung ist die Anmeldung der Organe der Kapitalgesellschaft. Die Geschäftsführer der GmbH oder die Vorstandsmitglieder der AG müssen notwendig mit der Gesellschaft angemeldet werden. Als notwendiger Bestandteil der Anmeldung einer Kapitalgesellschaft sind sie kostenrechtlich nicht besonders zu beachten. Erst die späteren Veränderungen in der Vertretungsmacht sind als spätere Anmeldungen zu behandeln.

Die Anmeldung einer GmbH, die die Anmeldung von zwei Geschäftsführern und eines Prokuristen enthält, könnte also zu folgender Kostenberechnung führen:

Geschäftswert:

a) § 26 Abs. 1 KostO	20 000,– DM	(Stammkapital)
b) § 26 Abs. 4 KostO	3 000,– DM	(nach geschätzten Einheitswert von 20 000,– DM)
§ 44 Abs. 2a KostO	23 000,– DM	

Gebühr § 38 Abs. 2 Nr. 7 KostO	= 52,50 DM
Umsatzsteuer 5,5%	= 2,89 DM
	55,39 DM.

Der Geschäftswert zu b) bezieht sich dabei nur auf die notwendig spätere Anmeldung der Prokura.

19 Spätere Anmeldungen sind alle zum Handelsregister der bereits eingetragenen Firma erfolgenden Anmeldungen, die die Inhaberschaft der Firma, das Rechtssubjekt der Firma, nicht berühren.

Typische Fälle sind: die Änderung der Firma, die Sitzverlegung, die Bestellung und Abberufung von Prokuristen, die Bestellung und Abberufung von Organen der Kapitalgesellschaften, Vertretungsverhältnisse der Gesellschafter der Personalgesellschaft, die Auflösung der Gesellschaft, die Löschung der Firma, die Änderung der Satzung, Eintritt und Austritt von Gesellschaftern und Personalgesellschaften usw. Die Streitfrage, ob auch die Löschung der Kapitalgesellschaft spätere Anmeldung im Sinne von § 26 Abs. 4 KostO oder negative Eintragung eines bestimmten Geldbetrages (des eingetragenen Kapitals) ist, wurde bereits erörtert, vgl. oben 8.

20 Oben wurde schon ausgeführt, daß beim Zusammentreffen mehrerer Anmeldungen in einer Urkunde nicht etwa § 26 Abs. 5 KostO, sondern § 44 KostO anzuwenden ist. Es bedarf aber jeweils einer Prüfung, ob es sich überhaupt um selbständige Anmeldungsgegenstände handelt und ob diese gegenstandsgleich sind oder verschiedene Rechtsverhältnisse betreffen.

Eine Anmeldung kann verhältnismäßig umfangreich sein. Bei der Erstanmeldung einer OHG sind z. B. die Anmeldung der Firma, die Bezeichnung der persönlich haftenden Gesellschafter, ihres Sitzes, ihres Geschäftsbeginns und etwaige besondere Verhältnisse hinsichtlich der Vertretungsmacht der Gesellschafter notwendige Bestandteile der *einen* Erstanmeldung.

Die gleichzeitig angemeldete Prokura ist ein besonderer Gegenstand. Das gilt auch, wenn in der Erstanmeldung einer Kommanditgesellschaft einem Kommanditisten Prokura erteilt wird.

Wird in einer späteren Anmeldung verlautbart, daß ein weiterer Gesellschafter beigetreten ist, daß der Angestellte H. Prokura erhalten habe und daß die Firma ihren Sitz innerhalb des Registerbezirks verlegt habe, so sind das drei Gegenstände. Der halbe Stufenwert des § 26 Abs. 4 KostO ist also mit 3 zu multiplizieren. Hat etwa die OHG einen steuerlichen Betriebseinheitswert von 280000,– DM, so beträgt der Geschäftswert danach 3 × 15000,– DM = 45000,– DM.

Treffen eine Satzungsänderung, der Eintritt eines Gesellschafters, eine Prokurabestellung, eine Sitzverlegung zusammen so leuchtet ein, daß das verschiedene selbständige Geschäfte sind, für die jeweils ein halber Stufenwert anzusetzen ist.

21 Wie ist das aber dann, wenn mehrere Prokuristen bestellt werden, oder wenn ein Geschäftsführer abberufen und sogleich ein neuer Geschäftsführer bestellt wird? Einig ist man sich darüber, daß im Zusammentreffen von Anmeldungen, die eine Organstellung betreffen, mit solchen, die sich auf eine oder mehrere Prokuristen beziehen, verschiedene Gegenstände liegen. Streitig ist dagegen, ob dann, wenn mehrere Prokuristen bestellt bzw. abgelöst werden oder wenn etwa zwei Geschäftsführer abberufen und zwei neue bestellt werden, ein Gegenstand vorliegt oder mehrere. Es kommt also darauf an, ob jede Beziehung eines Prokuristen oder eines Vertretungsorgans zur Firma ein besonderes Rechtsverhältnis darstellt oder ob mehrere solche Beziehungen ein einheitliches Rechtsverhältnis sein können.

Nach der einen Auffassung steht jedes Vorstandsmitglied, jeder Geschäftsführer, jeder Prokurist zu der Firma in einem besonderen, gerade auf ihn bezogenen Rechtsverhältnis, was zur Folge hat, daß mehrere Gegenstände vorliegen (KWAL 8. Auflage § 26 Fußn. 10; BKB § 26 Anm. 7; OLG Karlsruhe DNotZ 1963, 500; OLG Hamm DNotZ 1971, 750, OLG Frankfurt DNotZ 1967, 332). Die Gegenmeinung hält dieses Ergebnis für wirtschaftlich untragbar und meint, die Wirtschaft habe kein Verständnis, wenn ein wirtschaftlich zusammenhängender Vorgang in so und soviel Einzelakte zerlegt werde. Sie möchte daher § 27 Abs. 2 S. 3 KostO, wonach mehrere Wahlen als *ein* Beschluß gelten, hier entsprechend anwenden (Rohs-Wedewer (2) § 44 III c b 1 und OLG Celle DNotZ 1967, 333). Dem Analogieschluß aus § 27 Abs. 2 S. 3 KostO steht aber mit gleichem logischen Gewicht das argumentum e contrario gegenüber. Was der Gesetzgeber in § 27 KostO ausdrücklich angeordnet hat, hat er in § 26 KostO bewußt unterlassen. Letztenendes beruht die zweite Meinung auf wirtschaftlichen Erwägungen, auf die es im Kostenrecht nicht unbedingt ankommt.

Die Stufenwerte des § 26 Abs. 3 KostO sind auch im Verhältnis zum Betriebswert so niedrig gehalten, daß beim Zusammentreffen mehrerer halber Stufenwerte kaum Unbilligkeiten entstehen können. Bei sehr großen Unternehmen – von 24500000,– DM Betriebswert an – sorgt dann schon der Höchstwert des § 26 Abs. 10 KostO dafür, daß die Bäume des Notars nicht in den Himmel wachsen, vgl. auch Höfer-Huhn, Allgemeines Urkundenrecht, § 65 S. 350.

22 Die Anmeldung einer Satzungsänderung ist in sich nur ein Gegenstand, auch wenn mehrere Beschlüsse gefaßt werden, durch die jeweils ein Teil, Abschnitt oder Paragraph der Satzung geändert wird. Anderer Ansicht ist anscheinend OLG Karlsruhe DNotZ 1963, 500. Die mehreren Beschlüsse können zusammen aber keinen höheren Wert haben, als wenn durch einen Beschluß die Satzung im ganzen neu gefaßt wird, was nach einhelliger Meinung ein Beschluß und Anmeldungsgegenstand ohne bestimmten Geldwert ist (KWAL (8) § 47 Fußn. 6a und Ackermann Rpfleger 1966, 241, JVBl. 1965, 194).

23 Durch die Neufassung des § 26 Abs. 9 KostO sind zahlreiche Streitfragen im Zusammenhang mit der Anmeldung und Eintragung der Kommanditgesellschaft entschieden worden. Besondere Regelungen für die Kommanditgesellschaft sind wegen der Mischform dieser Gesellschaft erforderlich. Sie ist eine Personalgesellschaft mit kapitalistischem Einschlag. Das Gesellschaftskapital der ganzen Gesellschaft wird, wie bei der OHG nicht eingetragen. Insoweit knüpft § 26 Abs. 9 KostO an Abs. 3 an. Wohl aber werden die Haftsummen der Kommanditisten in das Register eingetragen. Das kann nicht ohne Einfluß auf den Geschäftswert der Anmeldung bleiben.

Durch die Neufassung ist klargestellt, daß der Abs. 9 nicht nur für Anmeldungen, sondern auch für Eintragungen gilt.

24 Wird eine Kommanditgesellschaft neu angemeldet, so ist zunächst der Wert nach § 26 Abs. 3 KostO festzustellen. Dieser Wert ist mit der oder den Kommanditeinlagen zu vergleichen. Der höhere Wert bestimmt den Geschäftswert.

Hat eine neue Kommanditgesellschaft ein Anfangskapital von 60000,– DM, dem ein geschätzter Einheitswert in dieser Höhe entspricht, so ergibt sich gemäß § 26 Abs. 3 KostO ein Stufenwert von 20000,– DM. Bringt der Komplementär 40000,– DM und der Kommanditist 20000,– DM ein, dann bleibt es bei 20000,– DM. Der Wert nach Abs. 3 und die Kommanditeinlage sind gleich. Der gleiche Wert von 20000,– DM ist maßgebend, wenn der Kommanditist nur 10000,– DM einbringt. Bringt dagegen der Komplementär nur 20000,– DM ein, der oder die Kommanditisten aber 40000,– DM, dann bestimmt sich der Geschäftswert nach dem Betrag der Kommanditeinlagen, also 40000,– DM.

25 Eindeutig bestimmten Geldwert haben nun – was früher sehr umstritten war – alle Anmeldungen, welche die Kommanditeinlagen als solche betreffen.

Das gilt zunächst für jede Erhöhung oder Herabsetzung (Löschung) der Kommanditeinlage. Erhöht der Kommanditist K. seine Einlage um 50000,– DM, so ist dieser Wert auch Geschäftswert für die Anmeldung.

26 Tritt ein Kommanditist neu ein, so ist die neue Kommanditeinlage der Geschäftswert. Ebenso ist der Betrag der Kommanditeinlage maßgebend, wenn ein Kommanditist ausscheidet. Diese beiden Möglichkeiten gelten aber nur, wenn der Eintritt eines Kommanditisten und das Ausscheiden eines anderen *unabhängig* voneinander erfolgen.

Besteht ein Zusammenhang, erwirbt z. B. X. den Gesellschaftsanteil des Y., dann ist der *einmalige* Wert des seinen Inhaber wechselnden Anteils maßgebend. Dabei ist es gleich, ob die Rechtsnachfolge auf Rechtsgeschäft beruht oder ob es sich um eine Universalrechtsnachfolge handelt, also um einen Erbfall oder um eine Universalrechtsnachfolge nach dem Umwandlungsgesetz.

Wandelt ein Komplementär seine Einlage in die eines Kommanditisten um oder wird umgekehrt ein bisheriger Kommanditist Komplementär, so ist der bestimmte einmalige Geldbetrag der im Register einzutragenden oder im anderen Falle zu löschenden Kommanditeinlage maßgebend. In diesem Falle tritt der Gesellschafter nicht in einer Eigenschaft aus und in anderer wieder ein, wie es häufig im Sprachgebrauch der Registergerichte heißt, sondern der Gesellschafter bleibt Gesellschafter und ändert nur die Art seiner Beteiligung. Der Sachverhalt wird daher zutreffend als Beteiligungsumwandlung bezeichnet.

27 Alle sonstigen Anmeldungen, wie sie auch bei der OHG vorkommen können, sind solche ohne bestimmten Geldwert. Das gilt selbstverständlich auch, wenn ein Kommanditist zum Prokuristen bestellt wird.

28 Eine besondere Regelung ist in § 26 Abs. 8 KostO für die Zweigniederlassung getroffen. Das da die Zweigniederlassung meist geringeres Kapital und geringere Bedeutung hat als die Hauptniederlassung, ermöglicht es § 26 Abs. 8 KostO, den Geschäftswert unter Berücksichtigung dieser Umstände niedriger festzusetzen. Man darf nur nicht den Fehler machen, sofort bei der Zweigniederlassung zu beginnen.

Vielmehr ist festzustellen, welchen Wert die entsprechende Anmeldung bei der Hauptniederlassung hätte. Da die erste Anmeldung der Zweigniederlassung einer ersten Anmeldung im Register der Hauptniederlassung entspricht, ist zunächst der Wert nach § 26 Abs. 3 KostO oder bei der Kapitalgesellschaft gemäß § 26 Abs. 1 KostO nach dem einzutragenden Kapital zu bestimmen.

So ist etwa bei einer OHG mit einem Betriebswert von 200000,– DM von einem Wert gemäß § 26 Abs. 3 KostO von 25000,– DM auszugehen. Handelt es sich um die Zweigniederlassung einer GmbH mit einem Stammkapital von 50000,– DM, so ist von einem Wert von 50000,– DM auszugehen. Diese Werte stellen zugleich die obere Grenze dar, auch wenn ausnahmsweise Kapital und Bedeutung der Zweigniederlassung höher sind als bei der Hauptniederlassung.

Die so gefundenen Werte sind nun nach Kapital und Bedeutung der Zweigniederlassung herabzusetzen. Wie das im einzelnen zu geschehen hat, ist eine reine Ermessenentscheidung, zu der hier keine weiteren Hinweise gegeben werden können, vgl. aber Kersten-Bühling-Appell – Formularbuch (16) Muster 972, 973, 1175 und 1178. Entsprechend ist bei späteren Anmeldungen zu verfahren.

29 Die Zweigniederlassung einer ausländischen Firma ist wie eine Hauptniederlassung zu behandeln.

30 Vereinzelt gibt es noch Firmen mit zwei Hauptsitzen (z. B. Berlin und Stuttgart). Der zweite Hauptsitz ist keine Zweigniederlassung. Alle Anmeldungen und Eintragungen sind bei beiden Registergerichten vorzunehmen mit allen kostenrechtlichen Konsequenzen.

31 Wenn eine Änderung zwar angemeldet werden muß, für das Unternehmen aber keine wirtschaftliche Bedeutung hat, beträgt der Geschäftswert gemäß § 26 Abs. 7 KostO nur ein Zehntel des in Absatz 3 bestimmten Wertes, höchstens jedoch 3000,– DM. Dabei ist aber zu berücksichtigen, daß die 5/10-Mindestgebühr bis zum Geschäftswert von 1000,– DM 10,– DM beträgt. § 26 Abs. 7 KostO ist eng auszulegen. Fälle, in denen die Anmeldung und Eintragung für das Unternehmen überhaupt keine wirtschaftliche Bedeutung hat, sind schwer vorstellbar. Darunter fällt z. B. *nicht* die Anmeldung des Erlöschens einer Prokura, nachdem der Prokurist verstorben ist, a. A. LG Hildesheim Rpfleger 1959, 196 und KWAL (8) § 26 Fußnote 15.

Das Gesetz nennt als Beispiel die Änderung einer Firma, weil sich der Ortsname geändert hat. Im übrigen kommen nur rein formale Änderungen in Betracht.

Ob die Änderung der Firma wegen Heirat der Inhaberin dazu gehört, ist schon zweifelhaft. In Betracht kommen u. a. rein formal-technische Satzungsänderungen, die Verlegung des Geschäftsjahres. Es gibt bereits eine umfangreiche Kasuistik, deretwegen auf die Kommentare zu verweisen ist (z. B. Rohs-Wedewer (2) § 26V mit Fußnoten 41e bis 43). Im übrigen ist die Feststellung, ob eine Anmeldung keinen wirtschaftlichen Wert hat, eine Ermessenentscheidung, die jeweils nach den besonderen Umständen des Einzelfalles zu treffen ist.

32 Die Zeichnung der Unterschriften oder die Firmenzeichnung sind meist unselbständiger Bestandteil der Anmeldung und dann kostenrechtlich irrelevant. Eine halbe Gebühr aus § 38 Abs. 2 Nr. 7 KostO wird aber erhoben für die Aufnahme einer besonderen Verhandlung über die Zeichnung einer Firma oder Unterschrift. Dabei ist das Wort „Verhandlung" nicht im Sinne des Beurkundungsgesetzes zu verstehen. Eine Verhandlung in Form der Niederschrift hätte keinen Sinn, weil dann die Unterschriften und Zeichnungen dem Registergericht nicht im Original eingereicht werden könnten. Gemeint ist aber ein Entwurf mit Unterschriftsbeglaubigung, der im Original ausgehändigt wird. Es liegt hier beurkundungsrechtlich ein Sonderfall vor, der sich – auch mit Rücksicht auf § 145 Abs. 1 KostO – nicht zufriedenstellend einordnen läßt. Jedenfalls beträgt die Gebühr 5/10 aus § 38 Abs. 2 Nr. 7 KostO, wenn der Notar die besondere Zeichnungserklärung entworfen hat. Wenn er nur die vor ihm vollzogenen Zeichnungen beglaubigt, kommt nur die 5/20 Gebühr des § 45 KostO in Betracht.

Wesentlich ist nun, daß die Zeichnung der Unterschrift keine Handelsregisteranmeldung ist. Der Wert folgt daher nicht aus § 26 KostO, sondern aus § 30 Abs. 2 KostO. Man hat gestritten, ob § 30 Abs. 1 KostO oder § 30 Abs. 2 KostO anzuwenden sei. M. E. folgt schon aus dem System – §§ 28 und 29 KostO verweisen ausdrücklich auf § 30 Abs. 2 KostO –, daß nur der zweite Absatz in Betracht kommt. Es könnte sonst bei einer sehr großen Firma der Fall eintreten, daß Zeichnungen von mehreren Prokuristen insgesamt höher zu bewerten sein könnten als eine Handelsregisteranmeldung, z. B. wenn eine Firma über ein Kapital von mehreren Hundert Millionen DM verfügt. Wendet man richtig § 30 Abs. 2 KostO an, so ist vom Regelwert von 5000,– DM auszugehen. Je nach den Umständen des Falles, Umfang und Bedeutung der Vertretungsmacht, u. a. auch Kapital und Einheitswert des Unternehmens kann dann vom Regelwert nach unten bis 200,– DM und nach oben bis 1 Million DM abgewichen werden.

33 Die besondere Verhandlung über die Zeichnung ist zu empfehlen, wenn eine Handelsregisteranmeldung mehrfach einzureichen ist, z. B. zum Gericht der Hauptniederlassung und zum Gericht der Zweigniederlassung. Dann fertigt man für das Gericht der Hauptniederlassung einen Entwurf mit Unterschriftsbeglaubigung an. Für das Gericht der Zweigniederlassung genügt dann eine beglaubigte Abschrift verbunden mit einer besonderen Verhandlung über die Zeichnung. Dagegen halte ich es für zweifelhaft, ob für das Gericht der Zweigniederlassung eine beglaubigte Fotokopie genügt, auf der die Schriftzüge der Zeichnungen erkennbar sind. Wie hier Kersten-Bühling-Appell Formularbuch, 16. Auflage, § 129, 2b Seite 1036.

33. KAPITEL

Gesellschaftsbeschlüsse

1 Gesellschaftsbeschlüsse und Beschlüsse von Organen einer Gesellschaft sind nicht rechtsgeschäftliche Erklärungen, sondern Gemeinschafts- oder Sozialakte. Beurkundet werden nicht Erklärungen, sondern gemäß §§ 36ff. BeurkG oder § 130 AktG die Tatsache der Beschlußfassung.

2 Die Gebühr für die Protokollierung des oder der Beschlüsse folgt aus § 47 KostO und beträgt 20/10. Der Geschäftswert ist entweder ein bestimmter Geldbetrag oder gemäß § 27 KostO der halbe Stufenwert des § 26 Abs. 3 KostO.

3 Die Höchstgebühr des § 47 KostO beträgt 10000,– DM. Einen Höchstwert von 1000000,– DM haben gemäß § 27 Abs. 1 die Beschlüsse ohne bestimmten Wert, auch wenn in der Verhandlung mehrere Beschlüsse gefaßt werden. Für Beschlüsse mit bestimmten Geldwert gibt es keinen Höchstwert. Wegen der Höchstgebühr von 10000,– DM liegt die Wertgrenze aber praktisch etwa bei einem Wert von 3290000,– DM.

4 § 47 KostO setzt voraus, daß es sich um Beschlüsse satzungsmäßiger Organe handelt. Es muß sich dabei nicht unbedingt um das Organ einer juristischen Person handeln. Auch Personalgesellschaften können z. B. die Gesellschafterversammlung als satzungsgemäßes Beschlußorgan bestimmen. Das ist aber in der Regel nur bei den großen der Kapitalgesellschaft angenäherten Gesellschaften der Fall. So sind heute Gesellschafterversammlungen der vielen GmbH & Co. KG häufig und üblich. Hier ist § 47 KostO anwendbar. Eine gewöhnliche OHG kann aber z. B. ihre Satzung nicht durch „Beschluß" ändern. Ein „Beschluß" ist in eine rechtsgeschäftliche Erklärung umzudeuten, vgl. u. a. KG DNotZ 1939, 681, OLG München DNotZ 1940, 31 und KG DNotZ 1938, 756.

Der Beschluß muß protokolliert sein. Hat der Notar keine Niederschrift gefertigt, sondern die Fassung der Beschlüsse entworfen und darunter die Unterschriften der Gesellschafter beglaubigt, dann steht ihm keine Entwurfsgebühr aus § 145 Abs. 1, § 47 KostO zu. § 145 Abs. 1 KostO gilt nur für den Entwurf rechtsgeschäftlicher Erklärungen, was Beschlüsse eben nicht sind. Da es für den Entwurf von Beschlüssen an einer Gebührenbestimmung fehlt, greift die Generalklausel des § 147 KostO ein. Der Notar erhält also eine halbe Gebühr aus § 147 KostO, daneben eine Viertelgebühr aus § 45 KostO, da die Unterschriftsbeglaubigung nur im Rahmen des hier nicht anwendbaren § 145 Abs. 1 KostO durch die Beurkundungsgebühr abgegolten wird.

5 Werden zu einer Niederschrift mehrere Beschlüsse gefaßt, so gilt § 44 KostO entsprechend. Da auf Tatsachenbeurkundungen § 44 KostO nicht anwendbar ist, bedurfte es einer besonderen Bestimmung in § 27 Abs. 2 KostO, durch die die entsprechende Anwendung angeordnet wird, und zwar auch für den Fall, daß Beschlüsse mit und ohne bestimmten Geldwert zusammentreffen. So betreffen z. B. die Beschlüsse über eine Kapitalerhöhung und die entsprechende Satzungsänderung das gleiche Rechtsverhältnis. Nach ausdrücklicher, über § 44 KostO hinausgehender Bestimmung in § 27 Abs. 2 S. 3 KostO gelten mehrere Wahlen oder Wahlen zusammen mit Beschlüssen über Entlastung von Verwaltungsträgern als ein Beschluß. Bei der Anmeldung sind das nach richtiger Ansicht (vgl. zur Streitfrage Kapitel 32, 21) selbständige Gegenstände.

Als Wahlen und Entlastungen kann also ein ganze Reihe von Beschlüssen zusammentreffen, ohne daß dafür mehr als einmal der halbe Stufenwert angesetzt werden könnte. Streitig war, ob auch die Abwahl eine Wahl im Sinne von § 27 Abs. 2 Satz 3 KostO ist. Allein aus der Tatsache, daß ausscheidenden Organen (Geschäftsführern, Prokuristen usw.) Entlastung erteilt zu werden pflegt und Entlastungsbeschlüsse dann mit der Abwahl gegenstandsgleich wären, zugleich aber mit Wahlen als nur *ein* Beschluß zu behandeln sind, schließt die herrschende Lehre mit Recht, daß auch die Abwahl darunter fällt. Anderer Ansicht war Bühling in Beushausen-Küntzel-Kersten-Bühling, KostO, 5. Auflage, § 27 Anm. 7d, Seite 238. Aus Kersten-Bühling-Appell, 16. Auflage, Muster 1100 Seite 1800 kann man aber wohl folgern, daß sich auch Bühling der herrschenden Meinung angeschlossen hat. Wird z. B. beschlossen

a) den Geschäftsführer A. zu entlassen,
b) dem A. Entlastung zu erteilen,
c) den B. zum neuen Geschäftsführer zu bestellen
und
d) dem P. Prokura zu erteilen,

so gilt das alles nur als ein Beschluß ohne bestimmten Geldwert.

6 § 44 KostO gilt für rechtsgeschäftliche Erklärungen unmittelbar und gemäß § 27 Abs. 2 KostO für Beschlüsse entsprechend, ist aber nicht anzuwenden, wenn und soweit rechtsgeschäftliche Erklärungen und Beschlüsse in einer Niederschrift zusammentreffen. Die beiden in der Praxis am häufigsten vorkommenden Fälle sind

a) der Kapitalerhöhungsbeschluß mit der Übernahmeerklärung,
b) der Vertrag über die Abtretung von Geschäftsanteilen mit anschließender Gesellschafterversammlung.

Hierzu ist das Erforderliche bereits in Kapitel 8, 9 ausgeführt.

7 Beschlüsse haben entweder einen bestimmten Geldwert oder sind ohne bestimmten Wert.

Der bestimmte Geldwert ist nicht so leicht zu definieren wie in § 26 Abs. 1 KostO, wo es nur darauf ankommt, ob ein bestimmter Geldbetrag im Handelsregister eingetragen oder gelöscht wird. Aber auch Beschlüsse haben bestimmten Geldwert, wenn sie auf Veränderungen des Kapitals und entsprechende Eintragung im Register gerichtet sind. Bestimmten Geldwert haben also alle Beschlüsse über Kapitalerhöhung und über die Herabsetzung von Kapital.

Darüber hinaus haben bestimmten Geldwert alle Beschlüsse, die über bestimmte Geldbeträge verfügen oder die sich auf ein Rechtsgeschäft beziehen, das nach §§ 18ff. KostO einen bestimmten Wert hatte.

Ein Grenzfall ist die Aufsichtsratsvergütung. Beschließt die Hauptversammlung, dem Aufsichtsrat für das vergangene Geschäftsjahr eine Vergütung von 3000,– DM zu zahlen, so ist das ein Beschluß im Wert von 3000,– DM. Es wird über 3000,– DM verfügt. Beschließt die Versammlung dagegen grundsätzlich, die jährliche Vergütung der Aufsichtsratsmitglieder pro Kopf um 1000,– DM zu erhöhen, so ist das ein satzungsändernder Beschluß ohne bestimmten Wert.

Bestimmten Geldwert haben alle Gewinnverwendungsbeschlüsse. Hat die Y-AG einen Gewinn von 341000,– DM erzielt und beschließt sie, davon 300000,– DM auszuschütten und 41000,– DM den freien Rücklagen zuzuführen, so hat dieser Beschluß einen Wert von 341000,– DM.

Auch ein Verlust kann zu einem Beschluß mit bestimmtem Geldwert führen, wenn z. B. die Gesellschafterversammlung einer GmbH beschließt, ihren Verlust von 35000,– DM auf neue Rechnung vorzutragen. Das ist dann ein Beschluß mit dem bestimmten Wert von 35000,– DM.

8 Bilanzgenehmigungsbeschlüsse sind grundsätzlich Beschlüsse ohne bestimmten Geldwert. Seit dem Aktiengesetz vom 6. 9. 1965 (BGBl. I 1089) werden die vom Vorstand und Aufsichtsrat geprüften Jahresabschlüsse und Bilanzen der Versammlung meist nur zur Kenntnis gebracht. Die Versammlung beschließt nichts. Kostenrechtlich ist der Vorgang dann nicht relevant.

Wird aber doch ein Genehmigungsbeschluß gefaßt, so handelt es sich, wie gesagt, um einen Beschluß unbestimmten Wertes. Dabei ist zu merken, daß für jedes Jahr ein besonderer Beschluß gefaßt wird. Auch wenn ein Beschluß lautet

„Die Jahresabschlüsse für 1973, 1974 und 1975 werden genehmigt", die drei Jahre also in einem Beschluß zusammengefaßt werden, liegen kostenrechtlich drei Beschlüsse vor.

9 Ausnahmsweise kann die Bilanzgenehmigung bestimmten Geldwert haben, nämlich wenn und soweit sie eine versteckte Gewinnbeteiligung enthält. Das ist z. B. der Fall, wenn schon nach der Bilanz bestimmte Beträge gesetzlich nicht vorgesehenen Rücklagen zugeführt werden, somit praktisch in dieser Höhe über den Gewinn verfügt wird.

Es gibt aber umgekehrt keinen versteckten Verlustverwendungsbeschluß.

10 Beschlüsse mit bestimmtem Geldwert ergeben sich bei der Umwandlung nach dem Umwandlungsgesetz. Nach dem Umwandlungsgesetz können Kapitalgesellschaften sich in Personalgesellschaften umwandeln und umgekehrt. Die Umwandlung ist auch für die Firma eines Einzelkaufmannes möglich und der Einzelkaufmann kann sein Geschäftsvermögen in eine Aktiengesellschaft umwandeln. Die Umwandlung erfolgt durch beurkundeten Beschluß. Der Einzelkaufmann gibt eine beurkundete Erklärung ab. Inhalt des Umwandlungsbeschlusses ist jeweils eine Vermögensübertragung. Das Vermögen einer GmbH wird z. B. auf eine zugleich errichtete OHG oder auf den Alleingesellschafter übertragen. Der Wert des Beschlusses entspricht dem Vermögen, wie aus der Umwandlungsbilanz ersichtlich ist. Da hier das Abzugsverbot des § 18 Abs. 3 KostO gilt, ist der Aktivwert der Bilanz maßgebend. Abzusetzen sind allenfalls auf der Passivseite stehende Wertberichtigungsposten, die keine Verbindlichkeiten sind.

Für alle Beschlüsse gilt § 47 KostO, für die Erklärung des Einzelkaufmanns jedoch § 36 Abs. 1 KostO. Während für die Beschlüsse die Höchstgebühr des § 47 KostO von 10000,– DM in Betracht kommt, ist die Erklärung des Einzelkaufmanns nur wertmäßig begrenzt durch den Höchstwert einer Satzung nach § 39 Abs.4 KostO. Das sind 10000000,– DM, vgl. Kap. 26, 12.

11 Nicht verwechselt werden darf die vorstehend behandelte übertragende Umwandlung des Umwandlungsgesetzes mit den formwandelnden Umwandlungen nach § 362f. AktG. Nach diesen Vorschriften kann sich z. B. die Aktiengesellschaft in eine GmbH und umgekehrt eine GmbH in eine AG umwandeln. Dabei bleibt die Kapitalgesellschaft als solche identisch. Nur die Art der Beteiligung ändert sich. Es wird kein Vermögen übertragen. Der Beschluß hat daher keinen bestimmten Geldwert.

Mehr kann in dieser Einführung zu dem schwierigen Gebiet des Umwandlungsrechts nicht gesagt werden.

12 Zu erwähnen ist aus dem Aktienrecht noch die Verschmelzung nach §§ 339ff. und die Vermögensübertragung nach §§ 359ff. AktG. Jeder der nach diesen Vorschriften erforderliche Vermögensübertragungsbeschluß hat bestimmten Geldwert in Höhe des übertragenen Aktivvermögens.

13 Als weitere Beispiele für Beschlüsse mit bestimmtem Geldwert seien angeführt:

Die Zustimmung zum Abschluß eines Grundstückskaufvertrages hat bestimmten Wert in Höhe des Kaufpreises.

Die Zustimmung der Gesellschaft zur Abtretung von Geschäftsanteilen hat bestimmten Wert in Höhe des wirtschaftlichen Wertes der Anteile (meist aus der Gegenleistung ersichtlich).

Die Zustimmung der Hauptversammlung zum Abschluß des Verschmelzungsvertrages nach § 340 AktG hat einen bestimmten Wert nach dem Wert dieses Vertrages.

Keinen bestimmten Wert haben aber Beschlüsse, durch die *ohne Änderung der Kapitalhöhe* die Anteile neu verteilt werden, z. B. Zusammenlegung von Aktien, Teilung von GmbH-Anteilen u. a.

14 Der Geschäftswert der Beschlüsse ohne bestimmten Geldwert entspricht gemäß § 27 Abs. 1 KostO dem halben Stufenwert des § 26 Abs. 3 KostO. Der Notar muß also auch hier vor der Aufstellung der Kostenberechnung den Betriebswert der Gesellschaft feststellen. Wegen des Höchstwertes s. o. 3, wegen der Anwendung des § 44 KostO s. o. 5. Unter 5 ist auch das Zusammentreffen von Wahlen und Entlastungsbeschlüssen erörtert.

15 Beispiele für Beschlüsse ohne bestimmten Geldwert:

Genehmigung der Bilanz, Wahl eines Organs, Abberufung von Organen, Änderung der Satzungen (soweit nicht gegenstandsgleich mit Kapitalveränderungsbeschlüssen), Sitzverlegung, Änderung der Fa. usw.

16 Das Gesagte soll nun an Hand einiger Beispiele durchgeführt werden:

a) Die H-GmbH, die ein Betriebsvermögen von 250000,– DM und ein Stammkapital von 50000,– DM hat, beschließt
die Erhöhung des Stammkapitals um 50000,– DM,
die entsprechende Änderung der Satzung,
die Abberufung des Geschäftsführers G.,
die Entlastung von G.,
die Wahl des neuen Geschäftsführers N.

Zur gleichen Niederschrift, die deshalb vorgelesen, genehmigt und unterschrieben werden muß, erklärt M., daß er die 50000,– DM übernehme.

Hier entstehen Gebühren aus § 47 KostO und § 36 Abs. 1 KostO nebeneinander.

Zu bewerten sind ein Beschluß mit dem bestimmten Wert von 50000,– DM und ein Beschluß ohne bestimmten Wert, für den gemäß §§ 27, 26 Abs. 3 KostO der halbe Stufenwert von 15 000,– DM anzusetzen ist.

Der Satzungsänderungsbeschluß ist mit dem Kapitalerhöhungsbeschluß gegenstandsgleich.

Die Abberufung des G., seine Entlastung und die Wahl des N. sind nach § 27 Abs. 2 Nr. 3 KostO ein Beschluß.

Der Geschäftswert beträgt also 50000,– DM + 15000,– DM = 65000,– DM. Danach sind aus § 47 KostO 20/10 = 360,– DM zu berechnen. Für die rechtsgeschäftliche Übernahmeerklärung entsteht daneben eine volle Gebühr aus § 36 Abs. 1 KostO nach dem übernommenen Kapital, also eine Gebühr von 150,– DM.

Die beiden Gebühren aus § 47 KostO und § 36 Abs. 1 KostO stehen unabhängig nebeneinander.

b) Eine AG hat ein Betriebsvermögen von 800000,– DM. Der halbe Stufenwert beträgt danach 27500,– DM.
Die Hauptversammlung genehmigt die Bilanzen für 1974 und 1975.
Sie erteilt dem Vorstand und dem Aufsichtsrat Entlastung.
Sie wählt einen neuen Abschlußprüfer.
Schließlich beschließt sie, die Aufsichtsratsvergütung pro Kopf und Jahr um 1000,– DM zu erhöhen.

Das sind alles, auch der Beschluß hinsichtlich der Aufsichtsratsvergütung (s. v. Rdz. 7), Beschlüsse ohne bestimmten Geldwert. Die Bilanzgenehmigungen betreffen zwei Jahre. Das sind also zwei Beschlüsse. Entlastungsbeschluß und Wahl des Abschlußprüfers sind als ein Beschluß zu behandeln. Hinzu kommt der Beschluß über die Aufsichtsratsvergütung. Das ergibt 4 Beschlüsse, also viermal den halben Stufenwert von 15000,– DM = 60000,– DM.

Ändert man das Beispiel dahin ab, daß außerdem über den Gewinn von 230000,– DM beschlossen wird (z. B. 30000,– DM zur Deckung des Verlustes des Vorjahres, 100000,– DM Ausschüttung und 100000,– DM freie Rücklagen), so ergibt sich ein Geschäftswert von 60000,– DM + 230000,– DM = 290000,– DM. Danach beträgt die 20/10 Gebühr aus § 47 KostO 1020,– DM.

c) Eine große Aktiengesellschaft beschließt, ihr Kapital um 5 Millionen DM zu erhöhen. Daneben werden von der Hauptversammlung noch 6 weitere Beschlüsse, teils mit, teils ohne bestimmten Geldwert gefaßt.

Hier braucht kostenrechtlich auf die Einzelheiten überhaupt nicht eingegangen zu werden, weil schon mit dem Wert des Kapitalerhöhungsbeschlusses die Höchstgebühr von 10000,– DM erreicht ist.

d) Eine AG hat ein Betriebsvermögen von 13 Millionen DM. Die Hauptversammlung beschließt, ihr Kapital neu zu verteilen, indem für eine alte Aktie zwei neue ausgegeben werden, sie genehmigt eine Bilanz, sie beschließt eine Satzungsänderung und sie nimmt Wahlen vor.

Das sind vier Beschlüsse ohne bestimmten Geldwert. Der halbe Stufenwert beträgt 270000,– DM. Das Vierfache wäre 1800000,– DM. Damit wäre aber der Höchstwert von 1 Million DM überschritten. Die Gebühr aus § 47 KostO berechnet sich also nach einen Wert von 1000000,– DM.

Wird in derselben Hauptversammlung der Vorstand ermächtigt, ein Grundstück für 2,5 Millionen DM zu erwerben, so ist das ein Beschluß mit bestimmtem

Geldwert, der dem Wert der Beschlüsse ohne bestimmten Geldwert hinzuzurechnen ist. Das ergäbe dann einen Wert von 3,5 Millionen DM, bei dem dann bereits wieder die Höchstgebühr mit 10000,– DM anzusetzen wäre.

e) Die Gesellschafterversammlung der X-GmbH beschließt, die Firma und zwei weitere Satzungspunkte zu ändern.

Nach OLG Karlsruhe DNotZ 1963, 500, das hier m. E. unzutreffend § 39 KostO anwendet, wären das drei Beschlüsse ohne bestimmten Geldwert. Da die Änderung in Einzelheiten keinen höheren Wert hat als die völlige Neufassung der Satzung, die als nur *ein* Beschluß zu bewerten wäre, betreffen die drei Beschlüsse hier das gleiche Rechtsverhältnis, so daß die Gebühr nur nach einem halben Stufenwert zu berechnen ist, vgl. auch Kap. 32,22 mit weiteren Nachweisen.

f) Die Gesellschafterversammlung einer GmbH beschließt eine Umwandlungsbilanz und sie beschließt ferner, sich in eine gleichzeitig zu gründende OHG, bestehend aus den bisherigen GmbH-Gesellschaftern umzuwandeln.

Die Gesellschaft hat einen steuerlichen Betriebseinheitswert von 900000,– DM. Ihr Aktivvermögen nach der Bilanz beträgt 1,5 Millionen DM.

Es handelt sich um zwei Beschlüsse. Der Bilanzfeststellungsbeschluß ist als Beschluß ohne bestimmten Geldwert gemäß §§ 27 Abs. 1 u. 26 Abs. 3 KostO mit 30000,– DM anzusetzen.

Der Umwandlungsbeschluß hat den bestimmten Geldwert von 1,5 Millionen DM. Durch den Beschluß wird das Kapital der Gesellschaft übertragen. Ein solcher Beschluß hat den bestimmten Geldwert in Höhe des Aktivkapitals der Gesellschaft ohne Abzug von Verbindlichkeiten. Diese Bewertung beruht auf dem Abzugsverbot des § 18 Abs. 3 KostO.

Variation zu diesem Beispiel:

Das Aktivvermögen dieser Gesellschaft beträgt nach der Bilanz 1,5 Millionen DM. Auf der Passivseite sind aber 200000,– DM Wertberichtigungs- oder Delcredereposten eingestellt.

Diese 200000,– DM sind abzuziehen, so daß der Umwandlungsbeschluß nur einen Wert von 1,3 Millionen DM hat. Denn hier handelt es sich nicht um echte Verbindlichkeiten, sondern um die bilanztechnische Richtigstellung der auf der Aktivseite mit ihrem Nominalbetrag eingesetzten aber mehr oder weniger dubiosen Forderungen.

In beiden Fällen ist die Feststellung der Satzung der Personalgesellschaft ein weiterer Beschluß ohne bestimmten Geldwert.

17 Es kommt vor, daß der Notar den Auftrag erhält, die Niederschrift über die Beschlüsse der Haupt- oder Gesellschaftsversammlung zu errichten, daß dann aber in der Versammlung nach längeren Erörterungen überhaupt keine Beschlüsse gefaßt werden. Z. B. eine Hauptversammlung nimmt den Jahresabschluß zur

Kenntnis, geht dann aber ohne weitere Beschlußfassung auseinander. Das alte Kammergericht, DNotZ 1941, 170, wollte hier den § 47 KostO (damals § 41 KostO) entsprechend anwenden. Zweckmäßiger dürfte es sein, mit Korintenberg-Wenz-Ackermann-Lappe, KostO, 8. Auflage, § 47 Anm. VII die volle Gebühr aus § 50 KostO für eine Tatsachenbescheinigung zu berechnen, denn wenn keine Beschlüsse gefaßt werden, beschränkt sich die amtliche Tätigkeit des Notars darauf, den tatsächlichen Hergang der Hauptversammlung zu schildern.

18 Werden Beschlüsse lediglich abgeändert, so ist § 42 KostO nicht anwendbar. Abändernde oder einen früheren Beschluß aufhebende Beschlüsse haben den gleichen Wert und erfordern die 20/10 Gebühr des § 47 KostO, wie der alte Beschluß.

19 Kommt für die Vereinigung, deren Beschlüsse beurkundet werden sollen, die Feststellung eines Einheitswertes nicht in Betracht, so bestimmt sich der Geschäftswert von Beschlüssen ohne bestimmten Geldwert gemäß § 28 KostO nach § 30 Abs. 2 KostO. In Betracht kommen gemeinnützige Gesellschaften und Idealvereine. Diese Vereinigungen können aber auch Beschlüsse mit bestimmten Geldwert fassen. Dafür sei hier nur ein Beispiel angeführt: In der Mitgliederversammlung des B. Segler-Vereins e. V. wird der gesamte Vorstand neu gewählt, dem alten Vorstand wird Entlastung erteilt. Diese Beschlüsse sind als Wahlen und Entlastung ein Beschluß. Insoweit wird man § 27 Abs. 2 KostO anwenden müssen. Der Wert der Beschlüsse entspricht gemäß §§ 28, 30 Abs. 2 KostO, da es sich nur um einen Verein mittlerer Bedeutung handelt, dem Regelwert von 5000,– DM.

Im allgemeinen wird für Anmeldungen und Beschlüsse der Vereine der Regelwert von 5000,– DM angemessen sein. Nur bei Vereinen von großer und evtl. überregionaler Bedeutung ist vom Regelwert nach oben abzuweichen.

> Die Mitgliederversammlung ermächtigt den Vorstand ferner, ein Darlehen von 20000,– DM aufzunehmen, das für dringende Reparaturen am Vereinshaus benötigt wird.

Dieser Beschluß hat den bestimmten Geldwert von 20000,– DM. Gemäß §§ 27 Abs. 2, 44 Abs. 2a KostO ergibt sich somit ein Geschäftswert von 25000,– DM.

34. KAPITEL

Bescheinigungen und andere Tatsachenbeurkundungen, die Rahmengebühr des § 56 KostO und die Rechtsbescheinigungen der §§ 21 und 22a BNotO

1 Die Kostenordnung enthält in § 50 eine besondere Gebührenbestimmung für die Erteilung von Bescheinigungen über Tatsachen, die der Notar in amtlicher Eigenschaft wahrgenommen hat oder über Verhältnisse, die urkundlich nachgewiesen oder offenkundig sind. Bescheinigungen sind aber nur ein Unterfall von Tatsachenbeurkundungen im Sinne der §§ 36ff. BeurkG. Im weiteren Sinne sind Tatsachenbescheinigungen auch die Unterschriftsbeglaubigung (§ 45 KostO), die Mitwirkung an der Aufstellung eines Inventars (§ 52 KostO), der Wechselprotest (§ 51 KostO) u. a.

2 Im Bereich der eigentlichen Tatsachenbescheinigung sind die unselbständige und die selbständige Tatsachenbescheinigung zu unterscheiden.

Auch die unselbständige Tatsachenbescheinigung ist eine echte Bescheinigung im Sinne von § 20 BNotO, wonach die Notare berechtigt sind, Bescheinigungen über von Amts wegen von ihnen wahrgenommene Tatsachen zu erteilen.

Stellt der Notar z. B. anläßlich der Beurkundung eines Grundstückskaufvertrages fest, daß ihm der Erschienene zu 1), der in Vollmacht des Kaufmanns W. in Düsseldorf handelt, die Ausfertigung einer notariellen Vollmachtsurkunde eines Düsseldorfer Notars vorgelegt hat, so ist das eine echte Tatsachenbescheinigung, die auch das Grundbuchamt bindet, so daß dort die Vorlage einer beglaubigten Abschrift genügt (vgl. OLG Stuttgart, DNotZ 1952, 183 und Horber, GBO, 10. Auflage, § 29 Anm. 8c). Kosten werden dadurch jedoch nicht ausgelöst, weil solche Bescheinigungen zur ordnungsmäßigen Durchführung des Beurkundungsgeschäfts gehören, vom Notar von Amts wegen vorgenommen werden und gebührenfreie Nebengeschäfte im Sinne von § 35 KostO sind.

Ähnliches gilt für die Feststellung, daß die im Grundbuch eingetragene ledige Frieda Meier jetzt laut Personalausweis verheiratet ist und Frieda Krüger geb. Meier heißt. Auch diese vom Notar von Amts wegen getroffene Feststellung bindet das Grundbuchamt. Gebühren für den Notar werden durch sie nicht veranlaßt.

3 Die Gebühr aus § 50 KostO kann also nur für selbständige Bescheinigungen erhoben werden. In der Kostenrechtsprechung wird betont und als Voraussetzung der Gebühr hervorgehoben, daß die Bescheinigung mit dem Siegel des Notars versehen sein müsse. Das ist insofern etwas ungenau, als die Bescheinigung auch in Protokollform erteilt werden kann. Die Niederschrift bedarf aber eines Siegels nur, wenn sie aus mehreren Blättern besteht, die mit Schnur und Prägespiegel zu verbinden sind (§ 44 BeurkG und § 29 DNotO). Zu siegeln ist aber selbstverständlich die Ausfertigung. Es trifft also im Ergebnis zu, daß die Bescheinigung nur mit dem Notariatssiegel in den Rechtsverkehr gelangen darf.

Außer der Tatsachenbescheinigung behandelt § 50 einige sonstige in der Praxis sehr selten vorkommende Fälle, die hier nicht näher erörtert werden.

4 Der Geschäftswert bestimmt sich nach § 30 Abs. 1 oder Abs. 2 und 3 KostO.

Beispiele

a) Der Notar erteilt zwecks Vorlage bei einer Sozialbehörde die Bescheinigung, daß die Rentnerin Maria Schulze vor ihm erschienen ist und daß er sich mit ihr unterhalten hat.

Der Geschäftswert dieser Lebensbescheinigung kann mit Rücksicht darauf, daß es sich um den Nachweis für eine ganz geringe Rente handelt, hier mit 1000,– DM angesetzt werden (§ 30 Abs. 3 in Verbindung mit § 30 Abs. 2 KostO). Die Gebühr des § 50 KostO beträgt dann 20,– DM. Der Notar hat hier freie Hand, er kann den Geschäftswert bis 200,– DM ermäßigen, er kann das Armenrecht bewilligen, er kann m. E. auch gemäß § 13 RLNot von der Erhebung der Gebühr absehen.

b) Der Notar bescheinigt auf Antrag der Firma M., einer Likörfabrik, daß 5 Flaschen aus einem bestimmten Likörbehälter in seiner Gegenwart abgezogen, versiegelt und dann in einem Paket nochmals versiegelt worden sind (zwecks Vorlage bei einem Lebensmitteluntersuchungsamt).

Bei dem Geschäftswert ist auszugehen vom Regelwert des § 30 Abs. 2 KostO. Hat die Angelegenheit für die Firma sehr große Bedeutung, kann von dem Regelwert nach oben abgewichen werden.
Grundsätzlich wäre hier folgende Kostenberechnung aufzustellen:

Geschäftswert: 5000,– DM	
Gebühr § 50 KostO	45,00 DM
nebst Umsatzsteuer	2,48 DM
	47,48 DM.

c) Der Notar N. bescheinigt, daß ihm der Komponist K. eine Partitur vorgelegt hat, und daß er von dieser Partitur eine vollständige und technisch einwandfreie Fotokopie hergestellt hat, die er der Niederschrift beigefügt hat.

Ähnliche Beispiele lassen sich bilden hinsichtlich Patentschriften, Formulierung von Ideen aller Art, z. B. in großem Umfange in einem Notariat, dessen Inhaber als Rechtsanwalt Spezialist auf dem Gebiet des Urheber- und Erfinderrechts ist. Zweck solcher Bescheinigungen ist die Sicherung der Priorität des musikalischen Einfalls, der literarischen Idee, der Erfindung usw.

5 Hier ist auch noch auf eine andere Möglichkeit hinzuweisen:
In den genannten Fällen kann es durchaus zweckmäßig sein, daß der Notar eine formelle Bescheinigung, sei es in Form einer Niederschrift, sei es in Form eines Zeugnisses nach § 39 BeurkG, erteilt. Es genügt aber unter Umständen, daß der Notar mit den Beteiligten die Sicherstellung des Zeitpunktes erörtern mag, zu dem dem Notar eine Urkunde vorgelegt wird. Gemäß § 43 BeurkG erfolgt die Feststellung des Zeitpunktes der Vorlage einer privaten Urkunde durch einen auf diese Urkunde zu setzenden oder mit ihr zu verbindenden Vermerk im Sinne von § 39 BeurkG. Obwohl es sich hier um eine echte Tatsachenbescheinigung handelt, mißt ihr der Gesetzgeber eine geringere rechtliche Bedeutung als der Tatsachenbescheinigung im Sinne von § 50 KostO oder der Unterschriftsbeglaubigung im Sinne von § 45 KostO zu. Er hat deshalb in § 56 KostO eine eigene Gebührenbestimmung geschaffen, die sich auch dadurch von allen Beurkundungsgebühren

abhebt, daß es sich um eine Rahmengebühr von 10,– DM bis 30,– DM handelt. Innerhalb dieses Rahmens kann der Notar gemäß § 34 KostO seine Gebühr nach freiem Ermessen festsetzen, wobei er auf die Wichtigkeit der Urkunde für den Rechtsverkehr wie auch auf den Wert des Gegenstandes Rücksicht zu nehmen hat (Korintenberg-Wenz-Ackermann-Lappe, KostO, 8. Aufl., Anm. zu § 56 und Anm. 1 zu § 34). Rahmengebühren kommen in der Kostenordnung noch verschiedentlich vor. Für die Notare ist aber praktisch § 56 KostO der einzige relevante Fall.

6 Der Notar bescheinigt für irgendwelche rechtsgeschäftlichen Zwecke (z. B. für die Hauptversammlung einer AG) auf Antrag, daß bei ihm eine bestimmte Anzahl von Wertpapieren hinterlegt worden ist.

Hier bestimmt sich der Geschäftswert nach § 30 Abs. 1 KostO, wobei der Kurswert der Papiere die oberste Grenze des Geschäftswerts darstellt. Bei § 149 KostO wird erwähnt, daß diese Gebühr kein Nebengeschäft des Verwahrungsgeschäfts ist oder umgekehrt, so daß also die Gebühren aus § 50 und § 149 KostO nebeneinander zu erheben sind, vgl. Kap. 39, 3.

7 Von manchen Gerichten, OLG Braunschweig DNotZ 1965 S. 700, wird auch die sogenannte Rangbescheinigung als Tatsachenbescheinigung im Sinne von § 50 Abs. 1 KostO behandelt, während die herrschende Meinung hierin einen Fall des § 147 Abs. 1 KostO sieht (vgl. die entsprechenden Ausführungen zu § 147 KostO in Kap. 39, 10), und es als falsche Sachbehandlung ansieht, wenn der Notar statt der formlosen und auch gutachtlichen Äußerung eine Tatsachenbescheinigung erteilt.

8 Die Zahl möglicher Tatsachenbescheinigungen ist so vielfältig, wie das Leben selbst. Die hier angeführten Beispiele müssen genügen. In allen Fällen handelt es sich um echte Tatsachenbescheinigungen. Eine Tatsachenbescheinigung liegt nicht mehr vor, wenn der Notar rechtliche Schlußfolgerungen zieht. Das ist manchmal nur eine Frage der Formulierung. Der Notar hat aber darauf zu achten, daß er nur bescheinigen kann, was er im dienstlichen Auftrage mit seinen Sinnesorganen wahrgenommen hat.

Förmliche Rechtsbescheinigungen sind grundsätzlich unzulässig, was nicht ausschließt, daß ein Notar Rechtsgutachten erstattet. Das ist aber keine Amtstätigkeit und fällt auch nicht mehr unter die Kostenordnung.

9 In zwei Fällen läßt der Gesetzgeber aber echte Rechtsbescheinigungen zu. Der eine Fall ist die Vertretungsbescheinigung nach § 21 BNotO, das heißt die Bescheinigung über die sich aus einer Registereinsicht ergebende Vertretungsmacht etwa des Geschäftsführers einer GmbH, des Vorstandsmitglieds einer AG, eines Prokuristen, eines geschäftsführenden Gesellschafters einer KG oder OHG, eines Vereinsvorstandes usw. § 21 BNotO spielt eine wesentliche Rolle im Zusammenhang mit § 12 BeurkG, wonach der Notar anstelle eines Vertretungsausweises die Urkunde auch mit einer Vertretungsbescheinigung versehen oder verbinden kann. Ferner enthalten Unterschriftsbeglaubigungsvermerke oft eine Vertretungsbescheinigung, wenn die Unterschift von Vertretungsorganen aller Art beglaubigt wird. Für die Vertretungsbescheinigung steht dem Notar gemäß § 150 Abs. 1 KostO eine Festgebühr von 10,– DM zu. Sind zum Nachweis der Vertretungsmacht zwei Handelsregister einzusehen, verdoppelt sich die Gebühr. Das ist in der Regel der Fall beim Handeln für eine GmbH & Co.KG, wo nachzuweisen ist, daß der Erschienene berechtigt ist, die GmbH als Geschäftsführer zu vertreten und die GmbH wiederum berechtigt ist, die GmbH & Co.KG als Komplementärin zu vertreten. In derartigen Fällen sind also nicht nur 10,– DM, sondern 20,– DM anzusetzen.

10 Ein weiterer interessanter Fall einer Rechtsbescheinigung ist durch das Beurkundungsgesetz eingeführt worden. Es handelt sich um § 22a BNotZ. *Nur für den Gebrauch im Ausland* darf der Notar Bescheinigungen über das Bestehen und den Sitz einer juristischen Person oder Handelsgesellschaft, die Firmenänderung, eine Verschmelzung oder sonstige rechtserhebliche Umstände ausstellen, wenn sich diese aus einem öffentlichen Register ergeben. Hier darf der Notar also abweichend von § 20 BNotO auch rechtliche Schlußfolgerungen ziehen. Mit Rücksicht auf die neue Vorschrift der Bundesnotarordnung ist der § 150 KostO durch einen zweiten Absatz ergänzt worden. Für die Erteilung einer Bescheinigung nach § 22a BNotO erhält der Notar eine Gebühr von 50,– DM. Auch diese Gebühr kann sich bei Bescheinigungen über die Rechtsverhältnisse von zwei Gesellschaften (GmbH & Co.KG) verdoppeln.

11 Ein Sonderfall der Bescheinigung ergibt sich aus dem Gesetz zur Durchführung der Ersten Richtlinie des Rates der Europäischen Gemeinschaften zur Koordinierung des Gesellschaftsrechts vom 15. 8. 1969 (BGBl. 1969, I, 1146). Durch dieses Gesetz ist auch der § 47 KostO geändert worden. Erteilt der Notar die anläßlich einer Satzungsänderung oder Änderung eines Gesellschaftsvertrages mit der Handelsregisteranmeldung zu verbindende Bescheinigung des neuen vollständigen Wortlauts der Satzung oder des Gesellschaftsvertrages, so ist diese ein gebührenfreies Nebengeschäft. Wenn seine Tätigkeit sich jedoch nicht nur auf die Bescheinigung beschränkt, sondern auch die redaktionelle Neufassung der Satzung umfaßt, dann steht ihm insoweit eine Gebühr aus § 147 Abs. 1 KostO zu. Als Geschäftswert ist der halbe Stufenwert der §§ 27, 26 KostO anzusetzen.

Für die nach dem Durchführungsgesetz erforderliche Übergangsbescheinigung stand dem Notar jedoch eine volle Gebühr aus § 50 KostO und daneben unter Umständen eine halbe Gebühr aus § 147 Abs. 1 KostO zu, vgl. dazu die Richtlinien der RheinNotK, Mitt. d. RheinNotK 1970 S. 62. Den Berliner Notaren sind diese Richtlinien durch Rundschreiben des Präsidenten des Landgerichts mitgeteilt worden.

12 Auch die Mitwirkung des Notars bei der Aufnahme von Vermögensverzeichnissen ist eine Art Tatsachenbescheinigung, für die aber eine Sonderregelung in § 52 KostO vorgesehen ist. Die in § 52 KostO miterwähnten Siegelungen und Entsiegelungen, die in der Notariatspraxis nur höchst selten vorkommen, werden hier nicht behandelt.

Beispiel

Notar X. wird gebeten, bei der Aufstellung eines Nachlaßverzeichnisses mitzuwirken. Er sucht zu diesem Zweck die Wohnung des Erblassers auf, in der außer dem Hausrat und der Wohnungseinrichtung Sparbücher, Bankauszüge, Bargeld und dergleichen vorgefunden werden. Alle diese Gegenstände werden in Form eines Verzeichnisses aufgestellt. Ferner werden in das Verzeichnis auch die aus den Unterlagen des Erblassers ersichtlichen Schulden aufgenommen. Da es sich um einen umfangreichen Nachlaß handelt, benötigt der Notar für seine Mitwirkung 3 1/2 Stunden. Die verzeichneten Nachlaßgegenstände ergeben insgesamt einen Wert von 82000,– DM. Die ersichtlichen Nachlaßschulden betragen 20000,– DM, sind jedoch nicht abzuziehen, da keine Ausnahme von dem Abzugsverbot des § 18 Abs. 3 KostO vorliegt.

Nach dem Geschäftswert von 82000,– DM steht dem Notar nur eine halbe Gebühr zu, obwohl diese Tätigkeit unter Umständen erheblich schwieriger und verantwortungsvoller sein kann als die Beurkundung des Herganges bei Verlosungen, für die der Notar 20/10 erhält. Der Notar wird auch noch in weiterer Weise benachteiligt. Er erhält nämlich nach der ausdrücklichen Bestimmung des § 58 Abs. 1 KostO keine Wegegebühr. Dafür erhält er eine zusätzliche Zeitgebühr von 10,– DM für jede angefangene Stunde, soweit er länger als 2 Stunden tätig geworden ist.

Die Kostenberechnung sieht also folgendermaßen aus:

Geschäftswert: 82000,– DM	
Gebühr gem. § 52 KostO	105,– DM
Zeitaufwandsgebühr für zusätzliche 2 Stunden	20,– DM
nebst Schreibauslagen und Umsatzsteuer.	

13 *Weiteres Beispiel*

Die Eheleute A. schließen einen Güterrechtsvertrag, durch den der Güterstand der Zugewinngemeinschaft ausgeschlossen werden soll und fügen diesem Vertrag ein mehrere Seiten umfassendes Vermögensverzeichnis bei.

Die Aufnahme dieses Vermögensverzeichnisses in den Güterrechtsvertrag stellt hier nur ein gebührenfreies Nebengeschäft im Sinne von § 35 KostO dar und unterliegt also nicht der besonderen Gebührenbestimmung des § 52 KostO (allgemeine Meinung).

Nun kommen in der Notariatspraxis aber häufig Urkunden vor, bei denen es sich nach dem Wortlaut scheinbar um einen Vertrag handelt. Die Eheleute wollen keinen Güterrechtsvertrag schließen, sondern lediglich ihr Anfangsvermögen feststellen und erklären nun: „Wir sind uns darüber einig, daß die in der Anlage 1) aufgeführten Gegenstände dem Ehemann und die in der Anlage 2) aufgeführten Gegenstände der Ehefrau gehören". Hier werden keinerlei rechtsgeschäftliche Erklärungen abgegeben. Es werden auch nicht etwa bestimmte Gegenstände von einem Ehegatten auf den anderen übertragen, sondern es wird lediglich klargestellt, was wem gehört. Damit liegt also lediglich eine Tatsachenbescheinigung in Form eines Vermögensverzeichnisses vor, so daß dem Notar hierfür nur eine halbe Gebühr aus § 52 KostO nach dem Wert der angeführten Gegenstände ohne Abzug von Verbindlichkeiten zusteht, vgl. dazu Kap.28, 8.

14 Tatsachenbescheinigung ist auch die Beurkundung einer Verlosung. Hierfür steht dem Notar, wie erwähnt, gemäß § 48 KostO das Doppelte der vollen Gebühr zu, und wenn er außerdem auch noch an dem Einzählen der Lose mitwirkt, eine weitere halbe Gebühr.

Beispiel

Notar N. wird beauftragt, beim Presseball Protokoll über den Hergang der Verlosung zu führen. Er tut dies, indem er in einer Niederschrift feststellt, welche Lose aus einer Lostrommel gezogen werden und wer die Gewinner sind. Der Geschäftswert bestimmt sich in diesem Falle nach dem Wert der verlosten Gegenstände. Haben diese einschließlich eines PKW und einer Reihe wertvoller Schmuck-, Kleidungs- und Ausstattungsgegenstände einen Wert von insgesamt 50000,– DM, dann lautet die Kostenrechnung:

Geschäftswert: 50000,– DM
Gebühr gem. § 48 KostO 250,– DM
nebst Schreibauslagen und Umsatzsteuer.

Wird der Notar beauftragt, nicht nur den Hergang der Verlosung selbst zu beurkunden, sondern bereits vorher beim Einzählen der Lose und dem Einschütten in die Lostrommel zugegen zu sein und hierüber Protokoll zu führen, so steht ihm neben der erwähnten 20/10 Gebühr eine weitere 5/10 Gebühr aus § 48 Abs. 2 KostO zu.

Im Falle des § 48 KostO darf er auch die Wegegebühr des § 58 Abs. 1 KostO und die Außerzeitgebühr des § 58 Abs. 3 KostO berechnen.

15 Neben Ziehungslotterien, zu denen die Klassenlotterie, Verlosungen am Tag der offenen Tür und auf Presse- und Opernbällen und dergleichen gehören, sind heute weitgehend die sogenannten Losbrieflotterien verbreitet. Hierzu genügt es, den folgenden Beschluß des Landgerichts Berlin, DNotZ 1958, 222 mit Anm. von Bühling anzuführen, der allgemeine Anerkennung gefunden hat (Korintenberg-Wenz-Ackermann-Lappe, KostO, 8. Aufl., § 48 Anm. 1):

KostO § 42 a. F. (§ 48 n. F.)

a) Die Beurkundung der Herstellung von Losbriefen einer Brieflotterie ist in entsprechender Anwendung von § 42 Abs. 1 KostO mit zwei Gebühren zu berechnen.

b) Für das „Einzählen" der Losbriefe entsteht daneben nicht die halbe Gebühr aus Abs. 2.

c) Die mehrtätige Herstellung einer Serie von Losbriefen bildet einen Arbeitsvorgang; ihre Überwachung ist in ein Protokoll aufzunehmen.

d) Das Überwachen einer abschnittsweisen Wiederholung der Losherstellung („Nachbehandlung“) ist nach den einzelnen Teilen, in denen sie möglich wird, getrennt zu protokollieren und zu berechnen.

e) Zu den Gewinnen, die den Geschäftswert der Brieflosungen bestimmen, gehören nicht die gesondert auszulosenden Prämien.

f) Besprechungen mit den Polizeibehörden werden als Nebengeschäfte durch die Beurkundungsgebühr mitabgegolten.

16 § 48 KostO behandelt ferner die Auslosung oder Vernichtung von Wertpapieren sowie Wahlversammlungen, z. B. der Mitglieder einer Realgemeinde zwecks Wahl von Syndiken, KGJ 18, 151. Diese Fälle werden hier nicht erörtert.

17 Um eine Tatsachenbescheinigung handelt es sich auch beim Wechsel- und Scheckprotest. Da der Scheckprotest in der Praxis nur noch selten vorkommt, wird hier nur der Wechselprotest erörtert. Gemäß § 51 KostO wird für den Wechselprotest eine halbe Gebühr erhoben. Der Geschäftswert bestimmt sich nach dem Wechselbetrag. Daneben erhält der Notar eine Wegegebühr von 3,– DM pro Wechsel. Diese 3,– DM-Gebühr ist auch nach Anhebung der Mindestgebühr auf 10,– DM stehengeblieben. Außerdem darf der Notar auch Reisekosten berechnen, die aber auf die Wegegebühr angerechnet werden. Unter Reisekosten fallen auch die Kosten des eigenen PKW (allgemeine Meinung). Der Fall, daß der Notar Tagegeld, Fahrtkosten und Übernachtungsgeld berechnet, wird höchst selten sein, da in der Regel ein Notar am Protestort oder in seiner Nähe in Anspruch genommen wird und überhaupt die meisten Wechsel heute Zahlstellenwechsel (unechte Domizilwechsel) sind.

Beispiel

Notar N. wird beauftragt, einen Wechsel über 1000,– DM gegen den an seinem Amtssitz wohnenden B. zu protestieren. Er begibt sich zu Fuß zu dem nur um die Ecke wohnenden Geschäftslokal des B. und legt dort den Wechsel vor. Be. erklärt sich zur Zahlung außer Stande. Über diesen Vorgang wird die Protesturkunde ausgestellt.

Die Kostenberechnung lautet:

Geschäftswert: 1000,– DM

Gebühr gem. § 51 Abs. 1 KostO	10,– DM
Wegegebühr gem. § 51 Abs. 2 KostO	3,– DM

nebst Umsatzsteuer.

Ist der Protest nicht bei B. selbst, sondern in der Depositenkasse der B.-Bank zu erheben, so ist die Kostenberechnung die gleiche, wie im vorstehenden Beispiel.

Weitere Beispiele

Notar N. wird beauftragt, einen Wechsel über 1000,– DM im Nachbarort X. zu protestieren. Er begibt sich mit seinem PKW nach dem 30 km entfernten X. und protestiert dort den Wechsel.

Die Protestgebühr beträgt auch in diesem Falle 10,– DM, die Wegegebühr ebenfalls 3,– DM, wird aber nicht besonders in Rechnung gestellt, da die Reisekosten erheblich höher sind. Da der Notar für einen km 0,40 DM berechnen darf und Hin- und Rückreise insgesamt 60 km betragen, entstehen 24,– DM Reisekosten, auf die 3,– DM Wegegebühr anzurechnen sind.

18 Notar N. hat den Auftrag, einen Wechsel gegen den Bezogenen B. zu protestieren, begibt sich zu ihm, B. weist den Protest zurück und zahlt.

Dieser Fall ist in § 51 Abs. 3 KostO ausdrücklich geregelt. Die Protestgebühr ist auch dann zu zahlen, wenn ohne Aufnahme des Protestes an den Notar gezahlt wird oder ihm etwa durch Vorlage einer Quittung die Zahlung nachgewiesen wird. Da der Notar in diesem Falle Geld zur Ablieferung an seinen Auftraggeber entgegengenommen hat, steht ihm mit der Ablieferung des Betrages eine Hebegebühr aus § 149 KostO zu. Sie beträgt 10,– DM, in diesem Falle also das gleiche wie die Protestgebühr. Dafür wird die Protestgebühr aber nach der ausdrücklichen Bestimmung des § 149 Abs. 5 KostO auf die Hebegebühr angerechnet. Dagegen bleibt die Wegegebühr bestehen.

Die Kostenberechnung lautet also:

Geschäftswert: 1000,– DM	
Protestgebühr § 51 KostO	10,– DM
Hebegebühr gem. § 149 KostO 10,– DM, abzüglich der auf sie anzurechnenden Protestgebühr, also noch	0,– DM
Wegegebühr gem. § 51 Abs. 3 KostO	3,– DM
	13,– DM

nebst Umsatzsteuer.

19 Notar N. wird beauftragt, einen Wechsel gegen B. zu protestieren. In der angegebenen Wohnung findet er B. nicht vor, begibt sich darauf zur Polizeibehörde, um festzustellen, wo B. jetzt wohnt, sodann sucht er den B. in der festgestellten neuen Wohnung auf.

Die Protestgebühr ist hier die gleiche wie in den vorangegangenen Beispielen. Der Notar hat aber zwecks Durchführung seines Auftrages hier drei Wege zurückgelegt und erhält nach der ausdrücklichen Bestimmung des § 51 Abs. 2 KostO „für jeden Weg" eine eigene Gebühr von 3,– DM, also insgesamt 9,– DM. Die Gebühr des § 51 Abs. 2 KostO ist also im Gegensatz zu der zusätzlichen Beurkundungsgebühr des § 58 Abs. 1 KostO eine echte Wegegebühr.

35. KAPITEL

Unterschrifts- und Abschriftsbeglaubigung

1 Die Beglaubigung der Unterschrift.

Die Unterschriftsbeglaubigung kommt in zwei Formen vor, nämlich als einfache Unterschriftsbeglaubigung unter einer von dem Notar nicht entworfenen Urkunde und als Entwurf mit Unterschriftsbeglaubigung, das heißt als Beglaubigung der Unterschrift unter einer von dem Notar entworfenen Urkunde. Für den Entwurf erhält der Notar die Beurkundungsgebühr, durch die zugleich die erste Unterschriftsbeglaubigung abgegolten wird. Erst die Beglaubigung späterer Unterschriften unter dem Entwurf löst die Beglaubigungsgebühr des § 45 KostO aus, vgl. dazu im einzelnen das nächste Kapitel (Entwurfsgebühr § 145 KostO).

2 Für die Beglaubigung von Unterschriften oder Handzeichen wird gemäß § 45 KostO 1/4 der vollen Gebühr berechnet. Die Gebühr ist jedoch nach oben begrenzt und beträgt höchstens 250,– DM.

3 Der Geschäftswert ist so zu berechnen, als ob die Erklärung, unter der die Unterschriftsbeglaubigung vorgenommen wird, beurkundet worden wäre. Das hat einen interessanten notariatsrechtlichen Aspekt. Gemäß § 40 BeurkG braucht der Notar die Urkunde nur darauf zu prüfen, ob Gründe bestehen, seine Amtstätigkeit zu versagen. Aus kostenrechtlichen Gründen muß er aber die Urkunde gleichwohl genau prüfen, weil sich der Geschäftswert nach dem materiellrechtlichen Gehalt der Urkunde bestimmt. Stößt er dabei auf offensichtliche rechtliche Fehler, so wird dies wiederum für ihn Anlaß sein, die Amtstätigkeit zu versagen. Er wird darüber hinaus auch verpflichtet sein, die Beteiligten vor offensichtlichen Fallen und Fehlern, die er bemerkt, zu bewahren.

Ob der Notar eine Hypothek über 100000,– DM mit Unterwerfung unter die Zwangsvollstreckung beurkundet oder ob er eine Grundschuldbestellung ohne Unterwerfung unter die Zwangsvollstreckung entwirft und die Unterschrift des Grundstückseigentümers darunter beglaubigt oder ob er schließlich lediglich die Unterschrift unter einem vorgedruckten Grundschuldbestellungstext einer Bausparkasse über 100000,– DM beglaubigt, der Geschäftswert ist in allen drei Fällen gleich, nämlich 100000,– DM.

Beglaubigt der Notar lediglich die Unterschrift unter der ihm vorgelegten Urkunde, dann steht ihm nach dem Wert von 100000,– DM eine Viertelgebühr in Höhe von 56,30 DM nebst Mehrwertsteuer zu.

4 Die Tatsache, daß die Unterschriftsbeglaubigungsgebühr höchstens 250,– DM beträgt, wird gerade bei hohen Objekten ausgenutzt. Wenn z. B. ein Wirtschaftsunternehmen so hohen Kredit genießt, daß Kreditinstitute ihm Darlehen (Hypotheken und Grundschulden) ohne Unterwerfung unter die Zwangs-

vollstreckung zur Verfügung stellen, so reicht für die erforderliche Grundbuchbewilligung die einfache Unterschriftsbeglaubigung aus, auch wenn es sich um Millionen-Hypotheken handelt. Wenn dem Notar aber in solchen Fällen der Grundbuchvollzug übertragen wird, steht ihm nach § 146 Abs. 3 eine weitere Viertelgebühr zu. Diese Gebühr ist weder der Höhe nach begrenzt, noch kann sie nach § 144 Abs. 3 KostO ermäßigt werden, siehe auch Kap. 38,14.

5 Gleichgültig ist es, ob die Unterschrift von einer oder mehreren Personen vollzogen oder anerkannt wird. Stehen z. B. unter einer Vereinsregisteranmeldung die Unterschriften von 5 Vorstandsmitgliedern, so entsteht die Beglaubigungsgebühr gleichwohl nur einmal. Das gleiche gilt, wenn 2 Ehegatten eine Hypothek bestellen, 4 Miterben eine Löschung beantragen usw. Es muß sich aber dabei um ein einheitliches Beurkundungsgeschäft handeln. Erscheinen von den erwähnten 5 Vorstandsmitgliedern zunächst nur 4 und kommt das 5. Vorstandsmitglied erst 3 Tage später, dann handelt es sich um 2 verschiedene Beglaubigungsakte. Es sind 2 verschiedene Beglaubigungsvermerke unter verschiedenen Nummern der Urkundenrolle vorzunehmen. Für jeden Beglaubigungsvermerk ist die Gebühr aus § 45 KostO zu berechnen.

Auch für Unterschriftsbeglaubigungen gilt aber, daß die Entgegennahme der Unterschrift (Vollzug oder Anerkennung) nicht in jedem Falle uno actu erfolgen muß. Können z. B. Mann und Frau nur nacheinander erscheinen, weil jeweils einer der Ehegatten auf die Kinder achten muß, so ist für die beiden nacheinander vollzogenen oder anerkannten Unterschriften nur ein Beglaubigungsvermerk erforderlich, mit der Folge, daß die Beglaubigungsgebühr nur einmal berechnet werden darf. Es kommt eben darauf an, daß der zeitliche Zusammenhang noch eng genug ist, um einen zusammenhängenden Beglaubigungsvermerk zu rechtfertigen.

6 Mehrere Gebühren entstehen auch, wenn Unterschriften unter mehreren gleichlautenden Erklärungen zu beglaubigen sind.

7 Unterschriftsbeglaubigung ist kostenrechtlich auch die Beglaubigung der Firmenzeichnung, die in § 41 Beurk. Ges. besonders geregelt ist, weil die Zeichnung in Gegenwart des Notars vollzogen werden muß, Anerkennung also nicht genügt. Wegen des Geschäftswerts (§ 30 Abs. 2) vgl. Kap. 32,32.

8 Die Beglaubigung von Abschriften ist ein Beurkundungsgeschäft minderer Bedeutung, wird nicht in die Urkundenrolle eingetragen und löst nur geringe Gebühren aus. Grundsätzlich wird für jede angefangene Seite eine Gebühr von 0,50 DM erhoben. Die Mindestgebühr beträgt auch hier jedoch 10,– DM.

9 Beglaubigungsgebühren entstehen aber nicht, wenn die beglaubigte Abschrift für den inneren Dienstbetrieb bestimmt ist oder wenn beglaubigte Abschriften der vom Notar errichteten oder in seiner Verwahrung befindlichen Urkunden erteilt werden (§ 132 KostO). So sind die Notare verpflichtet (§ 12 Beurk. Ges.) ihnen vorgelegte Vollmachten und Vertretungsausweise mindestens in beglaubigter Abschrift der Niederschrift beizufügen. Hier entsteht gem. § 136 Abs.1,2 KostO keine Beglaubigungsgebühr, wohl aber können Schreibauslagen berechnet werden.

Für den inneren Dienstbetrieb haben die Notare z. B. gem. § 17 DONot. von Entwürfen, unter denen sie Unterschriften beglaubigen, eine beglaubigte Abschrift zur Urkundensammlung zu bringen. Sie haben gem. § 20 DONot. beglaubigte Abschriften der Wechselproteste zurückbehalten und sie dürfen schließlich mit Zustimmung des Erblassers gem. § 16 DONot. beglaubigte Abschriften der vor ihnen errichteten Testamente und Erbverträge bei ihren Akten aufbewahren. In diesen Fällen dürfen sie weder Beglaubigungs- noch Schreibgebühren erheben.

10 Wenn der Notar die Abschrift nicht nur beglaubigt, sondern auch selbst herstellt, dann stehen ihm neben der Beglaubigungsgebühr auch Schreibauslagen zu.

11 Wählt der Notar dabei nicht die schlichte Abschriftsform, deren Übereinstimmung mit der Urschrift er beglaubigt, sondern stellt er in Zeugnis- oder Protokollform eine Tatsachenbescheinigung her, dann entsteht gleichwohl nur die Beglaubigungsgebühr, wenn sich die Bescheinigung auf die wörtliche Wiedergabe z. B. bestimmter Eintragungen eines Buches oder Registers beschränkt, KG JFErg. 20,42 = JVBl. 1940, 19. Der Notar schreibt z. B. wörtlich Grundbucheintragungen, Handelsregistereintragungen oder Bilanzen ab.

ANHANG

Erteilung und Umschreibung der Vollstreckungsklausel

Die Erteilung von Ausfertigungen ist ein gebührenfreies Folgegeschäft, das durch die Beurkundungsgebühr abgegolten ist. Auch die Erteilung der Vollstreckungsklausel bzw. einer vollstreckbaren Ausfertigung ist grundsätzlich gebührenfrei, und zwar auch, wenn ein Notar als verwahrende Stelle die vollstreckbare Ausfertigung von der Urkunde eines ausgeschiedenen Notars erteilt, h. L. gegen OLG Köln DNotZ 1958, 668.

Hiervon gibt es gem. § 133 KostO jedoch 3 Ausnahmen.

1. Schon die Erteilung der ersten vollstreckbaren Ausfertigung ist gebührenpflichtig, wenn die Vollstreckung von dem Eintritt einer Tatsache abhängt, die dem Notar nachzuweisen ist (z. B. Fälligkeit) und die er vor Erteilung der Vollstreckungsklausel zu prüfen hat. Der Fall ist in der Notariatspraxis selten, vgl. dazu im einzelnen § 726 ZPO.

2. Gebührenpflichtig ist ferner die Erteilung oder Umschreibung der vollstreckbaren Ausfertigung für oder gegen den Rechtsnachfolger des in der Urkunde benannten Gläubigers oder Schuldners, z. B. Gläubiger oder Schuldner sind verstorben, so daß die Vollstreckung für oder gegen die Erben notwendig ist, oder die Forderung ist abgetreten worden, die Forderung richtet sich gegen den Erwerber des Handelsgeschäfts usw. Wegen der besonderen Verhältnisse bei der Verschmelzung von Aktiengesellschaften durch Aufnahme oder Neubildung vgl. Rohs-Wedewer § 133 Anm. IIa 2.

Als neue Gläubiger und Schuldner kommen auch Nachlaß-, Zwangs- und Konkursverwalter in Betracht. Die prozeßrechtlichen Voraussetzungen bestimmen sich nach §§ 727, 728, 729 ZPO. Die Umschreibung des Titels setzt auch hier eine sorgfältige Prüfung durch den Notar voraus. Die Voraussetzungen müssen offenkundig sein oder öffentlich beglaubigte Urkunden nachgewiesen werden.

3. Eine weitere vollstreckbare Ausfertigung darf der Notar nicht selbständig sondern nur auf Anweisung des Amtsgerichts erteilen (§ 797, Abs. 3 ZPO). Wird der Notar vom Amtsgericht angewiesen, die weitere vollstreckbare Ausfertigung zu erteilen, dann steht ihm ebenfalls die Gebühr des § 133 zu.

Die Gebühr ist die Hälfte der vollen Gebühr, der Geschäftswert bestimmt sich nach der Höhe des zu vollstreckenden Betrages, bei Teilabtretung also z. B. nur nach dem Teil, sonst nach der vollen Valuta des Titels, einschließlich der Sicherungen, aber ohne Zinsen. Jedoch ist eine Umschreibung auch nur wegen zukünftiger oder rückständiger Zinsen möglich. Rückständige Zinsen sind ein bestimmter Geldbetrag, zukünftige Zinsen sind nach § 24 zu bewerten. Kostenschuldner des Notars ist derjenige, der die Erteilung oder Umschreibung der vollstreckbaren Ausfertigung beantragt.

36. KAPITEL

Zusatzgebühren des § 58 Abs. 1 und Abs. 3 und des § 59 KostO

1 Der § 58 KostO regelt die Zusatzgebühren für Beurkundungen *außerhalb der Notariatskanzlei, an Sonn- und Feiertagen und zur Nachtzeit.* § 59 KostO handelt von der Zusatzgebühr für *Erklärungen in fremder Sprache.* In vielen Formularen ist vorgedruckt: „Zusatzgebühren §§ 58, 59 KostO". Das ist meist unzutreffend und irreführend. Ist die sogenannte „Wegegebühr" entstanden, dann ist der § 58 Abs. 1 KostO anzuführen, ist der Notar außerhalb der Zeit von 8 bis 18 Uhr oder an einem Feiertag tätig geworden, dann ist der § 58 Abs. 3 KostO zu zitieren, gegebenenfalls sind beide Vorschriften nebeneinander anzuführen. Die Verhandlung in fremder Sprache, für die dem Notar gemäß § 59 KostO eine Zusatzgebühr zusteht, kommt verhältnismäßig selten vor. In diesem Falle ist § 59 KostO getrennt zu berechnen.

2 Für die Berechnung der Zusatzgebühr aus *§ 58* Abs. 1 KostO oder § 58 Abs. 3 KostO sollte man sich folgende Formel merken: *Die Gebühr ist die Hälfte der vollen Gebühr, jedoch nicht mehr als 60,– DM und nicht mehr als die entstandene Gebühr.*

Im Falle des *§ 59* KostO lautet dieser Satz dagegen: *Die Gebühr ist die Hälfte der entstandenen Gebühr, jedoch nicht mehr als 60,– DM.*

3 *Beispiele*

a) Der Notar X. beurkundet auf Antrag des Y. eine Grundschuldbestellung mit Unterwerfung unter die Zwangsvollstreckung in der Wohnung des Y. Die Grundschuld hat einen Wert von 30000,– DM.

Dann beträgt die volle Gebühr für die Grundschuldbewilligung mit Unterwerfung unter die Zwangsvollstreckung gemäß §§ 32, 36 Abs. 1, 38 Abs. 2 Nr. 5a, 44 Abs. 1 KostO 115,– DM. Die sogenannte „Wegegebühr" des § 58 Abs. 1 KostO beträgt danach 57,60 DM, also die Hälfte der vollen Gebühr.

b) Daß es sich in Wirklichkeit nicht um eine „Wegegebühr", sondern um eine zusätzliche Beurkundungsgebühr für eine Beurkundungstätigkeit der Geschäftsstelle des Notars handelt, zeigt das folgende Beispiel:

Notar X. beurkundet in der Wohnung des Y. nicht nur die soeben erwähnte Grundschuld, sondern noch ein Testament mit einem Wert von 200000,– DM und eine Vollmacht mit einem Wert von 20000,– DM.

Dann hat er zwar zur Vornahme von drei Beurkundungsgeschäften nur einen Weg unternommen, für jedes der genannten Beurkundungsgeschäfte hat er jedoch eine besondere „Wegegebühr" anzusetzen. Es lautet dann die Kostenberechnung für das Testament:

Geschäftswert: 200000,– DM	
Gebühr §§ 32, 46 Abs. 1 KostO	375,– DM
Gebühr aus § 58 Abs. 1 KostO	60,– DM.

Die Hälfte der vollen Gebühr beträgt zwar 187,50 DM. Di Gebühr des § 58 Abs. 1 KostO ist aber nicht höher als 60,– DM.

Die Kostenberechnung für die Vollmacht lautet folgendermaßen:

Geschäftswert: 20000,– DM	
Gebühr §§ 32, 38 Abs. 2 Nr. 4 KostO	45,– DM
Gebühr gemäß § 58 Abs. 1 KostO	45,– DM.

Da für die Vollmacht selbst nur eine halbe Gebühr entsteht, ist die „Wegegebühr", die ebenfalls die Hälfte der vollen Gebühr beträgt, hier genau so hoch wie die Beurkundungsgebühr. Es wäre ein grundsätzlicher Fehler, von dieser die Hälfte, also ein Viertel anzusetzen.

4 *Beispiel zu § 59*

a) Notar X. beurkundet in seinem Büro die Vollmacht eines Franzosen, worüber er gemäß § 5 Abs. 2 BeurkG nun auch eine Niederschrift in französischer Sprache aufnehmen darf.

Er verhandelt also in einer Fremdsprache. Hierfür steht ihm eine Zusatzgebühr aus § 59 KostO zu. Die Gebühr des § 59 KostO ist im Gegensatz zu § 58 KostO die Hälfte der für die Beurkundung erwachsenen Gebühr. Stehen ihm für die Vollmacht gemäß §§ 32, 38 Abs. 2 Nr. 4 KostO 45,– DM zu, dann beträgt die Gebühr für die Verhandlung in fremder Sprache aus § 59 KostO nur 22,50 DM.

b) Beurkundet Notar X. mit dem Franzosen und seiner deutschen Ehefrau einen Ehevertrag mit einem Wert von 20000,– DM,

dann beträgt die Beurkundungsgebühr gemäß § 36 Abs. 2 KostO 180,– DM. Die Gebühr des § 59 KostO ist die Hälfte der entstandenen Gebühr. Diese würde an sich 90,– DM betragen. Jedoch dürfen auch im Rahmen des § 59 KostO nicht mehr als 60,– DM berechnet werden.

5 Die Wegegebühr kann auch entstehen, wenn das Beurkundungsgeschäft scheitert.

Y. bittet den Notar X., ihn in seiner Wohnung aufzusuchen und ein Testament zu beurkunden. Zur Vorbereitung hat er dem Notar bereits die wichtigsten Daten mitgeteilt und sein Vermögen mit 250000,– DM angegeben. Als der Notar in der Wohnung eintrifft, erklärt ihm Y., er habe es sich inzwischen anders überlegt und er wolle kein Testament machen.

Dann steht dem Notar zunächst nach der Rücknahme des Beurkundungsauftrages die Gebühr des § 130 Abs. 2 KostO zu. Die Gebühr beschränkt sich hier auf den geringfügigen Betrag von 30,– DM, selbst wenn der Notar erhebliche Zeit und Mühe auf die Vorbereitung des Testaments verwendet hat und praktisch schon einen fast vollständigen Testamentsentwurf gefertigt hat. Es steht ihm aber in diesem Falle auch die Wegegebühr zu, die auch dann erhoben werden darf, wenn der Weg angetreten worden ist, das Geschäft aber aus einem in der Person der Beteiligten liegenden Grund nicht ausgeführt wird (§ 58 Abs. 2 KostO). Die Wegegebühr beschränkt sich in diesem Falle nicht auf die Gebühr des § 130 Abs. 2 KostO, sondern beträgt hier volle 60,– DM. Die Gebühr des § 130 Abs. 2 KostO ist keine Beurkundungsgebühr bzw. keine für das Geschäft zu erhebende Gebühr im Sinne von § 58 Abs. 1 KostO.

6 Für die Gebühr aus § 58 Abs. 1 oder Abs. 3 haftet nur der Beteiligte, der sie veranlaßt hat.

a) Notar X. ist damit befaßt, ein Wohnungseigentumsprojekt zu verwirklichen. Nachdem er zunächst eine Teilungserklärung gemäß § 8 WEG beurkundet hat, sollen nunmehr die Kaufverträge mit 30 Wohnungseigentumsparteien beurkundet werden. Um sich die Arbeit zu erleichtern und insbesondere von der Möglichkeit des vereinfachten Verlesens von Serienurkunden gemäß § 13 Abs. 2 BeurkG Gebrauch zu machen, lädt er die Beteiligten, also 30 Ehepaare und die Vertreter der auf der Verkäuferseite stehenden Wohnungsbaugesellschaft in den Saal einer Gastwirtschaft zur Beurkundungsverhandlung ein.

In diesem Falle steht ihm für die Tätigkeit außerhalb seiner Geschäftsstelle keine Gebühr aus § 58 KostO zu, weil er nicht auf Antrag, sondern auf seinen eigenen Wunsch und zu seiner eigenen Bequemlichkeit außerhalb der Geschäftsstelle tätig geworden ist.

Das Verfahren ist hier beurkundungsrechtlich bedenklich. Nach der zutreffenden Ansicht der Bundesnotarkammer sollen mit § 13 Abs. 2 BeurkG keine Massenbeurkundungen ermöglicht werden. Vielmehr sollten höchstens fünf gleichlautende Urkunden in der Weise verlesen werden, daß nur von einer der gesamte Text und von den anderen nur die speziellen Abweichungen vorgelegen werden.

b) Variation dieses Falles:

> Die Wohnungsbaugesellschaft, die über geeignete Geschäftsräume verfügt, bittet den Notar, die Beurkundung der 30 Eigentumswohnungskaufverträge in ihren Räumen vorzunehmen. Die 30 Ehepaare finden sich dort zur Beurkundung ein.

Hier steht dem Notar, der auf Antrag, das heißt auf Verlangen der Verkäuferin außerhalb der Geschäftstelle tätig geworden ist, für jeden einzelnen der 30 Kaufverträge eine „Wegegebühr" zu. Es darf diese Gebühr jedoch nur der Verkäuferin in Rechnung stellen, wenn auch sicher die Möglichkeit besteht, daß die Verkäuferin sie auf Grund der vertraglichen Abmachungen mit den Käufern von diesen wieder hereinholen kann.

Diese Auffassung entspricht der jetzt herrschenden Meinung. Bis vor wenigen Jahren bestand Übereinstimmung, daß beide Vertragsparteien die Wegegebühr schuldeten, auch wenn nur eine von ihnen die Tätigkeit des Notars außerhalb der Geschäftstelle veranlaßt hatte. Man schloß das daraus, daß eine dem § 59 Abs. 2 KostO entsprechende Bestimmung in § 58 KostO fehlt. Nach den Entscheidungen des OLG Celle DNotZ 1963, 618, des KG DNotZ 1966, 749 des OLG Schleswig DNotZ 1970, 638 kann man es jetzt als absolut herrschende Meinung ansehen, daß die Wegegebühr, und das gleiche gilt auch für die Außerzeitgebühr, nur derjenige schuldet, der diese besonderen Tätigkeiten des Notars veranlaßt hat. Dieser Wechsel in der Rechtsprechung ist berechtigt. Die ältere Meinung war über § 59 KostO zu einem Fehlschuß gelangt. § 59 Abs. 2 KostO besagt, daß Schuldner der Zusatzgebühr nur derjenige sei, der die Vollmacht in fremder Sprache veranlaßt. Da eine entsprechende Bestimmung in § 58 KostO fehlt, hatte man geschlossen, daß jeder an dem Beurkundungsgeschäfte Beteiligte für die Wege- und Außerzeitgebühr hafte. Man hatte dabei übersehen, daß die Spezialvorschrift in § 59 Abs. 2 KostO in Ergänzung des allgemeinen Prinzips des § 5 Abs. 2 KostO notwendig war. Nach § 5 Abs. 2 KostO trägt nämlich derjenige, der durch seinen Antrag Mehrkosten veranlaßt, diese allein. Im Falle der Beurkundung in fremder Sprache fehlt es aber in der Regel an einem Antrag, da der Notar von Amts wegen (§ 16 BeurkG) in fremder Sprache zu verhandeln hat. Es ist daher nicht zulässig, von § 59 KostO aus einen Umkehrschluß auf § 58 KostO zu ziehen. Vielmehr gilt für die Wege- wie für die Außerzeitgebühr die allgemeine Regel des § 5 Abs. 2 KostO.

7 Die objektiven Voraussetzungen der „Wegegebühr" des § 58 Abs. 1 KostO sind eindeutig. Es kann nicht zweifelhaft sein, ob der Notar innerhalb oder außerhalb seiner Geschäftsräume tätig geworden ist, es kann allenfalls zweifelhaft sein, ob er aus eigenem Anlaß oder zu seiner Bequemlichkeit eine Beurkundung in seiner Privatwohnung, in der Wohnung eines Freundes oder an anderer Stelle vornimmt. Ob die Außerzeitgebühr begründet ist, kann dagegen in Einzelfällen zweifelhaft sein, s. unten 9. Einwandfrei gegeben ist sie, wenn der Notar am Sonntag in ein Krankenhaus gerufen wird, um ein Testament aufzunehmen. Hier ist neben der Außerzeitgebühr auch die Wegegebühr entstanden. Die Kostenberechnung lautet:

Geschäftswert: 80000,– DM	
Gebühr §§ 32, 46 Abs. 1 KostO	195,00 DM
Gebühr § 58 Abs. 1 KostO	60,00 DM
Gebühr § 58 Abs. 3 KostO	60,00 DM
	315,00 DM
Umsatzsteuer 5,5%	17,33 DM
	332,33 DM.

Eindeutig ist auch der folgende Fall:

Die Gesellschafter der M-GmbH treffen sich an einem Sonnabendnachmittag um 16 Uhr in den Geschäftsräumen des Notars, um dort eine Gesellschafterversammlung abzuhalten, in der das Kapital um 10000,– DM erhöht und ein weiterer Geschäftsführer gewählt wird. Die GmbH hat einen steuerlichen Betriebseinheitswert von 38000,– DM.

Dann ist folgende Kostenberechnung aufzustellen:

Geschäftswert	a)	10000,– DM
	b)	8000,– DM
		18000,– DM

Gebühr gemäß §§ 32, 47 KostO	180,00 DM
Gebühr gemäß § 58 Abs. 3 KostO	45,00 DM
	225,00 DM
Umsatzsteuer 5,5%	12,48 DM
	237,48 DM.

8 An folgendem Beispiel wird klar, daß es keine „Wegegebühr" und keine „Außerzeitgebühr" im Wortsinne, sondern nur zusätzliche Beurkundungsgebühren gibt.

In der gleichen Verhandlung wie vorstehend erklärt der Gesellschafter K. zusätzlich, daß er die 10000,– DM des erhöhten Kapitals übernehme (§ 55 Abs. 1 GmbHG).

Hier handelt es sich trotz der Einheit der Niederschrift um zwei verschiedene Beurkundungsformen: Die Tatsachenbeurkundung der Gesellschaftsbeschlüsse und die rechtsgeschäftliche Erklärung. Für jede Beurkundungsform sind nun die Gebühren aus § 58 KostO getrennt zu berechnen. Nach § 58 Abs. 1 Satz 2 KostO wird zwar beim Zusammentreffen mehrerer Erklärungen in einer Urkunde die Gebühr aus § 58 Abs. 1 KostO nur einmal nach den zusammengerechneten Werten berechnet. Entsprechendes gilt für die Außerzeitgebühr nach § 58 Abs. 3 Satz 2 KostO. Diese Bestimmung bezieht sich aber nur auf die jeweilige Beurkundungsform. Die Kostenberechnung lautet:

Geschäftswert: a) 18000,– DM wie Beispiel b)
b) 10000,– DM

Gesellschafterversammlung	
Gebühr a) §§ 32, 47 KostO	180,00 DM
§ 58 Abs. 3 KostO	45,00 DM
Übernahmeerklärung	
Gebühr b) §§ 32, 36 Abs. 1 KostO	60,00 DM
§ 58 Abs. 3 KostO	30,00 DM
	315,00 DM
Umsatzsteuer 5,5%	17,33 DM
	332,33 DM.

9 Zweifelhafte und Grenzfälle:

§ 58 Abs. 3 KostO geht von einer Bürozeit von 8 bis 18 Uhr, Sonnabends bis 13 Uhr aus. Die meisten Notare haben Sonnabends keine Sprechstunde. Beurkunden sie ausnahmsweise am Sonnabend vor 13 Uhr, so entsteht keine Zusatzgebühr, auch wenn der Notar dem Zuge der Zeit folgend am Sonnabend grundsätzlich nicht dienstbereit ist.

Notar G. hat auf seinem Namensschild und auf seinen Briefbogen angegeben: „Sprechstunden von 15 bis 19 Uhr". Gleichwohl berechnet er für jede Beurkundungstätigkeit nach 18 Uhr eine Zusatzgebühr nach § 58 Abs. 3 KostO. Das ist nicht zulässig.

Nach seinem Wortlaut billigt § 58 Abs. 3 KostO dem Notar zwar eine Zusatzgebühr zu, wenn er nach 18 Uhr tätig wird. Wenn er sich aber selbst erbietet, nach 18 Uhr Beurkundungen vorzunehmen, darf er diese Gebühr nicht erheben (Rohs-Wedewer, § 58 Anm. IIc), bzw. er darf sie frühestens ab 19 Uhr berechnen.

Notar B. bestellt die Eheleute H. auf 17 Uhr zwecks Beurkundung eines Ehevertrages. Die Eheleute H. erscheinen auch pünktlich um 17 Uhr in der Notariatskanzlei. Wider Erwarten zieht sich die auf 16.30 Uhr angesetzte Beurkundung eines Erbauseinandersetzungsvertrages so lange hin, daß die Beurkundung erst um 18 Uhr beginnt.

Hier fehlt es an einem Verlangen der Beteiligten nach einer Beurkundung zur Unzeit. Der Notar darf hier die Gebühr aus § 58 Abs. 3 KostO nicht berechnen, OLG Düsseldorf 67, 513 = JVBl. 67, 135.

Die Eheleute H. erscheinen erst um 17.45 Uhr im Büro des Notars, der in diesem Augenblick noch mit einem Grundstückskaufvertrag beschäftigt ist. Die Beurkundungsverhandlung beginnt erst um 18.10 Uhr.

Hier ist die Gebühr aus § 58 Abs. 3 KostO entstanden. Sie würde auch dann entstehen, wenn die Beurkundung schon um 17.50 Uhr begonnen, sich aber bis 18.20 Uhr hingezogen hätte. Wer so spät kommt, muß damit rechnen, daß der Notar das Amtsgeschäft nicht bis 18 Uhr erledigen kann. Er verlangt damit zumindest durch schlüssiges Verhalten, daß der Notar auch nach 18 Uhr für ihn tätig wird.

10 Kombinationen von § 58 Abs. 1, § 58 Abs. 3 und § 59 KostO.

a) Notar Kluge, der der englischen Sprache mächtig ist, wird am Sonntag in ein Krankenhaus gerufen, um dort ein Testament des englischen Staatsangehörigen Tom Miller zu beurkunden. Tom Miller erklärt seinen Willen in englischer Sprache. Der Notar beurkundet auf Millers Antrag gemäß § 5 Abs. 2 BeurkG in dieser Sprache. Tom Miller gibt den Wert seines Reinvermögens mit 500000,– DM an.

Hier ist folgende Kostenberechnung aufzustellen:

Geschäftswert: 500000,– DM	
Gebühr gemäß §§ 32, 46 Abs. 1 KostO	825,– DM
Gebühr gemäß § 58 Abs. 1 KostO	60,– DM
Gebühr § 58 Abs. 3 KostO	60,– DM
Gebühr gemäß § 59 KostO	60,– DM

nebst Schreibauslagen und Umsatzsteuer.

b) Notar Kluge wird in die Wohnung eines amerikanischen Ehepaares gerufen, und zwar ausdrücklich nach 19 Uhr, um dort einen Grundstückskaufvertrag zwischen den Amerikanern und einem deutschen Ehepaar über ein Wochenendgrundstück für 30000,– DM zu beurkunden. Da die Amerikaner der deutschen Sprache nicht mächtig sind, wird ein Dolmetscher hinzugezogen. Protokolliert wird in deutscher Sprache.

Die Kostenberechnung lautet:

Geschäftswert: 30000,– DM	
Gebühr gemäß § 32, 36 Abs. 2 KostO	230,00 DM
Gebühr gemäß § 58 Abs. 1 KostO	57,50 DM
Gebühr gemäß § 58 Abs. 3 KostO	57,50 DM
Gebühr gemäß § 59 KostO	60,00 DM

nebst Schreibauslagen, Kosten des Dolmetschers und Umsatzsteuer.

Die Gebühr aus § 59 KostO ist hier etwas höher, weil sie die Hälfte der entstandenen Gebühr ist (20/10 : 2 = 10/10), jedoch nicht mehr als 60,– DM.

Kostenschuldner der Gebühr aus § 59 KostO sind allein die Amerikaner. Ob die deutschen Vertragsparteien für die Wegegebühr und Außerzeitgebühr haften, hängt davon ab, ob auch sie die Verhandlung in der Wohnung des amerikanischen Ehepaares gewünscht haben. Falls das nicht der Fall war, haften auch für diese Gebühr die Amerikaner allein.

11 Da der Notar nun einmal da ist, bitten ihn die amerikanischen Eheleute, auch noch eine Vollmacht zu entwerfen und ihre Unterschrift zu beglaubigen.

Obwohl er sich zur Vorbereitung seines Entwurfs mit den Amerikanern in englischer Sprache unterhält, liegt hier keine Verhandlung in fremder Sprache vor. § 59 KostO ist nur anzuwenden, wenn es sich um eine Beurkundungsverhandlung im Sinne von §§ 8ff. BeurkG handelt.

12 Streitig ist die Frage, ob § 59 KostO auch auf Gesellschaftsbeschlüsse anzuwenden ist. Falls der seltene Fall eintreten sollte, daß ein Versammlungsprotokoll in fremder Sprache verlesen wird, oder der Notar bei der Beurkundung von Beschlüssen einer Gesellschafterversammlung einen Dolmetscher zuziehen muß, wird auf OLG Frankfurt, DNotZ 1961, 610 und Rohs-Wedewer, § 59 Anm. I einerseits und Beushausen-Küntzel-Kersten-Bühling, KostO, 5. Auflage, § 59 Anm. 1 andererseits verwiesen. Ich stimme mit BKB a. a. O. darüber überein, daß in solchen Fällen den Notaren nicht die Gebühr aus § 59 Abs. 1 KostO zusteht, wohl aber eine halbe Gebühr nach § 147 Abs. 1 KostO zugebilligt werden kann.

III. Teil

37. KAPITEL

Entwurfsgebühr, § 145 KostO

Da eine große Zahl von Notariatsurkunden in der Form des Entwurfs mit Unterschriftsbeglaubigung beurkundet wird, begegnen uns der Entwurf und die Entwurfsgebühr zwangsläufig in vielen Beispielen dieses Bandes. Hier soll nun eine kurze Zusammenfassung gegeben werden.

1 I. Der Entwurf mit Unterschriftsbeglaubigung beherrscht den Praxisalltag. Er ist, von wenigen Ausnahmefällen abgesehen, völlig unproblematisch.

Entwirft der Notar eine rechtsgeschäftliche Erklärung und beglaubigt er darunter die Unterschrift eines oder mehrerer Beteiligter, so steht ihm für den Entwurf gemäß § 145 Abs. 1 KostO die Beurkundungsgebühr zu, durch die auch zugleich die erste Unterschriftsbeglaubigung abgegolten wird.

Entwirft der Notar eine abstrakte Löschungsbewilligung bezüglich einer Grundschuld im Betrage von 10000,– DM und beglaubigt er darunter die Unterschrift des Gläubigers, dann lautet die Kostenberechnung:

Geschäftswert: 10000,– DM	
Gebühren: §§ 32, 145 Abs. 1, 38 Abs. 2 Nr. 5a KostO =	30,00 DM
Umsatzsteuer 5,5%	1,65 DM
	31,65 DM.

2 Bei solchen Kostenberechnungen ist auf die richtige und vollständige Angabe der Gebührenbestimmungen zu achten. Unzureichend wäre: „§§ 32, 38 Abs. 2 Nr. 5a KostO". Hier fehlt § 145 Abs. 1 KostO, denn nur auf Grund dieser Vorschrift ist der Notar berechtigt, die Beurkundungsgebühr zu erheben. Falsch wäre aber auch „§§ 32, 145 Abs. 1 KostO". Hier fehlt die eigentliche Beurkundungsgebühr. Denn der § 145 Abs. 1 KostO besagt lediglich, daß die gleiche Gebühr zu erheben ist, die in Betracht kommen würde, wenn das Geschäft in Form einer Niederschrift beurkundet worden wäre. Es sind also § 145 Abs. 1 KostO und die Beurkundungsgebühr nebeneinander anzuführen.

Falsch wäre schließlich auch „§§ 32, 45, 145, 38 Abs. 2 Nr. 5a KostO", denn der § 45 KostO, die Gebührenvorschrift für eine Unterschriftsbeglaubigung, entfällt ja gerade, weil gemäß § 145 Abs. 1 KostO die erste Unterschriftsbeglaubigung durch die Beurkundungsgebühr abgegolten wird.

3 Für den Entwurf einer löschungsfähigen Quittung hinsichtlich einer Hypothek im Betrage von 20000,– DM ist aus den §§ 32, 145 Abs. 1, 36 Abs. 1 KostO eine volle Gebühr von 65,– DM anzusetzen. Die volle Gebühr aus § 36 Abs. 1 KostO entsteht, weil die löschungsfähige Quittung materiellrechtliche Erklärung und keine Grundbucherklärung im Sinne von § 38 Abs. 2 Nr. 5a KostO ist. Anfänger machen oft den Fehler, für den Entwurf immer nur eine halbe Gebühr zu berechnen. Maßgeblich ist aber die Beurkundungsgebühr, die entstanden wäre, wenn der Notar die Erklärung in Form der Niederschrift beurkundet hätte.

4 Der Notar entwirft ein Testament, läßt es von dem Erblasser eigenhändig schreiben und unterschreiben und beglaubigt sodann die Unterschrift. Der Erblasser verfügt über einen Reinnachlaß von 50000,– DM. Die Form wird gewählt, weil der Erblasser auf keinen Fall die amtliche Verwahrung wünscht, andererseits aber auch keinen Erbvertrag errichten will. Vgl. dazu die Erörterungen zu Testamenten und Erbverträgen, Kap. 29, 6. Da § 145 Abs. 1 KostO nicht nur für rechtsgeschäftliche Erklärungen unter Lebenden, sondern in dem möglichen Rahmen auch für Verfügungen von Todes wegen gilt, bedeutet die Kostenberechnung dann:

Geschäftswert: 50000,– DM
Gebühr §§ 32, 145 Abs. 1, 46 Abs. 1 KostO 150,– DM
nebst Umsatzsteuer.

5 Der Notar entwirft den Gesellschaftsvertrag einer bürgerlich-rechtlichen Gesellschaft und beglaubigt die Unterschriften. Beteiligt sind die Gesellschafter A., B. und C., die zusammen 120000,– DM einbringen. Grundstücke werden nicht eingebracht, so daß die Form des Entwurfs mit Unterschriftsbeglaubigung möglich ist. Dann lautet die Kostenberechnung:

Geschäftswert: 120000,– DM (Summe der Einlagen)
Gebühren: §§ 32, 145 Abs. 1, 36 Abs. 2 KostO 510,– DM
nebst Umsatzsteuer.

6 Durch die Beurkundungsgebühr wird gemäß § 145 Abs. 1 KostO nur die erste Unterschriftsbeglaubigung abgegolten.

Da A., B. und C. nicht zur gleichen Zeit vor dem Notar erscheinen können, beglaubigt der Notar unter dem von ihm entworfenen Gesellschaftsvertrag zunächst am 1. 4. 1976 die Unterschriften des A. und des B. C. kann erst am 20. 4. 1976 erscheinen, setzt an diesem Tage seine Unterschrift unter den Vertrag, die sodann von dem Notar beglaubigt wird.

In diesem Falle erhält der Entwurf mit Unterschriftsbeglaubigung bezüglich des A. und B. eine Nummer der Urkundenrolle unter dem 1. April 1976 und die Unterschriftsbeglaubigung des C. eine weitere Nummer der Urkundenrolle unter dem 20. 4. 1976. Es sind demnach also auch zwei Kostenberechnungen aufzustellen, nämlich bezüglich des Entwurfs mit Unterschriftsbeglaubigung von A. und B.

Geschäftswert: 120000,– DM
Gebühren: §§ 32, 145 Abs. 1, 36 Abs. 2 KostO 510,– DM
(also genau wie bei dem vorstehenden Beispiel).

Bezüglich des zweiten Vorgangs lautet die Kostenberechnung:

Geschäftswert: 120 000,– DM
Gebühren: §§ 32, 45 Abs. 1 KostO 63,80 DM
nebst Umsatzsteuer.

Denn nur die erste Unterschriftsbeglaubigung, also die der Gesellschafter A. und B. wird durch die Beurkundungsgebühr abgegolten. Die spätere Unterschriftsbeglaubigung ist ein eigener Vorgang, für den eine selbständige Kostenberechnung aufzustellen ist.

Verfehlt wäre es in dem letzten Falle, als Geschäftswert nur die Einlage des C. mit 40 000,– DM anzunehmen. Es handelt sich nicht um den Fall der Zustimmung eines Mitberechtigten im Sinne von § 40 KostO. Deshalb ist auch hier der volle Geschäftswert von 120 000,– DM maßgeblich, vgl. Kap. 14, 15.

7 Der § 145 Abs. 1 KostO gilt nur für den Entwurf rechtsgeschäftlicher Erklärungen. Entwirft der Notar N. den Beschluß der Gesellschafterversammlung einer GmbH, durch den zwei neue Geschäftsführer gewählt werden – dieser Beschluß bedarf keiner Form und im Grunde auch keiner Beglaubigung – und beglaubigt er auf Wunsch der Gesellschafter die Unterschriften der Gesellschafter unter dem Entwurf, dann steht ihm, wie auch in Kapitel 34, 4 ausgeführt, hierfür nicht die 20/10-Gebühr aus § 47 KostO zu. Vielmehr entsteht eine halbe Gebühr aus § 147 Abs. 1 KostO und eine Viertelgebühr aus § 45 KostO. Da für den Entwurf tatsächlicher Erklärungen und tatsächlicher Feststellungen eine Gebühr in der Kostenordnung nicht vorgesehen ist, greift die Generalklausel des § 147 Abs. 1 KostO ein. Daneben entsteht die Gebühr des § 45 KostO, da die Unterschriftsbeglaubigung nur im Falle des § 145 Abs. 1 abgegolten wird.

8 Grenzfälle gibt es, wenn dem Notar eine nicht von ihm entworfene Erklärung vorgelegt wird mit dem Ersuchen, die Unterschrift zu beglaubigen, und wenn sich dann herausstellt, daß die Erklärung noch der Ergänzung bedarf. Der Notar hat zwar den Inhalt ohne besonderen Auftrag nicht zu überprüfen. Er darf aber z. B. mit Rücksicht auf § 40 Abs. 5 BeurkG Unterschriften unter lückenhaften Erklärungen nicht ohne weiteres beglaubigen, wird also mit den Beteiligten zunächst versuchen, diese Lücken zu schließen. Wenn der Notar nur unwesentliche Änderungen oder Ergänzungen vorzunehmen hat, so wird das durch die Beglaubigungsgebühr abgegolten. Handelt es sich dagegen um wesentliche Änderungen oder Ergänzungen, so entsteht damit die Entwurfsgebühr des § 145 Abs. 1 KostO. Als wesentlich könnte man ansehen, wenn in der vorgelegten Bewilligung einer Grundschuld noch die richtige Grundbuchbezeichnung einzusetzen wäre (Korintenberg-Wenz-Ackermann-Lappe, KostO, 8. Auflage, § 145 Anm. IX 2). Dabei können schwierige Kostenfragen hinsichtlich des Umfanges des Entwurfs entstehen, auf die im Rahmen dieses Buches nicht näher eingegangen werden kann.

9 II. So einfach die Dinge im allgemeinen beim Entwurf mit Unterschriftsbeglaubigung liegen, so schwierig kann die Sach- und Rechtslage bei sonstigen

Entwürfen sein, sei es, daß sie für einen selbständigen Zweck gefertigt, sei es, daß sie eine Beurkundung vorbereiten sollen. Hier sind drei Grundfälle zu unterscheiden:

a) Wird von dem Notar ein Entwurf für einen selbständigen Zweck gefertigt, dann steht ihm gemäß § 145 Abs. 1 KostO die Beurkundungsgebühr zu, die unter Umständen auf eine spätere Beurkundung angerechnet wird.

b) Hat der Notar einen Beurkundungsauftrag erhalten und den Beteiligten auf ihren Wunsch vorher einen Entwurf zugeschickt, dann steht ihm, wenn es sich um ein der Beurkundung bedürftiges Rechtsgeschäft handelt und die Beurkundung aus Gründen entfällt, die der Notar nicht zu vertreten hat, gemäß § 145 Abs. 3 KostO die Beurkundungsgebühr zu, jedoch nicht mehr als eine volle Gebühr.

c) Dazwischen steht der Fall, daß der Entwurf eines genehmigungspflichtigen Geschäfts gefertigt wird, um noch vor der Beurkundung festzustellen, ob mit der Genehmigung des Geschäfts zu rechnen ist. Diese Bestimmung steht im Zusammenhang mit § 31 DONot, auf den hier ausdrücklich verwiesen wird, vgl. dazu unten 10h.

Wie schon die Einschränkung auf beurkundungspflichtige Geschäfte in § 145 Abs. 3 KostO zeigt, kann aber der Fall eintreten, daß der Notar, obwohl er einen Entwurf gefertigt hat, nur die halbe Gebühr aus § 57 KostO (höchstens 100,– DM) für eine erfolglose Verhandlung oder sogar nur die 1/4-Gebühr aus § 130 Abs. 2 KostO (höchstens 30,– DM) nach Rücknahme des Beurkundungsauftrages erhält.

10 Erfahrungsgemäß kommt es besonders häufig zu Kostenstreitigkeiten wegen der Entwurfsgebühr, wenn der Notar bereits auf Ersuchen oder Anruf eines Maklers einen Vertragsentwurf gefertigt hat und es dann nicht zur Beurkundung kommt. Jeder Notar sollte es sich deshalb zum Grundsatz machen:

a) keinen Entwurf zu fertigen, ohne eindeutig klargestellt zu haben, wer der Auftraggeber ist. Für den Fall, daß mehrere Auftraggeber in Betracht kommen, vgl. OLG Frankfurt DNotZ 71, 612 = Rpfleger 61, 339 und LG Aachen RhNotK 70, 619.

b) Behauptet ein Makler, in Vollmacht eines Kaufinteressenten zu handeln, kann er aber seine Vertretungsmacht nicht nachweisen bzw. stellt sich in einem anschließenden Beschwerdeverfahren nach § 156 KostO heraus, daß der Makler nicht bevollmächtigt war, dann soll man ihn als Vertreter ohne Vertretungsmacht in Anspruch nehmen, KG Rechtspfleger 1971, 193, vgl. auch Kap. 2, 3.

c) Der Notar sollte keinen Entwurf anfertigen, ohne vorher mit dem Auftraggeber eindeutig den Inhalt und Umfang des Entwurfsauftrages sicherzustellen. Er soll insbesondere im Falle des § 145 Abs. 3 KostO bedenken, daß er etwa für den Entwurf eines umfangreichen OHG-Vertrages ohne Einbringung von Grundstücken, also eines Vertrages, der keiner Form bedarf, praktisch für 30,– DM arbeiten muß (§ 130 Abs. 2 KostO), wenn er zwar den Entwurf gefertigt und den Beteiligten zugeschickt hat, diese dann aber den Beurkundungsauftrag zurückgenommen haben.

11 Die Voraussetzungen des § 145 Abs. 1 u. 3 KostO sollen nun an *Beispielen* erläutert werden:

a) A. und B. wollen einen Erbbaurechtsvertrag zwecks Errichtung einer umfangreichen Wohnanlage abschließen. Die Finanzierung ist noch nicht gesichert. Die Kreditinstitute verlangen von den Beteiligten die Vorlage eines Entwurfes des geplanten Erbbaurechtsvertrages. Die Beteiligten beauftragen den Notar, einen solchen Entwurf herzustellen und stellen ihm in Aussicht, daß er den Vertrag später beurkundet.

Dies ist der typische Fall eines Entwurfs für einen selbständigen Zweck. Der Entwurf dient einem selbständigen Zweck, nämlich der Kreditbeschaffung. Dem Notar steht die volle Beurkundungsgebühr, also 20/10 aus § 36 Abs. 2 KostO in Verbindung mit § 145 Abs. 1 KostO zu.

b) Der Entwurf muß sich aber auf ein bestimmtes Rechtsgeschäft beziehen. Keine Entwurfsgebühr entsteht daher in folgenden Fällen:

aa) Die Wohnungsbaugesellschaft X. ist sich darüber klar geworden, daß sie erhebliche Kosten spart, wenn sie Teilungserklärungen für ihre Wohnungseigentumsprojekte nach § 8 WEG in Zukunft nur noch beglaubigen läßt. Sie beauftragt den Notar N., für sie ein Muster einer solchen Teilungserklärung zu entwerfen.

bb) Ein Möbelhändler beauftragt den Notar N., ihm ein Vertragsmuster für einen Möbelabzahlungskaufvertrag zu entwerfen oder der Bankier B. beauftragt den Notar N., ihm das Muster eines Sicherungsübereignungsvertrages zu entwerfen.

Alle derartigen Entwürfe stellen überhaupt kein notarielles Amtsgeschäft im Sinne der Kostenordnung dar. Hier kann der Notar Gebühren frei vereinbaren.

c) A. und B. beauftragen den Notar mit der Beurkundung eines Grundstückskaufvertrages, bitten ihn aber, ihnen vorher schon einen Entwurf zwecks Verhandlungen mit Kreditinstituten zu übersenden, weil sie sich über die Art der Finanzierung noch nicht völlig einig sind.

Hier ist dem Notar zwar ein Beurkundungsauftrag erteilt. Das schließt aber nicht aus, daß der Entwurf gleichzeitig für einen selbständigen Zweck erfordert wird. Beurkundungsauftrag und selbständiger Zweck schließen sich also nicht aus, so daß für den Fall, daß die Beurkundung nicht zustande kommt, dem Notar die volle 20/10-Gebühr aus § 36 Abs. 2 KostO in Verbindung mit § 145 Abs. 1 KostO zusteht, vgl. dazu im einzelnen Korintenberg-Wenz-Ackermann-Lappe, 8. Aufl., § 145 Fußn. 2a mit weiteren Nachweisen.

d) Wird dem Notar ein Beurkundungsauftrag erteilt und beschränkt er sich auf die Vorbereitung der Beurkundung, so entsteht keine Gebühr aus § 145 KostO. Zum Beispiel A. und B. vereinbaren mit dem Notar fernmündlich einen Termin zur Beurkundung eines Grundstückskaufvertrages, bitten ihn das Grundbuch einzusehen und die Beurkundung für einen bestimmten Termin vorzubereiten. Zu dem Beurkundungstermin erscheinen die beiden Beteiligten auch. Während der Verhandlung ergeben sich jedoch Zweifel, so daß die Beteiligten von der Beurkundung Abstand nehmen.

Obwohl der Notar hier einen vollständigen Vertragsentwurf hergestellt hatte um die Beurkundung zügig durchführen zu können, steht ihm hier keine Entwurfsgebühr zu. Der Entwurf ist nicht für einen selbständigen Zweck gefertigt. Die Beteiligten haben sich von dem Notar auch nicht vorher eine Entwurfsabschrift zuschicken lassen. Der Notar erhält hier also nur eine 5/10 Gebühr aus § 57 KostO für eine erfolglose Verhandlung, jedoch nicht mehr als 100,– DM. Auch diese Gebühr setzt noch voraus, daß förmlich in die Beurkundungsverhandlung eingetreten worden ist, wenn auch noch nicht mit der Verlesung begonnen zu sein braucht. Vorbesprechungen mit den Beteiligten fallen noch nicht darunter. Großzügiger und m. E. bedenklich bezüglich vorangegangener Verhandlungen mit den Beteiligten zeigt sich jetzt das Kammergericht im Beschluß vom 26. 3. 1976 1W1052/75.

e) So liegt es im folgenden *Beispiel:*

A. und B. haben den Notar beauftragt, die Beurkundung eines Grundstückskaufvertrages vorzubereiten. Sie haben ihn auch einmal gemeinsam aufgesucht, um ihm nähere Informationen zu geben, und mit ihm einen Termin zur Beurkundung vereinbart. Noch vor dem Termin teilen sie dem Notar jedoch mit, daß sie es sich anders überlegt hätten und von der Beurkundung Abstand nehmen würden.

In diesem Falle steht dem Notar nur 1/4 Gebühr aus § 130 Abs. 2 KostO nach Rücknahme des Beurkundungsauftrages zu, höchstens 30,– DM, auch wenn er einen vollständigen Vertragsentwurf bereits hergestellt hatte, nach Ansicht des KG a. a. O. aber die Gebühr aus § 57, höchstens 100,– DM, da nach Ansicht des KG gemeinsame Vorbesprechungen schon Beginn der Verhandlung sein können.

Höchst streitig ist, ob der Notar neben der Gebühr aus § 130 Abs. 2 KostO eine Gebühr (Beratungsgebühr und dergl.) aus § 147 Abs. 1 KostO berechnen darf. Dafür spricht, daß in § 147 Abs. 2 KostO der § 57 KostO erwähnt wird, nicht aber § 130 Abs. 2 KostO. Das ist die Ansicht von Korintenberg-Wenz-Ackermann, KostO, 8. Auflage, § 147 Fußn. 3. Andererseits schließen z. B. Rohs-Wedewer, § 57 Anm. IIIa 2 aus dem nur subsidiären Charakter des § 147 KostO, daß eine Gebühr aus § 147 KostO nicht in Betracht komme, wenn der Notar für seine Amtstätigkeit eine Gebühr aus § 130 Abs. 2 KostO erhalte (so auch das alte Kammergericht DNotZ 1943, 157). Dem dürfte grundsätzlich zuzustimmen sein. Jedoch muß man m. E. dem Notar eine Gebühr aus § 147 Abs. 1 KostO zubilligen, wenn er sie auch neben der Beurkundungsgebühr erhalten hätte. Doch ist hier Vorsicht geboten. Ein Anwaltsnotar, der Dozent für öffentliches Recht ist, erhielt zugleich mit dem Beurkundungsauftrag den Auftrag, die wegen der besonderen Lage des Grundstücks zweifelhafte Bebaubarkeit nach öffentlichem Recht zu prüfen. Das war zwar eine Tätigkeit, die nicht das Amtsgeschäft als solches gefördert hätte, sondern eine Voraussetzung für die Willensbildung der Beteiligten war. Gleichwohl liegt diese Tätigkeit nach KG vom 26. 3. 1976 1 W 1052/75 noch im Rahmen des § 17 Beurk.Ges. und löst keine Gebühr nach § 147 KostO aus.

f) Hat der Notar aber einen Entwurf auf Erfordern übersandt, dann kommt eine volle Gebühr aus § 145 Abs. 3 KostO in Betracht. Zum *Beispiel*

> A. und B. haben den Notar beauftragt, einen Grundstückskaufvertrag vorzubereiten, das Grundbuch einzusehen und ihnen einen Entwurf zuzusenden. Nachdem sie den Entwurf erhalten haben, teilen sie ihm jedoch mit, daß sie es sich anders überlegt hätten und von der Beurkundung Abstand nehmen würden.

Hier sind die Voraussetzungen des § 145 Abs. 3 KostO gegeben, nämlich:
- der Notar hat einen Beurkundungsauftrag erhalten,
- er hat auf Erfordern einen Entwurf der Urkunde für den Kaufvertrag ausgehändigt,
- die Beurkundung ist aus Gründen unterblieben, die er nicht zu vertreten hat.

Er darf also eine Entwurfsgebühr nach § 145 KostO berechnen, jedoch nur eine volle Gebühr.

Entscheidend kommt es hier darauf an, daß die Beteiligten den Entwurf von ihm erfordert haben. In einer Notariatskostenbeschwerdesache hatte sich der Notar dahin eingelassen, daß es in seinem Büro üblich wäre, den Beteiligten vorher Entwürfe der vorgesehenen Beurkundungen zuzusenden. Eine solche Übung des Notars reicht selbstverständlich nicht aus, um eine Entwurfsgebühr zu begründen, die nur dann entsteht, wenn die Beteiligten von sich aus die Zusendung des Entwurfs gefordert haben.

g) Die Entwurfsgebühr des § 145 Abs. 3 KostO steht dem Notar nur zu, wenn es sich um den Entwurf eines Rechtsgeschäfts handelt, das der notariellen Beurkundung bedarf. Wird der Notar z. B. ersucht, die Beurkundung eines GmbH-Gründungsvertrages vorzubereiten, und den Auftraggebern vorher einen Entwurf zuzusenden, so darf er für den Entwurf 10/10 berechnen, wenn die Auftraggeber den Beurkundungsauftrag zurücknehmen. Handelt es sich dagegen nicht um eine Kapitalgesellschaft, die nur durch einen beurkundeten Vertrag gegründet werden kann, sondern um eine Personalgesellschaft, die auch formlos vereinbart werden kann, dann kommt § 145 Abs. 3 KostO nicht in Betracht, mag es sich auch um einen noch so komplizierten Vertrag, etwa einer GmbH & Co.KG handeln. Einer Form bedürfte dieser Vertrag nur nach § 313 BGB, wenn Grundstücke oder nach § 15 GmbHG, wenn GmbH-Anteile in die Gesellschaft eingebracht werden.

Bezieht sich der dem Notar erteilte Beurkundungsauftrag auf einen Mietvertrag, dann ist § 145 Abs. 3 KostO nur anzuwenden, wenn in dem Vertrag eine Unterwerfung unter die Zwangsvollstreckung wegen der Miete vorgesehen ist oder etwa mit dem Miet- oder Pachtvertrag ein Vertrag über die Einräumung eines Vorkaufsrechts verbunden werden soll, der als eine bedingte Verpflichtung zur Veräußerung eines Grundstücks der Form des § 313 BGB bedarf.

h) Wenig Gebrauch wird in der Praxis von der Möglichkeit des § 145 Abs. 2 KostO gemacht. Nach den Erfahrungen des Verfassers kommt es sehr selten vor, daß einer Behörde schon vor der Beurkundung der Entwurf eines Vertrages zugesandt wird, um eine Entschließung über die behördliche Genehmigung herbeizuführen. Geschieht dies, so steht dem Notar für die Herstellung des

Entwurfs höchstens eine volle Gebühr zu. Der Gesetzestext ist hier sehr verklausuliert, wenn er davon spricht, daß dem Notar die Hälfte der für die Beurkundung bestimmten Gebühr, mindestens aber eine volle Gebühr, jedoch nicht mehr als die für die Beurkundung entstandene Gebühr zusteht, wenn diese geringer ist, als eine volle Gebühr. Das heißt übersetzt, daß dem Notar für den Entwurf eines Vertrages, eines Angebots und einer sonstigen materiell-rechtlichen Erklärung eine volle Gebühr zusteht, für alle durch § 38 KostO begünstigten Erklärungen jedoch nur die in § 38 KostO vorgesehenen geringeren Gebühren.

12 Kommt es auf Grund eines von dem Notar hergestellten Entwurfs zu einer Beurkundung, so sind die entstandenen Gebühren, sei es des § 145 Abs. 1 KostO, sei es des § 145 Abs. 3 KostO oder Abs. 2, auf die Beurkundungsgebühr anzurechnen. Hat der Notar also zunächst einmal für einen selbständigen Zweck einen Grundstückskaufvertrag entworfen und entschließen sich die Parteien, nachdem auch auf Grund des Entwurfs die erforderlichen Kredite beschafft wurden, zur Beurkundung, dann entsteht die 20/10 Gebühr des § 36 Abs. 2 KostO nur einmal. Oder hat der Notar, der bereits einen Beurkundungsauftrag hatte, den Beteiligten den Entwurf vorher zugesandt, so ist die dafür entstandene 10/10 Gebühr auf die 20/10 Gebühr anzurechnen.

38. KAPITEL

Vollzugs- und Betreuungsgebühren

Die Entscheidung darüber, ob neben den Gebühren eines Beurkundungsgeschäfts weitere Vollzugs- oder Betreuungsgebühren aus § 146 Abs. 1 KostO oder § 147 Abs. 1 KostO in Betracht kommen, macht in der Praxis häufig Schwierigkeiten. Wenn § 147 Abs. 1 KostO gegeben ist, tritt die weitere Unsicherheit über die Höhe des Geschäftswertes hinzu. Es gibt hierzu eine umfangreiche Kasuistik. Entsprechend dem Zweck dieses Buches als einer Einführung beschränkt sich die folgende Darstellung auf die Grundsätze, bei deren konsequenter Anwendung sich dann aber jeder Einzelfall lösen läßt.

1 § 147 Abs. 1 KostO gewährt dem Notar für eine Tätigkeit, die nicht durch eine andere Gebühr abgegolten wird, die Hälfte der vollen Gebühr. Da für Beurkundungen aller Art die entsprechenden Beurkundungsgebühren zur Verfügung stehen (z. B. §§ 36, 37, 38, 42, 50, 52 KostO usw.), können nur Betreuungs- und Vorsorgetätigkeiten unter § 147 Abs. 1 KostO subsumiert werden, niemals ein Beurkundungsgeschäft.

§ 147 Abs. 1 KostO besagt, daß es grundsätzlich keine notarielle Amtstätigkeit ohne eine Gebühr gibt. Im Gegensatz dazu darf gemäß § 1 KostO oder § 1 GKG für eine gerichtliche Tätigkeit eine Gebühr nur erhoben werden, wenn sie im Gesetz ausdrücklich dafür bestimmt ist.

Der Notar hat also grundsätzlich für jede Amtstätigkeit eine Gebühr zu erheben und gegebenenfalls auf § 147 Abs. 1 KostO zurückzugreifen.

2 Von dem Grundsatz des Abs. 1 macht § 147 Abs. 2 KostO die wichtige Ausnahme, daß Vollzugs- und Betreuungstätigkeiten gebührenfrei vorzunehmen sind, wenn es sich um Nebentätigkeiten zu Beurkundungsgeschäften oder sonstigen Amtsgeschäften im Sinne von § 35 KostO handelt. Um das gebührenfreie Nebengeschäft von der gebührenpflichtigen Betreuungstätigkeit des § 147 Abs. 1 KostO abzugrenzen, hat die Kostenrechtsprechung den Unterschied zwischen Amtsgeschäft und Geschäft der Beteiligten herausgearbeitet (vgl. z. B. OLG München DNotZ 1942, 266 und KG DNotZ 1958, 658). Danach ist jede Tätigkeit, die dem Vollzug des eigentlichen Beurkundungsgeschäfts dient, also alles was der Notar tut, um eine Eintragung oder Löschung im Grundbuch, in einem Register usw. zu erreichen, gebührenfreies Nebengeschäft. Alles, was er darüber hinaus unternimmt, um das Geschäft der Beteiligten zu fördern, ist gebührenpflichtig nach § 147 Abs. 1 KostO. Ein typisches Beispiel ist die Rangbestätigung. Wird die Bewilligung einer Hypothek beurkundet, so hat der Notar sie dem Grundbuchamt einzureichen, und alles was er tut, um der Hypothek den vorgesehenen Rang zu verschaffen und daß sie so eingetragen wird, ist gebührenfreies Nebengeschäft. Teilt der Notar aber auftragsgemäß dem Kreditinstitut mit, daß er die Urkunde eingereicht habe und daß die Hypothek den vorgesehenen Rang erhalten werde, so geht das darüber hinaus. Die Eintragung der Hypothek wird dadurch nicht gefördert, vielmehr das Geschäft der Beteiligten, weil die Bank sich auf Grund der Rangbestätigung des Notars bereitfindet, die Valuta bereits vor der Eintragung im Grundbuch auszuzahlen.

Davon ist demnächst mehr zu sagen.

3 Von § 147 Abs. 2 KostO gibt es nun wiederum eine wichtige Ausnahme, das ist die Vollzugsgebühr des § 146 Abs. 1 KostO. Die Vorschrift ist verhältnismäßig neu. Früher war auch die Beschaffung von Genehmigungen, ohne die ein Grundstück im Grundbuch nicht umgeschrieben werden konnte, ein gebührenfreies Nebengeschäft im Sinne von § 147 Abs. 2 KostO. Es handelt sich eindeutig um die Förderung des Amtsgeschäfts, des Beurkundungsgeschäft, denn ohne die Genehmigung konnte eine Grundstücksveräußerung grundbuchmäßig nicht durchgeführt werden.

Aus der Einsicht heraus, daß man es dem Notar nicht zumuten könne, die oft schwierige Beschaffung von Genehmigungen zu Grundstücksgeschäften aller Art umsonst zu betreiben, ist dann mit der Neufassung der Kostenordnung vom 26. 7. 1957 bestimmt worden, daß der Notar bei Grundstücksveräußerungen neben der Beurkundungs- oder Entwurfsgebühr die Hälfte der vollen Gebühr enthält, wenn er auf Verlangen der Beteiligten zum Vollzug des Geschäfts tätig wird.

4 Über den Ausnahmecharakter dieser Vorschrift muß man sich immer klar sein. Da es sich hier um den Vollzug des Amtsgeschäfts handelt, kommt § 146 Abs. 1 KostO nur zur Anwendung, wenn die Vollzugstätigkeit unbedingt erforderlich ist, um die Umschreibung im Grundbuch zu erreichen. Ist sie das nicht, dann kann unter Umständen eine Gebühr aus § 147 Abs. 1 KostO in Betracht kommen. Das beste Beispiel, sich das klar zu machen, ist das Verhältnis von Bodenverkehrsgenehmigung und gesetzlichem Vorkaufsrecht nach dem Bundesbaugesetz.

Wird ein bebautes Grundstück im ganzen veräußert, dann kommt eine Bodenverkehrsgenehmigung nicht in Betracht. Weder liegt eine Realteilung (§ 19 Abs. 1 BBauG) vor, noch wird ein Grundstück zum Zwecke der Bebauung (§ 19 Abs. 2 BBauG) veräußert. In diesem eindeutigen Fall ist auch kein Negativzeugnis nach § 23 BBauG erforderlich. Nicht auszuschließen ist dagegen ein gesetzliches Vorkaufsrecht nach §§ 24ff. BBauG. Ob es besteht und gegebenenfalls ausgeübt wird, müssen die Kaufvertragsparteien wissen. Eine diesbezügliche Feststellung des Notars ist aber keine Umschreibungsvoraussetzung. Das Grundbuchamt geht diese Frage nichts an, es hat ohne Rücksicht auf bestehende Vorkaufsrechte umzuschreiben. Die Feststellung dient daher nur dem Geschäft der Parteien und löst deshalb eine Gebühr nach § 147 Abs. 1 KostO aus, die wesentlich geringer ist als die Gebühr aus § 146 KostO. Anders wäre es, wenn ein Vorkaufsrecht nach dem Reichssiedlungsgesetz zu beachten wäre, das eine echte Grundbuchsperre enthält. Beschafft der Notar hier eine Erklärung, daß das Vorkaufsrecht nicht ausgeübt werde, so beschafft er damit eine unerläßliche Umschreibungsvoraussetzung und erhält die Gebühr aus § 146 Abs. 1 KostO.

Ebenso erhält er die Gebühr für die Beschaffung einer Teilungsgenehmigung, wenn ein Teilgrundstück veräußert wird und daneben die Gebühr aus § 147 Abs. 1 KostO für die Klärung der Vorkaufsrechtsfrage.

5 Im folgenden soll nun zunächst § 146 KostO erörtert werden. Die Gebühr des Abs. 1 hat vier Voraussetzungen, ein Grundstücksveräußerungsgeschäft (oder ein Entwurf eines solchen Geschäfts) ein notwendiges Vollzugserfordernis insbes. ein notwendiges Genehmigungserfordernis, ein Auftrag der Beteiligten und die daraufhin vorgenommene Vollzugstätigkeit des Notars.

6 Es muß sich um die Veräußerung eines Grundstücks handeln. Unter Veräußerung ist sowohl das obligatorische Geschäft als auch das dingliche Geschäft zu verstehen. So betreffen Genehmigungen nach dem Bundesbaugesetz nicht das obligatorische Geschäft, wohl aber ist das beim Grundstücksverkehrsgesetz der Fall. Die Einholung von Genehmigungen nach beiden Gesetzen begründet aber die Gebühr aus § 146 Abs. 1 KostO.

In Betracht kommen also Grundstückskaufverträge, Schenkungs- und Überlassungsverträge, unter Umständen Erbauseinandersetzungen u. a.

Es muß sich um ein Grundstück oder um ein grundstücksgleiches Recht handeln. Durch Neufassung des § 146 Abs. 1 KostO ist jetzt in Erledigung einer alten Streitfrage klargestellt, daß auch Erbbaurechte darunter fallen, und zwar sowohl die Veräußerung als auch die Bestellung des Erbbaurechts.

7 Es muß ein Erfordernis vorliegen, ohne dessen Erfüllung der Grundbuchrichter nicht umschreiben kann. Dazu gehört vor allem die Beschaffung notwendiger Genehmigungen nach dem Bundesbaugesetz, dem Städtebauförderungsgesetz, dem Grundstücksverkehrsgesetz, Reichssiedlungsgesetz, dem Reichsheimstättengesetz, ferner evtl. nach Gemeinderecht, Versicherungsaufsichtsrecht, Kirchenrecht usw. Die Beschaffung der Genehmigung oder eines Negativzeugnisses muß notwendig sein. Das ist vor allem beim Bundesbaugesetz vielfach verkannt worden. Ob die Beschaffung eines Negativzeugnisses notwendig ist, hängt nicht davon ab, ob es das Grundbuchamt erfordert, sondern bestimmt sich nach objektiven Maßstäben. Wenn z. B. ein bebautes Grundstück im ganzen veräußert wird, dann ist schon aus diesem Sachverhalt auch für den Rechtspfleger ohne weiteres ersichtlich, daß eine Bodenverkehrsgenehmigung nach § 19 Abs. 1 oder 2 BBauG nicht in Betracht kommt. Fordert er gleichwohl eine Negativbescheinigung nach § 23 BBauG, so ist das unberechtigt. Der Notar erhält hier keine Gebühr aus § 146 Abs. 1 KostO, auch wenn er aus Gründen der Beschleunigung dem Ersuchen nachkommt und das Negativzeugnis beschafft.

Anders wäre es beim Verkauf eines Grundstücks, das zum Zwecke der Bebauung veräußert wird. Der Bebauungszweck muß aus der Niederschrift ersichtlich sein. Nicht wissen kann der Notar aber außer bei ausgesprochen innenstädtischer Lage, ob das Grundstück im Innen- oder im Außenbereich liegt. M. E. wird allerdings auch hier zu wenig von Stadtplänen Gebrauch gemacht, aus denen man sehr leicht feststellen kann, ob ein Grundstück z. B. innerhalb eines im Zusammenhang bebauten Ortsteils liegt. Aber jedenfalls in Stadtrand- und ländlichen Gebieten kann weder vom Notar noch vom Grundbuchamt erwartet werden, daß sie von sich aus entscheiden, ob die Voraussetzungen des § 19 Abs. 2 BBauG gegeben sind. Hier Klarheit zu schaffen, ist der Sinn der Negativbescheinigung nach § 23 BBauG, und in diesen Fällen muß man dem Notar auch die Gebühr des § 146 Abs. 1 KostO zubilligen.

8 Unter § 146 Abs. 1 KostO fällt nur, was sozusagen von außen der Wirksamkeit oder der Vollzugsfähigkeit des Amtsgeschäfts noch entgegensteht, wie eines der genannten Genehmigungserfordernisse, aber auch die Beschaffung der vormundschafts- oder nachlaßgerichtlichen Genehmigung. Wenn der Notar aber zwecks Förderung des Vollzuges des Amtsgeschäfts einen Entwurf der Genehmigungserklärung fertigt, dann ist die Entgegennahme der Genehmigung (z. B. des Verwalters) gebührenfreies Nebengeschäft zu § 145 (Korintenberg-Wenz-Ackermann-Lappe, KostO, § 146, Anm. 2b–cc und KG DNotZ 1973, 39.

Nicht unter § 146 I fällt die Beschaffung von Genehmigungen von Vertragsparteien, die überhaupt erst ein wirksames oder schwebend unwirksames Rechtsgeschäft zustande kommen läßt. Wird z. B. der Verkäufer beim Abschluß des Vertrages durch einen Vertreter ohne Vertretungsmacht vertreten, so mag der Notar beauftragt werden, die Genehmigung des Vertretenen einzuholen. Das ist dann ein gebührenfreies Nebengeschäft. Die Gebühr aus § 146 Abs. 1 KostO steht ihm nicht zu (OLG Düsseldorf Rpfleger 74, 236, KG DNotZ 73, 39). Ferner fällt unter § 146 Abs. 1 KostO nicht der normale Schriftverkehr mit dem Grundbuchamt und den Beteiligten, auch wenn der Notar um die schnelle Abwicklung des Beurkundungsgeschäfts besonders bemüht ist.

Schließlich steht dem Notar die Gebühr aus § 146 Abs. 1 KostO nicht zu, wenn er das Beurkundungsgeschäft auf Grund besonderer Vorschriften pflichtgemäß an Behörden mitteilt. Gebührenfrei ist deshalb z. B. die Mitteilung eines Grundstückskaufvertrages an den Gutachterausschuß für Grundstückswerte gemäß § 143 BBauG. Unter diese Ausnahmebestimmung fällt auch die Benachrichtigung des Finanzamtes, auch wenn sie mit dem formularmäßigen Antrag verbunden ist, die Unbedenklichkeitsbescheinigung unmittelbar dem Notar zu übersenden.

Nach Korintenberg-Wenz-Ackermann-Lappe 8. Aufl. § 146 Fußn. 4 soll § 146 Abs. 1 KostO anzuwenden sein, wenn der Notar sich um vorzeitige Erteilung der Unbedenklichkeitsbescheinigung bemüht. Nach Göttlich, Büro 1959, 305 Fußn. 45 soll dies eine nach § 147 KostO zu vergütende Tätigkeit sein.

9 Die Gebühr setzt einen Auftrag der Beteiligten voraus. Es ist höchst zweckmäßig, einen solchen Auftrag mit der nach §§ 18, 19 u. 20 BeurkG erforderlichen und in die Niederschrift aufzunehmenden Belehrung ausdrücklich zu verbinden, wie das auch regelmäßig geschieht. Besonderheiten ergeben sich häufig bei Kostenschuldnern, die Anspruch auf Gebührenermäßigung haben. Sie legen Wert darauf, dem Notar keinen Vollzugs- oder Betreuungsauftrag zu erteilen, sondern die erforderlichen Tätigkeiten selbst auszuüben, weil die §§ 146, 147 KostO in § 144 Abs. 3 KostO nicht erwähnt sind und sie hinsichtlich dieser Gebühren keinen Anspruch auf Ermäßigung haben. Der Notar muß dann aber auch jede Vollzugstätigkeit unterlassen und darf nicht aus Gefälligkeit tätig werden, wenn er sich nicht einer unzulässigen Gebührenvereinbarung schuldig machen will.

10 Der Notar muß tätig geworden sein. Auf den Umfang der Tätigkeit kommt es nicht an. Liegen die sonstigen Voraussetzungen vor, so genügt ein einfacher Antrag z. B. an das örtlich zuständige Planungsamt, um die Gebühr auszulösen. Ebenso kommt es nicht darauf an, ob die Tätigkeit des Notars umfangreich und rechtlich schwierig ist, und ob sie Erfolg hatte.

11 Insbesondere ist es unerheblich, ob es sich um eine oder mehrere selbständige Vollzugstätigkeiten handelt. § 146 Abs. 1 KostO erfordert, daß der Notar zum Vollzug tätig wird. Damit ist der gesamte Vollzug gemeint, und das bedeutet, daß – im Gegensatz zu der Gebühr aus § 147 Abs. 1 KostO – die Vollzugsgebühr in bezug auf jedes Beurkundungs(Veräußerungs)geschäft nur einmal anfallen kann. Wird zum Beispiel von einem Minderjährigen ein Trennstück gekauft und beschafft der Notar die Teilungsgenehmigung und die vormundschaftliche Genehmigung, so sind das zwei verschiedene Tätigkeiten, bei denen der Notar sich einmal an eine Verwaltungsbehörde, zum anderen an ein Gericht zu wenden hat. Es mag auch sein, daß die Beschaffung der vormundschaftsgerichtlichen Genehmigung schwierig ist und einen umfangreichen Schriftwechsel erforderlich macht, die Gebühr aus § 146 Abs. 1 KostO entsteht gleichwohl nur einmal.

12 Als Geschäftswert ist im Falle des Abs. 1 der Wert der Beurkundung anzusetzen (halbe Gebühr nach dem vollen Wert). Wenn die Niederschrift aber noch weitere Geschäfte umfaßt (z. B. Schenkung eines Grundstücksteils verbunden mit einem Erbverzichtsvertrag oder Verkauf eines Grundstücks mit gleichzeitigem Verkauf des Inventars einer Gastwirtschaft), dann kommt nicht der Wert der gesamten Beurkundung, sondern nur der des Grundstücksveräußerungsgeschäfts in Betracht, u. a. OLG Celle DNotZ 1960, 53.

13 Eine begrenzte Vollzugsgebühr gewährt § 146 Abs. 2 KostO. Für Anträge und Beschwerden, die an sich gebührenfreie Nebengeschäfte im Sinne von § 147 Abs. 2 KostO wären, erhält der Notar eine halbe Gebühr, wenn er auf Verlangen des Beteiligten den Antrag näher begründet und dies notwendig ist. Es muß sich um ein anderes als ein Grundstücksveräußerungsgeschäft handeln, z. B. ein Adoptionsvertrag, die Antragsbegründung dient dem Vollzug des Amtsgeschäfts, nämlich der Bestätigung des Vertrages, die ohne vormundschaftsgerichtliche Genehmigung nicht zu erreichen ist. Was im Falle des § 146 Abs. 1 KostO unter Vollzug fallen würde, kann im Falle des § 146 Abs. 2 KostO nicht unter § 147 Abs. 1 KostO subsumiert werden. Das Ergebnis wäre allerdings das gleiche, weil nämlich im Falle des § 146 Abs. 2 KostO wie dem des § 147 Abs. 1 KostO der Geschäftswert sich nach § 30 KostO bestimmt. Der Auftrag des Beteiligten kann auch durch schlüssiges Verhalten erteilt werden. Der Beteiligte wünscht in der Regel, daß der Notar alles Erforderliche tut, um das Amtsgeschäft zum Erfolg zu führen. Wesentlich ist aber, daß der Antrag oder die Beschwerde notwendig einer tatsächlichen oder rechtlichen näheren Begründung bedarf. Was notwendig ist, bestimmt sich nach objektiven Gesichtspunkten. Die Gebühr aus § 146 Abs. 2 KostO kann jedenfalls niemals durch einen schlichten Antrag verdient werden, wie das im Falle des § 146 Abs. 1 KostO möglich ist.

14 Eine besondere Vollzugsgebühr kann nach § 146 Abs. 3 KostO auch im Zusammenhang mit einer einfachen Unterschriftsbeglaubigung entstehen. Für die Beglaubigung der Unterschrift steht dem Notar ja nur eine Viertelgebühr zu. Dabei bleibt es auch, wenn seine weitere Tätigkeit sich lediglich darauf beschränkt, die Urkunde dem Grundbuchamt oder dem Registergericht zu übermitteln. Wenn die Beteiligten ihn aber beauftragen, den Antrag zu vollziehen, und das heißt hauptsächlich, den ordnungsmäßigen und rechtzeitigen Grundbuchvollzug verantwortlich zu überwachen, dann erhält der Notar ein weiteres Viertel der vollen Gebühr. Wie schon an anderer Stelle (Kap. 36, 4) erörtert, unterliegt dieses weitere Viertel weder der Höchstgebühr von 250,– DM noch einer Ermäßigung nach § 144 Abs. 3 KostO.

15 Wie oben ausgeführt wurde, betreffen die Gebühren des § 146 Abs. 1 KostO solche Tätigkeiten, die ohne diese Spezialbestimmung als gebührenfreie Nebentätigkeiten im Sinne von §§ 147 Abs. 2, 35 KostO anzusehen wären. Im Zusammenhang mit jedem Beurkundungsgeschäft gibt es zahlreiche Tätigkeiten, die gebührenfrei sind, z. B. die Raterteilung, Beratung, Belehrung, Grundbucheinsicht, der ganze allgemeine Schriftwechsel, die Beschaffung von Unterlagen,

Urkunden, Zustimmungserklärungen Beteiligter usw. Eine erschöpfende Aufzählung ist hier nicht möglich. Maßgeblich ist, daß die Tätigkeit bestimmt sein muß, die Durchführung des Amtsgeschäfts, die Umschreibung, Eintragung und Löschung im Grundbuch, die Registereintragung und dergl. zu erreichen.

Unter § 147 Abs. 2 KostO fällt m. E. auch alles, was der Notar unternimmt, die Erteilung eines Erbscheins oder Testamentsvollstreckerzeugnisses zu erreichen, also die Überreichung des Testaments zwecks Eröffnung und die Beschaffung von Personenstandsurkunden. Das Kammergericht hat zwar einmal in der Begründung eines Beschlusses (JurBüro 1972, 914) gesagt, bei der Erbscheinsverhandlung erschöpfte sich die Beurkundungstätigkeit des Notars mit der Aufnahme der eidesstattlichen Versicherung. Damit sei das Amtsgeschäft erledigt. Dabei wird aber übersehen, daß jede Erbscheinsverhandlung auch einen Erbscheinsantrag enthält, für dessen Richtigkeit und Vollständigkeit der Notar verantwortlich ist. Die weitere Tätigkeit ist nicht Vollzug der eidesstattlichen Versicherung, sondern des Erbscheinsantrages. Da Antrag und Erbschein übereinstimmen müssen und ein nicht sachgerechter Antrag vom Nachlaßgericht nicht modifiziert werden kann, sondern zurückgewiesen werden muß, ist die Stellung des Antrages auch kein gebührenfreies Nebengeschäft im Sinne von § 35 KostO. Es bedurfte daher auch der besonderen Bestimmung in § 49 Abs. 3 KostO, wonach neben der Gebühr für die eidesstattliche Versicherung keine besondere Gebühr für den Antrag erhoben wird.

16 Die Gebühr aus § 147 Abs. 1 KostO setzt also entweder voraus, daß überhaupt kein Zusammenhang mit einem Beurkundungsgeschäft besteht. Dann wird aber der Anwaltsnotar im Zweifel als Rechtsanwalt tätig. Diese Fälle, selbständige Raterteilung, selbständige Grundbuch- oder Handelsregistereinsicht interessieren hier auch nicht weiter.

Wichtiger ist die andere Alternative, daß der Notar im Zusammenhang mit einem Beurkundungsgeschäft beauftragt wird, eine über den Vollzug des eigentlichen Amtsgeschäfts hinausgehende Tätigkeit zu entfalten, durch die das Rechtsverhältnis der Beteiligten gefördert wird. Es muß sich also um eine Tätigkeit handeln, zu der der Notar von Amts wegen nicht verpflichtet, die aber doch noch in so engem Zusammenhang mit dem Amtsgeschäft steht, daß es nicht eine völlig freie Betreuungstätigkeit ist, die der Anwaltsnotar im Zweifel als Rechtsanwalt auszuüben hätte.

Anstatt weitere theoretische Erörterungen anzustellen, soll nun eine Reihe von Anwendungsfällen dargestellt werden, wie sie in der Praxis am häufigsten vorkommen. Vorher sind aber noch einige grundsätzliche Bemerkungen erforderlich:

17 a) Die Geschäftsbesorgungen, Betreuungsgeschäfte, Raterteilungen und dergl., die unter § 147 Abs. 1 KostO zu subsumieren sind, kann auch ein Rechtsanwalt vornehmen. Für den Nurnotar gibt es da keine Schwierigkeiten. Es kann nur nach § 147 Abs. 1 KostO liquidieren. Beim Anwaltsnotar muß aber zumindest ein wirtschaftlicher Zusammenhang mit dem Amtsgeschäft bestehen, weil nach der Vermutung des § 24 Abs. 2 BNotO ohne diesen Zusammenhang im

Zweifel anzunehmen ist, daß er als Rechtsanwalt gehandelt hat. Umgekehrt ist es nicht statthaft, daß der Anwaltsnotar für eine Tätigkeit, die unter § 147 Abs. 1 KostO fällt, nach der BRAGO liquidiert. Besonders gilt das, wenn das Nebengeschäft gebührenfrei nach § 147 Abs. 2 KostO ist, s. o. Kap. 1,6. Die Abgrenzung kann im Einzelfall schwierig sein, vgl. dazu KWAL (8) § 147 III 5 und Rohs-Wedewer § 140 Anm. II, beide mit umfangreichen weiteren Nachweisen. Bei den folgenden Beispielen handelt es sich durchweg um Notariatstätigkeit.

b) Die Betreuungstätigkeiten, die über den eigentlichen Vollzug des Amtsgeschäfts hinausgehen, werden kostenrechtlich – im Gegensatz zu § 146 Abs. 1 KostO – nicht zusammengefaßt. Vielmehr erwächst für jeden Sachverhalt eine besondere Gebühr aus § 147 Abs. 1 KostO.. Ein interessantes Beispiel bildet der Beschluß des OLG Frankfurt DNotZ 1967, 577. Der Notar hatte neben der Gebühr des § 146 Abs. 1 KostO vier Gebühren aus § 147 Abs. 1 KostO berechnet, die ihm das OLG sämtlich dem Grunde nach zubilligte.

c) Der Geschäftswert jeder einzelnen Gebühr aus § 147 Abs. 1 KostO bestimmt sich nach § 30 KostO. Es sind also die Grundsätze dieser Vorschrift anzuwenden. Bei der Schätzung sind u. a. das Interesse des Auftraggebers, die Auswirkung der Tätigkeit auf die Beteiligten, der Arbeits- und Zeitaufwand sowie die Verantwortung des Notars zu berücksichtigen. Dabei kann im Einzelfall auch das vom Notar übernommene Haftungsrisiko eine erhebliche Rolle spielen, z. B. wenn der Notar eine sogenannte Rangbestätigung abgibt, auf Grund deren sich eine Hypothekenbank entschließt, die Valuta vorzeitig auszuzahlen.

18 § 147 Abs. 1 KostO und Grundstückskaufverträge.

a) Der Notar, der einen Kaufvertrag mit Auflassung und Eigentumsverschaffungsvormerkung oder wenigstens mit Auflassungsvormerkung beurkundet hat, ist gemäß § 53 BeurkG verpflichtet, die Urkunde unverzüglich dem Grundbuchamt einzureichen, sofern nicht *alle* Beteiligten gemeinsam etwas anderes verlangen. Letzteres geschieht nun häufig. Die Beteiligten beauftragen den Notar, die Ausfertigung der Urkunde erst dann dem Grundbuchamt einzureichen, wenn der Kaufpreis auf Anderkonto des Notars eingegangen ist oder die Zahlung des Kaufpreises ihm auf andere Weise nachgewiesen ist. Das dient der weiteren Sicherung der Beteiligten. Zugleich wird dem Notar durch diese „Prüfung der Eintragungsreife" eine zusätzliche Prüfungspflicht auferlegt, die nicht durch die Beurkundungsgebühr abgegolten wird; sie dient aber auch nicht dem Vollzuge des Amtsgeschäfts, sondern hält den Vollzug gerade auf. Das geschieht im Interesse der Sicherheit insbesondere des Verkäufers. Es entsteht also eine halbe Gebühr aus § 147 Abs. 1 KostO. Sie entsteht auch, wenn die Zahlung auf Anderkonto zu erfolgen hat, ist also kein Nebengeschäft zum Verwahrungsgeschäft (wie unten zu zeigen ist, entsteht aber keine Gebühr aus § 147 Abs. 1 KostO für die Prüfung der Auszahlungsreife beim Verwahrungsgeschäft).

Der Wert dieser Gebühr bestimmt sich nach § 30 Abs. 1 KostO. Anhaltspunkt für die Schätzung ist der Kaufpreis. Aber auch wenn man auf die Verantwortung des Notars und sein Risiko abstellt, wird man den vollen noch ausstehenden Kaufpreis nur in seltenen Fällen in voller Höhe als Geschäftswert ansetzen dürfen. Im Durchschnittsfall wird man von der Vertragstreue der Partner ausgehen können. Es wird auch darauf ankommen, ob und wie der Kaufpreis finanziert werden soll, ob der Käufer bereits über Kredit verfügt oder ob er sich erst noch Kredit beschaffen muß und ähnliche Umstände. Das Kammergericht hat in seinem Beschluß vom 12. 11. 1974 1-W 1244/73 in Lts. NJW 75, 455 einen Geschäfstwert von 50% des Kaufpreises angenommen.

b) Beim Grundstückskaufvertrag hat der Notar grundsätzlich das Grundbuch einzusehen. Das ist dann unstreitig ein gebührenfreies Nebengeschäft. Wird er aber über die Einsicht des eigentlichen Grundbuches hinaus festzustellen haben, ob außer den eingetragenen noch unsichtbare Lasten bestehen (Hypothekengewinnabgabe, Hauszinssteuerabgeltung und dergl.), so geht das über die übliche Förderung des Amtsgeschäfts hinaus. Diese Tätigkeit ist auf den ordnungsmäßigen Vollzug des Amtsgeschäfts ohne Einfluß und gehört nicht zu dem üblichen Pflichtenkreis des Notars. Sie hat unter Umständen Einfluß auf den Kaufpreis und fördert daher ausschließlich das Rechtsverhältnis der Beteiligten. Der Wert der dem Notar danach zustehenden Gebühr aus § 147 Abs. 1 KostO bestimmt sich wiederum nach § 30 Abs. 1 KostO. Das OLG Frankfurt DNotZ 1967, 577 schlägt in diesem Falle einen Wert von 20% des Kaufpreises vor.

c) Sieht der Notar des Grundbuch ein, so stellt er fest, welche Lasten in Abteilung III eingetragen sind. Aus dem Grundbuch ist aber nicht ersichtlich, ob und in welcher Höhe die Grundpfandrechte noch valutieren. Hiervon hängt nicht die ordnungsmäßige Beurkundung und der Vollzug des Amtsgeschäfts ab, sondern die Höhe des Kaufpreises, den auszuhandeln Sache der Beteiligten ist. Beauftragen die Beteiligten den Notar, durch Schriftwechsel mit den Beteiligten den Valutastand festzustellen, so ist das eine besondere nach § 147 Abs. 1 KostO gebührenpflichtige Nebentätigkeit. Der Wert ist wiederum nach § 30 Abs. 1 KostO zu schätzen. Einen wichtigen Anhaltspunkt gibt dabei m. E. die Differenz zwischen Nominalwert und tatsächlichem Wert. Fehlt dieser Anhaltspunkt, könnte man m. E. auf § 30 Abs. 2 KostO zurückgreifen und den Regelwert von 5000,– DM annehmen. Das OLG Frankfurt a. a. O. hat dagegen als Geschäftswert für die Feststellung der ordnungsgemäßen Valutierung die Hälfte des Werts der Grundpfandrechte angenommen. Man sieht an solchen Beispielen, daß die Wertfestsetzung nach § 30 Abs. 1 KostO weitgehend Ermessensfrage ist und daß kein Kommentar oder keine obergerichtliche Entscheidung in der Lage ist, dem Notar von vornherein gültige Weisungen zu geben.

d) Übernimmt der Käufer im Kaufvertrage Hypotheken, so bedarf er der Genehmigung des Gläubigers gemäß § 416 BGB. Sich diese Genehmigung zu verschaffen, ist seine Sache. Mit der Durchführung des Amtsgeschäfts als solchem hat die Genehmigung nichts zu tun. Berührt wird davon die Art der Kaufpreisbelegung. Der Käufer muß unter Umständen mehr Bargeld aufbringen, um Hypotheken bei Nichtgenehmigung ablösen zu können oder er muß anderweit Grundkredit aufnehmen. Betroffen ist also das Rechtsverhältnis der Beteiligten. Beauftragen sie den Notar, den erforderlichen Schriftwechsel mit den Gläubigern zu führen, so entsteht damit eine Gebühr aus § 147 Abs. 1 KostO. Ist hier Schriftwechsel mit mehreren Gläubigern erforderlich, so entsteht die Gebühr für diesen zusammenhängenden Sachverhalt nur einmal.

Streitig ist hier der Geschäftswert. Nach BKB 5. Auflage § 147 Anmerkung 3 soll der volle Wert der Hypotheken maßgebend sein. Das Kammergericht DNotZ 1975, 376 und OLG Stuttgart Justiz 1969, 45 nehmen aber mit Recht nur einen geringeren Schätzungswert nach § 30 Abs. 1 KostO an.

e) Nach anfänglicher Unsicherheit dürfte heute unstreitig sein, daß die Klärung der Frage, ob ein gesetzliches Vorkaufsrecht nach dem Bundesbaugesetz besteht, ein Fall des § 147 Abs. 1 KostO und nicht des § 146 Abs. 1 KostO ist. Seit der Entscheidung des Kammergerichts in DNotZ 1962, 555 steht fest, daß das gesetzliche Vorkaufsrecht nach §§ 24, 25, 26 BeurkG keine Grundbuchsperre enthält. Daraus folgt, daß das Grundbuchamt ein etwaiges Vorkaufsrecht nicht zu beachten oder zu prüfen hat, sondern ohne Rücksicht darauf umschreiben muß. Die Klärung der Vorkaufsrechtsfrage dient daher nicht dem Vollzug des Amtsgeschäfts, sondern fördert das Rechtsverhältnis der Parteien, die wissen müssen, ob ein Vorkaufsrecht besteht und gegebenenfalls ausgeübt wird. Der Notar erhält also die Gebühr des § 147 Abs. 1 KostO. Bei der Bewertung kann man nicht, wie es das Landgericht Berlin jahrelang getan hat, an § 20 Abs. 2 KostO anknüpfen und immer als Geschäftswert den halben Kaufpreis ansetzen. In seinem Beschluß DNotZ 1975, 376ff. hat das Kammergericht überzeugend dargetan, daß eine Anknüpfung nur denkbar sei, wenn es feststehe, daß ein Vorkaufsrecht bestehe, nicht aber, wenn das ungewiß sei und überhaupt erst einmal festgestellt werden müsse. Es sei auch zu beachten, daß dies gesetzliche Vorkaufsrecht häufig nur wegen eines Teiles des Grundstücks ausgeübt werde (z. B. wegen eines Streifen Straßenlandes, Vorgartens u. ä.). Es ist daher auch hier im Rahmen von § 30 Abs. 1 KostO vom Kaufpreis als Ausgangspunkt auszugehen. Die Werte können bei 10 oder 20% des Kaufpreises liegen.

Bei der Veräußerung einer Eigentumswohnung kommt ein gesetzliches Vorkaufsrecht überhaupt nicht in Betracht. Man kann sich z. B. nicht vorstellen, daß der ideelle Bruchteil verbunden mit Sondereigentum in eine Grünfläche einbezogen wird. Wenn manchmal entgegengehalten wird, daß doch möglicherweise sämtliche Eigentumswohnungen zugleich veräußert würden, so blieben die Verträge gleichwohl Verträge über ideelle Bruchteile und nicht über eine reale Grundstücksfläche, an der allein die gesetzlichen Vorkaufsrechte des Bundesbaugesetzes ausgeübt werden können.

Wenn hier nun, wie es häufig geschieht, überflüssigerweise ein Negativzeugnis eingeholt wird, steht dem Notar für das nicht Erforderliche auch keine Gebühr zu.

f) Wird der Notar beauftragt, den Mietern des Hauses den Eigentumswechsel mitzuteilen, so löst das ebenfalls eine Gebühr aus § 147 Abs. 1 KostO aus. Der Wert bestimmt sich nach § 30 Abs. 1 KostO und wird je nach der Zahl der Mieter und der Höhe der Mieten verschieden hoch sein. 20 bis 30% der Jahresmiete, bei großen Objekten 10%, dürften hier angemessen sein.

19 § 147 Abs. 1 und Grundpfandrechte.

a) Der wichtigste Fall ist hier die schon mehrfach erwähnte Rangbestätigung. Zu vermeiden sind hier zwei Fehler. Sie darf nicht in Form der Bescheinigung erteilt werden, weil sie sich nicht auf die Bescheinigungen von Tatsachen beschränkt, sondern in ihrem wesentlichen Teil gutachtliche Äußerung ist. Sie darf ferner keine echte Garantie für den Rang enthalten, weil dem Notar durch § 14 Abs. 4 BNotO verboten ist, Gewährleistungen zu übernehmen. Bei richtiger Sachbehandlung ist also ein formloses Schreiben zu fertigen, durch das der Notar erklärt, daß nach dem Grundbuchstand und dem Inhalt der Grundakten der rangmäßigen Eintragung des beantragten Grundpfandrechts keine Hindernisse im Wege stehen. Die Gebühr folgt demnach nicht aus § 50 KostO, sondern aus § 147 Abs. 1 KostO. M. E. muß es dabei auch bleiben, wenn das Dienstsiegel des Notars beigefügt wird, a. A. RheinNotK 1952, 182 und 1962, 174). Beim Wert (§ 30 Abs. 1 KostO) gehen die Meinungen auseinander. Da hier das Risiko des Notars aber besonders groß ist, läßt es sich rechtfertigen, den vollen Wert des Grundpfandrechts anzunehmen, weitere Einzelheiten s. KWAL (8) § 147 Fußn. 6, ferner neuestens OLG Schleswig DNotZ 1976, 440.

b) Der Schriftwechsel mit Gläubigern zwecks Rangveränderung, Beschaffung von Löschungsunterlagen, Rangerklärungen und dergl. ist gebührenfreies Rechtsgeschäft im Sinne von § 147 Abs. 2 KostO. Es dient dem Vollzug des Amtsgeschäfts, nämlich der ranggerechten Eintragung des neuen Grundpfandrechts. Nach KG DNotZ 1958, 657 mit zustimmender Anmerkung von Bühling soll das auch gelten für die Feststellung an Rechten außerhalb des Grundstücks. Das erscheint mir zweifelhaft, da der Grundbuchvollzug durch den Bestand dieser Rechte (Hypothekengewinnabgabe, Hauszinssteuerabgeltungslast u. a.) nicht berührt wird, wohl aber das Rechtsverhältnis der Beteiligten. Die nicht eingetragenen Rechte beeinflussen den Wert des Grundstücks, das als Pfandobjekt dient. Gleiches gilt für die Beschaffung von Unterlagen über Brandversicherung, Bebauungspläne, Mietverträge, steuerliche Belastungen. Sie berühren die Sicherheit des Pfandobjekts und damit das Rechtsverhältnis der Parteien.

c) Wird ein Grundpfandrecht abgetreten und der Notar beauftragt, die Abtretung dem Schuldner mitzuteilen, so ist auch das eine nach § 147 Abs. 1 KostO gebührenpflichtige Nebentätigkeit.

20 § 147 Abs. 1 und tatsächliche Beurkundungen.

a) Schon mehrfach wurde erwähnt, daß die Entwurfsgebühr des § 145 Abs. 1 KostO nur für den Entwurf rechtsgeschäftlicher Erklärungen gilt. Da es für den Entwurf tatsächlicher Erklärungen keine Gebühr gibt, greift § 147 Abs. 1 KostO ein, daneben entsteht die Beglaubigungsgebühr des § 45 KostO, wenn der Notar unter dem Entwurf Unterschriften beglaubigt, denn durch die Gebühr aus § 147 Abs. 1 KostO wird die Unterschriftsbeglaubigung nicht abgegolten. Im ganzen 3/4-Gebühren entstehen also bei einer eidesstattlichen Versicherung oder einem Versammlungsprotokoll in der Form des Entwurfs mit Unterschriftsbeglaubigung.

b) Vielfach übersehen wird, daß dem Notar auch im Zusammenhang mit einem Versammlungsprotokoll in Form der Niederschrift eine Gebühr aus § 147 Abs. 1 KostO zustehen kann. Der Notar hat nämlich nur die Aufgabe, die Tatsache der Beschlußfassung in der Niederschrift festzustellen. Auf Form und Inhalt der Beschlüsse hat er von Amts wegen keinen Einfluß. Große Aktiengesellschaften mit eigener Rechtsabteilung pflegen dem Notar daher auch vollständige Entwürfe der Niederschrift zur Verfügung zu stellen.

21 Anders ist es aber, wenn die Gesellschaft sich bei der Vorbereitung der Versammlung von dem Notar beraten läßt. Das wird insbesondere bei der Gesellschafterversammlung der GmbH in Betracht kommen. Dann steht dem Notar für seine beratende Tätigkeit, die eben nicht durch die Gebühr aus § 47 KostO abgegolten wird, eine halbe Gebühr aus § 147 Abs. 1 KostO zu. Der Wert bestimmt sich zwar hier auch nach § 30 Abs. 1 KostO, man wird aber hier an § 27 KostO anknüpfen müssen und für die Beratung keinen höheren Wert nehmen können als für die Gebühr aus § 47 KostO.

39. KAPITEL

Verwahrungsgeschäft und Hebegebühr

1 Gemäß § 23 Bundesnotarordnung sind die Notare zuständig und berechtigt, Geld, Wertpapiere und Kostbarkeiten, die ihnen von den Beteiligten übergeben werden, zur Aufbewahrung oder Ablieferung an Dritte in Verwahrung zu nehmen (Höfer-Huhn, Allgemeines Urkundenrecht, § 38).

Für diese besondere amtliche Tätigkeit, die weder gebührenfreies Nebengeschäft noch mit einem anderen Amtgeschäft identisch sein kann, stehen dem Notar sogenannte „Hebegebühren" nach § 149 KostO zu. § 149 KostO deckt sich zwar weitgehend mit § 22 BRAGO, der von den Hebegebühren der Rechtsanwälte handelt. Es ist aber ein Fehler, in der Notariatskostenberechnung den § 22 BRAGO statt § 149 KostO anzuführen.

2 Das Verwahrungsgeschäft wird in der Regel im Zusammenhang mit einem Beurkundungsgeschäft stehen, der häufigste Fall ist die Hinterlegung des Kaufpreises beim Grundstückskaufvertrag. Hier hat der Notar als unparteiischer Betreuer der Beteiligten dafür zu sorgen, daß sowohl der Verkäufer als auch der Käufer während der Übergangszeit zwischen Vertragsbeurkundung und Eigentumsumschreibung ausreichend gesichert sind. Hierfür bieten sich einerseits die Auflassungs- oder Eigentumsverschaffungsvormerkung an, andererseits das notarielle Verwahrungsgeschäft. Ein anderer häufiger Fall ist die Überweisung von Hypothekenvaluten an den Notar mit der Maßgabe auszuzahlen, wenn die rangsichere Eintragung des Grundpfandrechts gesichert ist.

3 Es kommen aber auch selbständige Verwahrungsgeschäfte vor, z. B.

> Hinterlegung von 3000,– DM, die der Notar nach dem Tode der Beteiligten einer Kirchengemeinde zur Verfügung stellen soll zwecks Durchführung der Beerdigung und Grabpflege;
>
> oder
>
> die Hinterlegung von Aktien zwecks Teilnahme an der Hauptversammlung einer AG.

Stellt der Notar über die Hinterlegung eine Bescheinigung aus, so entsteht neben § 149 KostO die Gebühr des § 50 KostO (DNotZ 1937, 504 mit Anm. Hornig).

4 Von der Hebegebühr fühlen sich die Beteiligten oft überrascht. Um Kostenstreitigkeiten zu vermeiden, empfiehlt es sich, insbesondere anläßlich der Beurkundung von Grundstückskaufverträgen die Beteiligten auf die mit der Auszahlung der hinterlegten Geldbeträge entstehenden Hebegebühren hinzuweisen.

5 Beim Grundstückskaufvertrag ist die notarielle Verwahrung des Kaufpreises ein übliches und angemessenes Sicherungsmittel. Entgegen OLG Frankfurt DNotZ 1965, 309 ist der Notar daher nicht verpflichtet, die Beteiligten über andere Sicherungsmittel, z. B. Hinterlegung auf Sperrkonto einer Bank, zu belehren, zumal er auch in diesem Falle zum Schutze der Beteiligten eingeschaltet bleiben müßte, wofür dann Gebühren aus § 147 KostO erwachsen würden, z. B. die Bank darf erst auszahlen, wenn der Notar mitteilt, daß der Eigentumsumschreibung keine Hindernisse entgegenstehen.

Andererseits darf der Notar natürlich nicht die unrichtige Belehrung erteilen, daß der Kaufpreis bei ihm hinterlegt werden müsse (Rohs-Wedewer, 2. Auflage, § 149 IIIa S. 849).

6 Der Versuch, das Verwahrungsgeschäft des Notars zu vermeiden, wird häufig unternommen. Wenn die Beteiligten aber darauf bestehen, und das müssen sie im Interesse ihrer Sicherheit, daß der Notar in irgendeiner Weise mitwirkt, entsteht für jede derartige Überwachungstätigkeit des Notars eine Gebühr aus § 147 KostO.

Wird dem Notar ein echtes Mitverfügungsrecht eingeräumt, worauf er sich grundsätzlich nicht einlassen soll, weil der Notar im Falle des § 23 BNotO, §§ 10ff. DONot. Alleininhaber des Kontos sein soll, so liegt dagegen ein Fall des § 149 KostO vor. Der Fall ist aber selten. Im Zweifel wird man ein Verwahrungsgeschäft im Sinne von § 149 KostO nur annehmen, wenn der Notar über das Anderkonto allein verfügt.

7 Durch § 149 KostO wird die gesamte Tätigkeit des Notars bei Durchführung und Abwicklung des Anderkontos abgegolten. Die Voraussetzungen, unter denen er auszahlen darf, sind bei sachgemäßer Behandlung im Beurkundungsgeschäft geregelt. Die Prüfung, ob diese Voraussetzungen vorliegen, also eine Prüfung der Auszahlungsreife, löst keine besondere Gebühr aus § 147 Abs. 1 KostO aus. In einem vom LG Berlin (82 AR 279/74 v. 15. 11. 1974) entschiedenen Fall hatte der Notar offensichtlich eine Analogie zur Prüfung der Eintragungsreife gezogen (siehe bei § 147 KostO), was natürlich völlig verfehlt war, so auch OLG Hamm, Rpfleger 1965, 185.

8 Die Gegenstände des § 149 KostO – Geld, Wertpapiere und Kostbarkeiten – decken sich im wesentlichen mit denen des § 23 BNotO und §§ 10ff. DONot. Die Dienstordnung erwähnt aber ausdrücklich die Verwahrung von Sparkassenbüchern. Diese fallen als unechte Wertpapiere (Legitimationsurkunden) nicht unter § 149 KostO. Möglicherweise kommt aber eine Gebühr aus § 147 KostO in Betracht (u. a. OLG Celle in DNotZ 1961, 607).

Darin, daß die Aufbewahrung von Hypothekenbriefen, Grundschuldbriefen u. ä. kein Verwahrungsgeschäft ist, stimmen Notariatsrecht und Kostenrecht überein.

9 Wechsel können Gegenstand eines Verwahrungsgeschäfts sein. Das gilt aber nicht, wenn dem Notar der Wechsel zwecks Protesterhebung übergeben wird. Bezüglich des Wechsels selbst kann hier also keine Gebühr aus § 149 KostO entstehen.

Wohl aber entstehen Hebegebühren, wenn der Schuldner bei Protesterhebung an den Notar zwecks Ablieferung an den Wechselinhaber zahlt und der Notar das Geld auftragsgemäß abliefert. Diese Gebühr wird aber auf die Protestgebühr, nicht die Wegegebühr, angerechnet.

10 Die Hebegebühr richtet sich nicht nach dem eingezahlten Betrage oder dem Wert der übergebenen Wertpapiere und Kostbarkeiten, sondern nach den ausgezahlten Beträgen oder abgelieferten Gegenständen. Wird der Betrag in Teilbeträgen ausgezahlt (z. B. an verschiedene Hypothekengläubiger, verschiedene Mitglieder einer Erbengemeinschaft), so ist für jeden Teilbetrag eine besondere Gebühr zu erheben. Diese wird auch sofort für jede Einzelgebühr fällig und setzt die Verjährungsfrist mit Beginn der Jahresgebühr in Gang KG JurBüro 1976, 650. Dadurch entstehen etwas höhere Hebegebühren, als die Beteiligten erwarten. Anläßlich der Beurkundung kann nur ein Vorschuß (§§ 8, 149 KostO) erhoben werden. Wird der Vorschuß nach dem einzuzahlenden Betrag errechnet, ist es zweckmäßig, die Beteiligten auf mögliche Erhöhung der Hebegebühren durch Auszahlung in Teilbeträgen hinzuweisen.

11 Die Höhe der Hebegebühr richtet sich nach einer besonderen Tabelle, die abweichend von § 33 KostO mit einer Mindestgebühr von 1,– DM beginnt. Seit 15. 9. 1975 gilt eine neue Tabelle. Der Wert entspricht bei Geld dem Nennbetrag, ebenso bei Wechseln und Schecks. Aktien sind nach dem Kurs zu bewerten. Für Kostbarkeiten ist der gemeine Wert, gegebenenfalls ein besonderer Kunstwert maßgeblich.

12 Kostenschuldner ist der Auftraggeber des Notars. Beim Grundstückskaufvertrag, und das ist ja der häufigste Fall, sind im allgemeinen beide Vertragsparteien als Auftraggeber des Notars anzusehen. Beide pflegen im gemeinsamen Interesse das Geschäft über den Notar und sein Anderkonto abzuwickeln. Doch empfiehlt es sich dringend, im Kaufvertrag eine das Innenverhältnis der Parteien betreffende Regelung vorzunehmen, die auch bestimmt, wer die Zinsen erhält. Meist wird der Käufer auch die Kosten der Hinterlegung übernehmen.

Entstehen nachträglich Mehrkosten dadurch, daß der Auszahlungsberechtigte den Notar anweist, das Guthaben nicht an ihn oder ihn allein, sondern an verschiedene Adressaten zu überweisen, die in keiner Beziehung zu dem Kaufvertrag stehen, so hat er diese nur von ihm veranlaßten zusätzlichen Kosten selbst zu tragen.

13 Mit dem bei ihm hinterlegten Geld darf der Notar nicht aufrechnen. Gemäß § 12 Abs. 2 DONot. darf der Notar über das auf seinem Anderkonto befindliche Fremdgeld nur verfügen, um es unverzüglich dem oder den Berechtigten zuzuführen. Gemäß § 149 Abs. 3 KostO kann er aber die entstehenden Hebegebühren bei der Ablieferung an den Auftraggeber, nicht jedoch bei Zahlung an Dritte entnehmen.

40. KAPITEL

Auslagen

Unter Kosten versteht die Kostenordnung Gebühren und Auslagen. Auslagen sind nicht schlechthin bare Auslagen, sondern die im dritten Abschnitt der Kostenordnung in §§ 136ff. bestimmten Schreibauslagen und sonstigen Auslagen, die aber nur zum Teil für den Notar in Betracht kommen. Andererseits stehen den Notaren zusätzliche Schreib- und Postauslagen sowie Reisekosten nach den §§ 152 und 153 KostO zu. Bemerkenswert ist, daß in der letzten Änderung der Kostenordnung durch das Gesetz vom 20. 8. 1975 (BGBl. I S. 2189) das Wort „Schreibgebühren" durch das sachlich richtige Wort „Schreibauslagen" ersetzt worden ist.

1 *Schreibauslagen*

Schreibauslagen werden gemäß § 136 KostO nicht für das Schreibwerk als solches, sondern nur für die Anfertigung und Aushändigung von Ausfertigungen und Abschriften erhoben.

Z. B. umfaßt die Niederschrift eines Grundstückskaufvertrages 20 Seiten und entschließen sich die Parteien unmittelbar nach der Beurkundung, den Vertrag wieder aufzuheben, so sind zwar die Beurkundungsgebühren voll entstanden, jedoch keinerlei Schreibgebühren.

2 Schreibauslagen werden grundsätzlich erhoben für Ausfertigungen und Abschriften, die auf Antrag erteilt werden. Jedoch gilt folgende Einschränkung: Bei der Beurkundung von Verträgen sind zwei Ausfertigungen oder Abschriften und bei sonstigen Beurkundungen eine Ausfertigung oder Abschrift gebührenfrei. Diese Einschränkung entfällt aber gemäß § 144 Abs. 4, wenn der Notar nach § 144 Abs. 3 KostO seine Gebühren ermäßigt hat.

Beurkundet der Notar einen Güterrechtsvertrag und beantragen die Beteiligten eine Ausfertigung zur Einreichung an das Güterrechtsregister und eine gemeinsame Abschrift für sich, dann sind in diesem Falle keinerlei Schreibauslagen entstanden.

Beantragen die Beteiligten jetzt neben der Erteilung einer Ausfertigung für das Güterrechtsregister je eine Abschrift für sich, dann sind Schreibauslagen für eine Abschrift entstanden.

Beurkundet der Notar eine Erbscheinsverhandlung und beantragt der Antragsteller die Erteilung einer Ausfertigung für das Nachlaßgericht sowie eine Abschrift für sich, so sind Schreibauslagen nur für eine Abschrift zu berechnen.

Ist der Notar gemäß § 144 Abs. 3 KostO verpflichtet, seine Gebühren um 80% zu ermäßigen, so stehen ihm wie oben schon erwähnt Schreibgebühren für jede Ausfertigung und Abschrift zu.

Z. B.: Der Notar beurkundet einen Grundstückskaufvertrag, durch den das Land Berlin ein Grundstück erwirbt. Es werden 6 Ausfertigungen und Abschriften für das Grundbuchamt, die Beteiligten usw. beantragt. Schreibauslagen sind hier für sämtliche Ausfertigungen und Abschriften zu berechnen.

Oder eine gemeinnützige Wohnungsbaugesellschaft bewilligt die Eintragung einer Eigentümergrundschuld und beantragt eine Ausfertigung zur Einreichung bei dem Grundbuchamt sowie zwei Abschriften für sich. In diesem Falle sind alle drei Abschriften zu berechnen.

Von der Ausnahme gibt es wiederum eine Ausnahme. Muß nämlich bei persönlicher Gebührenbefreiung einer der Beteiligten die vollen Kosten zahlen, kauft z. B. ein Privatmann ein Grundstück von einer gemeinnützigen Wohnungsbaugesellschaft, dann bleibt es bei den in § 136 Abs. 2 KostO bestimmten Freiexemplaren.

3 Gemäß § 12 BeurkG ist der Notar verpflichtet, die ihm bei einer Verhandlung vorgelegten Vollmachten mindestens in beglaubigter Abschrift der Niederschrift beizufügen. Stellt er zu diesem Zweck eine beglaubigte Abschrift, worunter auch beglaubigte Fotokopien zu verstehen sind, her, so hat er die Abschrift gebührenfrei zu beglaubigen, darf aber für die der Niederschrift beigefügte beglaubigte Abschrift Schreibauslagen berechnen.

4 Gemäß § 17 DONot. hat der Notar von Entwürfen, unter denen er Unterschriften beglaubigt hat, eine beglaubigte Abschrift zur Urkundensammlung zu nehmen. Für diese beglaubigte Abschrift werden weder Schreibauslagen noch eine Beglaubigungsgebühr berechnet.

5 Die Schreibgebühr beträgt grundsätzlich 1,– DM je Seite, wobei davon ausgegangen wird, daß die Seiten 25 Zeilen von durchschnittlich 15 Silben enthalten. Wenn mindestens eine solche Seite gegeben ist, wird jede weitere angefangene Seite als voll gerechnet. Für die Herstellung von Ablichtungen wird ebenfalls 1,– DM je Seite berechnet, ohne das es auf Zeilen- oder Silbenzahl ankommt. Stellt der Notar Ablichtungen in einem größeren Format als DIN A4 her, so sind 2,– DM pro Seite zu erheben. Dieser Fall ist selten, kann aber vorkommen, wenn Pläne oder Bilanzen größeren Umfanges abgelichtet werden.

6 Für Schriftstücke in fremder Sprache wird die doppelte Schreibgebühr erhoben. Dies gilt jedoch nicht für Ablichtungen.

7 Für Abschriften in tabellarischer Form, wie Grundbuchblätter, Listen, Rechnungen, Zeichnungen und dergl., wird die Schreibgebühr nach dem Zeitaufwand berechnet. Und zwar ist für jede angefangene 1/4 Stunde 1,20 DM zu berechnen. Dieser Fall ist in der Notariatspraxis selten und kommt hauptsächlich für die Kosten des Grundbuchamtes und des Registergerichts bei der Herstellung von Grundbuch- und Registerauszügen in Betracht.

8 Außerordentlich streitig war, ob die von dem Bundesjustizminister am 5. 12. 1957, BGBl. I, 1836 auf Grund des § 136 Abs. 8 KostO erlassene VO über gerichtliche Schreibgebühren auch auf die Schreibgebühren der Notare anzuwenden ist.

Nach § 1 dieser VO betrug die Schreibgebühr nur 0,10 DM je Seite, wenn für Ausfertigungen oder Abschriften vollständige Entwürfe verwendet werden, die der Antragsteller zur Verfügung gestellt hat und die nur durch Geschäftsnummer, Zeitangaben, Kostenberechnungen und Unterschrift des Notars zu ergänzen ist. Die VO ist jetzt durch § 136 Abs. 5 KostO n. F. ersetzt.

Der Streit, ob die VO auch für Notare gelte, hat sich jetzt dadurch erledigt, daß der neugefaßte § 143 KostO bestimmt: „§ 136 Abs. 5 (Schreibauslagen bei zur Verfügung gestellten Entwürfen) findet auf die Notare, denen die Gebühren selbst zufließen, keine Anwendung". Das heißt also, daß der Notar die vollen Schreibauslagen berechnen kann, wenn er Ausfertigung und beglaubigte Abschrift von einer im wesentlichen vorgedruckten Urkunde erteilt und ihm z. B. ein Kreditinstitut die Vordrucke zur Verwendung für Ausfertigung und Abschrift geliefert hat.

9 Den Notaren stehen Schreibauslagen gemäß § 152 KostO auch dann zu, wenn sie Ausfertigungen und Abschriften nicht auf Antrag erteilen, sondern auf Grund gesetzlicher Bestimmungen einer Behörde übersenden, z. B. Veräußerungsanzeigen an das Finanzamt, Mitteilungen an das Standesamt, an den Gutachterausschuß für Grundstückswerte usw.

10 Als sonstige Auslagen kommen in Betracht:

a) Telegraphen- und Fernschreibgebühren nach § 137 Nr. 1 KostO sowie nach § 152 Abs. 2 Nr. 2 KostO die im Orts- und Fernsprechverkehr zu entrichtenden Fernsprechgebühren (nur für Notare).

b) Postgebühren für förmliche Zustellungen nach § 137 Nr. 2 KostO sowie für die Übersendung auf Antrag erteilter Ausfertigungen und Abschriften sowie für die Übersendung der durch Gesetz vorgeschriebenen Mitteilungen an Behörden.

Es dürfen also keine Postgebühren für den üblichen Brief- und Schriftwechsel berechnet werden. Diese werden durch die Beurkundungsgebühren mitabgegolten.

Zu den portopflichtigen Ausfertigungen und Abschriften der Notare gehören aber nicht nur die im Gesetzestext genannten Ausfertigungen und Abschriften, sondern auch die Urschriften von ihnen entworfener Urkunden, unter denen er Unterschriften beglaubigt hat, oder von Schriftstücken, unter denen er lediglich Unterschriften beglaubigt hat.

c) Kosten für öffentliche Bekanntmachungen werden für Notare nur in Ausnahmefällen in Betracht kommen (§ 137 Abs. 3 KostO).

d) Für die Notare kommen jedoch in Betracht die an Urkundszeugen zu zahlenden Vergütungen. In der Praxis kommt es aber höchst selten vor, daß die etwa zur Beurkundung der Erklärung eines Blinden hinzugezogenen Zeugen dafür Gebührenansprüche geltend machen.

11 Bei Reisekosten ist zu unterscheiden, ob es sich um einen Gebührennotar oder um einen Amtsnotar handelt, dem die Gebühren nicht selbst zufließen. Die Gebührennotare dürfen Reisekosten nur nach § 153 KostO berechnen. Da Reisen innerhalb des Ortes und innerhalb von Nachbarorten keine Geschäftsreisen sind, kann der Notar grundsätzlich keine Reisekosten ansetzen. Sie kommen daher nur selten in Frage. Im übrigen kann auch insoweit auf den Gesetzestext des § 153 KostO verwiesen werden.

Register

B

F

G

H

J

K

R

S

Sch

St

T

W

Z